Lina Ramann

LISZTIANA

Franz Liszt
Weimar, Frühjahr 1886

Lina Ramann

LISZTIANA

Erinnerungen an Franz Liszt
in Tagebuchblättern, Briefen und Dokumenten
aus den Jahren 1873–1886/87

Herausgegeben von
Arthur Seidl

Textrevision von
Friedrich Schnapp

SCHOTT
Mainz · London · New York · Tokyo

Gedruckt mit Unterstützung der Deutschen
Forschungsgemeinschaft

Printed in Germany · BSS 45009
Einbandgestaltung: Günther Stiller, Taunusstein

ISBN 3-7957-1782-5

Vorwort der Verfasserin

Die vorliegenden Aufzeichnungen verfolgten zur Zeit ihrer Entstehung keinen anderen Zweck, als einem inneren Drang zu genügen, den die Besuche Franz Liszt's bei uns und wiederum unsere bei ihm in Weimar, hervorgerufen hatten und fortgesetzt nährten.

Momentsphotographien, wollten sie die Stimmung, den Gedanken, die Geste, die zwanglose Bewegung unseres persönlichen Verkehrs, das der Zeit entfliehende Jetzt, festhalten. –

Über zwanzig Jahre sind inzwischen über die ersten Blätter dahingezogen, über die letzten fast ein Jahrzehnt. Jetzt will mir scheinen: jener Drang löse sich in eine Art biographischer Aufgabe, und mein „Tagebuch" sei von Anbeginn ein „Nachlaß", dessen Blätter künftigen Generationen das persönliche Schalten und Walten des großen Tondichters intimer, gegenwärtiger, unmittelbarer übergäbe als eine Biographie, deren höhere Geschichtsnatur sich an das Wesentliche wendet und das Zufällige ausscheidet, während hier keine Abstraktion ist, dabei aber doch das Wesentliche aus dem Zufälligen, sozusagen, lebenden Auges herausblickt. Tagebuch und Biographie dürften sich zu einander verhalten, wie die Momentsphotographie und die zwanglose Skizze nach der Natur zu künstlerisch durch[ge]arbeitetem Geschichtsbild – ein geschwisterliches Band aber verflicht beide.

Dieser Auffassung mich hingebend lasse ich dem Werke „Franz Liszt als Künstler und Mensch" meine „Lisztiana" als freien Nachtrag folgen. Sie seien mein Nachlaß. –

Noch bleibt mir zu erwähnen:

Die Aufzeichnungen entstammen den Jahren 1873 – 86/87. Nicht immer und im gleichen Maße konnte ich mich dem Zuge zu ihnen hingeben. Lücken, die hieraus entstehen mußten, suchte ich durch Einfügung von Briefen aus meinem schriftlichen Verkehr mit Liszt, mit der Fürstin Wittgenstein u. A. auszugleichen und damit Sachliches klar zu stellen.

Die genannten Jahre selbst bedeuten im Dasein Liszt's die Lebensperiode, in welcher sein schaffendes Genie mehr zurücktritt, um im Reinmenschlichen und Persönlichen den Ausklang seiner selbst zu finden.

Die, vom Tagebuch mehrfach erwähnten, zwischen meinem und des Meisters Schreibtisch hin- und her-fliegenden Frag- und Antwortzettel lege ich ihm als *quasi* autobiographische Dokumente bei.

München – Neu-Wittelsbach,
Pfingsten 1895

L. Ramann

Nachschrift:

Die Herausgabe meines Tagebuches wird auf meinen Wunsch und meine Bitte Herr Dr. Arthur Seidl, mir Freund und Gesinnungsgenosse, gütigst durchführen.

München, im December 1902

LR

Geleitwort des Herausgebers

Möchten diese denkwürdigen Niederschriften einer Unvergeßlichen, der gewissenhaften Sachwalterin meisterlichen Geistes-Vermächtnisses: an unmittelbar anschaulichen Erlebnissen, noch unbekannten Briefen und wertvollen Beobachtungen wie Allgemeinbetrachtungen, angesichts der heutigen Stellung unserer musikalischen Öffentlichkeit zu einem Franz Liszt nicht zu spät kommen, vielmehr das Gewissen dieser selbst wieder einmal lebendig ansprechen und unser aller Bewußtsein entsprechend gerade aufrütteln darüber, was die deutsche Welt an beiden, dem unvergleichlichen Edlen und seiner so hingebungsvollen ersten Biographin, doch besessen! Besonders die zu Unrecht verbreitete Ansicht, daß diese bei ihrem Lebenswerk im Grunde nur Wortführerin – „Spruchsprech" wie „Echo" – der Fürstin Carolyne von Sayn-Wittgenstein gewesen, muß sich nach den vorliegenden Aufzeichnungen und deren zuverlässigen Belegen gerechterweise ganz erheblich nunmehr wirklich einmal berichtigen.

Dessau, am 40. Todestage des Meisters
(31. Juli 1926)

Arthur Seidl

Zur Textvorlage, zur Textrevision und zu den Bildbeigaben

Die Ausführungen Arthur Seidls über die Textgestaltung des vorliegenden Bandes (im Anhang, S. 421–425) bedürfen der Ergänzung durch einige sachliche Bemerkungen.

Der Nachlaß Lina Ramanns, der früher geschlossen im Weimarer Liszt-Museum (heute Liszt-Haus genannt) aufbewahrt wurde, ist zur Zeit in drei Gruppen geteilt.

Die Handschriften bilden als „Ramann-Bibliothek" eine Abteilung des sog. Liszt-Nachlasses im Goethe- und Schiller-Archiv zu Weimar; die Bilder (Photographien) befinden sich im Goethe-Haus am Frauenplan (dem Goethe-Nationalmuseum), während die Sammlung gedruckter Kompositionen Liszts im Liszt-Haus verblieben ist. Alle diese Gebäude gehören zu den Nationalen Forschungs- und Gedenkstätten der klassischen deutschen Literatur in Weimar.

Eine im September 1978 vorgenommene Durchsicht der Handschriften ergab, daß das Originalmanuskript der *Lisztiana* als verschollen oder verloren betrachtet werden muß. Glücklicherweise war der Text bereits Mitte der 1920er Jahre in Regensburg gesetzt worden; ein in meinen Händen verbliebenes Exemplar der umbrochenen Korrekturbogen hat sich erhalten und konnte als Satzvorlage unserer Ausgabe dienen.

Die Originale der in den *Lisztianis* mitgeteilten Briefe Liszts und Anderer sind dagegen in der „Ramann-Bibliothek" vorhanden und ebenso die Originale der Fragezettel Ramann-Liszt, mit Ausnahme der No. 3 und 17.

Bei der Wiedergabe Lisztscher Autographen hielt Arthur Seidl mit Recht größte Genauigkeit für geboten: man sehe seine diesbezüglichen Bemerkungen in der Fußnote S. 424.

Der Fragezettel No. 3 (aus dem August 1874), drei Seiten stark, enthielt Fragen und Antworten über Lisztsche *Claviermusik, Orchester-Werke, Kirchen-Musik, Orgel-Werke, Lieder.* Der Zettel No. 17 (von Liszt am 1. April 1881 in Budapest beantwortet) umfaßte zwei Seiten und betraf *Die symphonischen Dichtungen Liszt's.*

Und gerade diese beiden Fragezettel sollten dem Buch faksimiliert beigegeben werden!

Ich entsinne mich, daß es schwierig gewesen wäre, No. 3 dem Original genau entsprechend im Druck wiederzugeben. Weiter erinnere ich mich, daß Liszt in No. 17 zu der symphonischen Dichtung *Les Préludes* anmerkte: *Garten-Conzertstück geworden* und zum *Orpheus* notierte: *R. Wagner fand darin ein Schwanken zwischen Wonne und Weh, welches ihn tief ergriffen.*

Aus dem von mir vor mehr als 45 Jahren angefertigten Werkverzeichnis ergibt sich, daß in No. 17 auch die Arrangements des *Tasso,* der *Héroïde funèbre,* des *Festvorspiels* und des *Festmarsches nach Motiven von E. H. z. S.-C.-G.* [Ernst II., Herzog von Sachsen-Coburg-Gotha] für Militärmusik von dem preußischen Armee-Musikinspizienten Gottfried Piefke (1817–1884) erwähnt waren.

Ferner sind die auf S. 407 genannten zwei Fassungen des *Geleitwortes* Liszts zu L. Ramanns *Grundriß der Technik des Klavierspiels* nicht mehr vorhanden; sie sollten den Fragezetteln als No. 18 und 19 angehängt werden.

Gleichfalls verloren ist die eigenhändige Niederschrift der 16 Anfangstakte einer (nicht erhalten gebliebenen) Jugendsonate Liszts, die der Meister am 10. Oktober 1881 in Nürnberg aus dem Gedächtnis zu Papier brachte. Ein guter Stern veranlaßte mich, das kostbare Blatt im Jahre 1942 photographieren zu lassen, so daß es – dem Willen Lina Ramanns entsprechend – ihren Erinnerungen als Faksimile beigegeben werden konnte.

Es würde zu weit führen, hier im einzelnen darzulegen, warum die *Lisztiana* nicht längst der Öffentlichkeit zugänglich gemacht worden sind. Es genüge zu sagen, daß Arthur Seidl kurz vor seinem Tode (1928) den mir durch seine Witwe übermittelten

Wunsch äußerte, ich möge die Herausgabe übernehmen. Daraufhin habe ich den bereits gesetzten Text sorgfältig revidiert, gemeinsam mit Frau Dorothee Seidl die Register ausgearbeitet und die Klischees der Bilder- und Faksimile-Beigaben herstellen lassen.

Verhängnisvolle Zeiten brachen an, und nach den Stürmen des unseligen Zweiten Weltkrieges stellte sich heraus, daß im Archiv des Regensburger Verlages weder der Satz der *Lisztiana* noch die Klischees aufzufinden waren. Angesichts dieser Tatsache wie auch aus anderen Gründen verzichteten die Verlagsinhaber auf eine Publikation des Buches.

Und wieder verging längere Zeit, in welcher das Interesse an Liszt neu erwachte. Man wurde sich bewußt, welch dominierende Stellung in der Musikgeschichte der Meister eingenommen hat, und man erkannte, daß seinen Kompositionen keineswegs nur „historische" Bedeutung zukommt.

So können denn die Lisztiana 70 Jahre nach dem Tode der Verfasserin und volle 54 Jahre nach dem Hinscheiden des von ihr bestimmten Herausgebers endlich erscheinen. Leider hat auch Frau Dorothee Seidl, die 1975 verstorbene Witwe Arthur Seidls, diese lang ersehnte Freude nicht mehr erlebt.

Mein besonderer Dank gilt dem Konzertpianisten Ernst Burger in München, der eine umfassende Ikonographie Franz Liszts vorbereitet und mehrere Neuaufnahmen unserer Bildbeigaben in entgegenkommender Weise zur Verfügung gestellt hat.

Anstelle der Fragezettel 3 und 17 wurde der Fragezettel No. 1 dem Buche faksimiliert beigegeben nebst dem Briefe Liszts vom 22. Februar 1883 und dem letzten Gruß der Fürstin Wittgenstein an Lina Ramann vom 22. August 1886.

Mit freundlicher Genehmigung der Nationalen Forschungs- und Gedenkstätten in Weimar sind diese Nachbildungen an Ort und Stelle ausgeführt worden.

Als Drucktype der Lisztiana wurde die Sabon-Antiqua gewählt.

Lina Ramann bediente sich der sogenannten deutschen Schrift, während Liszt lateinische Buchstaben anwandte.

In den zweispaltig gesetzten Frage- und Antwortzetteln haben wir für die Fragen L. Ramanns (in der linken Spalte) kleinere Typen benutzt und die Fragen so von der Antworten Liszts (in der rechten Spalte) unterschieden.

Einzelne lateinisch geschriebene Wörter und Sätze in dem verschollenen handschriftlichen Text sind durch *kursive* Typen wiedergegeben, nicht aber die ebenfalls lateinisch geschriebenen Eigennamen.

Unterstrichene Wörter sind überall durch S p e r r u n g gekennzeichnet.

Escheburg, im Juli 1983 *Friedrich Schnapp*

Inhalt

1873

Vorbeziehungen. – Liszt bei uns (5. August). Unser Empfang.
Meine sein Oratorium „Christus“ betreffende Studie. Des Abends.
Eine Beichte. Am Klavier. Zur „Christus“-Studie. Arbeit, Sorge, Schluß.

Kurze Vorgeschichte der persönlichen Beziehungen

Manche persönliche und briefliche Begegnung ging Franz Liszt's bedeutsamem Besuche, 1873 bei uns in Nürnberg, voraus. –

1859 hatte mich ihm Dr. Franz Brendel nach der Aufführung der „Graner Messe“[1] vorgestellt; – 1860 dann beehrte der Meister mich mit einigen Zeilen, gelegentlich der Widmung des II. Theils meiner „Technischen Studien“[2]; er schrieb mir dabei:

(1.)

Sehr geehrte Frau,

Sie haben mich zu ganz besonderen Dank verpflichtet durch Ihr freundliches Schreiben und die Widmung Ihrer „Technischen Studien“ – Dieses Werk verdient gerechtermassen die lobendste Anerkennung aller Sachkundigen sowohl in Betreff der methodisch richtigen Eintheilung der verschiedenen Ecercicien als die zwekmäßige Wahl derselben. Ohne in Weitläufigkeit auszuarten enthält es alles Wesentliche der gültigen Clavier-Technik. Insbesondere förderlich wird sich die Übung der Accord-Passagen (Seite 25, 26 – und 30) sowie der Septimen Accorde (Seite 34, 35) erweisen.

Indem ich Ihrem Werke die allgemeinste Verbreitung, zu Gunsten des Fortschritts im Clavier Spiel aufrichtig wünsche, sage ich Ihnen nochmals, Sehr geehrte Frau, meinen verbindlichsten Dank, und verbleibe Ihnen, in aufrichtiger Hochschätzung, ergebenst

Weimar 8ten July 61. F. Liszt

P.S. Entschuldigen Sie noch freundlich die Verspätung dieser Zeilen, welche durch meine längere Abwesenheit von Weimar veranlaßt war –

1868 sandte ich ihm nach Rom ein Exemplar meiner damals erschienenen kleinen Aufsatz-Sammlung „Aus der Gegenwart“, nebst einem Prospekt: „Organisation der Ramann-Volckmannschen Musikschule zu Nürnberg“, wogegen ich einige Zeilen seiner Hand empfing; sie lauteten:

[1] Bei der von Franz Brendel einberufenen Tonkünstler-Versammlung zu Leipzig 1859; Liszt dirigirte das grandiose, vom „Riedel-Verein“ unter Carl Riedel einstudirte, Werk am 2. Juni in der Thomaskirche.

[2] Edirt 1860 bei A. Cranz in Hamburg; die Widmung lautete: „Herrn Dr. Franz Liszt, dem Begründer einer neuen Aera des Klavierspiels“.

(2.)

Verehrte Frau,

Ihre liebenswürdigen Zeilen und das Büchlein „aus der Gegenwart“ bringen mir geistig heimathliche „Festklänge“. Genehmigen Sie dafür meinen herzlichen Dank, so wie auch die aufrichtigsten Wünsche zu dem besten Fortgang und Gedeihen ihrer so verständig eingeleiteten Musikschule.

Hoffentlich findet sich bei meiner nächsten Reise nach Deutschland Gelegenheit Sie persönlich zu versichern: daß Ihnen wahrhaft dankbar und ergeben verbleibt

17 März 68. Rom. F. Liszt

1869, nachdem er mehrmals Boten seiner Grüße mir gesandt (Kömpel, Graf Tarnowski u. A.), erschien er plötzlich selbst mit dem 14jährigen Georg Leitert, um, wie er sagte: „die Wartezeit von einem Zug zum andern zu verwerthen“. Im April machte ich ihm einen Gegenbesuch in Regensburg, wo Bülow ein Klavierconcert zum Besten des Peterspfennigs gab; ein Billet vordem hatte meinen Besuch dahin verwiesen:

(3.)

Geehrtes Fräulein,

Besten Dank für ihre liebenswürdigen Zeilen.

Gegen Mitte April erhalten Sie telegraphische Nachricht von Regensburg, wo es mir sehr angenehm sein wird Sie zu sehen.

freundlichst ergeben

15ten März 69 Weimar. F. Liszt

Liszt wohnte dortselbst bei Pustet, dem bekannten Verleger alter Kirchenmusik; und damals äußerte er bezüglich Bülows einmal gegen mich: „Wenn Bülow aushält, wird München die erste Musikstadt der Welt.“

1870 sprach ich ihn flüchtig bei den Proben zur „IX. Symphonie“, die er zum „Beethovenfest“ in Weimar dirigierte, zu welchem ich mit meiner Verbündeten Ida Volckmann nebst einigen unserer Schüler (Hedwig Schneider aus Ansbach, Augusta [Rennebaum, Ina] Löhner, Berthold Kellermann aus Nürnberg und Oscar Schröder aus Glückstadt) gereist war. –

1872 gestattete er mir, ihm mehrere meiner Klavierkompositionen, darunter eine einsätzige Sonate, vorzulegen; die hierher bezüglichen Zeilen waren folgende:

(4.)

Verehrtes Fräulein,

Aufrichtig dankend für ihre gütigen Zeilen, bitte ich den versprochenen Besuch in Weimar und die Mittheilung ihrer Compositionen mir baldig zu gewähren. Die von Ihnen bezeichnete Zeit, vor der Tonkünstler Versammlung in Cassel – wohin ich am 25ten Juni gehe – ist mir ganz gelegen, und erwartet Sie alsdann, in freundlichster Gesinnung,

ergebenst

1ten Juni 72, Weimar. F. Liszt

Desgleichen gewährte er gütigst, daß Kellermann, den ich kommen ließ, ihm vorspiele. Mit Letzterem begleitete ich ihn nach Cassel zur Tonkünstler-Versammlung und hörte zum ersten Mal, hingerissen, die „Hl. Elisabeth“. Neben mir in derselben Loge saß die Wittwe Spohrs und hielt sich – ein Charakteristikon jener Zeit! – die Ohren zu, um die „schauderhaften Dissonanzen“ nicht zu hören. – Ein Besuch, den er mir im October zugedacht, ging fehl. Hiervon handelt das nachstehende Billet seiner Hand:

(5.)

Sehr geehrtes Fräulein,

Ein ungelegener Wechsel der Eisenbahn Billette versagte mir diesmal das Vergnügen Sie in Nürnberg zu besuchen. Entschuldigen Sie bestens diese nicht von mir verschuldete Widerwärtigkeit, und erlauben Sie mir ihren sehr angenehmen Besuch, in Weimar, nächsten Sommer, zu erwarten.

Mit ausgezeichneter Achtung verbleibt Ihnen,

freundlichst ergeben

Bayreuth 16ten October 72. F. Liszt

1873 wandte ich mich mit der Bitte an ihn: Kellermann seiner Leitung übergeben zu dürfen. Ich schrieb:

Hochverehrter Meister – :

Die Aufführung Ihres Werkes „Christus“ wird Frl. Volckmann und mich demnächst nach Weimar führen. Mit froher Erwartung sehe ich diesen Festtagen entgegen, die mir die Freude bringen sollen Sie, theurer Meister, begrüßen zu dürfen.

Doch möchte ich gerne noch vordem Ihnen ein Anliegen ausgesprochen haben. Es betrifft die Ihnen schon im vorigen Jahre vorgetragene Bitte betreffs Kellermanns. Wir sind seit vorigen Sommer fleißig gewesen; er studirte seitdem von Ihren Klavierwerken einige Etüden (Vision, Eroica), sodann: Fuge über B – A – C – H, 2te Ungar. Rhapsodie, Fantasie über ungar. Melodien (mit Orch.), No. 4 und 9 der *Soirées de Vienne.* K.'s und mein innigster Wunsch ist, daß Sie ihm gestatten möchten in die Reihen derer zu treten, die das Glück Ihrer Leitung genießen. Meister, versagen Sie ihm nicht diesen Segen! Sie mögen unter Ihren Jüngern talentvollere haben, aber keinen, der mit innerer und glühenderer Begeistrung Ihnen anhängt, keinen, dessen Charakter dankbarer, treuer und wahrhaftiger wäre. Darf ich ihn mitbringen?

Seit Ostern halten wir allsonntäglich musikalische Matinéen (für Eingeladene), deren Programme von unseren vorgerückteren Schülern ausgeführt werden. Vielleicht ist es Ihnen nicht unangenehm zu hören, daß die nächste am 18. Mai nur Compositionen von Ihnen bringen soll[3] (Tasso für 2 Klaviere, einige Nummern aus *Pèlerinage en Italie,* No. 6 u. 9 der *Soirées de Vienne,* die 5. u. 2. Ungar. Rhapsodie). Ihnen dieses mittheilen zu können, gereicht mir zu besonderem Glück; denn obwohl der Endzweck unserer Bestrebungen stets war: Verständnis und Liebe für Ihre Compositionen in unserem Kreis zu erziehen, so war es uns jetzt doch noch nicht vergönnt, dieses Ziel in dem Maße zu erreichen, wie gegenwärtig.

In größter Verehrung

Nürnberg, 6ten Mai 1873. L. Ramann

Bezüglich Kellermann's gewährte Liszt freundlichst; er schrieb:

[3] Dieser Liszt-Matinée war bereits am 2. Mai 1872 eine solche vorausgegangen mit *Les Préludes* für 2 Klaviere, Valse-Caprice No. 2, Concert-Etüde No. 3, Drei Sonette nach Petrarka und II. Rhapsodie (Ida Volckmann). – Dieser Versuch Programme mit nur Klavier-Compositionen Liszts durchzuführen, dürfte damals zu den ersten derartigen Versuchen zählen und war vielleicht auch nur im engeren Kreise einer Musikschule möglich.

(6.)

Verehrtes Fräulein,

Ihren baldigen Besuch in Weimar erwarte ich.

Kellermann möge des besten Empfangs versichert sind [sic], und gerne bin ich bereit sein Talent zu fördern.

Bitte mehrere ihrer Manuscripte mitzubringen, und verbleibe mit vorzüglicher Achtung,

aufrichtig ergebenst

9ten Mai 73, Weimar. F. Liszt

Anbei das Programm der „Christus“ Aufführung am 29ten Mai.

Gegen Ende Mai reiste ich mit Kellermann nach Weimar; zugleich meine Socia Ida Volckmann und unsere sehr intelligente Schülerin Auguste Rennebaum. Wir fanden angenehmstes Logis und beste Verpflegung bei einer Officierswittwe und Töchtern Namens Batsch, nahe der Hofgärtnerei.

Die Aufführung des Oratoriums „Christus“, zu der viele fremde Künstler, unter ihnen Richard Wagner mit seiner Gattin, der gewesenen Frau v. Bülow anwesend waren, fand am 29. Mai statt, als die erste vollständige überhaupt.

Und sie ward nun die Ursache jenes denkwürdigen Besuches Liszt's bei uns selbst in Nürnberg, mit dessen Schilderung die nachfolgenden Tagebuch-Aufzeichnungen beginnen.

Das wunderbare Werk hatte mit einer Gewalt mich gepackt wie nie ein anderes. Es ließ mich nicht – nicht bei Tag, nicht bei Nacht. Kein Schlaf, kein Wachen – kein Denken, kein Fühlen und doch alles innerstes Erbeben. Da stand des Nachts plötzlich der Gedanke hell vor mir: „Durchforsche die Partitur und prüfe, was Du empfunden“. Er wirkte wie eine beseligende Erleuchtung und Befreiung.

„Meister“, sagte ich andern Morgens bang und froh zu Liszt, „würden Sie genehmigen, daß ich Ihren ‚Christus‘ bespreche?“

Er sah mich sonderbar an und sprach, indem er die Schultern hoch zog: »Die Partitur ist gedruckt – ich kann es Niemand verwehren.« Es klang so ironisch in meine Erregung hinein, daß ich mit Mühe ein Aufschluchzen unten hielt.

„Sie meinen: Nein!?“ – stieß ich endlich heraus.

»Das meine ich nicht«, entgegnete er jetzt in sehr ernstem Ton und schon gütiger; »wenn Sie den Drang dazu fühlen –: gehorchen sie ihm.«

Nun holte er den Klavierauszug, ließ sich die Stellen zeigen, die mich so erschüttert hatten, und gab mir die Deutung mehrerer seiner poetischen

Intentionen aus dem I. Theil des Oratoriums. – Als ich mich verabschiedete, sagte er: »Sollten Sie bis August soweit mit Ihrer Arbeit gediehen sein, daß sie einen Einblick ermöglicht: schreiben Sie es mir. Ich reise nach Schillingsfürst und werde dann bei Ihnen vorsprechen.«

Gegen Ende Juli meldete ich mich bereit ihm vorzulesen. Schon nach einigen Tagen erfolgte seine Rückäußerung:

(7.)

Sehr geehrte Frau,

Wenn Sie mich nicht abbestellen, werde ich das Vergnügen haben, nächsten D i e n s t a g Nachmittag, Sie zu besuchen. Laut der Eisenbahn „Tabulatur“ kommt der Zug, von Bayreuth 11 Uhr abgehend, 4 Uhr in Nürnberg an.

2ten August 73, Bayreuth –
(hôtel „Reichsadler“.)

Verehrungsvoll ergebenst
F. Liszt

Und nun also kam er! –

Beginn des Tagebuches

Nürnberg, 6. August 1873.

Gestern war Liszt bei uns – – bis gegen Mitternacht ..... Mir ist, als stünde ich an einem Wendepunkt meines Lebens, versetzt vom Thal auf Bergeshöhe: so erhaben, so feierlich, so aller Schwere entrissen .....

Ich schweige von meinem Bangen und von der Freudigkeit, mit der ich ihm entgegensah. Es war das erste Mal, daß er auf Stunden zu uns kam und wir ihn bewirthen durften. Wir hatten eine Art Empfang dem Großen, Weltberühmten vorbereitet: die Schüler bildeten Spalier von der Treppe bis in den Musiksaal, wo die erwachsenen und vorgerückten Schüler sich befanden, während dort die jüngeren und Kinder postirt waren. Bei seinem Eintritt überreichte ihm ein schönes achtjähriges Mädchen – eine Enkelin des bekannten Germanisten Baron v. Aufseß – mit einigen passenden Worten ein Blumenbouquet. Liszt ließ seinen Blick über die Schaar streifen – :

»Alles Virtuosen? Bitte – soll ich Musik hören? – Fangen Sie an!«

In diesem Moment fühlte ich, wie sehr meine Bescheidenheit eine große Ungeschicklichkeit war – ich hätte den Rákóczi-Marsch oder so etwas achthändig spielen lassen und die Schüler darauf entlassen sollen. Anstatt dessen aber hatte ich gedacht: einen Meister, wie ihn, könne man nur ehren, wenn man ihn von Schülermusik frei halte. – Er wiederholte seine Aufforderung und als Niemand ihr genügte und ich ihm gesagt: „Wer darf spielen, wo S i e sind" – entgegnete er fein und heiter:

»So werde i c h spielen!«

Im Nu saß er vor dem Flügel, probirte in köstlichen Läufen seiner Finger, kritisirte mißlungene mit: »schlecht – nochmal machen!«, lächelte dabei dahin, dorthin und verlangte endlich nach dem „Wohltemperirten Klavier" – er wolle eine Fuge spielen, die Wagner ohnlängst »sehr gefallen habe«. Er spielte das Präludium und Fuge in *Cis moll* (No. 4), fragte dann: ob ich einen besonderen Wunsch habe? und spielte, ihn erfüllend, seine Rhapsodie: *„Héroïde élégiaque"*.

»Nun noch ein Stück für die jungen Damen!« rief er diesen zu, und berückend, entzückend entglitt seinen Fingern seine *Valse caprice* No. 2 der *Soirées de Vienne,* die in diesem Moment mit neuen Blütenknospen gleichsam übersäet, am Ohr vorüberschwebte. Mit dem letzten Ton sprang er vom Flügel und rief: »Nun habe ich ein Glas Bier verdient!«, verneigte sich gegen die Schüler und trat mit mir in mein Arbeitszimmer.

Ich meinte: er müsse nun ruhen. Von Ruhe aber war keine Rede.

»Wie steht es mit Ihrer Arbeit?« war das erste Wort, als er nach dem ihm gereichten Trunk das Glas niedergesetzt hatte.

Ich las ihm aus dem philosophischen Theil meiner „Studie" (so gedenke ich das Schriftchen zu benennen) vor; bis zur musikalischen Analyse ist es noch nicht gediehen. Liszt hörte gespannt zu und streute da und dort eine Bemerkung ein. Als ich zu der Spitze der Exposition, zu dem Punkt kam, wo es heißt: daß Christus im Laufe der Zeiten „weltumfassende Idee" geworden sei, und fortfuhr: „Die Idee Christus bildet den Ausgangspunkt des Liszt'schen Werkes" etc, sprang er von seinem Sitze auf und durchmaß schnellen Schrittes mehrmals das Zimmer. Dann bat er mich die ganze Parthie nochmals zu lesen. Als ich ihn ansah, war sein Aussehen ganz verändert: das Blut war aus seinem Gesicht gewichen, die Augen in die Höhlen zurückgetreten, die Züge wie nach Innen erstarrt. Ich bebte am ganzen Körper. Nur einige Sekunden – und sein Gesicht war belebt wie vordem.

»Sie haben es verstanden – – ich danke Ihnen«, sprach er einfach und bewegt; und dann:

»Ich vertraue mich Ihnen an« .....

»Übrigens«, meinte er nach einer Pause – »alles trifft nicht: ich bin Katholik« –

„Sie stehen über den Confessionen", fiel ich ihm schnell ins Wort – „trotz der Tonsur."

»Meinen Sie?« lächelte er, indem er heiter sein Haupt neigte und auf die Stelle der Tonsur hinwies, von der nichts zu sehen war – : »sehen Sie: sie ist ganz verwachsen!«

Dieser Satz holte das innere Gleichgewicht zurück. –

Wir machten alsdann einen Spaziergang auf die Burgfreie hinauf und gingen am Pilatus-Haus vorbei, wo er in früheren Zeiten bei dem alten Freiherrn v. Aufseß des öfteren geweilt; er interessirte sich für all die Romantik, die nahezu sagen-verwoben sich mit diesem Abkömmling des alten fränkischen Rittergeschlechts verknüpft hat – schwenkte dann zu Nietzsche's Schrift über: „Die Geburt der Tragödie aus dem Geiste der Musik", die so viel von sich reden machte, und die er »epochemachend« nannte mit der Bemerkung: sie werde voraussichtlich eine »neue kunstphilosophische Phase einleiten« – u. s. f., bis wir wieder zu Hause angelangt, bald am Abendtisch saßen.

Er aß und trank außerordentlich wenig, dagegen aber wurden ganze Weltreisen, schnell von einem zum andern auf literarischem Gebiet gemacht, – so schnell, daß oft die Gedankenbrücken in dem Moment, da man sie zu sehen glaubte, auch schon in weite Fernen rückten. Alles so leicht, wie im

Spiel. Bei Persönlichem weilte er länger: Brendels, meine Beziehung zu ihnen, desgl. die seinigen, bildeten ein längeres Thema. Mein Bund in Beruf und Leben mit Ida, lockte ihm manches schöne Wort auf die Lippe. Einige Male nannte er ihn »eine Dichtung des Lebens«.

Dann wollte er auch wissen, wie ich zu dem Interesse und der Vorliebe für seine Werke gekommen sei?

„Wenn ich mich auch vermesse die Ursache Ihrer Gewalt auf mich in meiner Gefühlsart zu sehen, die sich Ihnen gegenüber wie bann-erlöst fühlt", entgegnete ich seiner Frage – : „im Grund genommen, führte mich eine tiefe Beschämung zu Ihnen." Mir wurde heiß als ich das sagte.

»Wie roth Sie werden – beichten Sie!« scherzte Liszt. Und ich erzählte, wie eines Tages, anfangs der 1850er Jahre meine angebetete Lehrerin, Frau Dr. Brendel, freudig erregt mir äußerte: „Wir reisen morgen nach Weimar zu Liszt", und ich erstaunt, in jugendlicher Geringschätzung, ausrief: „Zu dem Seiltänzer!?" – das Wort, das ich unzählige Male von meiner Autorität: meinem Vater, auf ihn hatte anwenden hören – und wie hierauf ihre schönen Augen mich sonderbar ansahen und sie spöttisch fragte: „Was wissen Sie von ihm?", wie eine Glut der Beschämung mich übermannte und nicht weichen wollte Tage, Wochen, ja Jahre, sobald der Name: „Liszt" an mein Ohr schlug, und wie schließlich nur die Beschäftigung mit seinen Kompositionen mich allmählich von ihr befreite.

»Für Beichte und Buße wird nun der ‚Seiltänzer' Ihnen vorspielen«, sagte Liszt ungemein gütig und liebenswürdig. Es war 9 Uhr geworden. Er nahm vom Flügel einen Schubert-Band. Halb geschlossenen Auges, leise, langsam, traumhaft, nicht zu sagen: visionär, spielte er den „*Moment musical*":

– so schön, so himmlisch innig, wie ich nie Ähnliches vernommen. Er reihte den kleinen charakteristischen „*Moment*" in *F moll* daran, der uns wie unter Sternenhimmel in die Pußta trug. In sprachlosem Entzücken zeigte bald Ida, bald ich auf diesen, auf jenen Takt und er nickte und spielte ihn wieder – es waren auch seine Lieblingsstellen, wie er sagte. Ich schlug die Seite um – er begann das *cis moll*-Stück. Aber was war das? – ein schnellstes *vibrato*-Tempo, virtuosglatt. Verwundert-naiv rief Ida:

„So schnell?! – ich dachte mir das ganz anders." Liszt hielt inne. »Sie haben Recht – ich habe es übernommen – das war der ‚Seiltänzer'! – : ich spiele es noch einmal«, sagte er wie begütigend.

Wir kamen so ganz natürlich in eine Art Wetteifer – er: begeistert zu geben, wir: begeistert zu empfangen. Unter vielen andern Stücken, weltlichen und kirchlichen, spielte er auch den Schubert'schen Sonatensatz:

Er zauberte uns damit in einen Garten im Style Lenôtre's – zwischen Taxushecken galante Cavaliere, mit ihren Damen kokettirend, kichernd:

, kosend – ein Rococobild von vollendet höfischer Grazie vergangener Zeit. –

Es ging auf Mitternacht zu – noch spielte der Meister sein *Ave maris stella* (Klavier-Übertragung), es klang heilig wie in Domesstille. Dann erhob er sich. – –

Jetzt weiß ich, was Musik ist – jetzt weiß ich, was das Wort „Genie" bedeutet .....

Schloß Banz bei Staffelstein, 16. August.

Seit einer Woche ohngefähr sind wir zur Erholung in schöner Ferienzeit hier oben, hingegeben an Wald, Berg, an das schöne Mainthal. Dabei arbeite ich nach Kräften an meiner „Christus"-Studie. –

Der 5. August bildet noch immer unsern Gesprächsstoff, den Stimmungston wohl auf lange hinaus. Liszt wollte gegen den 16. dss. wieder in Weimar sein – ich fragte bei ihm an: mit welchem Zug er uns passire?, um unten in Lichtenfels ihn begrüßen zu können.

Heute erhielt ich folgendes Billet:

(8.)

Sehr geehrte Frau,

Herzlichen Dank für ihre Zeilen. Mein Rückweg nach Weimar (wo ich übermorgen eintreffe) führt mich diesmal nicht durch Lichtenfels, sondern über Frankfurt a. M. –

Empfehlen Sie mich bestens ihrer Freundin, und seien Sie versichert dass der 5te August eine sehr liebe Erinnerung verbleibt

Ihrem freundschaftlich ergebenen

Langenburg 15ten August 73. F. Liszt

Schloß Banz, Ende August.

Unsere Gesellschaft hat sich inzwischen vergrößert. Außer unserer krauskopfigen Lehr-Aspirantin Ina Löhner, die uns für die Dauer der vierwöchentlichen Vacanz begleitete, gesellte sich die schlanke elfengestaltige Gabriele Beeg, eine Enkelin des alten Freiherrn v. Aufseß, und der kleine August Fischer (beide, wie Ina, einem Lehrerkurs eingereiht) zu uns, u. A. – Und gestern erschien auch die uns innig befreundete Susanna, Freiin v. Tucher, um einige Tage zwanglos und ungestört mit uns zu verbringen.

31. August.

Welch' ein gesegneter Tag!

An Waldessaum, vor der Sonne beschattet, den Horizont frei, lagerten wir, und ich las vor, was ich bisher gearbeitet habe – meine Zuhörerschaft natürlich pflichtmäßig enthusiasmirt und voller Fragen.

Dann wandelten wir im Wald, Ida mit der Jugend, Susanna mit mir. Trotz der angenehmen Erregung nach der Lektüre, war ich innerlich bedrückt. –: Ich hatte bezüglich meiner „Studie", die ich hoffe zu Liszt's 50jährigem Künstlerjubiläum im Oktober fertig zu bekommen, die nöthigen Präliminarien begonnen und an verschiedene Verleger geschrieben. Obwohl ich auf jedes Honorar verzichtete, glaubte doch einer der Herren nach dem andern von dem Druck der Brochüre absehen zu müssen, „da sie ein Liszt'sches Werk behandle und erfahrungsgemäß diese Richtung keinen Anklang fände". –

„Was soll ich nur machen?" sagte ich verzagt zu Susanna. „Wenn ich noch an ein Dutzend von Verlegern schreibe – die Antwort wird immer dieselbe sein. Ich arbeite und arbeite Monat um Monat und das Ende vom Lied ist, daß das Manuskript im Kasten bleibt." – –

Wir gingen lange schweigsam – ich in Gedanken, Susanna pflückte Blumen. So kamen wir an eine freie Stelle, die einen Ausblick gewährte: wir sahen in die Pracht der untergehenden Sonne. Susanna hatte meine Hand erfaßt. „Linsele" (das war ihr Schmeichelwort für mich), redete sie mich plötzlich an – „darum brauchst Du dich nicht zu grämen. Wenn Du, die für ihr Brod arbeiten muß, für eine schöne Idee monatelang umsonst arbeitest und Dein Bestes geben kannst, müßte ich mich ja schämen, wenn ich, Deine Freundin, nicht die paar hundert Gulden übrig hätte, die der Druck Deiner Brochüre kostet."

Seligere Thränen habe ich nie geweint .....

„Eines aber mußt Du mir versprechen", sagte sie noch, ehe wir mit unserer Gesellschaft wieder zusammenstießen –: „Niemand darf etwas davon erfahren, daß ich ‚mitthue', nur Ida."

Nürnberg, November.

Liszt's Künstler-Jubelfeier in Pest liegt hinter uns und – oh! – meine Studie ist trotz Susanna's hochherziger Initiative noch nicht an ihrem Schluß. Abgesehen von der vielen Zeit, welche die Tagesarbeit unserer Schule in Anspruch nimmt, auch abgesehen vom Druck, den eine hiesige Druckerei übernommen hat und der langsam vor sich geht, ist die Sache selbst eine so tiefgehende und schwierige, daß mir immer noch ein Theil der Partitur zu durchforschen bleibt. So viel Neues, so viel Unerwartetes darin – oft überwältigend! Das Erleben braucht Zeit – ich kann nur aussprechen, was ich erlebt, in mir erlebt habe wie ein Eigenes. Das herrliche, so menschlich-groß wie religiös-erhaben empfundene Werk trage ich in mir wie mein in Erdenschmerz und Himmelshöhe empfangenes Eigenthum – und doch sehe ich es vor mir wie ein anderes. – Sonderbare Zweiheit!

17. December.

„Christus" vincit, „Christus" regnat, „Christus" imperat in sempiterna saecula! Amen. –

Der letzte Bogen wanderte in die Druckerei – nun können die Weihnachtsglocken läuten! – –

1874

Consequenz der Veröffentlichung meiner „Studie". Projekt zu einer Liszt-Biographie; Liszt's Genehmigung. Mein Besuch bei Frau Kaulbach. Ein biographischer Brief Liszt's.

Nürnberg, 20. März 1874.

Es vergingen noch Wochen, ehe Drucker und Buchbinder ein erstes Exemplar meiner „Christus"-Studie fertig hatten, es dem Meister zu senden – einen Nachzügler seines Jubiläums! Und weiter vergingen noch Wochen, ehe ein Wort von ihm selbst eintraf – – er schreibt:

(9.)

Verehrte Freundin,

Nur ihre Güte kann mich entschuldigen. Bei meiner Rückkehr in Pest (nach Mitte Februar) fand ich ihr Exemplar der so bemerkenswerthen Studie über das Oratorium Christus; andere exemplare vertheilte ich bereits an mehrere Freunde welche nicht glauben konnten dass der Autor kein Professor der Berliner oder Leipziger Universität wäre! –

Unzählige Störungen verhindern mich Ihnen jetzt ausführlich zu schreiben; sobald mir etwas äussere Ruhe gestattet wird, tilge ich das Versäumte – – –

Mit aufrichtiger Verehrung,

herzlich dankend
und ergebenst
F. Liszt

18ten März 74 –

Dieses Jahr komme ich nicht nach Weimar, und gedenke Anfangs Mai wieder meine frühere Wohnung in der Villa d'Este (bei Rom) zu beziehen.

April.

Der erste Ostermorgen brachte mir Unverhofftes –: der mir persönlich unbekannte Verleger des Christus-Oratoriums, Julius Schuberth, jedenfalls angeregt von der eingehenden glänzenden Besprechung, welche die Brendel'sche Musikzeitschrift meinem Schriftchen gleich nach seiner Veröffentlichung gewidmet hat, sandte mir die Partituren der „Graner"- und der „Ungar. Krönungs-Messe" Liszt's – zum Geschenk „aus Bewunderung von Ihrem 70jährigen Verehrer", wie eine briefliche Beilage gesagt. Einige Tage später ersuchte mich Schuberth ihm ein Buch über Liszt's Kompositionen zu schreiben –

Dieser Auftrag brachte mich in einen Zustand dem nach der Weimaraner Christus-Aufführung nicht unähnlich.

Und wie damals fielen die Schatten: wie unter dem Leuchtstrahl einer Mission sah ich meinen Weg vor mir. Alle Gegenbedenken, die heftig in mir aufstiegen, gingen unter – selbst meine Freude und mein Drang zum Komponiren wich zurück vor der inneren Stimme: „Hier liegt Deine Aufgabe – hier ist Dir eine geschichtliche Mission zuertheilt" .....

Auch Ida spricht für sie mit der Entschiedenheit ihres Wesens – – – so legte ich Hand auf sie. – – –

An Schuberth schrieb ich hierauf:

– – – – – – – –

Und nun gehe ich zu dem mir wichtigsten Punkt Ihrer Briefe, zu dem Projekt eines Buches über „Liszt's Vokal- und Instrumentalmusik". Dieser Gedanke hat mich elektrisirt; denn seit lange ist er ein Lieblingstraum von mir, von dem ich immer meinte, daß er sich nicht realisiren ließe – darum nicht realisiren ließe, weil ich einerseits nicht die so angenehme Gabe besitze die Herren Verleger meinen Wünschen zu gewinnen, und ich mir sagen mußte, daß die gewöhnliche Engherzigkeit nicht kühn mit mir die Brücke schlagen würde über den Strom, welcher gegen Liszt im Wege ist, daß aber anderseits es mir versagt ist, sie allein zu schlagen – – weil leider! mein Besitz nicht weiter geht als mein Erwerb, ein Werk aber, wie es mir vorschwebt, nicht allein viel Zeit und viel Kraft, sondern auch viel Geld kostet und ich die ersteren noch dazu der Existenz wegen verwerthen muß.

Wenn Sie großherzig genug sind, auf meine Gedanken einzugehen, dann schreibe ich Ihnen ein Werk, das jedes andere über Liszt auf viele Jahre hinaus überflüssig machen soll. Es ist das viel gesagt, aber ich weiß, was ich sage.

Mein Plan ist ein Werk über Liszt zu schreiben, das sein gesammtes Schaffen betrifft, wozu der von Ihnen gegebene Titel vortrefflich ist.[4]

(Hier folgt die Disposition) – – –

Selbstverständlich müßte Biographisches unterlaufen und bin ich überzeugt, daß mir Liszt zu Vielem behülflich sin würde. Denn es ist überhaupt wünschenswerth – noch mehr als das! –, daß solche Werke unter den Augen des Meisters entstehen, oder sich vorbereiten. Das wäre noch ein besonderes Verdienst gegenüber der Nachwelt – für sie unschätzbar!

– – – – – – – –

25. April.

Schuberth geht auf meinen Vorschlag ein. – – Gebe Gott mir Kraft und Segen zum großen Werk!

[4] Nachtrag 1894: Das Werk wich von seinem ursprünglichen Plane ab und erschien unter dem Titel: „Franz Liszt als Künstler und Mensch" (zu Leipzig bei Breitkopf & Härtel; 1880, 1887, 1894).

7. Mai.

Liszt genehmigt ....

Schuberth hat ihm die Mittheilung von den Plane gemacht, worauf er folgenden Brief an Schuberth richtete, den letzterer mir zu copiren erlaubte:

Sehr geehrter Freund!

Allerdings haben Sie einen seltenen, großen Fund gemacht. Ich selbst dachte nicht, daß meine zu bescheidene Freundin, Lina Ramann, so rüstig, besonnen, competent und entschieden auftreten würde. Ob ich der Mühe werth bin, daß ein solches Buch, wie R. es beabsichtigt, geschrieben wird, möchte ich nicht bejahen. Meine Selbstschätzung geht nicht weit – und wenn man mir nur Gesundheit und einen nicht gemeinen Sinn zuerkennt, bin ich zufrieden. Für die Mittheilung der Briefe danke ich Ihnen bestens, und bitte Sie, meiner muthigen und äußerst wohlwollenden Interpretin meine aufrichtige Verehrung und Erkenntlichkeit auszudrücken. Nächstes Jahr hoffe ich, sie wieder in Weimar oder Nürnberg zu sehen.

Bezüglich auf die „Materialien", die Sie von mir verlangen, werde ich wenig dienen können. Im vertraulichen Gespräch sage ich gerne manchmal einiges; doch sind mir gewisse ziemlich gebräuchliche Nachrühmungen stets sehr zuwider gewesen und ich vermeide sie durchaus. Briefe, die für mich besonders ehrenvoll und erfreulich sind, zeige ich nicht. Die meisten davon sind verloren gegangen oder verbrannt, da ich leider zu oft Ort wechseln muß. Übrigens hat mir Wagner nicht wie Sie vermeinen, eine enthusiastische Kritik über den „Christus" geschrieben; wohl aber in für mich unvergeßlicher Weise nach der ersten Aufführung des Werkes in Weimar davon gesprochen. Ein paar Tage darauf führte mir meine Tochter die Anschauungen Wagner's brieflich noch weiter aus. Diese geistige Reliquie darf nicht herum getragen werden.

Raff's Zurückhaltung befremdet mich keineswegs; ich bin ihm deßwegen nicht minder freundlich gesinnt und begreife wohl das Vernünftige seines Gebahrens. Als Sie hier von der in Aussicht gestellten Brochüre sprachen, schien mir Ihre Zuversicht ein gelinder humbug, der jedenfalls den Vortheil hatte die deutsche Herausgabe des kleinen ungarischen Commentars von Ábrányi zur „Christus"-Aufführung (in Pest edirt) abzuwehren.

Nun, Dank dem entschiedenen Vorgehen L. Ramann's und der wirksamen Verständigung und Mithülfe unseres genialen Freundes Julius Schuberth ist die Sache in besten Gang gekommen.

Sie haben sehr wohl gethan mehrere meiner Partituren an Porges zu verehren – selbst wenn er die gleichfalls in Aussicht gestellte „Christus"-

Brochüre nicht schreibt. Seine Wagner-Aufsätze sind vortrefflich (und sehr ausnahmsweise von Wagner anerkannt). Über die IX. Symphonie hat ihm auch Wagner vieles Feine und Werthvolle eingegeben.

Abermals verlangen Sie den „A lelkesedés dala"! Mit gutem Gewissen kann ich Ihnen denselben nicht zustellen, weil dadurch das Eigenthumsrecht Táborszky's verletzt wäre. Indessen hat er Ihnen einen so anständigen Vorschlag gemacht, daß Sie damit befriedigt sein dürfen, wenn Sie wirklich noch die ganz überflüssige deutsche Ausgabe des kleinen Männerquartetts „Lelkesedés" in Ihrem Verlag aufzunehmen gedenken, was ich Ihnen gar nicht empfehle.

Obschon noch ziemlich unwohl und an mein Zimmer für mehrere Tage gebunden, werde ich die Revision der 3 edirten Orchester-Rhapsodien besorgen.

Indem ich glaube Ihren Brief pünktlich und klar beantwortet zu haben, verbleibe Ihnen, geehrter Freund

aufrichtig ergebenst

4ten Mai 74, Pest. F. Liszt

Am 16. Mai reise ich nach Rom.

Im August.

Inmitten einer unbeschreiblichen Fülle von Vorarbeiten, die, ich möchte sagen, Tag und Nacht mich beschäftigen und jeden Athemzug meines Denkens beschlagnahmen, schrieb ich dem Meister nach Rom:

Lieber, theurer Meister –:

Sie wissen bereits durch J. Schuberth von dem Projekt eines Ihr Leben und Schaffen umspannenden Buches; Sie wissen auch, daß ich den Muth habe, den Versuch einer Lösung dieser schwierigen Aufgabe zu wagen.

Mit unendlicher Freudigkeit bin ich bei dieser Arbeit und gestehe Ihnen gerne, daß ich in ihr die liebste und schönste Aufgabe meines Lebens erblicke. Aber bange, unsäglich bange wird mir oft dabei. Weniger gegenüber der kritischen und historischen Seite des Werkes, als gegenüber jener, die mir als Ideal vorschwebt und die psychologische Zusammengehörigkeit zwischen Ihnen und Ihren Werken darlegen soll. Das Material über Ihr persönliches Leben selbst liegt nur fragmentarisch, sehr viel sogar ungenau, vor. Dieser Umstand zwingt zu einer äußeren und mehr allgemeinen Darstellung Ihres Lebens, und entfernt mich mehr und mehr von meinem Ideal.

Gerade bei einem Werk über Sie fühle und sehe ich immer deutlicher: daß der Hauptwerth und Schwerpunkt in der Darlegung der feinen psychologischen Fäden liegt, die Person und Kunstwerk durchflechten. Sie, verehrter Meister, sind derjenige unserer Tonheroen, bei dem persönliches Denken und Empfinden sich zum Kunstwerk dichten, wie bei keinem.

Dieser Einsicht und Überzeugung gegenüber muß, wie die Dinge gegenwärtig liegen, meine Arbeit zurücktreten und – – im Vorzimmer sich bewegen. Das drückt mich nieder und macht mich tief traurig, während doch zugleich das klare Sehen, wie sie sein soll, mich glücklich stimmt und mich geistig entflammt. Ein Paradies vor Augen haben und nicht betreten können, ist selige Unseligkeit in mehr als einer Beziehung. –

Das, was mir namentlich zu m. Arbeit fehlt, das sind chronologische und lokale Daten bezüglich Ihrer Kompositionen. Erstere wußte ich mir zum Theil dadurch zu verschaffen, daß ich die Verleger derselben um die Jahreszahl ihrer Veröffentlichung bat, welcher Bitte sie sehr gefällig nachgekommen. Freilich bedürfen diese einer Correktur und um diese möchte ich Sie bitten. Lokales fehlt ganz und gar, und doch ist dieses höchst wichtig. Denn aus beiden Momenten erst läßt sich zurückschließen und der psychologische Zusammenhang, dessen ich vorhin erwähnte, auffinden. – Ich schicke Ihnen anbei eine Tabelle: möchten Sie die große Güte haben und sie mir ausfüllen? und auch den Fragen der beigelegten Zettel[5] die Antwort nicht versagen? Erschrecken Sie nicht, lieber Meister, ob meiner Bitte – aber wohin kann ich mich wenden, wenn Wahrhaftigkeit mein Buch über Sie auszeichnen, wenn meine Arbeit eine in Anbetracht der Sache nur einigermaßen würdige und Nutzen bringende sein soll, als an Sie?! Wären Sie uns dieses Jahr nicht nach Rom entflohen, würde ich nach Weimar gekommen sein. –

Und nun noch Eins! Ein nicht zu übersehender Punkt ist Ihre Tätigkeit als Lehrer. Meinem hierher bezüglichen Material fehlt der Abschluß durch Ihre Klavierschule, über welche Sie im vorigen Jahr, als Sie uns mit Ihrem Besuch beglückten, einige Andeutungen fallen ließen. In Zeitungen las ich letzten Winter, daß sie der Öffentlichkeit bereits übergeben sei. Ich fragte bei Schuberth nach, welcher aber zu s. großen Kummer, wie er sagt, mir mittheilen muß: daß der letzte, der wesentliche Theil ihm noch fehle und darum das Werk, das mit großer Spannung erwartet wird, noch nicht gedruckt sei. Wäre es Ihnen unmöglich, vielleicht im Laufe dieses Jahres noch die fehlende Parthie zu vervollständigen? Ich möchte darum bitten dürfen!

[5] Biographische Frage-Zettel No. 1 – 3.

Mein Brief ist sehr angeschwollen – – Verzeihen Sie, wenn er Sie belästigt, aber ich habe den Muth zu glauben, daß Sie nicht ungern meine Bitte erfüllen werden, schon darum, weil der Ernst und die Lauterkeit meines Wollens Ihnen nicht verborgen sein kann!

In tiefster Verehrung

Nürnberg, 22. August 1874. L. Ramann

Liszt's Antwort.

(10.)

Verehrte Gönnerin,

Ihre eifrigst wirksame Güte macht mich verlegen; wie kann ich Ihnen meinen Dank ausdrücken? – Für das neue Buch haben Sie den sicheren Leitfaden erfasst: das Ineinandergreifen und Durchdringen von Leben und Kunst. In der „Darlegung der feinen psychologischen Fäden die Person und Kunstwerk durchflechten liegt der Hauptwerth" ihrer so herzhaft, verständig und wohlwollend gewählten Aufgabe.

Einem Dichter wurde nachgerühmt: „Er lebte dichtend, und dichtete lebend". Wenn ähnliches bei mir eintrifft, sind meine Fehler und Mängel zumeist entschuldigt. – Beruf der Kunst: Uns durch Wahrheit zur Schönheit zu erheben.

Bevor das erste Heft erscheint bitte ich mir ein paar Stunden Conferenz aus, – nächsten Mai oder Juni, in Weimar oder Nürnberg. Gesprächsweise kann ich Ihnen kurz, klar und **wahr** das noch fehlende Material darbieten.

Anbei die schlichte Beantwortung ihrer vorläufigen Fragen.[6] Haben Sie noch andere in petto, bitte damit ungenirt herauszurücken, und ich werde sie alsbald erledigen.

Was den Catalog anbelangt, möchte ich (bei i h r e m Werke) entschieden die chronologische Anordnung vorziehen, welche ich Ihnen mündlich noch genauer angeben werde. Einstweilen enthalten das „thematische Verzeichniss[")] (Härtel's Verlag) und Schuberth's und Kahnt's specielle Cataloge meiner Compositionen, genügende Weisung.

Mein geringfügiger Lebenswandel im Noten Spielen und schreiben zertheilt sich unclassisch, wie eine classische Tragödie, in 5 Acten: –

1ter = Die Kinder Jahre bis zum Tode meines Vaters, 28. [Adam Liszt starb am 28. August 1827!]

[6] Frage-Zettel No. 1 – 3.

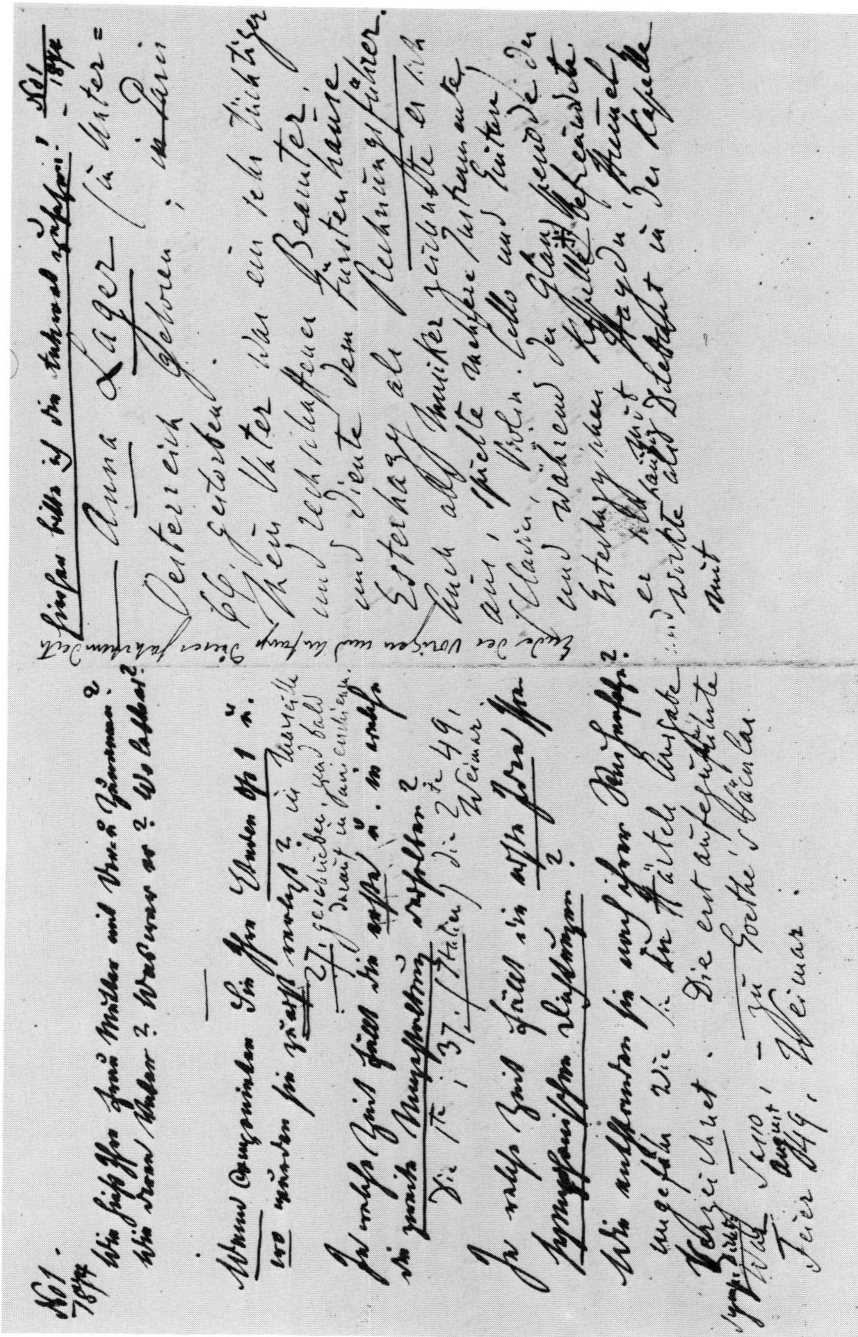

Ramann-Liszt: Fragezettel No. 1
beantwortet Villa d'Este, August 1874

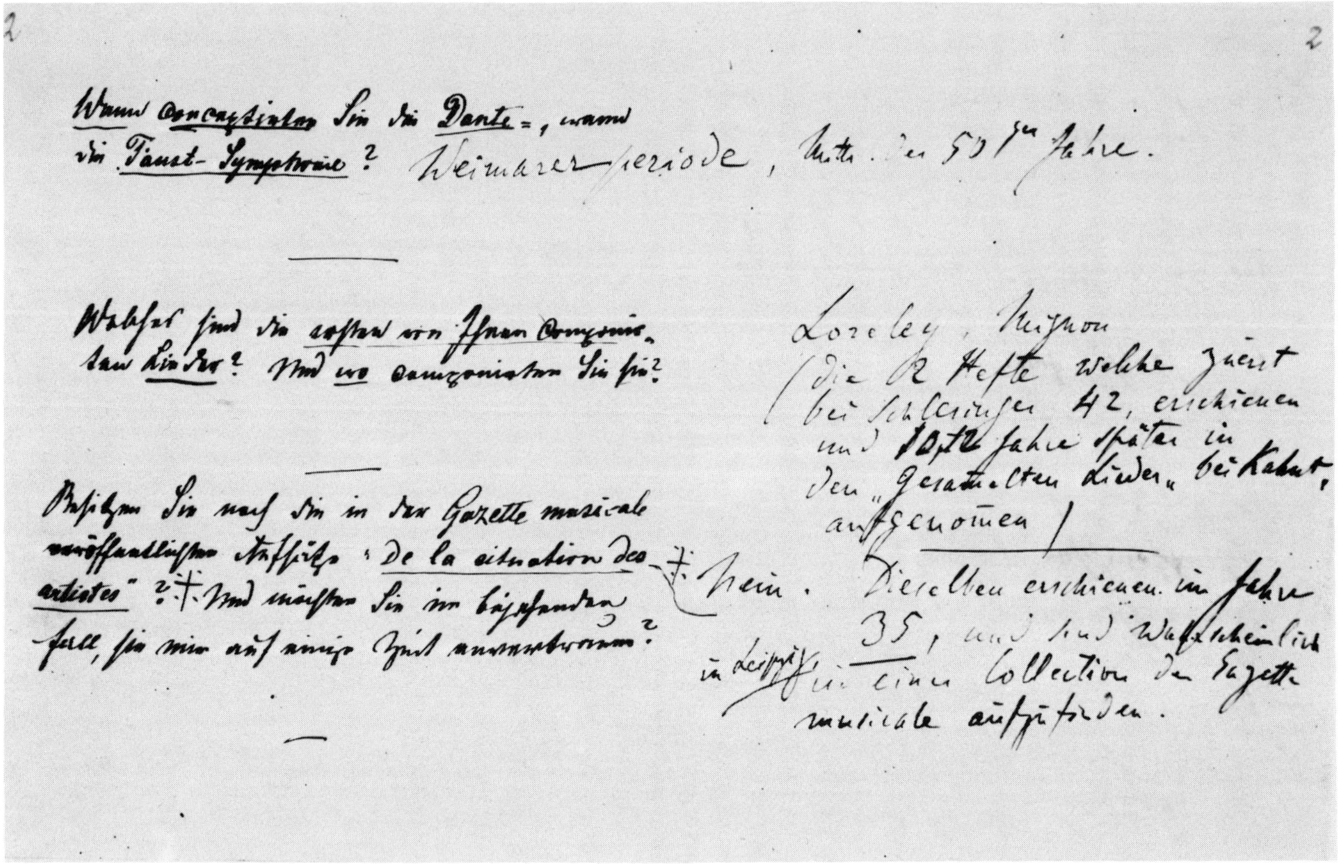
2

Wann concipirten Sie die Dante=, wann die Faust-Symphonie? Weimarer Periode, Mitte der 50ter Jahre.

Welches sind die ersten von Ihnen componirten Lieder? Und wo componirten Sie sie? Loreley, Mignon (die 2 Hefte welche zuerst bei Schlesinger 42, erschienen und 10–12 Jahre später in den „Gesammelten Lieder" bei Kahnt, aufgenommen)

Besitzen Sie noch die in der Gazette musicale veröffentlichten Aufsätze „De la situation des artistes"? – Und möchten Sie im bejahenden Falle, sie mir auf einige Zeit anvertrauen? Nein. Dieselben erschienen im Jahre 35, und sind wahrscheinlich in Leipzig in einer Collection der Gazette musicale aufzufinden.

2ter = 30 bis 38, herumtastendes Studieren und produziren in Paris, und vorübergehend in Genf und Italien, vor meinem Wieder Auftreten in Wien, (38) dessen Erfolg mich zur Virtuosen Laufbahn bestimmte.

3ter = Conzert Reisen: Paris, London, Berlin, Petersburg etc: Fantasien, Transcriptionen, Saus und Braus.

4ter = 48 bis 61 Sammlung und Arbeit in Weimar.

5ter = Deren consequente Fortsetzung und Abschliessung, in Rom, Pest, Weimar von 61 bis ...... –

Auf Wiedersehen, nächsten Mai.

Ihr herzlich dankbarer und ergebenster

30ten August 74 F. Liszt

(Villa d'Este)

P.S.

Es bedünkt mich fast dass Sie einen Wink von Schuberth folgten mit der Erwähnung der „Clavier Methode". Ein solches Werk habe ich nie geschrieben und werde niemals zu schreiben gedenken, weil dergleichen bereits manche lobenswerthe veröffentlicht sind, und ich kein Talent besitze um Regeln des Vortrags, der Auffassung und des Ausdrucks pädagogisch zu erörtern. Darüber kann ich nur im persönlichen Verkehr einiges mittheilen.

Als methodisches Opus habe ich nichts anderes als eine Reihe von technichschen [sic] Studien zu Papier gebracht, welche vielleicht den jetzigen Stand des mechanischen Clavierspiels fördern werden. Sie wissen dass ein Theil meines fertigen Manuscripts verloren gegangen; denselben abermals zu schreiben ist mir widerwärtig; doch werde ich mich dazu entschliessen – im nächsten Jahre, nach Beendigung anderer Arbeiten – und bevor der Herausgabe ihres Werkes.

September.

Ich hinke mit einigen Aufzeichnungen – mit charakteristischen Streiflichtern auf Liszt's persönliche Beziehungen zu W. v. Kaulbach, auch zu Bettina – gewissermaßen der Zeit nach. Bezüglich des ersteren entstammen sie authentischester Quelle. Am 22. Juni besuchte ich nämlich seine (Kaulbachs) Wittwe, die bei ihrer Tochter Johanna (Frau v. Kreling) weilte. Nebenbei: eine Frau von nicht unbedeutendem Charakter; hoch getragen, auch großherzig, klar, willensstark, besonnen – eine Künstlersfrau strengen Styls, wozu ich noch eine Beimischung bürgerlich-begrifflicher Auffassung zählen möchte.

Nach ihren Erzählungen blieb es mir unzweifelhaft, daß das Verständnis der beiden großen Künstler kein gegenseitiges war. Kaulbach blieb Liszt gegenüber im Rückstand. Liszt fühlte instinktiv und erkannte in jenem das verwandte Schaffensprinzip, das sich in den Spitzen ihrer Beider Ideen berührt – Kaulbach dagegen bewunderte in L. nur den Virtuosen, nicht den schöpferischen Geist: Liszt ganz Fortschritt, Kaulbach Reaktionär gegenüber der Musik.

Als ihm L. mit Speidel seine „Hunnenschlacht" (2klavierige Ausgabe) vorführte, verleugnete der Urahne diesen Sprößling seines Geistes – er nannte ihn und L.'s Idee „unverständlich und unsinnig". – Bei der Aufführung der „Hl. Elisabeth" in München lief er aus dem Concerte fort: „weil er das Zeug nicht mit anhören könne".

Es ist schon merkwürdig, wie sich Liszt's Wesen in Kaulbach'scher Auffassung widerspiegelt. Frau K. stellt es dar als „oberflächlich, ohne Sinn für die Natur, ohne Sinn fürs Volkslied". Die Liebe zu letzterem schien ihr der kritische Wertmesser für den Musiker zu sein. Sie habe ihn einstmals aufgefordert solches zu spielen, da habe er sie ausgelacht und dann: „O du mein lieber Augustin" gespielt und spöttisch gesagt: „Da haben Sie ein Volkslied!" – Liszt sei nur fürs Parquet, Kaulbach für die Natur gewesen.

Mit der Sprache sei er nie zurechtgekommen. K. habe ihm über seine Kompositionen oft derbe Dinge gesagt, dann habe er gestottert und hätte nicht widerlegen können. K. aber warf zornig die Thüre zu und ging – Scenen, die sich häufig wiederholten.

Das Bedauerlichste aber bleibt: 1870 trennten sich Beide in Unfrieden – – Liszt kam nach der Schlacht bei Sedan zu Kaulbach.

„Was ein Moment!" rief ihm dieser im nationalen Freudenrausch entgegen. „Unser Vaterland – Deutschlands Ruhm" –

»Ach, was ist Vaterland –« warf Liszt gepreßt ein.

„Freilich", höhnte und schrie Kaulbach, „Deutschland ist ja nicht Dein Vaterland! Du – Du hast ja keins! – : Du bist ja ein Zigeuner!" polterte er wütend.

Liszt, leichenblaß, nahm seinen Hut und entfernte sich schweigend. Beide sahen sich nicht wieder. – –

Es ist nicht schwer Liszt's Abwehr gegenüber dem deutschnationalen Begeisterungsausbruch Kaulbach's zu begreifen. Er anerkannte zu jeder Zeit Deutschlands gerechte und große Sache. Aber sein Gefühl der Dankbarkeit für Frankreich ließ ihn auch dessen Niederlage mit fühlen – er war in gedrückter Stimmung. Außerdem auch ist Liszt's Charakteranlage zu universell, um nicht bei aller Anerkennung einer Nation das innere universelle Gleichgewicht fest zu halten. Auch Kaulbach's Erbitterung ist begreiflich – ein Schlag in's Wasser bei Feuersbrunst. Doch seine Form ist brutal.

Kaulbach's verstanden jene Seite in Liszt's Wesen nie. Auch jetzt meinte Frau K.: „Er wußte nichts zu erwidern."[7]

Diese Auffassung erinnert mich an Bettina, die kein Verständnis für eine andere Seite desselben Charakterzugs [an] Liszt gewinnen konnte: sein Bestreben, jeder Individualität auch im persönlichen Verkehr gerecht zu werden nach dem paulinischen Wort – oft von L. zu hören –: „Prüfet alles, das Beste behaltet."

Als Bettina zur ersten Lohengrin-Aufführung am 28. August 1850 auf Liszt's Ruf nach Weimar kam und er sie in ihrem Hôtel begrüßte, rief sie ihm bei seinem Eintreten ins Zimmer in ihrer launenhaften Art entgegen: „Nun, – bist du noch immer der alte Jesuit?" – –

Ende November.

Einem Brief an Liszt, von dem ich keine Abschrift mehr besitze, erwiderte er:[8]

(11.)

Verehrte Freundin,

Erst heute gelang ich zur Fortsetzung meiner Beantwortungen.

Ein „Befreiungswerk von geistigem Leid" zu schreiben, ward mir nicht gegeben; jedoch dürften als Palliative gegen dieses Leid gelten: „Tristis est anima mea" und die „Seeligkeiten"; im Christus-Oratorium. Eben so die 1te Symphonische Dichtung: „Ce qu'on entend sur la montagne", worin der Mittel- und Schlußsatz ($^3/_4$ Takt, Andante religioso) fast das Motif der „Seeligkeiten" anstimmen, und gleichsam ob dem wunderbaren Gedicht Victor Hugo's schweben. Wie ich im Übrigen möglichst genau dieses Gedicht verfolgte, hat Draeseke's Commentar treffend erwiesen, und unser hochsinniger, theurer Freund Brendel, erkannte in der 1ten Symphon: Dicht: den Kern aller meiner Compositionsweisen.

Noch andere Palliative wären: der 2te Theil der Dante Sinfonie mit dem Schluss Chor „Magnificat": der Psalm „Herr! wie lange": und, – wie Sie es richtig und fein fühlen, – das Herwegh'sche Lied „ich möchte hingehen". Die erste (nicht erschienene) Version desselben schrieb ich während meines

[7] Von der Fürstin sprach Frau Kaulbach in hohen Tönen. Sie habe es sich zur Lebensaufgabe gemacht „sein Leben zu regeln", sagte sie und nannte sie „eine große Frau".

[8] Hiebei Frage-Zettel No. 4 u. 5.

virtuosen Conzert Getümmels, 45 – ; gleichfalls die 1te nun verworfene Version der Petrarca Sonette, Tell Lieder, Jeanne d'Arc etc und der 12 Lieder (Poësies lyriques, bei Schlesinger, Berlin 42, verlegt)

„Vergiftet sind meine Lieder" datirt von Paris, 42; „Im Frühlings Heiligthum["], der 2te Fichtenbaum und „ich scheide" – Weimar, vor 20 Jahren. Item, die 2ten Versionen der Loreley, Mignon, und „gesammelten Lieder" (bei Kahnt) –

Alle ihre Fragen zu beantworten, bin ich von Herzen bereit; dazu genügt aber keineswegs der für mich beschwerliche schriftliche Verkehr; Erlauben Sie mir also, Verehrte Freundin, Ihnen meine doppel Einladung nach Weimar und Nürenberg, nächsten Sommer, zu wiederholen. Dann soll nichts mehr im Unklaren verbleiben.

Betreffs einer Stelle ihres Briefes an Schuberth (der zwar gut gesinnt, aber manchmal hastig und täppisch herum flattert) bemerke ich dass Notizen über Daniel Stern leicht aufzufinden sind: Vide Conversation's Lexicon, und „Dictionnaire des contemporains de Vapereau" – letzte Edition.

Weiteres und Höheres, sagt Ihnen mündlich, –

verehrungsvoll und dankbar ergebenst

27ten Nov: 74 – Rom. F. Liszt

December – Ende.

Stet und ersichtlich schreitet die Vorarbeit zu meinem Werke vorwärts – trotz körperlicher Leiden. Ida hat mich von meiner Klavier-Lehrthätigkeit befreit, so daß mir überwiegend die direktorale Arbeit an der Schule zufällt – mein dummes Asthma hindert mich am Sprechen. Die größere Zurückgezogenheit kommt jedoch dem Liszt-Werk zu gut.

Mein Zimmer sieht aus wie ein Magazin – ein langer Auszugtisch ist mit Stößen von Musikalien bedeckt (alle Liszt's!), nach den Gattungen geordnet, und nimmt die Hälfte meines großen Zimmers ein; dazu an den Wänden aufgeschichtet ganze Sammlungen von Musikzeitungen, die ich aus Paris, London, Leipzig, zum Theil auch von der Würzburger und Berliner Universitätsbibliothek anvertraut erhielt – alles Material zu meinen zeitgeschichtlichen Studien. Was über Liszt von 1830 an in den Tages- und Fachzeitungen geschrieben und gedruckt, auch gefabelt wurde, steigert sich in's Unglaubliche.

Susanna ist mir auch hier eine große Hülfe geworden. Liszt's *„Lettres d'un Bachelier ès-musique"* (in den 30er Jahren für die *„Gazette musicale"* verfaßt) hat sie mir copirt – alles ganz unbekannte Briefe, die ich ohne Zagen als gleichwertig neben Goethe's ital. Reisebriefe stelle. Sie sind ein *unicum* und ergänzen im gewissen Sinn Goethe's; denn sie erschließen zum ersten Mal, wie das Musikgenie die Welt und die Natur ansieht. Ein großer Fund!

Fördernd, sehr fördernd waren unsere Donnerstag-Abende. An ihnen las ich meiner „Hauskritik" vor, was ich die Woche über zu Wege gebracht. Sie setzt sich zusammen aus Ida, aus Louise v. Schwarz, der witzigen und sprachkundigen Ina Löhner, dazwischen auch der poetischen Alex v. Harsdorf, deren dichterisches Talent manche der an Liszt gerichteten Gedichte mir ins Deutsche übertragen hat[9], überhaupt unsere Bestrebungen in begeisterten Versen besingt. Louise ist gleichsam verkörperte Seele, deren Licht nach Innen sieht, ganz Innigkeit und dabei ganz Ironie und – vollständig erblindet, sieht aber heller als hunderte Sehende. Ida's blitzschneller Verstand und blitzschnelle Zunge ergänzt ihr ebenso schnelles wie feines Fühlen. Beiden gegenüber mußte ich oft die Segel streichen. Alle heißen Debatten frommen der Sache –: seien sie gepriesen, sei Allen gedankt zur Jahreswende – Sichtbarem und Unsichtbarem! ......

[9] Nachtrag: Siehe I. Bd. „Fr. Liszt als Künstler und Mensch", Seite 361: „*Liszt au piano*". – Leider starb die hochbegabte Dichterin erst 26 Jahre alt 1887. Ihr Schwanengesang war ein Prolog zur Gedenkfeier Franz Liszt's an unserer Musikschule 1886 – siehe „N. Zeitschrift f. M." No. 46, 1886.

1875

Bei Liszt in Weimar (1.–22. Juni). Schuberth. Autorisation zu Liszt's literar. Schriften. J. Schuberth†. Liszt im persönlichen Verkehr. Todtenfeier der Mme Mouchanoff. Zum d'Agoult-Kapitel.

Liszt bei uns (16./17. Sept.). Biogr. Plaudereien. Hans Lick. Liszt am Klavier. Brieflicher Nachhall seines Besuches. Projekt meiner Reise nach Rom. Präliminarien.

(12.) Nürnberg, 31. Mai 1875.

Herzlichst willkommen in Weimar; und immerdar

getreu ergebenst
30ten Mai 75 Weimar. F. Liszt

– also lauten seine Gegenworte auf meine Meldung: ich sei bereit.

Der Winter verging in anregendster, obwohl auch aufreibender Arbeit – aber das Glück der Arbeit ist unaussprechlich!

Mein Aufenthalt in Weimar wird einige Wochen währen. Einen Abstecher muß ich von da nach Leipzig machen – vor einigen Monaten traf Schuberth ein Schlaganfall, mein Contrakt mit ihm ist noch nicht fertig gestellt und unterzeichnet – für mich sehr allarmirend.

Morgen reise ich.

Weimar, 2. Juni/Kirchhofstraße
(bei Frau Oberst-Leut. v. Batsch).

Wie mich Liszt empfing! Er war so herzlich, so vertraut als wäre es schon immer so gewesen. Es war kaum 11 Uhr, ich wollte ihn nur begrüßen und wieder gehen, ihm keine Zeit zu rauben – aber das ging nicht sogleich. Was wurde nicht alles besprochen!

Das Wichtigste für den Augenblick: Schuberth liegt im Sterben. Ich erschrak heftig – Liszt aber beruhigte mich. Ich solle nicht gleich, erst in einigen Tagen, nach Leipzig; wenn – – ja, dann »sei er (Liszt) auch noch da«.

Den Verleger meiner Christus-Studie, Kühne, nannte er einen „Todtengräber" –

Um 1 Uhr dinirte ich mit ihm – sehr gemüthlich und sehr vornehm: Hofstyl in Sèvres, Gläsern, Weinen etc, auch der Bediente servirt in weißen Handschuhen; Menu: ausgesucht fein. Er sprach kauend, viel, alles mögliche, manchmal deutlich, manchmal nicht, mehr nur murmelnd, bei aller Ironie gütig, alle Gebiete streifend, und bei allem Bewußtsein naiv. –

Mein Manuskript umfaßt bis jetzt 400 Seiten – nachmittags sollte ich ihm vorlesen:

(13.)
Verehrte Freundin,

Bitte heute etwas früher zu kommen. Halb 4 Uhr erwartet Sie,

herzlich ergebenst
Donnerstag. F. Liszt

Zur bestimmten Zeit fand ich mich ein, allein es kam nicht dazu – »morgen«, meinte er.

5. Juni.

„Man glaubt zu schieben, und man wird geschoben" – geradeso geht es mit der Hofgärtnerei und allem, was mit ihr zusammenhängt. Niemand ist Herr seiner Zeit und seiner Beschlüsse – fünfmal war bereits eine Stunde zum Lesen fixirt und immer kam es anders. Immer Besuche, Künstler, Schüler, Anforderungen aller Art. Der Meister wird auf das rücksichtsloseste belästigt.

Heute befahl er Niemand vorzulassen – Schweigen herrschte um die Hofgärtnerei – ein Fenster stand offen, balsamisch drangen die Frühlingslüfte in den Salon, die Sonne warf Goldstrahlen herein, ein eigenthümlicher Zauber herrschte. Ich saß auf dem Sopha und las über seine Eltern und seine Kindheit. Währenddessen durchmaß er leichten Schrittes das Zimmer und warf Anmerkungen dazwischen, ja ganze Erzählungen – eine verklungene Zeit war in ihm wach. Meine Schilderung seiner Eltern beglaubigte er mir in allem, nur die Bigotterie seiner Mutter verneinte er mit Entschiedenheit.[10] –

Ein für Liszt besonders charakteristisches Moment sei hier festgehalten. Ich gedachte der Macht, welche das vierte Gebot über ihn stets geübt.

»Das vierte Gebot«, sagte er glücklich-heitern Tones, wie im Selbstgespräch, ohne seine Zimmerpromenade zu hemmen – »machte mir keine Mühe – es lag fest in mir. – Aber«, setzte er tiefen Ernstes nach einer Pause mit erhobener Stimme hinzu und schlug an seine Brust, daß es dröhnte – »das sechste, das sechste habe ich gebrochen! – ‚Du sollst nicht ehebrechen' –: das habe ich gethan« ......

Die letzten Worte schrie er förmlich. Es lag Gewaltiges in seinen Mienen: eine Wahrhaftigkeit, die vor dem eigenen Gewissen zum Kläger wird.

7. Juni.

(Brieflich an Ida Volckmann.)

»Meine Freunde müssen Parthei mit mir sein«, äußerte er sich heute, als wir (bei ihm) zusammen dinirten. »Ich bin immer ein verkehrter Kerl gewesen, aber – wenn sie mich nicht verstehen, müssen sie das beste bei mir voraussetzen. Um mir nahe zu stehen, braucht man nicht besonders gescheut zu sein und viel gelernt zu haben, aber – wenn man sagt, ich hätte gestohlen und wenn es silberne Löffel wären: ich wäre still; was die Zeitungen

[10] Nachtrag: Liszt's hierher bezügliche wörtliche Bemerkungen sind in der Biographie I. Bd., Seite 27 (Fußnote) zu finden.

Dummes sagen, kann ich alles ertragen –, nur ein Punkt, da bin ich empfindlich« –

„Indiscretion, Mangel an Takt, an innerer Schönheit", warf ich ein.

»Ja, ja, das ist's!« bestätigte er. Und nun erzählte er mir vielerlei, viel von George Sand, mit der er gar nicht *„brouillé"* sei u.s.w. Pictets Buch [11] hält er hoch. –

Er läßt sich zur Zeit Meinardus' Oratorium „Luther", das er sehr schätzt, aufführen.

Ich sprach nun von der Wartburger Luthergeschichte, von der man so viel Lärm gemacht.

»Ah, einen gewissen Anstand muß man wahren; ich kann im Zimmer nicht mit dicken Stiefeln laufen – der Abbé kann keine geistlichen Lutherlieder komponiren. Die Leute schwätzen. Ich würde ganz gern ein Oratorium ‚Luther' komponiren, aber ich würde es anders machen als die Andern. Ich würde das biedere, derbe, hausväterliche, das volksthümliche Element betonen, ich würde keine Scheu tragen sehr realistisch zu sein.«

Ich gab ihm R. Pohl's Artikel über seinen „Christus" und theilte ihm die Stelle über das „streng Katholische", wie Pohl es betont, mit.

»So, so« – machte er und lächelte.

„Wer hat Recht: Pohl oder ich?" forschte ich.

»Sie natürlich – bleiben Sie bei dieser Auffassung.«

„Anders", entgegnete ich ihm – „würde ich unfähig sein, Sie zu verstehen."

»Sie verstehen mich –« erwiderte er und reichte mir die Hand.

Wir standen am Fenster. Nun wollte er mir am Spiel des Windes in den Bäumen das musikalische *rubato* erklären. Aber es war windstill, und so lauschten wir und suchten, ob nicht der Wind komme und sein Wesen treibe. Ich bemerkte ihm inzwischen: wie die Natur mich stets auffordere zu innerem Vergleichen mit der Kunst, wie die gleiche Gesetzmäßigkeit mich erhebe.

»Das ist das Göttliche, das Überall«, sagte er mit einem Blick so erhaben und einem Gesicht so weltfremd, daß es mich durchschauerte .....

Nun waren wir still.

9. Juni.

Heute autorisirte mich Liszt zu einer Gesammt-Ausgabe seiner literarischen Arbeiten.

[11] *„Une Course à Chamounix". Conte fantastique* (Paris, Benjamin Duprat, 1838. – Genève, A. Cherbuliez et Cie. 1872).

11. Juni.

Ich war in Leipzig („Stadt Rom“) – eilte zu Schuberth – : vor einigen Stunden war er verschieden ......

Wie es werden wird? Ich fürchte, daß dem mit so großer Liebe und mit so großen Opfern begonnenen Werke noch harte Dinge bevorstehen. Wird die Wittwe eintreten für den Heimgegangenen? auf meinen Contrakt (Freund Burkhardt[12] setzte ihn mir auf) eingehen? – Nur kein Verzagen. „Mit dem Muthigen ist Gott!“ – ruft es in mir.

12. Juni.

Biographisch habe ich viel umzustoßen und richtig zu stellen: Gustav Schilling hat manches gesündigt[13] – Geschichten-Schreibung anstatt Geschichtsschreibung. Ich hatte mehrfach auf ihn gefußt, habe nun eine heillose Arbeit, und muß dazu ganze Parthien, auf die ich große Sorgfalt verwendet, streichen. – –

Dienstag, 15. Juni.

(Brieflich an Ida Volckmann.)

Ich bin in einer miserablen Stimmung. – Es ist kein Vorwärtskommen; ich fürchte, ich komme nach Hause ohne die Correkturen, ohne die Aufschlüsse erhalten zu haben, die mich hierher geführt und mich zu einem Zeit- und Kostenaufwand, der im Grunde genommen meine Kräfte übersteigt, verleiteten. Erst ein Unwohlsein meinerseits, das mich ans Zimmer band, und nun scheint Liszt so wenig Zeit zu haben, daß an nichts zu denken ist. Am Sonntag wollte er mich besuchen: nach 3 Uhr. Aber da kam ein Bote, daß er erst gegen Abend käme. Er kam um 7 Uhr, war sehr abgespannt und ging gegen 8 Uhr. Montags früh um 11 Uhr wollte er zu mir, dann würden wir ungestört sein. Anstatt dessen kommt eine Botschaft von ihm: um 4 Uhr könne er erst kommen. Da aber erschien Dr. Benfey, mir zu melden, daß es ihm unmöglich – er wolle morgen frühzeitig, schon gegen 8 Uhr, bei mir sein. Nun ist es Mittag 12 Uhr – aber er war nicht da. – –

Morgen, Mittwoch, kommt seine Tochter. Donnerstag ist ein Requiem zu Ehren der verstorbenen Frau v. Mouchanoff, Freitag ist

[12] Nachtrag 1894: Damals Archivrat Dr. Burkhardt, durch seine ebenso gewissenhaften, wie stylistisch werthvollen archivarischen Arbeiten hochgeschätzt, jetzt Direktor der Gr. S. Archive. Mit seiner Frau und deren Mutter eng befreundet, fand ich während meiner Besuche Weimars bei diesen treuen und warmherzigen Menschen stets eine Zufluchtsstätte in allen Nöthen.

[13] „Franz Liszt. Sein Leben und Wirken aus eigener Anschauung dargestellt.“ (A. Stoppani, Stuttgart 1844.)

„Tristan und Isolde“ mit Vogl's – viele Fremde sind hier – wo soll die Zeit für mich herkommen?

16. Juni.

Und doch findet er sie! Ohnlängst las ich ihm vor, was ich über seine Jugend-Liebesgeschichte geschrieben – es war Schilling nacherzählt. Er sah unmutig drein, ärgerlich. Endlich rief er: »Ganz so täppisch war ich nicht!« Auf meine Bitte um seine Correktur schwieg er hartnäckig. Heute gegen 4 Uhr kam er auf einen Moment – dann nochmals um 6 Uhr. Plötzlich sagte er: »Ich werde Ihnen erzählen, wie es war, – wahr und wahrhaftig.« Und er erzählte mir die Geschichte seiner ersten Liebe – so einfach, so schön; mir liefen die Thränen über die Wangen. –

Ich staune immer und sehe es lebendig bestätigt, wie die wahre Größe stets einfach ist. Bei solchen Dingen ist seine Stimme mild, sogar sanft und das Auge blickt wie ein tiefer stiller See, und die Stirne weitet sich förmlich und liegt über seinem Gesicht wie ein Himmel in ruhiger stiller Majestät.

Wer so etwas nicht erlebt, begreift nicht die Wirkung, die dieser Mensch wunderwürdig während seines Lebens ausgeübt hat, so daß man wähnt: die Zeitberichte über seine Person seien Fabeln.

17. Juni.

Heute war Liszt's Requiem für seine einstmalige Freundin Frau v. Mouchanoff – eine Art Hof-Concert im kleinen Tempelhäuschen im Park. Welche Toiletten, Schönheiten und Häßlichkeiten versammelten sich hier um 3 Uhr! Diese Herrschaften (der Hof) saßen auf den ersten zwei Reihen. Dann kamen weniger begünstigte Menschenkinder: Liszt's musikalischer Anhang, darunter ich. Die Kompositionen des Programms waren von ihm: Requiem für Männerstimmen, *Ave Maria, Hymne de l'enfant,* eine Legende *„Cécile“*, und eine Elegie für Harmonium und Streichinstr., nach ihrem Tod komponirt – „ein Wiegenlied im Grabe“, wie Liszt es mir nannte. Das ganze Programm auserlesene Musik – – aber die Ausführung! Die Sänger heiser, die 1. Violine in den Nachwehen eines Diners, und das schlimmste von allem: das Harmonium stimmte weder mit den Menschen- noch mit den Instrumentstimmen, in welche das Gekreisch der Pfauen des Parkes hineintönte. So ward die Todtenfeier fast zur Katzenmusik, die vor dem Bilde der Gefeierten, das lebensgroß, von Lenbach in Öl gemalt, aufgestellt war, sich abspielte. Eine Sphinx, von Blumen umrahmt, lächelte sie von dem Gesimse herab auf die Musicirenden – – – –

Liszt spielte und phantasirte das „*Ave Maria*" – ein Lieblingsstück Frau v. Mouchanoff's – so fremd, so eine Sprache anderer Zone, daß es mir zu einer Fortsetzung des heute Morgen Erlebten ward.

Er hatte mir nämlich selbst die Einladung zu der Gedenkfeier überbracht. Erschöpft bis zum Zusammenbrechen von dem Getriebe der letzten Tage, ließ er sich in's Sopha sinken – »nur eine kleine Viertelpause«, seufzte er.

„Aber nicht biographiren", mahnte ich angesichts seines Zustandes. Allein sein Blick war schon rückwärts gewandt, und schnell folgten einander Bild auf Bild aus der Jünglings-, aus der Manneszeit, aus der Gegenwart – ein „nächtlicher Zug" inneren Opferlebens, das dem Irrthum der Jugend, der Leidenschaft die Sühne zahlt ....

»Ein Schiffbrüchiger steh' ich vor Ihnen!« –, schrie er plötzlich und schluchzte laut auf. – Als er ging, entschwebte ihm das Wort: »Ausharren« .....

Freitag, 18. Juni.

Nachts 12 Uhr – ich komme vom „Tristan". Ich halte das Werk ethisch theilweise verfehlt. Ein derber Sündenfall scheint mir gesünder als das fortgesetzte Schwelgen – : da liegt der Materialismus und eine Krankheit.

Liszt sah ich nicht. Seine Tochter mit Frau v. Schleinitz aus Berlin saßen ohne ihn in der Loge.

Sonntag, 20. Juni.

Er war krank – hohes Fieber – phantasirte. Ein langer Schlaf half ihm darüber hinweg. Derartige Zustände befallen ihn öfter; sie sind das Resultat oder das Zeichen völliger Erschöpfung. Das war gestern. Heute stand er schon wieder auf, Cavalierdienste gegen seine Tochter und die Kgl. Pr. Ministerin, Fr. v. Schleinitz zu üben, ihnen das Geleit zur Bahn zu geben –

Das habe ich bereits mehrmals im Salon, in den Matinéen u. dgl. beobachtet, daß die „vornehmen", selbst jüngeren Damen den „Cavalier" in Atem erhalten ohne Rücksicht auf den bereits ehrwürdig-alten Herrn und großen Künstler.

Heute gegen Abend erwarte ich ihn.

(Brieflich an Ida Volckmann.)

Er saß auf dem Sopha in meine wollene Decke gewickelt. Ich las ihm mein d'Agoult-Kapitel vor. Er war sehr gespannt, ich durfte kaum pausiren.

Zu meiner Genugtuung war er befriedigt – fand mein Plaidoyement »fein, originell und psychologisch«. Nun erzählte er viele Details, die mir jetzt erst ein volles Bild geben. Mir war schwül zu Muthe, aber ich warf die Stimmung weg und wurde „objektiv". Das mochte auf ihn zurückwirken: er ward ganz frei, wie Mann gegen Mann. Und so entfuhr ihm im Eifer: »Am Tage zankten wir uns und Nachts versöhnten wir uns.« Ich mußte lachen, er lachte mit, und, vergnügt wie ein Knabe, sagte er noch einmal: »Am Tage –« u.s.f.

21. Juni.

Morgen kehre ich nach Hause zurück. An Correkturen erlangte ich nicht alles, was ich erwartet: der mangelnden Zeit wegen – nach anderer Seite dagegen unendlich mehr: die vielen Künstler, denen ich begegnete, Musik in allen Schattirungen, darunter mehrere Novitäten, Liszt's hochinteressante Lehr-Nachmittage mit ihrem bunten Gewimmel von künstlerischem Können und Nichtkönnen, von Charakteren so leichtfertig wie ernst. Ich stand auf rein-künstlerischem Boden, eine Art Landschaftler, der seine Naturstudien macht, die Linien und die Luft prüft und dann seine Farben auf die Palette setzt. Wer Liszt portraitiren will, muß Zeit und Umgebung mit portraitiren, wenn auch aufgelöst in Luft und Stimmung.

Im Hochsommer gedenkt er nach Nürnberg zu kommen.

Nürnberg, Ende Juli.

Ich muß eine Kur in Marienbad durchhaspeln, fragte aber vordem bei Liszt an, wann ich ihn zu erwarten habe, um zu vermeiden, daß Besuch und Kur collidiren. Seine Rückantwort lautet:

11. August.

(14.)
Liebe verehrte Freundin,

Zumeist habe ich mich nach Anderen zu reguliren, und nicht selbst zu bestimmen; aber „jedenfalls und jedenfalls" besuche ich Sie in Nürnberg gegen Mitte September, (einige Tage nach der Carl August Feier).

Meine Reise nach Schillingsfürst ist auch bis September aufgeschoben. Besten Dank für ihre Weisungen betreffs der Eisenbahn Züge.

Cardinal Hohenlohe befindet sich jetzt in Ragaz; nach seiner Rückkehr werde ich Ihm aufwarten und von Nürnberg nach Schillingsfürst gehen.

Vom 1ten August bis 15ten verbleibe ich in Bayreuth; dann, noch 3 Wochen in Weimar.

Vor Ende September sucht wieder einige Rast in der Villa d'Este, Ihr

herzlich dankbarer
und ergebenster
F. Liszt

Schloss Wilhelmsthal
28ten Juli, 75.

Die Rosen der „Hofgärtnerei" begleiten Sie nach Marienbad.

11. August.

Nebst verschiedenen gewünschten Aufschlüssen empfing ich folgende Zeilen von ihm:

(15.)
Verehrte Liebe Freundin,

Anbei die Beantwortung der biographischen Fragen[14], welcher noch manches beizufügen, übrig bleibt. Dies soll bestens geschehen in Nürnberg, – Mitte September.

Einstweilen herzlichen Gruss und Dank

Ihres ergebensten
F. Liszt

10ten August 75,

Bayreuth – wo jetzt der „Ring des Nibelungen" herrlich leuchtet, und Alle Anwesenden geistig erhebt und bezaubert.

20. September.

Am 16./17. dss. weilte Liszt bei uns – Tage reichsten Gewinnes und ungetrübt hoher Stimmung.

Als er in mein Zimmer trat und den großen Notentisch bedeckt mit seinen Kompositionen sah, blieb er einen Moment mit offenem Mund stehen. »Ah« – machte er – »ist alles das von mir?!« Neugierig durchblätterte er die

[14] Siehe: Biogr. Frage-Zettel No. 6.

Stöße, las Titel um Titel und machte dabei viele Bemerkungen, die dem chronologischen Verzeichnis Sicherheit der Daten geben werden.

Mein biographischer Schatz steigerte sich nicht minder. Nur in einem Punkt kam ich nicht weiter – : bezüglich der Frau Fürstin Wittgenstein. Hier bewahrt er große Zurückhaltung, obwohl – vielleicht gerade darum – der Klang seiner Stimme eine Gereiztheit gegen sie verräth. Doch auch sagte er: »Wir schreiben uns täglich – wir sind verbunden über das Grab hinaus.«

In Hinsicht auf Liszt's Beziehungen zu den Frauen und sein nach dieser Richtung mit Romanen behangenes Leben, habe ich mir zur Grenze gesetzt: nur die wesentliche Seite derselben, die sich in drei Frauengestalten (die junge Gräfin Saint-Cricq, Gräfin d'Agoult und Fürstin Wittgenstein) verkörpert, aufzunehmen. Diese drei Frauen griffen bleibend und bestimmend in sein Leben ein. Bezügl. der Fürstin verhieß er: »das nächste Mal«.

Bei Tisch erzählte er viel Launiges. Hanslick ward auch erwähnt. Rich. Wagner gedachte seinen Beckmesser: Hans Lick zu taufen, unterließ es jedoch. Über Hanslick und seine Kritik-Nachbeter äußerte Liszt:

»Den großen Hans kann man sich schon gefallen lassen – wenn aber die Hänschen an einem herumhüpfen, stechen und ‚licken', juckt die Haut – : zu knicken und zu kratzen verstößt gegen den guten Ton.« –

Wir speisten und waren des Abends *à quatre*. Unsere Schülerin Rennebaum durfte den vierten Platz einnehmen. Seit dem Tod ihrer Mutter schloß sie sich uns eng an, wohnt im Hause, studirt fleißig und befindet sich *quasi* unter unserem Schutz, Liszt nennt sie mein *„enfant spirituel"*.

Er spielte uns nach dem Abendbrod bis in die Nacht hinein vor – die Musik eines ganzen Jahrhunderts, von Bach bis zu ihm herauf, zog an unserm Geist vorbei. Jeder Meister schien aus der Atmosphäre seiner Zeit aufzuerstehen, sogar der Klang des Instrumentes, eigentlich dieses selbst, schien zu wechseln – : bei der *D moll*-Gavotte von Bach, die ganz realistisch unter seinen Fingern erklang, glaubte man sowohl den Dudelsack als auch stückweise das Spinett zu hören. Ein spieliger Sonatensatz von Haydn:

den er auf meine Bitte vortrug, war ebenfalls ganz Spinett-Ton. Und dann wieder die Kraft und der Gesang Beethoven's – wie der Tonstrom schwoll, wie der Flügel sang und rauschte! – –

25. September.

Heute schrieb ich ihm nach Rom:

Hochverehrter Meister – :

Als wir am 17. ds. vom Bahnhof wieder nach Hause kamen, schienen unsere Räume dunkel geworden – „da ließen die Köpfe wir hangen“. Und doch waren wir voll eines Glückes, an welchem, Jedes von uns nach seiner Art, noch lange Zeit zehren wird.

Mir gehört Ihr letztes Hiersein zu dem Gehaltvollsten, was meine Erinnerung birgt. Und, voll von jenem unnennbaren Etwas, das uns ergreift in heiliger Einsamkeit, in stiller Sternennacht, oder auch in erleuchteten Stunden, wo unser Herz in Gelöbnissen sich reinigt, beuge ich in Demuth mein Haupt und danke Gott, der mich begnadet Ihren Genius zu empfinden und zu begreifen.

O, lieber Meister, wenn unsere tiefere Erkenntnis des Wesens Gottes uns die Wunder in der Logik gesetzmäßiger Entwickelung erkennen läßt: ein Wunder bleibt uns immer: die Wunder des Geistes, die halb Traum, halb Bewußtsein das Mysterium des ewigquellenden Lebens und ewigleuchtenden Lichtes in sich bergen, und durch Einzelne offenbar werden in Wort und Ton, in Kunst und Wissenschaft – die Zungen heiligen Geistes –, und empfangen werden, wie die Schrift so schön sagt, „im Geist“ von Einzelnen.

So halte ich das Wunder in Händen, das die Gottheit und ein gläubiges Herze und, in verwandter Art, das Genie und Denjenigen, der es liebend erkennt, vereint – : so, lieber Meister, trage ich das Zeichen im Herzen, das mich zu Ihnen geführt. Und daß dieses Zeichen untrüglich, ist mir ein Glaubenssatz. Die Natur der Wesen zeichnet ihnen ihre Wege vor – eine Formel, die sowohl bindet, wie löst.

Dieses Wort läßt sich vielleicht auch auf den werthvollen Brief, dessen Einblick und Abschrift Sie mir gestatteten[15] und den ich Ihnen hiermit herzlichst dankend zurückstelle, anwenden –

Die mir zugedachten Beethoven-Symphonien, Rhapsodien (zu 4 Händen) und Übertragungen sind auch in meinen Händen. Ich möchte zehn Leben leben können, um all das Herrliche und Schöne, womit Sie Ihre Mit- und Nachwelt beschenkt, voll genießen zu können. Die neueste Transformation Ihrer Rhapsodien hat uns sehr gefesselt und entzückt. Es kamen mir während des Spielens Goethe's Worte in den Sinn:

„Und keine Zeit und keine Macht zerstückelt
Geprägte Form, die lebend sich entwickelt.“

[15] Nachtrag: Eben der werthvolle Brief der Tochter Liszt's an ihren Vater über die Weimarer „Christus“-Aufführung, dessen der Meister an Schuberth (1874) Erwähnung gethan.

Nun lassen Sie mich nochmals auf mich und die Meinigen zurückkommen. Wir haben Sie im Geiste begleitet auf Ihrer Farth und hoffen und wünschen, daß die Ruhe Ihres paradiesischen Aufenthaltes – wie wir uns die Villa d'Este denken, Ihnen die Erquickung bringt, die – das ist mein Nachsatz! – die Ihnen das Leben lieb macht, um des Lebens willen .....

Nürnberg, den 24. Sept. 1875. In innigster Ergebenheit

LR

Nachschrift.

Eben als mein Brief an Sie bereits gesiegelt zur Post sollte, bekam ich von Frau Schuberth die Nachricht, daß sie auf den Verlag meines Werkes Verzicht leiste. Ich werde mich nun an Kahnt wenden – : darf ich mich auf Ihre mir gemachte Mittheilung, „daß er sich Ihnen bereit erklärt, dasselbe zu verlegen", beziehen? Und dürfte ich Sie mit der Bitte behelligen ihm, an Kahnt nämlich, die paar Worte zu schreiben: es läge in Ihrem Wunsche, daß das Werk in dem Umfange, wie der verstorbene Schuberth projektirt, verlegt würde?

Ich wäre Ihnen so dankbar dafür! Denn ohne Ihre gütige Intervention fürchte ich, daß K. sich vielleicht nur auf die Biographie und die Gesammtausgabe Ihrer lit. Arbeiten (dem lukrativeren Theil) beschränken möchte. Und das soll und darf nicht sein!

30. September.

Ein Brief des Meisters kreuzte sich mit meinem – er schreibt:

(16.)
Verehrte Freundin,

Dank ihrer Fürsorge begleitete mich vortreffliche, hoch begeistigte Gesellschaft während den zwei Reisetagen von Nürnberg nach Rom. Ihre Parallel, „Bach und Händel": weidete mich mehr als die rühmlichen Landschaften des Brenners. Lassen Sie mir insbesondere loben die schöne Empfindung und richtige Fassung der verschiedenen musikalischen Cultus Formen, von der Motette bis zur Messe und dem Oratorium.

Auch in der „allgemeinen musikalischen Erzieh- und Unterrichts Lehre" leuchtete mir manches ein, – (trotz meiner Ungeschicklichkeit in Sachen der Pädagogik;) zumal der Hauptgedanke des Werkes: – der Musikunterricht soll nicht vereinzelt stehen, sondern der gesammt Erziehung angehören: – ein erheblicher Gedanke, dessen praktische Anwendung sowohl der Kunst als der Erziehung wesentlich frommen und nützen wird.

Nochmals herzlichen Dank für die Nürnberger Stunden, und besten Gruss an die liebenswürdigen Kunstgenossinnen, Fräulein Ida und Augusta,

Ihr verehrungsvoll
ergebenster
F. Liszt

28ten September 75 – Rom.

Samstag kehre ich wieder in der Villa d'Este ein, befürchte aber nicht lange dort verweilen zu dürfen, wegen der pester Akademie Angelegenheit, die mich wahrscheinlich schon Mitte November zurückruft. Bis dahin adressiren Sie: 43, Vicolo dei Greci, Rom.

Einliegend der verlangte Titulaturen-Zettel.[16]

P.S. Leider konnte ich hier kein exemplar der Notiz über meinen Sohn Daniel, noch auffinden. In Weimar liegen mehrere, aber verschlossen mit den Sachen der Altenburg.*

An Liszt (Antwort).

Theurer Meister – :

Der 22. Oktober ist für Viele einer jener Tage geworden, welche durch das Besondere, das sie in sich schließen, zu Feiertagen des Herzens werden: Ihr Geburtstag!

Beethoven sagte einmal im Hinblick auf die Zukunft seiner Werke, „daß ihm für sie nicht bange sei". Diese Worte auf Ihre Schöpfungen übertragen, geben der Empfindung, die gleich Wärme, Licht, Ewigkeit, mich ihnen gegenüber umfluthet, eine solche Glaubenszuversicht, daß sich diese unwillkürlich auch auf alles bezieht, was Sie persönlich betrifft und betreffen könnte. Und so komme ich dazu, daß kein besonderer Gedanke zum 22. in mir zum Wunsche wird: Sie, Meister, Sie haben ja das ewige Leben!

Ihr Gruß von Rom aus hat mich freudig überrascht. Denn so bald hatte ich keine Nachricht von Ihnen erwartet. Daß Sie bei meinem „Bach und Händel" die Fassung der musikalischen Cultusformen „richtig" fanden, war mir besonders erfreulich. Von anderer Seite (Chrysander) ist diese Parthie meines kleinen Buches die schwächste genannt worden. Ich selbst aber habe sie am liebsten, wie ich überhaupt mit Vorliebe an Stoffe mich hingebe, die mir gestatten das Nacheinander des Geschichtlich-Gewordenen nicht als ein Zufälliges, sondern als ein Organisch-Bestimmtes darzulegen und nachzuweisen. Das scheint mir immer die höchste Aufgabe der Geschichtschreibung (Biographien eingerechnet): nachzuspüren, „wie alles sich zum Ganzen findet [webt]", und wie kein lebensfähiges Gebiet dieses Grundzuges

[16] Siehe: Biogr. Frage-Zettel No. 7 u. 8.

* Bezieht sich auf den Privatdruck „Daniel Liszt" der Fürstin Wittgenstein (F.S.).

entbehrt, wie im Gegentheil alle ihn, ich möchte sagen, mit eiserner Consequenz festhalten, um sich schließlich zu Einem Ganzen zu verbinden. –

Ihr letztes Hiersein hat mich innerlich sehr für meine Arbeit gefördert. Leider ist sie während voriger und dieser Woche unterbrochen durch Vorübungen zu unserer Schulprüfung (ein Programm erlaube ich mir beizulegen), die zum 22. Oktober abgehalten werden soll.

Auch ein kurzer Fragezettel[17], Nebensächliches und Wesentliches betreffend, folgt mit, und bitte ich um seine Beantwortung.

Noch Gott zum Gruß, theurer Meister!

Ihre

Nürnberg, 20. Oktober 1875. L. Ramann

15. November.

Abermals Nachricht von Liszt nebst Beantwortung meiner Fragebogen. Sie lautet:

(17.)

Verehrte Freundin,

Ihre lieben Zeilen, zum 22ten October gehören zu dem allerbesten meiner „Biographie". Herzlichsten Dank dafür, und dankenden Gruss an Fräulein Ida Volkmann und Auguste Rennebaum.

Anbei die Beantwortung ihrer biographischen Fragen.[18] Das nächstemal lassen Sie mir etwas mehr Papierraum für meine „Confidences".

Seit mehr als 14 Tagen schuldet mir Kahnt einen ausführlichen Brief über mancherlei Geschäftliches. Zweifelsohne wird er ihren Wunsch erfüllen; sonst finde ich Ihnen leicht einen anderen Verleger für das merkwürdige Werk, an dessen Vollendung Sie so muthig arbeiten.

Nach Pest werde ich erst Mitte Februar zurückkehren; Bis dann verbleibt hier,

Ihr dankbar ergebenster

12ten November 75. (Villa d'Este) F. Liszt

Meine bequemste Adresse bleibt: 43 – Vicolo dei Greci – Roma (Italia)

December.

So ist es denn entschieden –:

ich reise nach Rom!

[17] Siehe: Biogr. Frage-Zettel No. 9 u. 10.

[18] Biogr. Frage-Zettel No. 9 u. 10.

Also kam es: Adelheid v. Schorn aus Weimar[19] weilt zur Zeit in Rom (wie ich vertraulich hörte): um Liszt's großer Freundin, die sehr leidend ist, pflegend und gesellschaftlich zur Hand gehen zu können, ohne daß die auf Einsamkeit thronende Frau den Zweck ihres Dortseins ahnt. Frl. v. Sch. ist auf Liszt's und der Fürstin Hohenlohe (Wien) Veranlassung dort. Sie bat ich um einige Notizen äußerer Art (Daten über Geburt u. dgl.) bezügl. der Fürstin Wittgenstein, was schließlich eine Romreise meinerseits zur Folge hat. Einige Briefe setzten die Sache fest. Zunächst ein Brief an die Fürstin:

Hohe, edle Frau –:

Dank meiner „Studie“ über Liszt's „Christus“, trete ich nicht als Fremdling bei Ihnen ein! Ihre bezüglich derselben mir durch Fräul. v. Schorn gemachten „viel sagenden“ Worte, geben mir die schöne Gewißheit, daß obwohl meine Anschauung der Dinge auf anderem Boden gewachsen und gereift ist als die Ihrige, edle Fürstin, beide dennoch zusammentreffen in dem Einen und Höchsten: in der Idee des Großen und Wahren; – sie geben mir die frohe Hoffnung, dem von mir begonnenen und demselben Meister gewidmeten Werk eine Hülfe gewonnen zu haben, die es frei machen wird von Lücken, die in anderem Fall unausbleiblich sein würden.

Diese Lücken würden gerade die Lebensperiode des Meisters treffen, welche für die historische Entwickelung der Musik als die fruchtbringendste und eingreifendste genannt werden muß: die Weimarperiode. Ihre Hülfe ist darum angesichts der culturhistorischen Aufgabe eines solchen Werkes, von unschätzbarem Werth.

Dieser Gedanke ist es, der mich selbst das für meine pecuniären Mittel nicht kleine Opfer einer von Ihnen gewünschten Reise nach Rom nicht scheuen läßt. – Es mag Weltkundigen befremdend erscheinen, daß in unserer spekulationssüchtigen Zeit es Menschen giebt, die für „Ideen“ solche Opfer bringen: sollte ich aber Ihnen, edle Frau, eine Definition über solche Naturen, denen ich mich beizähle, geben, – so würde ich wohl erröthen müssen.

Die Zeit, welche meine Verhältnisse und Pflichten mir zu einer Reise nach Rom zur Verfügung stellen, würde der Monat Februar sein. Zu Anfang März ist meine Anwesenheit hier (wegen der Prüfungen der Musikschule) nothwendig. Doch sagt mir Frl. v. Schorn, daß es Ihnen erwünscht sei, wenn zur Sommerzeit meine Reise dahin erfolgen sollte. Ich bitte Sie darum: die mich bindenden Verhältnisse zu berücksichtigen und mir zu genannter Zeit

[19] Nachtrag: Ihre Mutter, nebst einer Frau v. Schwendler waren die einzigen Damen Weimars, welche muthig und charaktervoll den Verkehr mit der Fürstin W., als sie am Hofe in Ungnade gefallen, aufrecht erhielten.

die für mein Werk so wünschenswerthen Mittheilungen zu gewähren, und bitte ferner: mir durch einige Worte der Rückäußerung die Sicherheit hierüber zu geben.

Ich komme mit sehr warmem Herzen zu Ihnen und freue mich der Stunde, die mir vergönnt Ihnen, edle Frau, meine tiefe Verehrung persönlich aussprechen zu dürfen!

Nürnberg, 26. Dec. 1875

L. Ramann.

Ihrer Durchlaucht
der Frau Fürstin Wittgenstein zu Rom.

31. December.

Schon heute zum Jahresschluß wird mir ein Gegenwort aus Rom – zugleich einige mein Kommen begrüßende Zeilen von Liszt:

(18.)
Verehrte, Liebe Freundin,

Die sehr erfreuliche Nachricht ihrer römischen Reise, ward mir einigermassen durch Fräulein von Schorn angedeutet; doch schien mir ein solch Begebniss kaum wahrscheinlich – oder wenigstens in die Ferne geschoben; und bis jetzt erwähnte ich nichts davon an Frau Fürstin W.

Nun, da Sie mir den bestimmten Datum „Ende Januar“ angeben, darf ich nicht länger schweigen, und sage Ihnen zuvörderst herzlichstes Willkommen in Rom. Ihre Zeit soll hier keine verlorne sein, und der biographischen Aufgabe reichlich fruchten.. Nur bitte ich Sie, die kalte Brenner Fahrt mit gutem Pelzwerk (Fusssack, manchon, etc) zu bestreiten, und Anfangs Februar – spätestenst – anzukommen, weil Mitte Februar in Buda-Pest sein muss,

Ihr verehrungsvoll
und dankbar ergebenster
F. Liszt

30ten December, 75 (Villa d'Este)

Herzliche Grüsse zum Neujahr, an ihre Freundinnen und Cooperatoren.

Anbei die Beantwortungen des „Fragezettels“[20].

[20] Biogr. Fragezettel No. 11 (12 Seiten).

Und während Liszt mich schon gegen Ende nächsten Monats erwartet, schreibt die Fürstin:

Liebe Fräulein Ramann –

Wenn Sie zu mir mit einem warmen Herzen kommen, wie Sie sagen, so werden Sie auch gewiß mit einem warmen Herzen empfangen!!!

Ihr schönes Werk über L.'s „Christus" hat mich um so mehr gerührt, als ich darin ein paar Blätter fand, die vollständig meine Meinung über Liszt's Genie im Jahre 1847 ausdrücken – vor beinahe 30 Jahren! Damals, bevor ich ihn persönlich kannte, hatte ich in der Kirche zu Kiew nur sein Pater noster (das jetzt im „Christus" steht) gehört. Später hatte er mir die vagen Skizzen seiner Berg-Symphonie, seines Mazeppa vorgespielt und – gesungen – wie er damals singen konnte, mehrere seiner späteren Compositionen, die noch im Werden waren. Sie begreifen, mit welcher Freude ich die formelle Bestätigung – noch zu meinen Lebzeiten – meiner prophetischen Ahnung sah. Ich sage prophetisch, obschon ich nur die Gaben Gottes, die in diesem Menschen sich offenbarten, konstatirte. Wer konnte aber voraussehen, ob dieselben je zur völligen Reife kommen würden? Es zu ermöglichen, war meine einzige Absicht als ich L. mein Leben widmete. Die Kraft und die Möglichkeit dazu von Gott zu erflehen, war der Inhalt meines letzten Gebetes in meiner schönen gothischen Hauskapelle, als ich sie verließ – – um sie nie wieder zu sehen! –

Die Blätter, die, wie Sie jetzt so bestimmt das nachweisen, was ich vor 30 Jahren vorgefühlt habe, werde ich Ihnen einmal zeigen und Ihnen expliciren wie und warum ich damals schon zu solchen Conclusionen gekommen bin.

Leider aber möchte ich Ihnen nicht rathen im Februar zu mir zu kommen – es wäre wirklich verlorene Zeit, Geld und Mühe. Mein Leben ist so voll, daß ich im Laufe des Tages nur die Stunde wo ich ausfahre, zum Ausruhen habe – zwischen meinen Besuchen. Obschon mein Leben einsam zu nennen ist, hat es doch die Einsamkeit des Cenobiten, der Hunderte von Menschen täglich sehen kann und doch der Welt nicht angehört. Während der Wintermonate ist auf meine Abende von dieser oder jener Person, die etwas von mir braucht, so zu sagen, pränumerirt, und wenn ich einen Abend frei bekomme, muß ich doch einige Briefe schreiben –

Das ist die materielle Unmöglichkeit mit Ihnen in dieser Jahreszeit so zu verkehren, daß Ihre Reise sich lohnt. Jetzt treten noch moralische und psychologische Schwierigkeiten hinzu. Ich lebe in der Vergangenheit nur in so fern, als ich mit ihr bis in die kleinsten Fasern consequent bleiben will. Mit der Gegenwart beschäftige ich mich in so weit, als ich darin etwas zu thun habe – Ich lebe aber in der Zukunft! Die neudeutsche Musikschule habe ich mit dem Namen Zukunftsmusik getauft (durch Zufall). Seit jener Zeit lebe ich nicht nur in der Zukunftsmusik, sondern auch in anderen Bestrebungen, die in der Zukunft ihre Auflösung finden werden. In die Vergangenheit fest zu blicken, Daten, Ereignisse etc herauf zu beschwören, ist mir keine leichte Aufgabe. Ich nehme sie auf mich, der Zukunft wegen – ich muß aber dazu in der Stimmung sein. Diese Stimmung kann ich nur in meinen einsamen, poetischen, theuren Sommertagen finden –

Wenn Sie nach Rom im Winter kommen, sehen Sie nur die banale, kalte, graue Stadt, die am Ende jeder andern Stadt etwas gleicht. Finden Sie hier Bekannte, so werden Sie ein zweites München oder zweites Berlin finden – haben Sie keine, werden Sie sich langweilen oder einsam fühlen. Kommen Sie im Sommer, werden Sie das wirkliche, sonnige, römische Rom kennen lernen! In der Frühe besuchen Sie Monumente, Gallerien, Museen etc, des Abends kommen Sie zu mir; manchmal nehme ich Sie mit – wir fahren in die weite, öde, schöne, traurige, viel sagende und viel erzählende *Campagna Romana*. Während der heißen Stunden schreiben Sie Ihre Notizen – so werden Sie Ihre 3, 4 volle Wochen haben! Da werden Sie wirklich Rom und mich haben – Nur fürchten Sie sich nicht vor der Hitze – das sind dumme Vorurtheile, die von dummen Menschen bestätigt sind: wo 200000 Menschen gesund leben, sind nur die Unvernünftigen krank.

Mein Sommer fängt eigentlich mit Ende Juni an und endet mit dem Augenblick, wo Liszt zurückkehrt. Sollte es Ihnen unmöglich sein dieses Jahr im Sommer zu kommen, so verschieben Sie Ihre Reise bis nächstes Jahr, da Liszt vielleicht noch Februar 76 in Rom bleibt – dann bin ich gar-nicht brauchbar. Erstens kann ich schwerlich über irgend eine Stunde des Tages im voraus disponiren – zweitens wäre es mir ganz unmöglich, über ihn und seine Vergangenheit zu sprechen, von ihm zu erzählen, wenn er gegenwärtig wäre und jeden Augenblick ins Zimmer eintreten könnte.

Sie sehen, liebe Frl. Ramann, wie sehr ich bereit bin Ihren Wünschen nachzukommen – nicht nur in einer materiellen chronologischen, auch in einer tieferen Weise, welche die psychologische Verkettung der verschiedensten in diesem bunten Leben einander folgenden Motive klar legt – –

Ich fühle, daß Ihr Herz und Ihr seltener Verstand, wie Ihr noch selteneres Verständnis sich ganz besonders dazu eignen die Biographie Liszt's mit einem tief eingehenden Colorit zu malen. Was Sie von unseren verschiedenen Standpunkten sagen, stört mich gar nicht. Ich werde natürlich immer von meinem Standpunkt aus reden, da ich nicht nach meinen Thaten gedacht, aber nach meinem Glauben gehandelt habe. Sie werden es von Ihrem Standpunkt aus ganz gewiß begreifen und auch mit Ihrer männlichen

Objektivität wiedergeben, ebenso wie Sie Liszt's Intentionen in seinem „Christus" so fein herausgefühlt und wiedergegeben haben!

Also, von diesem gemeinsamen Standpunkt, dem Wunsche aus etwas Gutes und Ordentliches zu leisten, scheint es mir besser eine günstige Zeit abzuwarten als im voraus unser Zusammentreffen zu sterilisiren. Können Sie nicht im Jahre 76 kommen, wird es sich vielleicht 77 machen lassen, obschon es mir in diesem Jahr sehr lieb wäre.

Ich muß Ihnen, liebe Frl. Ramann, noch herzlich danken für die Freude, die Ihre Schrift mir bereitete, für die hohe und tiefe Gefühlsweise, die Sie drängt mit mir zu sprechen, von mir zu hören, was ich zu sagen habe über das bessere Ich des genialen Mannes, dessen Genie Ihre Seele fesselt!

Jetzt muß ich Ihnen noch alles Gute wünschen, was Ihre edle Seele verdient – zum ersten: ein schönes Resultat aller Ihrer Bestrebungen, sei es in Ihrer Schule, sei es in Ihren Schriften – alles sind gute Werke! Mögen alle gedeihen und Sie in diesem Jahr, wie in langen andern Jahren für alle Ihre Mühe und Arbeit reichlich belohnen!

Votre affectionnée

29/XII 75 – Rome. P[sse] Carolyne Wittgenstein.

In diesem Augenblick bekomme ich einen Brief von Liszt, der mir sagt: Sie kämen nach Rom und träfen ihn noch hier an. Liszt ist in Tivoli. Ich antwortete ihm: ich hätte Ihnen geschrieben, es sei mir bequemer Sie im Sommer zu sehen. Wer alle seine Gefühlsnüancen in Musik ausgießt, kann natürlich dieselben nicht so genau im wirklichen Leben verfolgen. Liszt sieht es nur vom Standpunkt des Publikums und der Chronologie aus. Mir ist es lieber, wenn Sie, liebe Frl. Ramann, die ganze Weymarische Periode nur vom Standpunkt seiner Werke und dirigirenden Tätigkeit auffassen und wiedergeben wollten – chronologisch, wie es Pohl zu thun pflegt –, als daß ich darüber sprechen soll *à la* Pohl oder *à la* Brendel, nur die Oberflächlichkeit der Dinge berührend –

Verkannt, mißverstanden zu sein, in einem falschen Licht zu erscheinen, war mir immer höchst indifferent. Ich kann aber dazu nicht beitragen, indem ich mich begnügte darüber Unzulängliches zu sagen. Seit 1847 ist das ganze psychologische Leben Liszt's mit meiner Existenz verkettet. Ich kann darum nicht eine Saite berühren, ohne daß alle anderen mitklingen. Fürchten Sie übrigens nicht, daß ich Ihnen eine gewisse Beleuchtung aufdrängen möchte. Nein. Ich erzähle Ihnen nur Wahres. Sie machen damit, was Sie wollen. Wenn Sie mit Ihrem Werke fertig sind, werde ich Ihnen mit derselben Wahrheit sagen: in wie weit das Bild richtig ausgefallen ist.

Es handelt sich hier nicht um eine Photographie, aber um ein Kunstwerk.

1876

Vorbereitungen zu meiner Romreise (Forts.). Bei Liszt in Weimar (18./24. April). „Mittags"-Plaudereien. – Schumann's „Carnaval". Über Berlioz. Liszt's „Technische Übungen". Ein „mysteriöses Concert". Eine Matinée.

Nach Rom.

Rom (12. Juni – 12. Juli). Erster Besuch bei der Fürstin. Sitzungen im „biographischen Käfig". Über Liszt, Wagner, Cosima. Calamitäten. „Frau Wahrheit". Neuer Arbeitskurs. Personalien (Tausig, Joachim, Heine, Meyerbeer). Kirchlichkeit der Fürstin. Mein Geburtstag. – „Mißverständnisse" zwischen der Fürstin und Liszt. Cosima. – Auf dem Monte Mario. San Carlo. Streiflichter (George Sand, C[sse] St. Cricq). Liszt-Anekdoten. Rußland und die Fürstin. – Eine Audienz bei Pius IX. Spazierfahrten mit der Fürstin. Schluß). –

Liszt bei uns (4./6. Okt.). Sturm. „Prometheus"-Chöre; Fuge in der symphonischen Dichtung. Mouchanoff-Elegie. Römische Correspondenz.

Nürnberg, 6. Januar.

Ich muß der Fürstin Recht geben – in allem. Aber schwer wird mir der Gedanke in Rom sein zu sollen, wenn Liszt, der mir Freund und Berather wäre, nicht dort ist. Wann wird die Reise nun vor sich gehen? wie sie überhaupt zur Sommerzeit ermöglichen? liegt noch im Dunkeln. – Ich fühle mich bedrückt und machte auch der Fürstin kein Hehl daraus.

31. Januar.

Auf einen ruhigen, gütigen Brief von ihr (vom 21. dss.) konnte ich heute erwidern:

Hochverehrte Fürstin –:

Sie lösen gebundene Flügel! Ihre Worte, die Sie so gütig und schön an mich richteten, haben mich von einem inneren Druck befreit. Ich werde warten, ruhig – ich werde auch erreichen, sicher, was ich erstrebe. Sehen Sie, verehrte Frau, diese Zuversicht, die haben Sie mir gegeben mit Ihrem schönen Zuruf – haben Sie Dank dafür!

Nbg. 31. Januar 76 L Ramann

15. April.

Endlich gewinnt meine Romreise feste Gestalt –: Anfangs Juni werde ich die „ewige Stadt" betreten – die Fürstin ist hiemit einverstanden. An Liszt machte ich Mittheilung hierüber. Heute ward mir seine Antwort aus Weimar:

(19.)
Verehrte liebe Freundin,

Gewähren Sie mir abermals Nachsicht und Verzeihung. Die pester Überschwemmung und die pester Musik Akademie, nebst allem damit Zusammenhängenden liessen mir keine Zeit zur Beantwortung der biographischen Fragen. Anbei sende ich Ihnen endlich diese Beantwortung.[21]

Gewiss wäre es mir sehr lieb Sie noch vor ihrer römischen Reise hier zu sehen; doch befürchte ich Ihnen ungelegen zu sein, und scheue die Aufopferungen meiner besten Freunde .....

[21] Siehe: Biogr. Fragezettel No. 12 (16 Seiten).

Wenn es Ihnen aber nicht gar zu unbequem scheint jetzt nach Weimar zu kommen, bitte ich Sie, nicht zu zögern, weil am Donnerstag 27ten April, ich von hier nach Düsseldorf gehe, – von dort, wahrscheinlich nach Hannover, – und sicher am 15ten Mai im Schloss Loo eintreffen werde; folglich verweilt ausserhalb Weimar's, den ganzen Monath Mai,

Ihr, in aufrichtigster Hochschätzung, dankbar ergebenster
F. Liszt

13ten April, 76 Weimar.

Meine Reise nach Weimar (zurück über Leipzig) trete ich am 18ten an – mein „*enfant spirituel*“ wird mich begleiten, soll den Sommer über bei Liszt weiter studiren. In Leipzig hoffe ich mit Kahnt einen Vertragsabschluß zu erreichen –

(Brieflich an Ida Volckmann.)

Weimar, Donnerstag 20. April, Burgplatz B No. 17
(bei Frau Oberstleut. v. Batsch)

Seit kaum 24 Stunden unter Dach und Fach, habe ich bereits im Sturmschritt ein reiches Leben gelebt!

Dienstag Abend erwarteten mich am Weimar-Bahnhof zwei seiner (Liszt's) „Deputationen“ – wir kamen nicht: ein Extrazug, der unseren Heldenkaiser zu einem Besuch nach Coburg führte, hemmte allen Verkehr: wir mußten in Eisenach übernachten. Gestern Früh 8 Uhr kamen wir in Weimar an, von Liszt's „dritter Deputation“ in Gestalt des „legendarischen Kantors“ empfangen.

Liszt sieht herrlich aus, harmonisch, heiter. Ich mußte zu Tisch bleiben, ein »Osterlamm mit ihm essen«, wie er sagte – : vier Couverts: für ihn, mich, Auguste und Gottschalg den „legendarischen“; da aber *l'Enfant* zu Hause geblieben, und zufällig Kömpel kam, nahm dieser den vierten Platz ein.

Liszt war ganz Olympier. Viel wurde von Goethe gesprochen, Sentenzen von ihm citirt und witzig, mit viel Geist, discutirt, namentlich sein Wort über die „Forderungen des Tages“, mit welchen Liszt sich selbst ironisirte. – Lindau's Recension über „Tristan“ kam auch auf's Tapet.

»Er hat sie mir zugesandt mit der Bemerkung: ich möchte ihm freundlich gesinnt bleiben«, sagte Liszt und schnitt seine Gesichter dabei – es war zu sehen: er ärgerte sich. Mehr aber über eine Kritik, die Lindau nicht geschrieben hat, sondern Ehlert.

„Ist er conservativ?“ frug ich.

»Conservativ? Was haben d i e zu conserviren?« entgegnete er mit unbeschreiblichem Lächeln.

Viele solcher Aperçüs gab es. – Gegen Abend spielte der Meister sein „Gretchen", das so eben für Klavier zu 2 Händen im Stich erschienen ist. Der Schluß ist über alles schön. Als er fertig, machte ich ihm die Bemerkung: „Das ist ein Commentar zu dem, was ‚d i e' n i c h t zu conserviren haben", was ihn sehr vergnügte. –

Die „Kosackin" hat auf das Bohren der Fürstin hin, das *Ms* der Klavierschule Liszt's, das letzterer ihr zum Copiren gegeben und das sie widerrechtlich zurückbehalten, ausgeliefert. Daran hängt viel – Schmutz von verschiedenen Seiten, aber nicht seitens Liszt's.

Heute Nachmittag kommt die Wittwe Schuberths mit ihrem sauberen Neffen Rüppel (lies Rüpel) – der jetzige Chef der Firma –, um Liszt's Verzeihung für ihm angethane grobe Unbill sich zu holen. Der uncivilisirte Chicago-Mann steht dem germanischen Codex des Anstandes noch sehr fremd gegenüber, wie ich erfahrungsgemäß weiß.

Zu Mittag sind wir abermals bei Liszt „als Revanche" für Guste, die gestern gefehlt. –

Sprach gestern mit Gottschalg, Kömpel, Frl. v. Schorn, dem alten Thern und seinen „Siamesen", der Dotter („eindotterig", nennt sie Liszt), dem Sänger Borchers und Frau u. A.

Am Abend.

Endlich kam heute gegen Abend unser Koffer, der in Folge des Kaiserzugs „verfahren" war. Um Wäsche arg in Nöthen, mußte man uns aushelfen, sogar Liszt, der mir ein Taschentuch (Federzeichnung mit seinem Monogramm) schenkte!

Heute Mittag speiste ein Fräul. Steinacker mit: Klavierlehrerin und Pianistin – eine Tochter des deutsch-ungar. Dichters Steinacker (Pseudonym: Treumund) und Schülerin Liszt's aus der Altenburg-Periode. „Als Dessert" spielte sie Schumann's Carnaval, dazwischen von Liszt glossirt. Gleich der Anfang des Preambulums (sein Auftakt und 1. Takt) spannte den Bogen – die Staccati des Arlequin – die Charakteristik des Eusebius und Florestan, dort die äußerste Bindung, hier prägnanteste Bässe: wie er das alles erklärte! Bei *Reconnaissance* bemerkte er fein lächelnd: »Erkennungsscene, ganz gemüthlich; ohne Dankbarkeit und – – ohne Vorwürfe.« Vordem, als die „Chopin" benannte Episode kam, schob er die Spielerin vom Flügel und spielte sie selbst: s e i n »Souvenir«, wie er sagte. Er gestattet niemals einem Schüler sie ihm vorzuspielen. Er selbst spielt sie stets zweimal – vornehm graciös, dichterisch; die Wiederholung geheimnisvoll, ein Verschweben von Form und Klang, ein Traum ins Jenseits. – –

Wir und Frl. Steinacker gingen ein Stück Wegs zusammen. Wie schon oft, mußte ich wieder bemerken, daß der Meister Schüler besitzt, die eifrigst bei ihm „lernen", aber von seinen Kompositionen nichts wissen wollen – – –

Samstag, 22. April.

Gestern las und notirte ich noch bis in die Nacht hinein Briefe Liszt's an Gottschalg von Rom aus, die mir dieser zur Verfügung gestellt, wobei mir Tuttel getreulich geholfen. Viel Schönes darinnen – Perlen edelster Lehre, wie z.B., wenn er Gottschalg ermahnt:

»Erlauben Sie mir Ihnen abermals freundschaftlich zu empfehlen mit Müller-Hartung in aufrichtig friedsamer Weise zu verkehren. Hader und Zwietracht fördern nichts Gutes; wir fehlen, wenn wir unsere Gegner mit ihren Waffen bekämpfen wollen; die unsrigen sind sicher und zerspringen nie; sie heißen: Ehrbarkeit, Ausdauer, offene Anerkennung jedweder Talente und Verdienste, liebreiche Versöhnlichkeit, festes Beharren im Streben nach den höheren geistigen und moralischen Zielen der Menschheit. Dadurch, lieber Freund, sind wir unter allen Umständen am besten geschützt und geborgen.«

Solche Prachtworte haben die Briefe gar manche aufzuweisen. – Bezüglich Gottsch.'s muß ich aber rühmend anerkennen, daß er frei von Kleinlichkeit mir den Einblick in sie erlaubte, trotz der *Reprimands,* die mit einfließen. Viele Andere hätten das nicht gethan.

Heute Vormittag war ich mehrere Stunden mit Liszt allein, „biographirend" – er gemüthlich auf dem Sopha ausgestreckt, im grauen Nürnberger Jopperle[22], mit einer Decke über Knie und Leib, ich daneben: fragend, vorlesend u.s.w. Ganz merkwürdig! –: er findet meine Auffassung seiner Intentionen immer »correkt« und »vortrefflich«. Vorgestern, als ich ging, sagte er: »Sie denken gut von mir, liebe Ramann, und – Sie haben nicht so ganz Unrecht.« Gegen Andere bezeichnet er mich »als die beste Schriftstellerin Deutschlands«, wogegen ich, als man mir dieses Wort wiederholte, natürlich entschieden Einwand erhob. Nur bezüglich der Musik nicht. „In dieser Einschränkung", sagte ich – „hat Liszt – – nicht so ganz Unrecht."

Wir sprachen (heute Morgen) über Berlioz. Im Gegensatz zu Liszt, dem Optimisten, nannte ich ihn: „das musikalische Genie des Pessimismus". Liszt fuhr auf: das sei nicht so. Ich entgegnete: daß keines seiner Werke

[22] Zusatz: Bei seinem letzten Nürnberger Besuch bedurfte er eines bequemen Hausrockes, an Bülow hatte er einen nach seinem Gefallen gesehen – eine graue Jägerjoppe mit grünem Kragen und solchen Aufschlägen. Wir hatten ein ganzes Kleidermagazin bei uns, bis er eine Joppe fand, die ihm paßte, und die er, erfreut über Farbe und Schnitt, den ganzen Abend anbehielt.

den religiösen Versöhnungsgedanken walten lasse, alle schlössen mit dem Hexensabbath.

»Das muß ich mir erst durchdenken – ich sehe mir die Dinge konkret an«, meinte er und ließ langsam die Werke Berlioz' an sich vorbei defiliren. »Die Künstler-Episode? – : stimmt; die Harold-Symphonie? – : stimmt« Und so ging es fort. Endlich sagte er mit einem Ton, wie nach einem Erlebnis, das ihn in Erstaunen versetzt: »Sie haben Recht.« – –

Er erzählte mir ferner das Attentat der „Kosackin" – – *NB!* Bei dem gestrigen Besuch der „Nachkommen" Schuberth's war ich zugegen. Die Wittwe, die eine gute aber schwache Frau ist, zerfloß in Thränen. Als Versöhnungsstück spielte Liszt die Gretchen-Übertragung, ließ aber 4 Seiten aus: »Für Chicago zu deutsch« flüsterte er mir dabei zu.

Die „Technischen Übungen" liegen noch versiegelt auf dem Notenboard. „Sie haben noch Zeit" – bemerkte L. bezüglich ihrer gegen mich und fügte hinzu: daß Text und Fingersatz noch fehle: ob ich ihm das Fehlende ergänzen möchte? Mit Freude ob des Vertrauens, sagte ich: „Ja" – allerdings mit der Bemerkung, daß im Moment meine Arbeitskraft beschlagnahmt sei. »Es hat Zeit; wenn die Biographie beendet« – meinte er – »Sie wissen, die Angelegenheit ist mir widerwärtig.«

Am Nachmittag war ich mit *l'Enfant* abermals in der Hofgärtnerei zu einem „mysteriösen Concert", wie Liszt es nannte – Niemand war eingeladen als die Baronin Meyendorff, wir zwei und Gottschalg. Zwei Quartette wurden gemacht: 1) ein sehr hübsches canonisches, formell reizend, von Raff, 2) Beethoven's Quartett, „Muß es sein? – es muß sein!« Letzteren Text variirten sprachlich (nebenbei bemerkt) Liszt und die Baronin. Die Musiker waren Kömpel, Walbrül, Grützmacher u. ? ... [Machts] – die Ausführung vortrefflich. Überraschend kam noch Pohl aus Baden.

Sonntag, 23. April.

Wir waren Vormittag noch zur Matinée bei Liszt, einer altgebräuchlichen Sonntags-Matinée. Viele Menschen – darunter Milde's, Müller-Hartung, Lassen, Frau Dr. Merian (sie betitelt die Baronin [Meyendorff] mit „Durchlaucht"), kurz Weimars Elite-Künstler; auch viele Fremde, der Hof ebenfalls – so viele Menschen, – daß drei Damen in einen Stuhl sich theilten!! Herren standen auf der Treppe und vor dem Hause. –

Da ich Volkmann's *B dur*-Trio [b moll, op. 5] noch nicht gehört, spielte es Liszt mit Kömpel und Grützmacher; Kömpel spielte „für seine liebe Landsmännin"[23], wie er lispelte, Liszt's *Benedictus* und *Offertorium* aus der

[23] Kömpel's Heimatsscholle ist, wie die meine, Unterfranken (Bayern).

Krönungs-Messe, und endlich Liszt: Schubert's Wanderer-Fantasie in seiner Version. Unbeschreiblich machtvoll, ja ergreifend war alles! Im Trio riß Liszt die Streicher mit sich fort zu einer Höhe, wie ich nie ein Trio erlebt –, Kömpel dampfte, und noch in voller Erregung gab er das ungarische national-religiöse Element so warm durchhaucht und einfältig-fromm, daß meine Augen feucht wurden. Und dann noch die Wanderer-Fantasie! Ein unmittelbarer Erguß – ganz übermenschlich ....

Als ich mich bei Liszt verabschiedete, bat ich noch um seine Rathschläge bezüglich Roms.

»Die wird die Fürstin Ihnen geben.«

„Und bezüglich der Fürstin?"

»Ich gebe Ihnen keine. Überlassen Sie sich getrost sich selbst – diese Leitung ist die beste.«

– – – – – – – – – – –

Morgen mit dem ersten Zug reisen wir nach Leipzig.

27. April. Nürnberg.

Kahnt hat angenommen – Honorar 2000 Thaler – im Herbst soll der Druck meines Werkes beginnen. Es scheint mir alles so unglaublich – die letzten drei Jahre mit ihrer immensen Arbeit, mit ihrer Richtung, ihrer Schaffensfreudigkeit, ihrer Bewegung, und nun nach Rom! Und dabei meine innere Ruhe – wenn etwas, beängstigt mich sie ...

Brunneken im Pusterthal, 2. Juni.

Ida gab mir das Geleit bis auf den Brenner, wo wir das edle Pfingstfest und unsere zweiwöchentliche Ferienzeit noch gemeinsam in Brunneken verbringen. Die letzten Wochen waren sehr schwer: die Doppelarbeit der Reisevorbereitungen und einer Menge Anordnungen für Schule und Haus der längeren Abwesenheit wegen – und zum Überfluß noch viele Besuche! Es hat in unserm Kreis eine förmliche Aufregung verursacht, daß ich mit meiner zarten Constitution Juni und einen Teil des Juli in Rom verbringen werde – mein Arzt Dr. Reuter protestirte, alle Freunde und Bekannte protestirten. Nur Ida, mit Minna[24] und Louise[25] hielten zu mir. Allerdings, wäre Susanna, die mit ihrer Mutter und einem kranken Bruder den Winter in San Remo weilt, nicht helfend eingesprungen, indem sie (die ihrigen reisen zurück nach Hause) in Bologna mit mir zusammentreffen, mich nach Rom begleiten und

[24] Nachtrag: Meine einzige Schwester, die ich im Jahr 1888 verlor.
[25] Louise v. Schwarz, ein Glied meiner „Hauskritik".

mir da zur Seite stehen wird, wäre schwerlich etwas aus der Reise geworden. So aber hat sich alles gefügt – –

Unser Haus- und Schulpoet, die liebe Alex v. Harsdorf, drückte mir zum Abschied noch ein Gedicht in die Hand:

„Du ziehst gen Rom – Glück auf zur edlen Farth!"

Und von Liszt empfing ich soeben einen Reisesegen:

(20.)

Altenburg, 30ten Mai
76.

Verehrte Freundin,

Herzlichen „Pfingstgruss"!

Meine besten Wünsche begleiten Sie nach Rom, wo es mir so lieb wäre Ihnen als Cicerone zu dienen. Möge dort mein eminenter Biograph, des „Christus" gedenken, den ich in Santa Maria del Rosario (Monte Mario) und Santa Francesca Romana (Campo vaccino) innigst empfunden, und leider nur sehr dürftig zu schreiben vermochte.

Die erste Aufführung der Hälfte dieses Christus Oratoriums fand in Rom (Sala Dante) statt. Sgambati dirigirte sie vortrefflich, wie auch früher die „Dante Symphonie" zur Eröffnung der Sala Dante. Sagen Sie ihm nochmals meinen freundschaftlichsten Dank dafür, und ersuchen Sie die Frau Fürstin[,] Sgambati, mit Ihnen einzuladen. Er hat zwei sehr bemerkenswerthe Quintette (mit Pianoforte principale) und mehrere reizende Lieder componirt; und ist gänzlich ein edler, hervorragender Künstler, ganz nach meinem Herzen.

Die Altenburger „Tonkünstler-Versammlung" nimmt einen günstigen Verlauf. Orchester, Chöre, Solisten und Publikum sind in bester Stimmung. Unser unvergesslicher Freund Brendel, Stifter des „allg. deutschen Musik Vereins" hat sich nicht vergebens bemüht, – und wirkt weiter fort.

Tausend Dank für ihre Collaboration an dem Studien-Werk. Ich bringe Ihnen das Manuscript nach Nürnberg, im September.[26]

treu ergebenst
F. Liszt

Mit derselben Post heute sende ich Ihnen das Altenburger Programm. Morgen kehre ich nach Weimar zurück und verbleibe dort bis Ende Juli.

Schreiben Sie mir ein paar Zeilen, bevor Sie Rom verlassen.

[26] Nachtrag: Liszt brachte es jedoch nicht mit. »Es pressirt nicht«, erwiderte er auf meine Frage. Die Kosackin-Affaire und Schuberths hatten ihm das Werk gründlich verleidet. Ich fühlte ihm ab: es mußte erst „Schwamm drüber", ehe er von seiner Existenz etwas wissen mochte.

Bologna, „Hôtel Brun“,
am 8. Juni.

Gestern früh 5 Uhr schied ich von Ida – Nachmittags gegen 5 Uhr traf ich am Bahnhof mit Susanna zusammen.

Heute Morgen suchten wir „*Santa Caecilia*“ auf, wobei mir Liszt's Auslegung dieser herrlichen Schöpfung Raffaels[27] Dolmetsch ward. „Verkörperte Musik“, nannte er sie, und ich fühlte ihren Hauch und hörte ihre hehren Klänge sanft und mild – ein *Stabat mater speciosa,* Raffael'scher und Liszt'scher Geist wunderbar verschmolzen.

Florenz, „*Albergo del pace*“, 10. Juni.

Die südliche Hitze hat mich bereits gepackt und ich mußte einen Arzt consultiren. Ich soll noch einige Tage vor Roms Thüre liegen, mich erst zu akklimatisiren suchen, meint er etc. – so werde ich mich denn im Palazzo Pitti entschädigen und an den Ufern des Arno träumen. Alles andere erst, wenn meine Aufgabe hinter mir liegt – meine liebe Gefärthin hält mich stramm unter ihrem Daumen.

(Brieflich an Ida Volckmann.)[28]

Rom, „*Hôtel Amérique*“, *Via del Babuino,*
12. Juni.

Heute Morgen den 12. Juni kam ich in Rom an, früh 6 Uhr! Jetzt – Nachmittags 5 Uhr – komme ich von der Fürstin. Zwei Stunden war ich bei ihr. Welche Frau! Ihr Gesicht lebendiger, fließender Geist, ihre Sprache nur Seele. So hatte ich sie nicht erwartet, so hatte ich nie eine Frau mir gedacht! Ihre Worte klingen leicht, beredt, feurig, ihre Gedanken treten in lebendiger, plastischer Form hervor, bald in großen Bildern, bald in kleinen Andeutungen – und durch alles leuchtet ein tiefer, großartiger Charakter. Mehrmals traten Thränen in ihre Augen, als sie von Einzelmomenten ihres Lebens sprach – da sah sie rührend aus.

Das ist der Eindruck, den sie mir gegeben und der frisch vom Herzen mir kommt. Ich beugte mich nieder und küßte ihre Hand: „nicht der Fürstin – der großen Frau“, sagte ich dabei.

„Ah! – Demokratin?“ gab sie zurück.

[27] „Die heilige Cäcilie von Rafael“, Reisebrief an M. d'Ortigue (1838); Ges. Schriften Liszt's (Breitkopf & Härtel, Leipzig 1881), II. Band.

[28] Die diesbezüglichen Rom-Aufzeichnungen sind zumeist tagebuchartigen Briefen an Ida Volckmann entnommen.

„Ja, Fürstin: mit Hingabe an die Aristokratie des Geistes."

Sollte ich ihre äußere Erscheinung beschreiben, kaum könnte ich es. Als ich zu ihr kam um 2Uhr-Vormittags hatte sie mir einige Zeilen geschrieben – war sie in ihrem Salon, der nach italienisch klimatischen Bedürfnissen, dunkel verhangen war.

Ihr Empfang war erregt. Sie schloß mich einen Augenblick in ihre Arme. Wir saßen dann bei einer brennenden Kerze in *fauteuils,* nahe ihrem Schreibtisch. Ihre Figur konnte ich kaum sehen. Um die Schultern trug sie eine weiße mit Gold durchwirkte Mantille – eine Frau großen Styls, aber mit Anmuth und Leben ausgestattet: so erschien sie mir. –

„Sie sprechen französisch?" frug sie mich.

„Nur mein Auge, Fürstin, beherrscht diese Sprache – Zunge und Ohr blieben ungeübt –"

„Dann sprechen wir deutsch! Sie werden mir schon verstehen."[29] Die Fürstin weiß alles auf deutsch zu sagen, aber französisch construirt, oft Artikel und Casus verwechselt – –

Morgen Abend komme ich zu ihr „biographiren", übermorgen zu einer Spazierfarth. Morgen Nachmittag erlaubte sie mir „Freundin Susanna" ihr vorzustellen. Damit hoffe ich sind die Präliminarien beendet, und die Arbeit kann beginnen.

Dienstag, 13. Juni, Vormittag.

Ein Fenster offen, das dem Monte Pincio zu liegt und reine, milde Luft und Nachtigallensang mir ins Zimmer führt – üppige duftende Rosen auf dem Schreibtisch: so sitze ich schon einige Stunden, notire, ordne meine Gedanken für heute Abend und durchdenke das Gestern. Meine Gedanken schweifen zum Nachbarhaus, zur Wohnung der Fürstin – es klingt ihre Stimme an mein Ohr, deren Ausdruck unbeschreiblich sein kann. Besonders bei einem Moment klingt sie in mir nach; es war, als ich Brendel's letzter Misere, seiner Noth und Verlassenheit gedachte. Dieses aufrichtige Leid, und wie ihre Klagelaute es wiedergaben, ist das schönste Requiem, das ihm werden konnte.

14. Juni.

Mitternacht war längst vorüber, als ich in mein Hôtel zurückkehrte. Die Fürstin hatte bestimmt, daß ich ihr aus meinem *Ms* vorlese, woraus jedoch nichts ward. Ich fühlte ihr ab, daß ich ihr noch zu fremd sei und erzählte ihr darum von meinem psychischen und künstlerischen Werden – dabei frug sie

[29] Nachbemerkung: Hiebei blieb es. Wir sprachen deutsch und korrespondirten später deutsch.

kreuz und quer nach allem und jedem, bis meine ganze Biographie, Verhältnisse, ja einstiger Wahn, Leid und Besiegung des Herzens, klar vor ihr lagen.

Dazwischen erzählte sie kleine Episoden von sich, aus ihrer Kindheit, aus ihrem späteren Leben, von Liszt, Wagner, Cosima und so ging es fort und fort, und sie ließ mich nicht. Das Frauenthema berührte sie auch und bemerkte:

„Wir sind eben so viel wie die Männer und können eben so viel wie sie: nur müssen wir nicht die Thorheit begehen, es so machen zu wollen, wie sie es machen."

Ich muß wieder und wieder denken: welche Frau! und wie Liszt verwandt! Wie er, gebietet sie über ein außerordentliches Gedächtnis und eine immense Breite des Wissens, wie er, besitzt sie eine scharfe Combinationsgabe. Dabei ist ihr Unterscheidungsvermögen für Wahrheit und Schein scharf und entschieden. Mit einer Entrüstung, die mir im Innersten wohl that, und mit einem Ausdruck, der über die gewöhnliche Gränze einer solchen hinausgeht, sprach sie von „Wagner's Verführung der Cosima" (v. Bülow).

„Er fühlt nicht was gut ist und nicht was schlecht ist", sagte sie – ein so wahrer und schrecklicher Richtspruch zugleich. Und wie schilderte sie hierauf Liszt's Leiden nach der Katastrophe!

„Ich habe den Tod seines Sohnes, seiner Tochter Blandine, seiner Mutter mit ihm durchgemacht, aber nichts glich dieser Verzweiflung", sprach sie. Was erzählte sie mir nicht alles! Und wie tief ließ sie mich hineinsehen in das menschliche Herz – in übergewaltige Leidenschaft und hohe Liebe .....

Als ich schied, umarmte sie mich und schon heute Morgen schrieb sie mir: „Unser gestriges Gespräch hat mich so tief gerührt."

Mir aber hat die Schilderung jener Verzweiflung Liszt's den psychologischen Faden zur Kosackin-Geschichte klar gelegt: seine Leidenschaft für die Kosackin war eine Reaktion gegen die Verzweiflung und ihre innere Verheerung. Und diese Verzweiflung selbst – ach! sie ist nicht nur der Schmerz um großen Verlust, der Schmerz einer geschlagenen Wunde: sie ist der Jammer des Selbstbewußtseins, das von den unerbittlichen Folgen einst begangenen Irrthums sich belastet fühlt und unter der Last stöhnt und keucht .... und von Irrthum zu Irrthum sinkt .....

16. Juni.

O der römischen Sommerzeit! –: ich mußte das Bett hüten. Einige Worte an die Fürstin benachrichtigten sie über meinen Zustand. Nun kam alle Stunden ein Bote von ihr, bald mit einigen Zeilen und Blumen, bald mit einer Dose Pfeffermünzplätzchen, dann wieder mit einem Kräuterkissen auf den Magen zu legen u. dgl. m. Schließlich erschien sie selbst und saß den ganzen Nachmittag an meinem Bett – die sorgfältigste und geschulteste Diakonissin, ungemein – ich möchte sagen – bürgerlich liebevoll. Ein Mal aber kehrte sie gegen den Hôtelier und seine träge Dienerschaft die „Fürstin" heraus – da regnete es Bücklinge, und alles flog nach ihren Befehlen. Suppe, Huhn, Thee wurden pünktlichst gebracht; ihr Wink genügte – – ohne Trinkgelder.

Ein deutscher Arzt, Dr. Hoyer, wurde auch zu Rathe gezogen. Ich muß lernen mehr das Klima als meine Lebensgewohnheiten zu befragen. – Mein Susi fühlt sich auch nicht wohl und wir werden Beide froh sein, wenn wir heil unsere italienische Sommerfarth absolvirt haben.

18. Juni.

Die Sitzungen im „biographischen Käfig", wie die Fürstin in Bezug auf mich ihren Salon jetzt nennt, sind nun hauptsächlich auf den Nachmittag ($1^1/_2$ – 5 Uhr) verlegt, wo wir bei geschlossenen Läden mit Kerzenschein („das schone die Augen", behauptet sie) und oft betäubendem Magnolienduft sitzen. Die Vormittage bin ich fest bei meinen Correkturen und Aufzeichnungen, auch Abends. Ich bin bereits so voll gepfropft, daß ich für die „ewige Stadt" ziemlich gleichgültig bin – nur mein Auge saugt ein, reflektionslos, bei unsern täglichen Spazierfarthen von 5 – 7 gegen Abend – die einzige Zeit, wo man Miasmenfrei, ungestraft, außen sein kann.

20. Juni.

Es hat sich ein persönlich intimer Ton zwischen uns hergestellt, der den Mittheilungen der Fürstin den Charakter der Absicht, des Mittels zum Zweck (der Biographie) nimmt, ja ihn vollständig aufhebt und zu freundschaftlichen Vertrauensergüssen umwandelt. bei solchen kann sie rückhaltslos, bis zum Erschrecken offen sein, wofür ich nur die Formel finden kann, daß sie zu groß ist, um da, wo sie vertraut, nicht ganz Vertrauen zu sein. Sie ist leicht erregt und bei tief in ihr und Liszt's Leben einschneidenden Ereignissen erregt bis zur Erschütterung. Wie ein Katarakt stürzen dann die Worte und Gedanken aus ihrem Mund, mit einer Naturgewalt, unter der sie selbst erbleicht und erzittert. –

Sie nennt sich „Frau Wahrheit" – *La Vérité*.

Im Ganzen kommen wir langsam vorwärts – meine Weimaraner Biographen-Miseren werden hier, wie es scheint, eine Art Wiederholung finden. Lese ich vor, so kann ich kaum einen Satz beenden, ohne daß ihn ihre Erklärungen, Beleuchtungen etc. durchbrechen. Dann die Besuche! Mehrere wies sie ab, andere wieder, Grafen, Marchesi, Botschafter, hohe klerikale

Persönlichkeiten, kann sie nicht abweisen, und so giebt es viele Störungen. Am hemmendsten jedoch ist die Breite ihrer Auseinandersetzungen; auch unsere vielen literarischen, persönlichen und religiösen Rundreisen, unsere Debatten, herbeigeführt von unseren „verschiedenen Standpunkten", die sie den „Austausch unserer Meinungen und Principien" nennt: all das zieht sich ins Breite – – geht es so fort, kann ich ein ganzes Jahr hier bleiben und werde doch nicht fertig –

Dabei unterschätze ich nicht den außerordentlichen Gewinn, der mir aus allem zufließt. Mein Blick weitet sich täglich mehr und mehr für meine Aufgabe, die mit ihm sich weitet und wächst, bereits weit über meine bisherige, mehr als zweijährige Arbeit hinaus, die ich von heute an nur als eine Vorarbeit betrachten kann.

Daß ich erst am Anfang der Biographie stehe, daß der wesentliche Theil, der ihr das wahrhaftige Leben, die höhere Realität, einen ganzen Werth geben kann, noch fehlt, ist mir Gewißheit geworden. Bis jetzt ist sie ein Schemen – blutlos – weiter nichts. Aber Kraft und Gnade! –: ich fühle ihr geheimnisvolles Wehen –, ich höre die Bäche rauschen, die Bäche des Lebens und der Geschichte –, ich sehe in die Morgenröthe hinein und sehe die das Geschehene umhüllenden Nebel zerrinnen ...... Sollte mir, jetzt da alles Material mir zugeht, alle Quellen mir zusprudeln und eine volle Einsicht und Übersicht in das Wesen, den Stoff, in die Erdbedingung zur Frucht gegeben ist, nicht gelingen das ganze Lebensbild „Liszt" zu fixiren, wenigstens seine Grundzüge der Zukunft zu sichern –: wird keine kommende Zeit je ein wahrheitgetreues Bild schaffen können. Die Fürstin ist der einzige Mensch auf Erden, der bezüglich des Meisters alles weiß, alle unsichtbaren Fäden kennt und den Schlüssel zu vielen unverständlichen Dingen seines Lebens besitzt.

Sie selbst gedachte seine Biographie zu schreiben und hat seit Jahren, darum und weil sie ihn liebt, alles gesammelt, was ihn betrifft, aber – – nur in ihrem Kopfe aufgespeichert. Sie war seiner Zeit in Raiding, sie sprach mit den Leuten des Dörfchens, die ihn als Kind gekannt, – sie war in Wien, in Paris und überall, wo ein Stück seines Lebens sich gestaltet hat, – sie besuchte seine Mutter und hatte sie bei sich auf der Altenburg, – sie kennt alle Personen, die in sein Leben, vorübergehend oder länger, hineingespielt, – sie kennt die verschiedensten Höfe, hat Beziehungen über ganz Euorpa mit hoch gestellten Personen, Gelehrten, Künstlern. Und alles, was sie auf Liszt Bezügliches weiß und erlebt: das alles übergiebt sie nach ihrer Aussage –: mir.

Als ich ihr ohnlängst äußerte: „Sie sollten Jemand gewinnen, Ihre Biographie der Welt zu übergeben", antwortete sie:

„Meine Mittheilungen mache ich nur ein Mal im Leben: nur Ihnen. Was Sie für Ihr Werk gebrauchen können, benützen Sie nach Ihrem Gewissen – das Übrige folgt mir ins Grab."

Und – so sei es!

21. Juni.

Einige interessante Personalien, resp. Aufklärung über „verschobene" Verhältnisse, welche die Fürstin mir gab, mögen hier folgen:

Tausig – „ein durch und durch verdorbener Mensch", wie sie sagt, wohnte bei ihr auf der Altenburg und aß an ihrem Tisch. Eines Tags sprach er beim Diner in nichtswürdiger Weise von seiner Mutter.

„An meinem Tisch darf Niemand schlecht von seiner Mutter sprechen –: Ehre Vater und Mutter", sprach streng und zurechtweisend die Fürstin. Er schwieg. Des Abends erschien er nicht zum Souper; anstatt seiner: ein Billet an Liszt, worin er sagte, daß, nach dem herben Wort der Fürstin, er nicht mehr dableiben wolle und Weimar verlasse. Liszt, ärgerlich über die scharfe Zurechtweisung der Fürstin, deren Ausgang sie selbst nicht beabsichtigt hatte, warf hin: „Sie vertreiben mir meine besten Schüler", gab ihr aber doch Recht, als sie entschiedenen Tones entgegnete: „In meinem Hause muß es ehrlich zugehen." – Das war Tausig's Abschied; sie sah ihn nie wieder.

Joachim war von Liszt für die Weimaraner Hofkapelle engagirt. Er war „sehr warmen Herzens, dabei von noch jugendlich-befangener Eitelkeit". Bald begann er eine schwärmerische Empfindung für Liszt an den Tag zu legen, von der dieser wähnte, daß sie ebenso der von ihm erstrebten Kunstreform gelte.

Da erging vom König von Hannover ein Ruf an ihn als Concertmeister. Liszt, der ihn sehr liebte und an seine sich ihm anschließende künstlerische Gesinnung glaubte, erwog im Stillen, daß Joachim in Hannover ein Bahnbrecher für die neue Kunstrichtung werden könne. Aber auch seine Stellung, die in Hannover eine viel bedeutendere wurde, zog er in Betracht. Letzteres sprach er ihm aus und, mit dem andern Gedanken im Hintergrund, gab er ihm den Rath: dem Rufe zu folgen. Hiedurch aber wurde Joachim in seinem Gefühl für Liszt verwundet. Er hatte wohl erwartet, Liszt werde ihm sagen: „Sie sind mir notwendig – bleiben Sie", und auf dieses Wort hin wäre er geblieben, trotz größerer Vortheile seitens Hannovers. Er stand L.'s im Hintergrund liegenden Gedanken ganz fern –: er wähnte sich ungeliebt und war verletzt. Die Fürstin sagte: Liszt hätte ihn nicht gehen lassen sollen, er hätte Joachims Schwärmerei sehend, ihn „zartweiblich" behandeln müssen.

Von dem Moment an war er auf der Altenburg wie umgewechselt; auch berührte er hier seine Geige nie mehr. Seine Liebe wurde Kälte und er: ein

Gegner Liszt's und seiner Richtung. Aber auch der Großherzog war ärgerlich auf letzteren. „Wenn wir einen guten Geiger haben, schickt ihn unser Kapellmeister fort" – spöttelte er.

*

Heine hatte zu Anfang der 30er Jahre über Liszt günstig geschrieben (seinen Vergleich: „Paganini und Liszt"). Als er das gedruckt, ließ er Liszt einen 1000 Francs-Wechsel präsentiren. Dieser wies ihn zurück mit der Bemerkung:, „daß er kein Geld habe und Derartiges nicht als Reclame bezahlen" wolle. Von diesem Moment an datiren Heine's Ausfälle auf Liszt. – Bei Meyerbeer gelang es Heine besser. Die Artikel zu Gunsten eines Künstlers waren namentlich durch Meyerbeer's Reichthum zu enormer Höhe getrieben. Als eine seiner ersten Opern in Paris zur Aufführung gekommen war, schrieb Heine einen Artikel über dieselbe, welcher sie auf einmal in Europa zur Berühmtheit erhob. Meyerbeer sandte ihm andern Tags 2000 Francs, welche jener zurückschickte, bemerkend: „was er geschrieben, sei seine Überzeugung gewesen" etc. Nach einigen Tagen erhielt Meyerbeer von Heine ein Billet mit der Bitte, ihm zur Deckung einer Ehrenschuld 20000 Francs zu leihen! –

*

Meyerbeer, der Liszt sehr freundlich gesinnt war (was letzterer aufrichtig erwiderte), ward ihm nach der Aufführung des „Tannhäuser" und Creirung des „Lohengrin" ein Gegner – in indirekter Form: Bischoff's und Hiller's Namen und Federn (Rhein. Musik-Ztg.) deckten ihn. – Eine kleine Causerie zwischen der Fürstin und Meyerbeer dürfte charakteristisch sein.

Um die Zeit, da Liszt als Komponist auftrat, war die Fürstin in Paris. Meyerbeer machte ihr seine Aufwartung. Mit besonderem Nachdruck und ironischer Betonung sagte er zu ihr: „Liszt, er – komponirt?!" „Ja, er komponirt", entgegnete sie ruhig.

Anspielend auf Liszt's „Programme", welche damals in einem Separatabdruck (auf blauem Briefpapier in groß Quart)[30] ausgegeben worden waren, fuhr er malitiös fort: „Ja wohl – er hat sogar [einen] ‚prospectus' in die Welt gesandt und – " „Sie meinen", unterbrach sie lächelnd M.'s Bosheit – : „seine ‚Programme', mein lieber Meyerbeer." (Sonst sagte sie: „lieber Meister".) „Ach ja – : Programme!" verbesserte er leichthin. „Und diese Programm-Musik?" – „Diese Programm-Musik ist etwas anderes als eine Oper – sie gehört der Instrumentalmusik. Nehmen wir z.B. die symphonische Dichtung ‚Mazeppa' an. Ein Schrei, ein Peitschenhieb! – es jagt das Pferd" etc. Die Fürstin schilderte ihm die dämonische Jagd und fährt fort:

[30] Nachtrag: Ein Exemplar besitzt meine Liszt-Bibliothek, No. 176.

„Über seinem Haupte schweben die hungrigen Raben – die Eulen, die Geier – man hört ihren Flügelschlag so getreu und täuschend, daß mehrere Leute nach der Decke sahen und glaubten: es hätten sich Vögel in den Saal verirrt." – „Das ist in der That ein Effekt!" stieß der Mann der Effekte hervor und wurde blaß. „Ja" – ironisirte ihn nun die Fürstin – „Liszt komponirt! aber nicht [um] der Effekte willen; die läßt er der Oper, wo Sie ein großer Meister sind. Andere Voraussetzungen, andere Ziele –: im Concertsaal wird er der große Meister sein."

22. Juni.

Fast jeder Morgen bringt mir eine liebevolle Fürsorge der Fürstin – geistig giebt sie mir mit vollen Händen – – doch die Biographie! Wir sitzen jeden Tag 3 – 4 Stunden, oft länger, aber immer verschlingen ihre Auseinandersetzungen die Lektüre. Ich dränge und dränge.

„O", sagt sie ruhig – „Sie kommen nächstes Jahr wieder, das Bedeutende braucht seine Zeit." Mache ich eine Einwendung, so erwidert sie: „Man muß an seine guten Engel glauben" – „Was werden soll, wird" u. dgl. m.

Wäre die Fürstin mit ihrer Gedankenrichtung nicht so sehr an das Kirchliche verloren: sie wäre eine der vollkommensten und bedeutendsten Frauen unserer Zeit. Ihre Schattenseiten wirft die Kirche. Hier liegt auch der Punkt, der zwischen sie und Liszt getreten. Die Fürstin verliert sich ins Phantastische, wie ihre „Theorie der Engel" es kennzeichnet. –

Sie schenkte mir eine kleine, gewissermaßen historisch gewordene, hier beifolgende Photographie von sich, aufgenommen zur Zeit ihrer ersten Audienz bei *Pio Nono* (1860), auf dessen Wunsch – der stylvolle Anzug der Fürstin (er soll nach Holbein sein) hatte ihm gefallen – sie sich hatte photographiren lassen. Der hier festgehaltene Ausdruck des Gesichts steht mir oft vor Augen, wenn ich ihrer kirchlichen Geistesrichtung gedenke –: Tiefe des Gemüths, ein düsterer Willensernst, grüblerisches Sinnen. Jetzt ist ihr Gesichtsausdruck heiter, aber dort liegt die Wiege ihrer Kirchlichkeit.

Am 24. Juni,
meinem 43sten Geburtstag.

Vormittags arbeitete ich wie gewöhnlich bis 12 Uhr, dinirte und ging gleich nach Tisch bis 6 Uhr (!) zur Fürstin. Sie erwartete mich bereits – die Fensterläden geschlossen, zwei brennende Kerzen, mystisches Helldunkel. „Sind Sie da?" rief sie mir zu, als sie mich eintreten hörte, und streckte mir ihre Hände entgegen. Ich hielt sie fest und sagte, mich vor sie auf ihren

Fürstin Carolyne von Sayn-Wittgenstein
in der Tracht ihrer Audienz bei Pius IX.
Rom, Juni/Juli 1860

Schämel setzend: „Heute halte ich Sie fest – bis Sie mir etwas angenehmes für meine Zukunft gesagt."

„Bleiben Sie so sitzen, so ist es recht hübsch und erzählen Sie mir von Ihren Eindrücken im Lateran!" Die Fürstin hatte uns gestern dahin fahren lassen, um der sehr interessanten Vorfeier zum Johannisfest beizuwohnen. Ich that, wie sie geheißen, und als mein Bericht beendet war, scherzte ich: „Und mein pythischer Spruch?" „Oh", sagte sie und ward ernst – „Sie, Sie sind nicht wie die Andern, Sie mit Ihrer schönen Natur, Sie sind ein Kunstwerk Gottes –: Ihr Werk wird bedeutend und bleibend werden." „Das ist ein schöner Spruch – ich will an ihn glauben!" rief ich aus. „Heute ist mein Geburtstag ..... Darf ich Ihnen eine Geburtstagsbitte aussprechen?" „Oh, was Sie wollen!" entgegnete sie.

Ich kam nun auf etwas zurück, was mir in diesen Tagen oft warm gemacht hat und mich den Zweck meiner Reise als theilweise verschoben ansehen läßt: auf die Weimarperiode. Sie will durchaus, daß ehe sie von ihr erzählt, ich ihr alles Vorhergehende meines *Ms* vorgelesen habe, damit alles „chronologisch" sich aneinander reihe. Und doch lassen die breiten und endlosen Auseinandersetzungen mich diesen Punkt nicht erreichen. Nachdem ich ihr das Nothwendige, zur Weimarzeit überzugehen, dargelegt, schloß ich, indem ich ihrer Mimik den Widerspruch ablas: „Wenn Sie jedoch meiner Bitte durchaus nicht mit Ihren Ansichten entsprechen können – sollen Sie mit Ihrem Versprechen nicht gebunden sein." „Ich werde es halten, aber –" Der Vorschlag der Fürstin, welcher nun folgte, erschien mir nicht zweckmäßig. Nun einten wir uns dahin, daß sie mir erzählt (chronologisch) und ich mein *Ms* nicht weiter vorlese, sondern ihr zuhöre, wodurch wir schneller zu dem Hauptpunkt – Weimar-Altenburg – kommen werden.

So steht es jetzt. Möge alles gelingen und mir für die noch bevorstehenden Wochen der Arbeit die Kraft nicht versagen. Susanna steht mir getreu zur Seite. Die Sorge um mich hat sie mir vollständig abgenommen, wacht über mich, füttert mich, hilft mir in allen Nöthen des Tageslaufes, wobei ihr kindlich-heiteres Kichern erfrischend wirkt. Ihr edles Gemüth hat voll begriffen, welche Verantwortung auf mir liegt und sieht in ihren Dienstleistungen „eine Pflichterfüllung für die Sache".

25. Juni 76, Abends.

Wir sprachen von der Harmonie des Weltganzen, von seinem Widerspiegel in den Künsten, von Liszt's Stellung als Genie zu diesem Ganzen, von seiner Ausdrucksart – von der Eigenthümlichkeit seines Satzbaues, dem dichterischen Charakter seiner Übergänge, seiner dynamischen Hebungen und

Senkungen u.a. Hiebei entwickelte ich der Fürstin meine Ansichten, historisch sowohl, als in Bezug auf Liszt. „Oh", rief sie immer dazwischen, „wie Sie verstehen!" Oft standen ihr die Thränen in den Augen: so tief ergreifen sie Momente, Gedanken, die sie von mir hört und wie ein ihrer Seele tief eingeborenes Geheimnis glaubt.

26. Juni, Vormittag.

Der Kammerdiener brachte mir ein Billet, d.h. einen 8 Seiten langen Brief von der Fürstin. Unser gestriges Gespräch, meine Darlegungen, sagt sie, hätten ihr eine tiefe Freude gebracht. „Ich wußte, Sie waren tief eingeweiht in die mystische Kette, welche alle Künste in ihrer göttlichen Harmonie verbindet, zusammen – auseinander – und wieder zusammen bringt. Daß aber unsere Übersicht dieser Kette so ganz dieselbe war, ist mir eine Überraschung, die ich zu meinen Lebensfreuden rechne."

Es bleibt immer ein Wunderbares um den Geist, ein Wunderbares um das Verstehen ......

Abends.

Sie erzählt nun. Heute entrollte sie mir ein Bild Pariser Lebens und Zeitgeistes der Jahre 1827–35: so Haarsträubendes, aus dem Abgrund der Leidenschaften Geborenes, so Hochstrebendes und dabei so Thierisches, daß Grauen und Ekel mir das Gemüth bedrücken und der Abgrund der Nacht, in den ich hineingeblickt und dabei die Lichthöhen der Strebungen mich wie ein Chaos der Unendlichkeit umnebeln, umschwirren bis zum physischen Schwindel. Und doch verziehen sich die Nebel und lassen ein „Begreifen der Dinge" zurück, die einer Entsiegelung des Lebens nicht unähnlich ist. – Mein d'Agoult-Kapitel muß noch sehr umgeändert werden. Die Gräfin war keine ehrliche Frau, so wenig gegen Liszt, wie vormals gegen ihren Gatten. Wer sich je dazu verstehen könnte, wahrheitsgetreu ihr Leben zu erzählen, wird moralische Skandalgeschichte schreiben müssen. Aber auch sie war ein Kind ihrer Zeit. Das zu sagen, verlangt die Gerechtigkeit.

Das letzte von ihr an Liszt gerichtete Wort, erfolgte telegraphisch 1865 [1864?] nach dem Tod des Fürsten Nicolaus von Wittgenstein [† 10. März 1864], welcher die Fürstin frei gab. Diese aber glaubte in allen ihrer Trauung mit Liszt entgegen getretenen Hindernissen „den Willen Gottes zum Verzicht" erblicken zu sollen und – – hielt hieran fest. Das Telegramm der Gräfin lautete nun:

„*Vous êtes refusé – venez dans mes bras.*

Marie."

Liszt las es und reichte es der Fürstin, die es ebenfalls las und schweigend auf den Tisch legte. Auch damals brannte eine Kerze – an ihr ließ L. das Telegramm verkohlen. –

Daß aber die Fürstin die Trauung zurückwies, war nicht Recht – : nicht gegen Liszt, nicht gegen sich selbst, auch nicht gegen ihre Tochter, die Fürstin Hohenlohe. O dieser unverzeihlichen Inkonsequenz! Ich machte ihr kein Hehl aus meinem tiefen Beklagen ihrer Unterlassung. Sie vertheidigt sich mit vielen Gründen; aber ich kann nicht hehlen! – : sie wollen mir pure Sophismen scheinen, Sophismen der Kirche, oder auch der klerikalen Schulung. Und so sage ich es wieder: in ihrer Kirchlichkeit liegt die Ursache der Kluft, die sich zwischen Beiden (Liszt und ihr) aufgeworfen hat, trotz der Einheit Beider über alles Irdische hinaus.

„Kluft" nannte ich es – das trifft nicht ganz: Mißverständnis soll das Wort heißen. Um aber nochmals auf die aufgehobene Trauung zurückzukommen, muß ich aussprechen: mich jammert dieser Schritt der Fürstin in tiefster Seele ... Psychologisch ist er erklärbar – : sechs Jahre ohne häusliche Gemeinsamkeit, ohne die gegenseitige Gemüthsabhängigkeit, die von letzterer untrennbar ist und in Folge davon eine geheime Furcht vor dem Herausgerissen-werden aus den jetzigen sich-lebenden Gewohnheiten, vor den Rücksichten und dem Sich-Aufgeben, das ein abermaliges Zusammenleben mit sich führen würde. Vielleicht, daß andere die Meinung hegen: es habe sich in ihr die „Fürstin" wieder entwickelt und das „Weib" überwunden und, im Hinblick auf Wien, ihre Stellung behaupten wollen – eine Meinung, die ich mit dem einen Wort verneine, daß sie für solche Nichtigkeit zu groß und zu wahrhaftig ist. Schwerer als derartige Erklärungen, wiegt wohl das theologische Studium der Fürstin, welches getheilte Interessen erzeugte: sie mit ganzer Seele und ihrer Natur nach Theologie – er von ganzem Herzen Christ und seiner Natur nach Musik. Auf der Altenburg war sie das Weib, das seine Interessen theilte, eifersüchtig wachte, daß keine ihr entging – ihre Fühlfäden gingen durch ihn, durch seine Seele, ja durch seinen Genius. Jetzt hat sie die Ansicht: ihr inneres Verhalten zu ihm habe sich innerlich erhoben zur beschirmenden, wachenden „Mutter", die berufen: seinen Genius auf der Bahn zu halten, welche „Kirche" heißt – hier liege ihre höhere Aufgabe ihm gegenüber. Ganz im Hintergrund ihrer Seele glaube ich jedoch, daß noch andere, rein-menschliche Dinge zu dem Abbruch ihres einstigen Lebenszieles mitgesprochen haben: das in seiner Liebe und Hingabe oft gekränkte Weib. Mir dröhnen Liszt's Worte im Ohr: »Das sechste Gebot: ‚Du sollst nicht ehebrechen' – das habe ich gethan.« – – Erfahrungen werden zu Motiven der Handlungen. Und wer von uns könnte aus solchen Erfahrungen heraus den Schritt der Fürstin nicht für berechtigt halten?! Trotzdem aber hätte sie sich unbedingt überwinden müssen in ihren Gewohnheiten, ihrem Ich, ihrer Kirche, in ihr gewordener Beleidigung: der eigenen Ehre wegen. Dieser Heroismus wäre die Krönung ihrer früheren heroischen Liebe gewesen.

Das ist meine unumstößliche Meinung.

27. Juni, Abends.

Wie die Wunden fort und fort bluten, hier in Rom wie dort in Weimar! Ich sage wieder: Mißverständnisse haben Beide in eine gegenseitige Erbitterung gebracht –: der römische Sinn der Fürstin steht gegen „Bayreuth", persönlich und sachlich. Liszt hat – 1869 war es – der Münchener Aufführung des „Rheingold" beigewohnt. Er selbst hatte Jahre hindurch gehofft, dieses Werk, wie einst „Lohengrin", in Weimar zu creiren; der schwankende, kurzsichtige Großherzog trat aber nicht energisch dafür ein. Die Folge war, daß Liszt, nachdem sich seine Trauung mit der Fürstin nicht vollziehen ließ, in Rom verblieb. Der Eindruck nach der Münchener Aufführung war aber dermaßen überwältigend für ihn, daß er mit ganzer Seele nach den „Nibelungen" spannte. Die Fürstin sah voraus, daß wenn dieses Werk vollendet und seine Aufführung bevorstehe, Liszt nach Bayreuth reisen werde, wie es sich auch thatsächlich ereignen wird; denn sowie die Proben daselbst, die gegenwärtig die musikalische Welt Roms, Deutschlands, ja des ganzen Erdkreises in Aufregung versetzen, beendet, wird zu den Aufführungen Liszt in Bayreuth sein.

Von jener Münchener „Rheingold"-Aufführung bis zur jüngsten Zeit herauf ward die kommende Nibelungen-Aufführung der stehende Zankapfel zwischen ihr und ihm. Sie stemmte sich mit dem Aufgebot ihrer ganzen Beredsamkeit gegen seine Anwesenheit daselbst – allein vergeblich, was ich, nebenbei gesagt, vollständig richtig finde, ja ich konnte mich nicht enthalten (zum Verdruß der Fürstin) ihr seine Theilnahme an diesem epochalen Ereignis der Musik als eine „Naturnothwendigkeit seines Genies" zu bezeichnen: sein künstlerischer Drang mußte ihm gegenüber mächtiger sein als alle römischen und persönlichen Rücksichten. Daß er alle über den Haufen warf, trotz bitterster Kämpfe und geistiger Schmerzen, zeugt doch nur von der ihm eingeborenen Naturgeschichte des musikalischen Genies. Hiebei fällt mir ein Liszt's Sinn charakterisirendes Wort ein, das er gegen Pius IX. gewandt haben soll, als man ihm dessen Mißfallen über seine „weltliche Führung" hinterbrachte – es war wohl nach der Aufführung der Graner Festmesse zu Paris im Jahr 1866. Stolz den Kopf gehoben, entgegnete er paulinisch:

„Mein Haupt ist Jesus Christus."

Die Gründe der Fürstin gegen seinen Bayreuth-Besuch sind indeß von ihrem Standpunkt aus ebenso gültig wie die ihn nach Bayreuth zwingenden.

Moralisch, persönlich, sachlich stehen jene zunächst auf der Bitte des Vaterunsers: „Führe uns (ihn) nicht in Versuchung!" „Gott schütze ihn vor ihr", sagte sie – „ohne Versuchung ist seine Seele vollkommen; ein *chef d'œuvre de Dieu* – ihr gegenüber, reißt sein Temperament ihn fort; es ist stärker als er. Die Versuchung tritt an ihn, den Bewunderten, den exclusiv dastehenden großen Mann in hundertfacher Gestalt heran: man will ihn herunterreißen von seiner Höhe, will ihn hineinziehen in den Strudel der Welt, man will ihn verführen und wäre es nur aus dem Motiv persönlicher Eitelkeit."

Sie möchte ihn schützen vor dem ätzenden Gift eines glänzenden, genialen Künstlervolkes mit seinen phantastischen, laxen und korrumpirten Sittlichkeitsbegriffen: seiner Ehre, seiner Stellung zu Rom, seiner Würde als Kirchenkomponist wegen. Sie sagt: „Seiner Jugend war seine Devise: ‚*Génie oblige*' – jetzt muß anderes an ihrer Stelle stehen: der Schöpfer großer Werke soll ein Vorbild der Jugend sein in seinem Schaffen und in seinem persönlichen Leben. Der Komponist hoher, Gott dienender Musik kann nicht in dem weltlichen Treiben von Bayreuth seine Würde behaupten." – In Bayreuth erblickt die Fürstin alles, was für ihn „Versuchung" heißt. Es ist ergreifend, wie sie für seine Würde bebt und betet, wie ihre Liebe heraufkocht. Alle Erbitterungen Beider sind nur Truggespinste der Liebe – Verkappungen gekränkten Frauen-, gekränkten Mannestolzes. – – – –
– –

„Cosima" bildet ein starkes Kapitel in den Auslassungen der Fürstin. Sie hat die feste Ansicht (und begründet sie psychologisch), daß ohne Cosima's Verrat an Bülow weder die Kosackin-Affaire noch das Meyendorff'sche Leonorenspiel sich würde entwickelt haben. Seit seiner damaligen Verzweiflung sei bei ihm eine Wandlung vor sich gegangen – als Komponisten habe sie ihn gelähmt. Gegen letztere Behauptung erhob ich Einwendung; sie sei unbedingt zu beschränken auf Werke breit angelegter Form, sagte ich und wies auf seine Kirchenchöre u.a. hin.

„Das bedeutet nichts für sein Genie", entgegnete sie schmerzlich-bitter. „Das sind Kleinigkeiten für ihn. Keine Messe, kein Oratorium – kein großes Werk hat er mehr geschaffen!"

„Cosima", sagte sie weiter, „hat sich sehr an ihrem Vater versündigt, auch darin, daß sie ihn liebt wie die Welt ihn liebt: als graciösen und geistvollen Gesellschafter und – – als Pianist[en]. Seine Liederübertragungen stehen ihr höher als seine symphonischen Dichtungen. Sein Genie als Komponist hat sie nie erkannt, nie gewürdigt. Liszt liebt diese Tochter über alles, und darum schmerzt es ihn um so mehr, daß sie sich ihm so fern gestellt hat. Für sie giebt es keinen Gott, keine Kirche, keine Welt – nur Wagner." – –

Ich knüpfte an diesen Herzenserguß die Frage: was an der „Entfremdung“ wahr sei, die gegen Ende der 50er Jahre zwischen Liszt und Wagner sich ereignet haben soll? „Was wissen Sie davon?“ frug sie gespannt zurück. Von Brendel wußte ich, daß Wagner, als ihm Freunde seine luxuriösen Bedürfnisse und Schulden vorhielten, ärgerlich ausgerufen habe: „Ich habe eben keine Fürstin, die meine Schulden bezahlt!“ – Worte, die Liszt's vornehme Natur und seinen Stolz um so empfindlicher trafen, als er mit seinen Finanzen nie in Unordung war und er auch niemals erlaubt haben würde, daß Freunde Schulden für ihn bezahlten – „Er (Liszt) hat immer für Andere bezahlt“, beschloß die Fürstin meinen Bericht und fügte mit Nachdruck hinzu: „Sie sind gut unterrichtet.“

Mitwoch, 28. Juni.

Heute fuhr die Fürstin mich nebst Susanna hinauf auf den Monte Mario in das Kloster Maria del Rosario, wo Liszt 1863/65 (auf eigene Kosten) wohnte, wo er zum Theil seine „Elisabeth“ (das Rosenwunder und anderes) komponirt hat, wo seine Stimmung, gereinigt von irdischem Begehren, sich dem Edelsten und Höchsten zuwandte. Hier komponirte er am „Christus“, hier schuf er seine zwei Legenden (Vogelpredigt und Franciscus auf den Wogen schreitend) – alles Höhenwerke religiöser Poesie. Aber auch welche Umgebung! –: auf dem Plateau des Monte Mario das Kloster, an einem Ende desselben die malerisch gelegene Villa Mellini umgeben von Cypressen und herrlichen Pinien, etwas weiter entfernt Raffaels berühmtes Bauwerk: die Villa Madama; auf der andern Seite (rechts) das Verlieren des Berges, als münde er in die Riesenkuppel von St. Peter – und vor ihm in einer Entfernung, welche wohlthuend dem Auge die Dächer des Häuserkneuels verschwinden macht, auf breiter Ebene Rom mit seinen vielen stolzen Kuppeln, und endlich im Hintergrund das Albanergebirge, das bis zum Meere sich erstreckt.

Die Fürstin ließ uns Liszt's Zimmer öffnen – ein Arbeits- und ein Schlafzimmer, deren Fenster die eben beschriebene Aussicht haben. Leider, daß ihre Einrichtung nicht mehr ist wie damals. Aber die Fürstin zeigte mir, wo sein Schreibtisch, sein Pianino gestanden, wo der Papst gesessen, der, begleitet von den Msgr. Merode und Hohenlohe, am 11. Juli 1863 Liszt durch seinen Besuch auszeichnete! Liszt spielte ihm die beiden Legenden (Vogelpredigt, Hl. Franciscus etc.) und etwas von Beethoven vor. Auch in der Kapelle waren wir, wo ein Positiv stand, auf dem Liszt oftmals gespielt und die Rosarien mit seinen Inspirationen begleitet hat. Wie die Fürstin mir sagt, hat er mehrere derselben aufgezeichnet[31]. –

[31] Nachtrag 1894: Die „Rosenkranz-Andachten“ für Orgel oder Harmonium, desgl. für Chor und Orgel, bearbeitet vom Meister 1879, besitzt unedirt das Liszt-Museum zu Weimar. [Erschienen Budapest 1971. F.S.]

Als wir schieden, stand die Sonne tief im Sinken – ein großer Schwarm von Sperlingen wurde von unserm Wagen aufgescheucht. Ein freundlicher Glanz flog über das ernste Antlitz der Fürstin, indem sie ihm nachschauend sagte: „Die ältesten Zuhörer der ‚Vogelpredigt'" – –

Auf dem St. Peter-Platz begegneten uns zwei Geistliche. Die Fürstin ließ halten. Der eine, der Dominikaner Salua, war bei dem berühmten Besuche *Pio Nono*'s auf dem Monte Mario zugegen. Dieser Besuch war, wie der Dominikaner mir nun äußerte, der einzige, den je ein Papst einem Musiker abgestattet hat. Flammenden Auges sprach er davon. Ehrerbietigst küßte er der Fürstin die Hand, und wir fuhren weiter. „Wie begünstigt Ihre Wege sind, Liebste", sagte die Fürstin gedankenvoll – „nicht alle Biographen begegnen Augenzeugen eines historischen Aktes – ein wahrhaft künstlerischer Abschluß unserer heutigen Ausfarth."

Freitag, 30. Juni.

Ich komme von der Kirche San Carlo. Die Fürstin wollte sie mir zeigen – nicht der Kirche wegen, die klein und unschön ist, sondern damit ich mit ihr an all den Orten war, die mit einem wichtigen Moment ihrer und Liszt's Lebensgeschichte verknüpft sind. Der hl. Carolus ist der Schutzpatron der Fürstin (sie heißt ja Carolyne) und die Kirche San Carlo gehört darum zu denen, welche sie regelmäßig besucht. Aus gleichem Grund sollte hier am 22. Oktober 1861 – am 50sten Geburtstage Liszt's – ihre Trauung mit ihm vollzogen werden. Welche Schwierigkeiten, welche Kämpfe, ja welche päpstlichen Contradiktionen waren dem jetzigen päpstlichen Consens zu dem bevorstehenden Akt vorausgegangen!

Am 20. Okt. war Liszt in Rom eingetroffen – Beide nahmen am 21. Okt. Abends 6 Uhr die Communion – festlich prangte der Altar, die Kerzen zur stillen Feier standen bereit. Da ereignete sich das Unglaubliche: Nachts 11 Uhr sandte der Pfarrer von San Carlo die Botschaft: Der Heilige Vater habe so eben seine Genehmigung zur Trauung zurückgezogen. – Die Fürstin nannte mir als Ursache: „ihr geschmiedete russische Intriguen".[32]

Schmerzenserinnerungen seitens der Fürstin beugen sich oft, Ruhe suchend, vor dem Altar ihres Schutzpatrons ... Wir Beide waren auf dieser Farth allein. Schweigsam betraten wir das Kirchlein, schweigsam standen wir vor dem Altar. Sie ließ sich auf die Knie nieder – meine Hand hielt sie in der ihrigen und zog auch mich zur Beugung im Gebet. Als wir uns erhoben, waren unser Beider Augen feucht ......

[32] Siehe „Fr. Liszt als Künstler und Mensch"; II². Bd., wo *pag.* 434 diese Auffassung richtig gestellt ist.

Später erzählte mir die Fürstin, daß sie und Liszt an jenem verhängnisvollen Abend wie vernichtet zusammen gesessen. Endlich erhob er sich, um sein Hôtel aufzusuchen. Dumpfen und doch lachenden Tones sagte er: »Morgen schlafe ich bis 11 Uhr – « „Ich – bis 12 Uhr", erwiderte die Fürstin kühl. Sie hatte seine offenbar gegen den Schicksalsschlag gerichtete Ironie als Gleichgültigkeit gegen sie mißverstanden, die sie tödtlicher treffen mußte als jedes Verbot des Papstes. Gekränkter Stolz war ihre Antwort. Dieses Gefühl nestete sich in ihr fest.

Anderntags, da Beide die Frage: was nun? wohin? aufwarfen, meinte die Fürstin nachlässigen Tones: „Ich gehe in's Albanergebirge –" »Ich in's Sabiner«, murmelte er bitter zwischen den Zähnen. Aus dieser Entgegnung wollte die Fürstin die Bestätigung ihres gestrigen Gefühls erkennen. Sie sprach es ihm nie aus, aber ließ es in sich arbeiten. – Von da an stand sie unter falschem Leitstern, falschen Voraussetzungen. So wachsen Mißverständnisse .... und noch heute hält sie an jener Auffassung fest. So weit aber ich Liszt kenne, war seinem Charakter eine Kränkung, wie das jedenfalls durch Trennung und Kämpfe überreizte Gefühl der Fürstin sie sah, ganz unmöglich[33].

Leider liegt es in der Natur der Fürstin gewisse Dinge mit Stolz zu ignoriren. Hierin liegt ein großer Zug – das ist unverkennbar – allein nur dann wirklich groß in seinem Endziel, wenn er zum Siegeszug des Herzens wird, der die Bitterkeit wie Schlacke auswirft ..... Das aber wäre vielleicht übermenschlich .....

Montag Abend, 3. Juli.

Wie es jetzt heiß wird! Bis jetzt kühlte sich die Luft gegen Abend hin ab – nun nicht mehr. Des Mittags ist die Hitze verstandraubend, auch todbringend – des Abends keine Linderung – meine Hände sind feucht, daß die Feder mir entglitscht. Glücklich daß ich in die wichtigsten Dinge eingeweiht bin – es läßt sich darum eher mit Ruhe an die Heimreise denken – und doch! wie wird mir dieser Gedanke schwer! Die Fürstin ist mir sehr werth geworden als Charakter, wie als Gelehrte – ähnlichem kann mein Leben nicht wieder begegnen. Dabei fühle ich dankbaren und glücklichen Herzens, wie sehr sie mich gefördert hat – –

[33] Nachtrag 1894: Meine damalige Annahme fand ich später bestätigt. Ich brachte bei Liszt das Gespräch auf jenen Abend. Er sei wie »betäubt, zermalmt« gewesen, äußerte er. „Und die Fürstin? wie nahm sie die Botschaft auf?" forschte ich. »Erstaunlich«, sagte er, wobei seine Stimme noch Erstaunen verrieth. »Sie war gefaßt, gehalten – merkwürdige Frau!« – Liszt's von La Mara veröffentliche Briefe aus der Zeit von 1860/62 beweisen die gegentheilige Gesinnung von dem, was die Fürstin seinen Worten entnahm.

Sie ließ mich heute wieder in eine Welt blicken, daß ich immer brrrrr – machte. D'Agoult, George Sand –: Genie und Gemeinheit bei letzterer, Talent und Gemeinheit bei ersterer. Auch von Alfred de Musset sprach sie. Leider hat Lindau Recht. G. Sand selbst erzählte Liszt die bekannte Geschichte und schloß mit den Worten: „Er hätte krepiren können –, wir waren so vergnügt mit einander." – Nur ein Gottgeborenes Genie konnte bei solchen moralischen Störungen, wie sie auf Liszt einwirkten – heute als Zeitluft, Pioniere und gesunde Reaktion gegen verfaulte und entsittlichte Gesellschaftsverhältnisse, morgen als hochgeschraubte Extravaganzen genialer Dichter und Künstler – sich halten, wie er. Die Fürstin behauptet: ohne jene Einflüsse würde sich Liszt's geschlechtliches Willensvermögen bei seinen von Hause und Natur aus gesunden Sittlichkeitsbegriffen, stärker, widerstandsfähiger entwickelt haben. Der Ansicht bin ich auch. Ich mußte ihr aber doch hinzufügen, daß die außerordentliche Erregbarkeit seines Temperamentes von der Schaffenskraft, sowie die Empfänglichkeit für Anmuth, Schönheit, Witz und Geist der Frauen von der poetischen Richtung seiner Phantasie überwiegend abhängig sei oder im Zusammenhang mit ihr stehe, und weder jene Zeit selbst, noch ihre Bannerträger und -trägerinnen ausschließlich damit belastet werden könnten: sie gaben die Losung aus für Entfesselung der Leidenschaften, und erhoben sie zum Mysticismus idealer Glorification. Das war ihr Irrthum und der Fluch ihrer Irrlehre. – Die Fürstin hat ferner die Ansicht: die C^sse^ Caroline St. Cricq wäre das weibliche Wesen gewesen, das, als seine Frau, die Jugend Liszt's vor derartigen Einflüssen bewahrt haben würde, was ich auch bestreite: er hätte dann ganz anders von Natur aus veranlagt sein müssen – er wäre ein Carlo Dolce der Musik geworden, kein „Liszt".

Die Fürstin kannte diese erste reine, heilige Liebe Liszt's, die nachmalige Mme d'Artigaux. Beide Frauen standen im freundschaftlichen Verhältnis zueinander, correspondirten, besuchten sich gegenseitig in Paris und Weimar, und blieben im Verkehr bis zum Tode der letzteren. Sie zeigte mir eine Photographie derselben: madonnenhaft! –

Ich bin immer wieder von neuem erstaunt, welche kolossale Personenkenntnis diese Frau – die Fürstin – hat. Sie kannte Schelling, Baader, [D. Fr.] Strauß, Vischer, Carus, Humboldt, Varnhagen, Ary Scheffer, Kaulbach u. A. – und stand nahezu mit allen in Correspondenz! Sogar unseren Moltke kennt sie und zählt ihn zu ihren Freunden. Und da bald der eine, bald der andere Name mit Liszt in Beziehung stand, öffnet sich mir ein so breites Terrain von literarischen und persönlichen Verhältnissen und Verkettungen der Lebensströmungen, daß die Vorbedingungen zu Liszt's Lebensanschauung und Weltauffassung wie mit einem Zauberschlag in lichter Helle vor mir stehen. Das sind Dinge, welche ein abstraktes Studium mittels

Lektüre nicht erschließen kann – ein Unterschied, wie todte Beschreibung und lebendige Anschauung. –

Einige Anekdoten, die sie mir erzählte, sollen noch folgen.

Als Louis Philippe eigenhändig den Namen Liszt von Guizot's Liste Derer strich, die mit der Ehren-Legion zu dekoriren seien, sagte Liszt zum jungen Grafen Apponyi: »Orden, Orden – was ist der Orden?! eine famose H..., die als ‚Ehre' zu schlecht, und die der Cavalier der Ehre wegen haben muß!« Der königliche Federstrich selbst war die Folge einer republikanischen Äußerung, die er gegen den König gemacht hatte.[34]

*

In Cassel lebte in sehr kleinen Verhältnissen die „Freundin" W. v. Humboldt's, die edle Charlotte Diede. Körperlich schwach, bettlägerig jammerte sie, als Liszt anfangs der 40er Jahre dort concertirte, daß dieser Genuß ihr versagt bliebe. Es kam zufällig Liszt zu Ohren. »Dann komme ich zu ihr!« rief er aus, ließ seinen Flügel in ihr Mansardstübchen transportiren und spielte ihr das edelste und beste vor, das die Musik barg. –

Anders in Breslau. Er war als großes Prunkstück zu einem Bankier eingeladen. Als er in den Salon trat, nahm er sofort Platz, aber so, daß der Flügel, den er wohl bemerkt hatte, ihm im Rücken stand. Er conversirte lebhaft, blieb aber hartnäckig mit dem Rücken gegen den Flügel. Als die Frau des Hauses auf ihn zutrat, rief er ihr entgegen: »Wie angenehm vergeht die Zeit bei Ihnen, da Sie keinen Flügel haben – ich spiele so ungern!«

Er blieb bei seiner Meinung: es sei kein Flügel im Haus, und spielte nicht.

*

Zwei die Fürstin charakterisirende Anekdoten seien noch obigen angefügt: Liszt begleitete sie auf einer Reise – die Werra-Bahn existirte noch nicht – man machte sie per Wagen. In Lichtenfels mußte unvorhergesehen übernachtet werden. Noch wenig für Fremde eingerichtet, bot selbst das beste Gasthaus des Städtchens nur Dürftigstes. Als andern Morgens die Rechnung präsentirt wurde, hatten die Namen der Gäste – Liszt!! und der der Fürstin! – genügt, die weltstädtische Skala höchster Hôtel-Preise zu übertrumpfen. Die Rechnung wurde bezahlt. Der Wagen fuhr vor – der Hôtelier stand in Frack und weißer Weste vor der Thür, in jeder Hand einen Blumenstrauß. Er war im Begriff sie unter tiefem Bückling seinen Gästen zu überreichen, als blitzschnell die Fürstin beide ergriff, einen rechts, den andern links dem Verblüfften ins Gesicht warf und, stolz an ihm vorbei, ihren Wagen bestieg. –

*

[34] Nachtrag: S. „Fr. Liszt als Künstler und Mensch"; I. Bd., S. 256.

Gelegentlich der Tonkünstler-Versammlung zu Leipzig 1859 nahm die Fürstin die Einladung zu einem Damenkaffee bei Mme Moscheles an. Es kam die Rede auf Liszt-Karrikaturen, zu denen Witz und Bosheit immer gerne griffen. „Ich besitze eine sehr amüsante, – eben in Paris erschienene!" lachte Mme Moscheles. „Ah! lassen Sie sehen!" die Fürstin. Jene hatte ihrer Anwesenheit gar nicht gedacht. In größter Verlegenheit weigerte sie die Karrikatur zu zeigen: sie sei zu häßlich. Dem Drängen der Fürstin gab sie aber doch nach. Letztere besah sie. „Sehr häßlich" – sagte sie; und ruhig riß sie das Blatt von oben bis unten entzwei. Allgemeines Entsetzen. „Kostete zwei Thaler zehn Silbergroschen!" rief Mme Moscheles aus. „Lassen Sie nur", lächelte ihr vornehmer Gast – „ich sende Ihnen ein gutes Bild, das viel mehr Thaler kostet." Und so geschah es.

*

Von Liszt's Temperament, das ihm momentan den Selbstzügel entreißen konnte und noch zu Anfang der Altenburg-Periode schwer von ihr in gehaltenere Bahnen zu lenken gewesen sei, erzählte mir die Fürstin ein bezeichnendes Stückchen. Eines Tages besuchte er mit Kroll den Kapellmeister Chélard. Man diskutirte Musik und disputirte – Chélard's und Liszt's Ansichten gingen auseinander. Im Eifer sich verständlich zu machen, ergriff letzterer Chélards Ohren und hielt sie fest, bis sie sich verständigt. Aufathmend gab er sie frei und rief zufrieden mit seiner Selbstbeherrschung: »*N'ai-je pas été modéré* ?!« Der liebenswürdige Chélard sandte ihm anderntags in feiner Ironie zur Erinnerung an diese heiße Stunde sein Bildnis, die Worte darunter: „*N'ai-je pas* –" etc.

6. Juli.

Die Sitzungen im „biographischen Käfig" nehmen ihren Fortgang – meine Aufzeichnungen können kaum folgen.

Über die ihr gewordenen Verfolgungen seitens Rußlands erzählt mir die Fürstin, daß der Uranfang von ihrem Schwager Alexander ausging, der, wie ihr Gatte selbst, unsinnige Summen verschwendete und, um solche zu erreichen, ihr schlechte Anträge machte. Sie wies diese entrüstet zurück. Da sagte er ihr zornig eines Tages: „Carolyne, Du bist die ehrlichste Frau –: und ich werde Dir Deinen Ruf zerstören; Du bist die treueste Mutter –: und ich werde Dir Dein Kind nehmen; Du bist die reichste Frau –: und ich werde Dir Deinen Besitz bis auf das Hemd entziehen."

Und so geschah es nach einigen Jahren. Er bestimmte seinen schwachsinnigen ausschweifenden Bruder Nicolaus (der Fürstin Gatten) nach 1848 an

Kaiser Nicolaus zu schreiben: daß seine Frau eine revolutionaire Polin sei, ihr Vermögen zu Conspirationen gegen Rußland vergeude und er ihn bitte: seine Tochter (die jetzige Fürstin Constantin v. Hohenlohe) russisch taufen[35], in Smolensk erziehen zu lassen, sie zu adoptiren und zu verheirathen nach seinem Willen. – – –

Dann in Weimar! Die gesammten Verhandlungen zwischen dem Weimarischen und russischen Hof, der Kampf um ihr Recht, um ihre Tochter seitens der Fürstin, ging durch die Hände des russischen Gesandten zu Weimar (Herrn v. Maltitz). Die Correspondenz und die Dokumente (wohl 400 und mehr an der Zahl) dürften theils in Abschrift, theils im Original auf der russischen Gesandtschaft zu Weimar liegen.

Nur eine Scene aus vielen: Nachdem der Kampf mehrere Jahre gewährt, sandte der Kaiser Nicolaus I. den Prinzen Pierre von Oldenbourg nach Weimar, die Sache zu Ende zu bringen. Er kam mit einem Arrestbefehl betreffs der Fürstin, desgl. mit dem Befehl, ihre junge kaum 15-17jährige Tochter nach Rußland zu geleiten. Der Prinz hatte den Ruf weniger „russisch", aber menschlich zu sein. Die Fürstin schöpfte hieraus Muth für ihre Sache. Als sie zu ihm berufen, wurde sie anders belehrt. Sie weigerte nach Rußland zurückzukehren, ebenso daß ihre Tochter Weimar verlasse. „Ich lasse sie nicht!" rief ein über das andere Mal die bangende Mutter. „Madame werden sie lassen müssen." .... „O, ich schlinge meine Arme fest um sie –" „Diese Arme, Madame, wird man abzuschneiden wissen", klang es kalt von den Lippen des Prinzen. Das brachte sie zur Besinnung – sie begann mütterlich zu flehen, zu bitten, endlich zu unterhandeln: ihr die Tochter noch so und so viele Monate zu lassen, dann, dann wolle sie, wenn auch mit schwerem Herzen der gnädigen Fürsorge des Kaisers sich fügen.

Es wurde ihr gewährt. – In den nächsten Tagen verlautete: die Fürstin sei schwer krank. In Wahrheit aber war sie in der Nacht nach Paris gereist, um die Intervention Napoleon's III. zu erbitten und ihrer Tochter den kaiserlichen Schutz zu erlangen. Nur Außerordentliches konnte ermöglichen die russische Prinzessin unter französische Obhut zu stellen. Und das Außerordentliche hatte sich ereignet! In dem Moment als die Fürstin von der erschütternden Audienz nach Hause gekehrt und aufschreienden Herzens Liszt und ihrer Tochter das Erlebte mittheilte, ward der französische Gesandte Graf Talleyrand angemeldet – ein Bewerber ihrer noch sehr jugendlichen Tochter. Ihr Optimismus sah hierin den ihr gesandten Rettungsanker – sie empfing ihn und sagte ihm die Hand der Prinzessin zu. Der künftigen Gemahlin seines Botschafters, seiner künftigen Unterthanin

[35] Nachtrag 1894: Diesen Passus bezeichnete mir ihre Tochter (Frau Fürstin v. H.) als einen Irrthum seitens ihrer Mutter, den ich aber dennoch erwähne, weil er für ihre Anschauung immerhin bestimmend war.

konnte Napoleon III. den Schutz nicht versagen! – Daß keine Vermählung erfolgte, ist bekannt.

Das schwere, ja tragische Geschick dieser Frau ist ein Reflex aus der Geschichte des russisch-brutalen Herrscher-Absolutismus – ein Schauerroman, wie er nur solchem Boden entwachsen konnte.

Samstag, 8. Juli.

Die Fürstin hat uns – Susanna und mir – eine Audienz beim Papst erwirkt! Schwarzes Kleid, solche Handschuhe, Seidentüllefraise etc., Kaiserin Augusta-Broche, Spitzenmantille, elegant auf die Schultern fallender schwarzer Schleier auf dem Haupt – so war meine Toilette. Ebenso Susanna's.

Wir fuhren in einem sehr schönen gedeckten Wagen mit Bedienten, welchen die Fürstin uns gesandt, zum Vatican. Dieser besteht, außer dem großen Pallast mit seinen prachtvollen Sälen und Loggien, aus einer Menge kleiner und großer Gebäude, die, wie man sagt, 11000 Gemächer enthalten. Es standen viele Wagen vor dem Portal. An der Porta, an Treppen, am Vorsaal Schweizerhellebardiere, gekleidet in mittelalterlichem Styl und venetianischem Farbenarrangement (gelb, roth; Pumphosen mit farbigen Streifen, ein Bein überwiegend roth, das andere überwiegend gelb), wie es auf Bildern des sechzehnten Jahrhunderts und später vielfach zu sehen ist. Treppenhaus, Vorsaal, alles räumlich immens, im großartigsten Styl mit Marmorbekleidung der Wände etc. etc. Am Empfangssaal standen Diener in carmoisinrother Livrée von Seidendamast. Im Empfangssaal harrte bereits eine Menge Menschen der verschiedensten Nationen und Trachten, meistens Damen. Nach einer Stunde ohngefähr, kamen einige Kirchenfürsten, aber ohne Pomp. Überhaupt war die Audienz sehr einfach, ohne Ostentation, mehr patriarchalischen Charakters. Die geistlichen Herren sprachen da, dort einige Worte. Die Anwesenden standen je nach ihrer Zusammengehörigkeit gruppenweis im Saal.

Nun trat Pius IX., umgeben von einigen hohen Geistlichen, die in schwarz und lilla gekleidet waren, in den Saal. Alles auf den Knien. – Er trug eine einfache weiße Soutane, ein weißes Käppchen auf dem schneeigen Haupt. Gebückt in Haltung, auf einen Stock sich stützend, mehr „schlorchend" als gehend, war er das Bild eines ehrwürdigen Greises. Bei jeder Gruppe sprach er einige Worte, worauf er die Hand zum Kusse reichte und weiter über den Boden hinschlorchte zur nächsten Gruppe. Ein geistlicher Herr besorgte die Vorstellung von einer zur andern, ein Dolmetsch ebnete etwaige sprachliche Anstöße.

Als das Kirchenhaupt zu uns kam, sagte sein Begleiter auf italienisch: „Damen aus Bayern". „Ah! Monaco?" fragte der Papst, und Susanna entgegnete: „Aus Nürnberg." „Ah – Gott segne Sie!" – der Papst. Er wandte sich weiter; wohl denkend daß wir Protestanten, ließ er die Hand hängen und gab sie nicht zum Kuß. Ergriffen von der menschlich-ehrwürdigen Erscheinung so nahe dem Grabe, bückte ich mich, seine Hand zu küssen. „Ich bitte um Segen für meine Arbeit" – sagte ich. Er nickte freundlich, machte das Zeichen des Kreuzes über mich und ging zur nächsten Gruppe. Nun erhoben wir uns von den Knien. Noch trat ein vornehmer Geistlicher mit sehr feinem durchgeistigten Gesicht zu uns und wechselte unter verbindlichem Lächeln einige Worte (italienisch, dessen ich leider nicht kundig) mit Susanna. „Bringen Sie" – hatte er gesagt, „Ihre Freundin der Mutterkirche zurück" ...

„Monsignore", erwiderte die sonst so Bedächtige schnell gefaßt: „sie ist auf dem besten Wege", worauf der geistliche Herr sich leicht gegen uns Beide verneigte und ging. –

Als nun der Papst seine Runde gemacht, sprach er einfach den Segen über Alle und verließ, gestützt auf seinem Stabe, mit seiner geistlichen Suite den Saal, wo die Anwesenden verblieben, bis er langsam durch die mit Raffaels Fresken geschmückten Loggien seine Gemächer erreicht. –

Es war spät, als wir zu Mittag aßen; so kam ich spät und müde zur Fürstin, und so ereignete es sich, daß wir bei unserer 27. Sitzung (!) zum ersten Male gar nicht biographirten, sondern *ad libitum* plauderten – von kirchlichen Angelegenheiten, Religion und tausenderlei. Und da gestand sie mir, daß Liszt ihr anempfohlen, mit mir über solche Themen nicht zu sprechen: es könnte Differenzen geben. Wir lachten herzlich – derartige Gespräche hatten wir bereits oftmals ohne Erhitzung, ohne gegenseitige oder einseitige Verletzung: der Triumph der Objektivität! Bei den verschiedensten und auseinandergehendsten unserer Ansichten war sie stets ruhig, objektiv, nie gereizt. Und ich mit meiner leicht so scharfen Zunge, ich fühlte ihr gegenüber nie eine Schärfe, nie ein Gereiztsein. Daran erkenne ich deutlich, daß nur die Subjektivität Anderer mich reizt und die Unvernunft mich stachelt. Diese Objektivität und Selbstbeherrschung, wie die Fürstin sie gegen mich übt, hat etwas unbeschreiblich Wohlthuendes, Ausgleichendes, Versöhnendes – des Nachstrebens so werth ....

Die heutige Audienz hatte den Anreiz zu unseren Gesprächsexcursionen gegeben. Mein Handkuß des Papstes machte ihr viel Vergnügen. Hiebei erzählte sie mir von einer anderen Protestantin, der Oberin eines protestantischen Damenstiftes und Verwandten Fräul. v. Schorn's, einer Frau oder Fräulein (?) v. Stein, die verflossenen Winter in Rom war. Ihr Herz hing daran einer Audienz beizuwohnen („in Rom gewesen und den Papst nicht gesehen haben" etc etc) – : aber sie fürchtete sich als protestantische Oberin etwas zu vergeben: „Wenn der Handkuß, die Kniebeugung nicht wäre!" – – Die Fürstin machte ihr begreiflich, daß letztere kein konfessioneller Akt der Anbetung, nur eine Hofetiquette sei, die zu früheren Zeiten an allen größeren Höfen üblich, jetzt nur noch in Schweden und im Vatican Anwendung finde. Das Stifts-Oberhaupt schwankte und Liszt sank heiter in die Knie mit den Worten: »Ich, der kleine katholische Abbé, beuge mein Knie vor der protestantischen Oberin im festen Glauben: meinen Rock, wie mein Gewissen, nicht zu beflecken. Gewiß darf die protestantische Oberin vor dem Papst gleiches thun – ohne Gewissensskrupel.« Frau v. Stein war besiegt. – Andern Morgens erschien eiligst Frl. v. Schorn: ihre Tante überkäme die Reue. Und sie verließ Rom – ohne den Papst gesehen zu haben.

9. Juli, Sonntag Früh.

Ich schrieb an Liszt. Vor allem von dem geistig-hohen Eindruck, den die Fürstin mir gemacht – von unseren Sitzungen im „mysteriosen Halbdunkel, aber Licht, helles Licht in uns, das entzündet an der Kerze Ihres Genius selbst die Schatten deckte, die das Leben und das Gebundensein an die Materie bringt."

Daß es mir gelänge, den beiden müde gehetzten Wanderern die Bitternisse zu lindern!

Am Abend.

Nun ist es beschlossen – wir treten die Heimreise am 12. dss. an. Die Hitze ist unerträglich für mich, wie für das Susi. Heute wurde ich im „biographischen Käfig" ohnmächtig. Nun drängt die Fürstin selbst, obwohl sie mich gerne noch in Rom gesehen hätte, zur Abreise. Mittwoch Nachts geht es fort, bis nach Florenz zur ersten Abkühlung, dann nach Jenbach, bis letztere vollständig sich hergestellt hat.

Nach meiner dummen Ohnmacht wollte die Fürstin, daß wir unsere Farth mit ihr machten. Sie fuhr uns auf die Via Appia; die Luft sei hier erfrischend, meint sie. Aber sie erfrischte mich nicht. Auch der Ernst der Gräberstraße bedrückte mich...

Mittwoch, 12. Juli Morgens.

Nun drängten sich noch Arbeit, Besprechungen, Ausfarthen. Ich durchblickte meine gesammten Aufzeichnungen, um noch richtig stellen zu können, was mir zweifelhaft und undeutlich. Die Nachmittage und die Spätabende bis Mitternacht saß ich im „Käfig", die Stunden gegen 5 – 7 Nachm. fuhr uns die Fürstin – unter anderm: zu dem Stiftshaus der Kirche *S^a^ Maria della Pietà* in *Campo Santo* mit dem deutschen Friedhof[36] – zur französischen Kirche, wo sich das Wunder mit Ratisbonne vollzog, und wo sie selbst häufig zur Andacht einkehrt – zur *S^a^ Cecilia in Trastevere.* Hierher insbesondere der Heiligen willen, welcher Liszt mit seiner in diesem Jahr bei Kahnt zu Leipzig erschienenen „Legende der hl. Cäcilie", ein musikalisches Denkmal gesetzt hat. Als wir ausgestiegen, wollte der Bruder Castellan einige mit dem Leben der hl. Cäcilie im Zusammenhang stehende Gänge nicht aufschließen.

„Io sono una principessa – aprite!" befahl die Fürstin und siehe! das Wort *„principessa"* schlug jede Zurückhaltung des Bruders nieder. – Das Monument der Heiligen ist rührend schön, von Maderna in Marmor gemeißelt. Sie selbst, d.i. ihr Leichnam, wie man ihn unversehrt in den Katakomben nach Jahrhunderten fand, gab das Modell zur Lage, Gewandung der Figur. Das Titelblatt zu Liszt's „Legende etc" giebt eine sorgfältig ausgeführte Wiedergabe des Monumentes, auch in den Farben des Marmors.

Abends 8 Uhr.

Die Fürstin verließ uns so eben – es war ihr Abschiedsbesuch. In zwei Stunden reisen wir. „Sie haben sich an mir eine treue Freundin erworben", sagte sie mehrmals. Unsere letzten Minuten vergingen ernst und bewegt. Schwer wird es mir werden, wenn diese hohe Luft mir nicht mehr weht ....

O Rom, mein Rom!

Noch einige Zeilen von ihr! – :

„Frau Wahrheit, spricht die Sage, sitzt in tiefem, dunklen Brunnen – Mit ihr sind Sie gesessen im Dunkel – im biographischen Käfig! – Jetzt ist der melodische Vogel frei und sein Gesang wird Rafaelisch, schön.

P^sse^ Wittg."

Und ich grüßte zurück:

„Wohl öffnet Frau Wahrheit dem Vogel den Käfig,
Doch ist er nicht frei.
Was er erlauscht im Dunkeln, sitzend am quellenden Born:
Das trägt er als Inhalt hinaus in die Welt.
Doch während er frei sich bewegt,
Ist er von Ihnen gebunden, gebunden
Durch Wahrheit, die er getrunken am Quell."

[36] Nachtrag: Hier fand die Fürstin selbst ihre letzte Ruhestätte. Ihr Gedenkstein trägt das noch von ihr bestimmte Wort: „Jenseits ist meine Hoffnung".

Nürnberg, 23. Juli.

Einigermaßen akklimatisirt, befinde ich mich bereits seit dem 18. Juli zu Hause, wohin es mich verlangend trieb: „wo – ich sage es mit Glück und Stolz – wo die gleiche Gesinnung zweier Menschen, meine und Ida's, unser gleiches Streben nach edlem Ziele die Idee einer reinen Harmonie zur Verwirklichung gebracht hat" – schrieb ich vorhin an die Fürstin.

An Liszt richtete ich gestern einige Zeilen – unter anderem bezüglich ihrer: „Sie gehört zu den Auserwählten, die [man], wenn man sie liebt, recht lieben muß; ich meine mit der Treue, die von keinem Ende weiß."

2. August.

Ein Billet Liszt's belehrt mich von seiner Reise zu den „Nibelungen" und kündet mir seinen Besuch an. Es lautet:

(21.)

Verehrte liebe Freundin,

Also, Fortsetzung des „biographischen Käfigs" in Nürnberg. Dort sollen uns die wackeren Kerle, Albrecht Dürer und Peter Vischer freundliche Gesellschaft leisten!

Von morgen Abend bis 31ten August, verbleibe ich in Bayreuth: und nach Mitte September kommt wieder in dem „Käfig" am Dürer Platz,

Ihr dankbar
ergebenster
F. Liszt

31ten Juli, 76 –
Wilhelmsthal.

Ich empfinde es als eine Wohlthat, daß noch mehrere Wochen bis dahin verstreichen – Rom mit allen seinen Enthüllungen lassen mich noch nicht zu mir selbst, zu meiner vollen inneren Freiheit kommen. Biographisch wird noch mancher Tag vergehen müssen, ehe der stoffliche Niederschlag erfolgt ist, der eine erste Bedingung zur Wiederaufnahme meiner Arbeit bleibt.

Die Ferien beginnen. Eine abermalige Kur in Marienbad soll mein körperliches Gleichgewicht wieder herstellen – auch das seelische. Eine gewisse Apathie peinigt mich ..... „Verdorbener Magen", würde Dr. Reuter sagen, „Kreuzbrunnen und naturfrische Luft!" – Ja, ja, vom Brunnen des Kreuzes trank ich zu viel ......

Marienbad, 22. August.

Bereits die 3te Nachricht aus Rom. Ein kleines *P.S.* erfreute mich insbesondere; es berührt meinen Brief an Liszt und läßt mich manches errathen. Die Fürstin sagt:

„Ihre schönen Zeilen sind nicht unbemerkt geblieben. – Sie haben mich tief gerührt. Ich darf nur nicht der Rührung mich hingeben – ich spare es mir für meine ewigen Freuden auf. Liszt aber copirte den ganzen Satz und setzte hinzu: »*Ce dernier mot est digne de mon biographe!!*«" –

Der Brief der Fürstin umfaßt fünf Bogen – lehrreich und bedeutend mit allen Ausblicken und Einblicken, eine Fortsetzung des „biogr. Käfigs".

Nürnberg, 4. Oktober.

Liszt traf ein. Ungemein herzlich gegen mich, ist sein drittes Wort: „die Fürstin", aber – in bitterer Stimmung. Mehrmals sah er mich scharf prüfend an, mißtrauisch ironisirte er: »Sie waren in Rom«, oder: »Das haben Sie in Rom gelernt – Ihre protestantische Wahrheit war mir lieber.« „Lieber Meister", sagte ich sanft und heiter – „die ist nicht anders geworden, verschließen Sie ihr nur nicht Ihr Ohr!" – und er ward ruhiger, wenn auch verhaltener Grimm oft durch seine Ruhe platzte.

16. Oktober.

Sein Aufenthalt währte bis zum 6. dss. – ich fand bis jetzt keinen Ruhemoment zu meinen Notizen. Die Tage waren höchst erregt – Hochfluth, Sturzwellen jagten einander. Dazwischen Musikalisches.

Am ersten Morgen seines Hierseins sprach ich ihm von unserm Ausflug auf den Monte Mario, von seinen beiden Legenden. Er war im Begriff die „Vogelpredigt" zu spielen, als ich, mehr um ihn zu erheitern als der Sache wegen, erzählte: Ida habe, während ich in Rom war, Alfred Meißner's Buch über den hl. Franz von Assisi gelesen und unter diesem Eindruck die „Vogelpredigt" zu einem Venusberg umgewandelt. Liszt's Gesicht ward sehr ernst, ein Leidenszug mischte sich mit Großheit – er spielte sie nicht, aber den „hl. Franciscus auf den Wogen schreitend". Mächtig, gewaltig, wie aus erschütterter Brust stürzten die Wogen, sich nicht mehr bannen lassend an das bereits Geschaffene, in freiem Strom hervor, der hoher und höher schwoll, und über dem noch höher das Bewußtsein thronte, regierte und die Wogen der Naturgewalt brach. Kreideweiß erhob sich der

Meister. Schweiß auf der Stirn, die Hände kalt und zitternd. Was auch alles in diesem Sturme lag – er war besiegt, vorbei.

*

Wir sprachen über die Prometheus-Chöre, deren verbindender Text mich kalten Wasserstürzen gleich, die musikalische Stimmung herabdrückend, ja wehrend, berührt. Vom ästhetischen Standpunkt aus liegt durch den Text ein die Stimmungseinheit störender Bruch vor – die Musik kann nicht ausschwingen. Ich sagte ihm das in dem Bestreben, ihn zu einer event. Abänderung zu vermögen. »Sie haben vollkommen Recht«, erwiderte er mir – »die Frage ist nur: wie ändern?« Zweierlei brachte ich ihm in Vorschlag –: 1) geborene Dichter zu dem Versuch von Textverbindungen anzuregen, da unter einer Auswahl von Texten doch wohl einer zu finden sein wird, der weniger ermüdend und abkühlend als der R. Pohl's wirkt, welcher richtig besehen doch nur eine „Aushülfe" war; 2) am Schluß jedes Chores die Musik (ohne gerade melodramatisch zu werden), fort- und allmählich verklingen zu lassen, so daß der Hörer ihr Verstummen kaum gewahr wird und nicht den kalten Abguß durchmachen muß. Das Verklingen der Musik müßte bei Momenten sein, wo der Rhetor die Stimmung des Hörers in Vorstellung und Phantasie umwandelt. – Liszt verstand sofort, wie ich das meinte und war im hohen Grad angeregt – hätte er einige Tage der Ruhe, würde er gleich den Versuch machen, meinte er – Er würde später.[37] –

Ich hatte die Partitur seiner symphonischen Dichtung „Prometheus" in der Hand. „Meister", frug ich, – „was thut denn die Fuge im ‚Prometheus'?!" »Haben Sie das herausgefunden?« lächelte er geheimnisvoll, nahm den Rothstift aus meiner Hand und kritzelte in meine Partitut über die Fuge: ‚Epimetheus'. „Nun habe ich den Faden!" – frohlockte ich.

*

Als Novum spielte er seine Klavier-Übertragung (Ms) der „Danse macabre" von Saint-Saëns. Ich konnte dem Stück keine Sympathie abgewinnen – eine „französische" Composition, die sich in ihrer Übertreibung vielleicht mit „Todten-Cancan" übersetzen läßt. Die Übertragung ist seitens Liszt's eine Liebenswürdigkeit für Saint-Saëns.

*

Ich hatte Liszt eine mit Fischer gearbeitete harmonische Analyse seiner „Elegie" mitgegeben, um sein Urtheil bittend, worüber er nun schreibt:

[37] Was leider unausgeführt blieb.

(22.)

Verehrte Liebe Freundin,

Fischer ist mehr zu loben für seine treffliche „harmonische Analyse“ der Elegie-Moukhanoff als der ärmliche Componist dieses kleinen Stimmungs Stück, welches nur eine Art von melodischen Portrait („portrait mélodique“) bleibt – vielleicht nicht ohne Ähnlichkeit mit dem zauberhaften Portrait der Gräfin, von Lenbach. Der erste Titel davon war: „Schlummer-Lied im Grabe“: dann schien mir dies quasi affectirt, und ich setzte einfach „Elegie“ ....

Wollen Sie nicht Fischer's „harmonische Analyse“ an Kahnt, für die „Neue Zeitschrift“ senden, und noch ein paar Zeilen ihres Styl's hinzufügen?[38]

Die 4 oder 5 Ausgaben der Elegie wären auch zu erwähnen, und nebenbei, dass der Klang des Violoncello für die Melodie am günstigsten effectuirt.

Zuletzt erschien bei Kahnt ein arrangement für Violine, von meinem jungen Freund Plotényi gefertigt: ich hörte es vorigen Winter in Pest, und es schien mir wohlklingend.

Anbei zur gütigen Vertheilung nach ihrem Belieben, 4 photographien mit herzlichsten Gruss Ihres

verehrungsvoll ergebensten
F. Liszt

14ten October 76 – Wien.

Übermorgen bin ich in Budapest, wo ich den ganzen Winter verbleibe.

20. Oktober.

Ein Brief aus Rom! Vor einigen Tagen empfing ich die Photographie der Fürstin[39], worüber sie [am 16. Oktober] schreibt:

„Haben Sie den tief-violetten Paletot mit den blaßgrünen Bändern erkannt, den Sie tagtäglich in Rom sahen, wenn Sie in den dunklen biographischen Käfig hinein traten? – Diese Sommertoilette, die sich seit 20 Jahren, jahrein, jahraus wiederholt, habe ich für Sie, ganz eigens für Sie gewählt, da ich mir dachte, es würde Ihnen eine angenehme Erinnerung sein. Den dunklen Käfig konnte man nicht wiedergeben – so mußte ich ihn ersetzen.“

[38] Nachtrag: Nach Liszt's Wunsche übergab ich diese harmonische Analyse der „N. Zeitschr. f. Mus.“, wo sie 1877, S. 391 abgedruckt sich befindet. Ihr war ein Essay „Wesen und Form der Elegie“ etc (1877, No. 11/12 ebends.) vorausgegangen.

[39] Siehe das zweite Bild der Fürstin.

Imitation unseres "biographischen Käfigs" 1876.
Rom, Via del Babuino N: 89.

Fürstin Carolyne von Sayn-Wittgenstein
Rom, Oktober 1876

„Rom 1876 im Hause
(»biogr. Käfig«)“

Weiter schreibt sie unter anderem:

„ – – In diesem Augenblick erhalte ich einen Brief aus Wien von Liszt, der mir schreibt, es sei ihm so wohlthuend gewesen, mit Ihnen von mir zu sprechen. Ich glaube es – seit so vielen Jahren ist er gewohnt (besonders von gewissen Seiten) nur viel Schlimmes über mich zu hören; so, daß er heroischen Muth entfalten mußte, um Stillschweigen zu verlangen, oder sogar das Gegentheil zu sagen. Verläumdung aber schwärzt immer wie die Kohle, auch was sie nicht zu verbrennen vermag – so sagt Voltaire vortrefflich – zuerst ist man empört – später ist man doch davon angesteckt. Liszt hatte viel Muth allen diesen Stimmen gegenüber Nein zu sagen. Sein Unglück aber war: in die Lage versetzt zu sein alles das hören zu müssen – – und dadurch den wahren Standpunkt seines Urtheils zu verlieren. Sie können sich denken, wie es mich freute, daß Ihr Gespräch ihm »wohlthuend« war."

Eine historisch-biographische Kette von Fakten und psychologischen Gliedern legt hierauf Liszt's gegenwärtige Stimmung in Beziehung auf sie dar: wie es so kommen konnte. – Eine Frage der Fürstin beantwortete ich [am 19. Oktober], wie folgt:

„– – – Sie fragen mich bezüglich Ihrer ‚Mutterrolle': ob ich Liszt davon gesagt hätte? – Nein, ich habe es nicht gethan, es würde im andern Fall meinerseits nicht nur indiscret, sondern auch unschicklich gewesen sein. Zu meinem Etstaunen aber sprach er am ersten Morgen seines Hierseins davon. Dieser Morgen war ein heftig bewegter, nachdem er Ihre Briefe gelesen hatte. Aus allem, was er sagte, war das Gefühl niedergehaltener Kränkung nicht zu verkennen, die aber zum Ausbruch kommen wollte. Plötzlich schrie er auf mit einem Ausdruck, den ich nie vergessen werde: »Ich brauche keine Bevormundung und will keine, – ich brauche keine Mutter, ich habe eine gehabt – – eine liebe, liebe Mutter!« Ähnliches sagte er diesen Morgen mehrmals.

Obwohl ich nicht begriff, daß es so sei, so glaubte ich doch nach diesen Worten: daß Sie Ihre veränderte innere Stellung zu ihm, ihm ausgesprochen hätten. Über diesen Punkt mit ihm zu sprechen, hielt mich eine innere Scheu zurück – ich widerlegte nicht, und bejahte nicht. – So ist der Hergang, nach dem Sie fragten.

Jenem Wort: »Ich brauche keine Mutter«, fügte er noch hinzu: »aber ich brauche eine liebende Frau«. Ergreifend und schön schilderte er die Aufgabe einer solchen, und wie er der Hülfe bedürfe, über sich selbst und seine Irrthümer hinauszukommen. Er schonte sich nicht und entschuldigte sich nicht – eine große edle Männlichkeit, aber eine gekränkte, in der Männlichkeit gekränkte, sprach aus seinem Groll, wie aus seinem versöhnungs- und ruhebedürftigen Herzen. Er braucht Ruhe, der arme Wanderer mit dem königlich grauen Haupt – – : nur Sie, nur Sie allein können sie ihm geben. Es bedarf von Ihrer Seite nur wenig, um ihn zu sich zurückzuführen und dem Lebensdrama den Ausgang zu geben, der in seinen höheren Gesetzen liegt.“

30. Oktober.

Heute gingen die ersten fünf Kapitel des Theiles: „Nach des Vaters Tod“ nach Rom zur Durchsicht ab. –

Aus Szegszárd erhielt ich folgenden Brief Liszt's:

(23.)

Verehrte Liebe Freundin,

Ihr Wunsch zum 22ten October, dass mir endlich Ruhe von Aussen und Sammlung nach Innen vergönnt werde, ist meines Herzens tiefes Sehnen. Bis jetzt aber bin ich gemeiniglich aus dem Regen in die Traufe gekommen. Darob ist nicht zu klagen, – nur auszuhalten, in dem Sinne meines charakterfesten Biographen, dessen Gewogenheit ich mehr zu verdienen anstrebe.

Sagen Sie meinen herzlichsten Dank an Fräulein Ida Volkman für das schöne Gedicht:
„Wenn Wünsche und Gebete zu Engeln werden könnten“[40]

Innigst ergriff mich der Vers:
..... „Der ach! dafür nun selbst an Erdenschuld gebannt!“

Dem „enfant spirituel“ meinen herzlichen Gruss – und

stets treu ergebenst
F. Liszt

Szegszard 27ten Oktober
76.

[40] Zum 22. Oktober 1876.
Wenn Wünsche und Gebet zu Engeln werden könnten:
Ich sendete sie alle, Dir zu dienen,
Mit mildem Fächeln Deine Stirn zu kühlen,
Wenn schwer der Lorbeer Deinen Scheitel drückt –
Sie eilten alle, Dich zu grüßen
Aus jenem Lande, das den Göttersohn entsandt,
Die Erdenschuld durch Töne zu versüßen,
Und ach! dafür nun selbst an Erdenschuld gebannt.

Wenn Wünsche und Gebet zu Engeln werden könnten –
Sie weilten freudig, Dir zu dienen,
Zu tragen Deinen Schmerz, zu heben Deine Lust
Und Menschenloos durch Himmelsglück zu sühnen!

Ida Volckmann.

[P.S.] Am 4ten November bin ich in Pest zurük – für den ganzen Winter. Anbei das unterzeichnete Zettelchen[41], nebst einer Randglosse über den Gebrauch des Harmoniums.

5. November.

Sandte der Fürstin meine Photographie.[42]

23. November.

Erhielt mein *Ms* aus Rom zurück, nebst Brief der Fürstin.

3. December.

Beantwortung eines biographischen Frage-Zettels von Liszt, datirt Budapest 1. Dec.[43]

[41] Scherzweise, auch zur Erleichterung Liszt's, hatte ich meine Frage als Antwort gefaßt, mit der Bitte, sie mit einem Wort zu ergänzen und zu unterschreiben. Sie lautete:

Die Zusammenstellung der Instrumente (Partitur) meiner Elegie ist von mir .....

Dankbar ergebenst

Siehe: Fragezettel No. 13.

[42] Siehe das beigegebene Bild.

[43] Biogr. Frage-Zettel No. 14.

Lina Ramann
Nürnberg, 1876

1877

Römische Censuren.

Liszt bei uns (März). Elegie. Am Klavier. Komischer Zwischenfall. Liszt's letzte Begegnung mit Mendelssohn. „Souvenirs" der Gräfin d'Agoult. In Eisenach (Mai/Juni). Liszt verbringt einen Abend bei uns. Gereiztheit. Aufregende Briefe von der Fürstin. – Zum zweiten Mal Eisenach. Liszt logirt bei uns (August). Ein Orkan. Biographisches. Abermals ein Abend bei uns (August) mit Liszt und Elpis Melena. – (Nov.) Nachrichten aus Rom.

Nürnberg, 16. Februar 1877.

Nach vielem, meinem *Ms* Zustimmendem, seitens der Fürstin, kam heute eine Post, die alles Gesagte aufhebt, ja verneint ..... Ich kann nur mit meinen eigenen Augen sehen, mit meinen eigenen Ohren hören, mit eigenem Gehirn denken – – – Mein Gegenwort lautet:

Ein heute vor acht Tagen empfangener Brief von Ihnen, verehrteste Frau, liegt noch unbeantwortet: ein heute erhaltener bestimmt mich zur umgehenden Antwort, obgleich ich nicht freudig, wie bei so manchem Ihrer Briefe, daran gehe.

Die „Wahrheit" hat in unserem Briefwechsel eine bedeutende Rolle übernommen. Um im Bilde zu bleiben, muß ich Ihnen aussprechen: daß sie mich nicht schreckt, aber auch: daß sie mich nicht zur Arbeit ermuthigt. Wenn die Feder nicht aus dem inneren Räthsel heraus schafft, so ist es aus dem heiligen Muth des eigenen Ich ....

– –

Um eine Biographie Liszt's schreiben zu können, die allen Forderungen genügt, müßte man Genie sein, wie er. Ein solches Genie aber stellt durch sich eine Biographie dar, schreibt jedoch keine. Und – – Vollkommenes giebt es auch hier nicht, außer in der Idee. Weder Shakespeare, noch Schiller, noch Goethe, noch Hebbel haben ein nach allen Seiten hin vollendetes Drama geschrieben, obwohl Jeder ein Dichtergenie und Jeder unsterbliche Dramen gedichtet hat –: aber alle zusammen haben an der Idee des Drama's gearbeitet. Hat meine Biographie auch nur einer Seite des Lebens Liszt's genug gethan – dann hat sie nach meiner Ansicht etwas Positives erreicht und sich ihres Daseins nicht zu schämen und – selbst bei Erfüllung all' der Forderungen, die sich gerechter- und vernünftigerweise an eine Liszt-Biographie erheben lassen –: ein Liszt-Biograph wird von seinen Zeitgenossen nicht auf Rosen gebettet liegen.

Sie fragen mich: ob ich angesichts des unglücklichen Prognostikon, das Sie meiner Arbeit stellen, noch den Muth habe weiter zu schreiben? Ich antworte? Ja. Sie fragen weiter: ob ich Ihnen wegen der Wahrheit, die Sie mir sagen, „zürne"? – und ich antworte: Nein. Wer wegen einer unlieben Wahrheit zürnt, treibt eitel Spiel mit ihr – sie nicht vertragen können, muß ein moralischer Schwächling sein. Zu dieser Menschenklasse gehöre ich nicht. Ich stelle mich auf den Boden objektiver Wahrheit. Diese Fähigkeit, ruhig und besonnen eine meiner eigenen Ansicht entgegenstehende entgegen zu nehmen und zu prüfen, werde ich mir immer angelegen sein lassen, wie ich sie bei Jedem, der Bedeutendes erstrebt und sich nicht in persönlichen, sondern in den Dienst einer Sache stellt, als Grundbedingung ansehe.

Mit freiem Herzen kann ich sagen – : ich schätze und liebe Sie trotz Ihrer Gegenbemerkungen und bitte Sie in solchen nicht zu ermüden.

Diesen Standpunkt, welchen ich dem Was der „Frau Wahrheit" gegenüber festhalte, suche ich auch dem Wie des Gesagten zu übertragen. Da wo ich mich durch das Wie subjektiv verletzt fühlen könnte, weise ich Derartiges von mir, der aufrichtigen und tiefen Verehrung wegen, die ich für Sie hege, auch: weil Sie als Nichtdeutsche unmöglich so in unsere deutsche Sprache eingedrungen sein können, um beim Gebrauch derselben – was ich vom Lesen unterscheide – die geheimen Spitzen jeden Wortes zu beherrschen.

Wenn ich also alles zurückweise, was auf persönliches Verletztsein hindeutet, so werden Sie mich hoffentlich nicht für einen „Dickhäuter" halten. Die Förderung der Sache steht mir in erster Linie. Sie sind, wie Sie einst sagten „von Eisen" – ich habe ähnliches Metall in mir; Sie sind „hart" in Ihren Worten – „der Sache wegen"; ich halte Stand – : der Sache wegen. Und so kann ich Ihnen nur aufrichtig danken, daß Sie meiner Auffassung Ihre Gegenansicht geben. Die Ja-Zustimmung allein wird nie einen Fortschritt oder ein sachliches Vertiefen hervorbringen; das ist Sache des Nein. Ebenso kann ich Sie nur aufrichtig bitten, Ihre Bemerkungen wie bisher zu geben, wozu Sie mir ja eigentlich schon Ihre Zusicherung mit den Worten verheißen – ich stehe Ihnen bei!

Was nun meine bisherigen Kapitel betrifft, so sehe ich sie nicht als fertig an, wie ich Ihnen schon früher äußerte. Erst wenn das Ganze, resp. der I. Band des Werkes, fertig ist, läßt sich mit Bestimmtheit sehen: wo es fehlt, wo von Neuem Hand anzulegen ist, am allerwenigsten aber jetzt bei dieser Lebensepoche, welche mehr die Exposition des Ganzen ist. Ihre reichlichen Anmerkungen, für die ich Ihnen sehr danke – für die negativen, wie für die affirmativen – habe ich gelesen, ohne etwas so oder so bestimmt entgegnen zu können. Ich habe Kapitel mit Ihren Bemerkungen für so lange zurückgelegt, bis die Arbeit zu dem Punkt gediehen, von wo aus ich positiv einen Rückblick halten kann. Dann werde ich vergleichen und prüfen und überall, wo ich in Übereinstimmung mit Ihnen treten kann, es freudig thun. Ich bin nicht hartnäckig, auch nicht „beschränkt", aber ich kann nicht voreilig diese oder jene Ansicht, die mir in den Wurf kommt, ohne Weiteres acceptiren. Wie gesagt: ich arbeite weiter. Geben Sie mir Ihre Ergänzungs- und Gegennotizen wie bisher, und ich bin „muthig" genug zu glauben, daß am Ende der Arbeit Sie nicht so unbefriedigt sein werden wie zur Zeit.

Hiebei möchte ich noch erwähnen, daß, wie ich bei meiner „Studie zu Liszt's Christus", die Sie so gütig waren mit dem Prädikat „Meisterarbeit" auszuzeichnen, einen Standpunkt fest gehalten, der objektiv, sich außerhalb der Parteiungen hält: ich auch hier das gleiche erstreben werde, jetzt wie damals, Verletzendes fern zu halten.

Was Sie wegen „gründlicher Vorstudien", die ich nach Ihrer Ansicht nicht gemacht, bemerken, kann ich nicht anerkennen. Unermüdlich habe ich den Stoff zur Biographie zusammen getragen, wie ich tatsächlich bewiesen. Liszt's literarische Arbeiten (Zigeunermusik, Aufsätze etc.) kenne ich gründlich – seinen „Chopin" nicht oder nur aus Excerpten Anderer, aus dem Grunde: weil das Buch seit Jahren in Frankreich wie in Deutschland im Handel vergriffen ist und ich seiner nicht habhaft werden konnte. Aber nun ist ja eine neue Ausgabe in Aussicht!

Dieser Brief soll noch heute fort. So sende ich Ihnen noch herzliche Grüße und die Versicherung meiner großen Verehrung!

Nbg., 16. Februar 1877. LR

März.

Der Meister verbrachte einen Tag bei uns – kam von Wien (Concerte zum Besten des Beethoven-Fond's etc.)[44], reist zu Wagner's und von da nach Weimar. Rom betrat er diesen Winter nicht. Er war im Nachklang der Wiener Concerte in gehobener Stimmung.

Meinen Aufsatz über seine „Elegie" haben die letzten Nummern der „N. Z. f. M." (No. 11/12) abgedruckt. Er nahm sie zur Lektüre mit in's „Rothe Roß", meinerseits nicht ohne ein unsicheres Gefühl bezüglich meiner Beleuchtung der Elegie als Form. Liszt kam hoch erregt zurück. »Ich werde Ihnen ein Heft Elegien komponiren – nach Ihrem Recept – *religioso* am Schluß. Ich kann Elegien schreiben«, sagte er mehrmals mit einem Accent, als schmecke er Wermuth – Roms grauer Schatten erhob sich, schwand aber vor dem Schaffensdrang, der in diesem Moment in ihm glühte. »Sie sollen zufrieden mit mir sein« – – sagte er kräftig. – Sorgfältig vermied ich das Streifen einer „Wunde". Über den Zwischenfall mit der Fürstin schwieg ich.

Unser „*enfant spirituel*" darf den Sommer wieder in Weimar sich unter Liszt's pianistische Führung stellen. August Fischer erhielt ebenfalls die Erlaubnis.

Gegen Abend saß er am Flügel – spielte die *As dur*-Sonate (*opus* 26) von Beethoven. Da ereignete sich eine urdrollige Scene. Draußen auf dem Corridor trieben sich die Schülerinnen herum, einen Blick, einen Ton zu erhaschen. Hörten sie Jemand kommen, flatterten sie wie eine Gesellschaft scheuer Vögel in das tiefste Dunkel des Ganges. Jetzt kauerten sie vor dem Schlüsselloch – o weh! unerwartet gab das Schloß nach und die bunte Schar fiel in den Salon. Befremdet hob der Meister den Kopf, begriff, lachte. Gütig

[44] Nachtrag: Siehe Liszt-Biographie – I. Bd., S. 166, Anmerkung.

lud er sie ein zu bleiben, »er wolle es ihnen bequemer machen«. Er spielte „zwei Etüden“ von Chopin, deren Schluß er durch Wiederholung verlängerte, – auf meine Bitte: *Lo Sposalizio* – und Variationen über ein Chopin-Lied ([Nr. 1 der] *Chants Polonais*).

Es kam die Rede auf Mendelssohn und seine Begegnungen mit ihm. „Und wann zuletzt?“ fragte ich. Liszt stand am Flügel und zögerte mit der Antwort. Endlich sagte er mit gedämpfter Stimme und schnell, als wolle er eine Erinnerung abschütteln: »1842 in Berlin, zur Zeit meiner Concerte.« „Was ereignete sich da?“ forschte ich. »Man nahm die Gunst, die das Kgl. Haus mir erwies, ungünstig – man bemängelte die Ehren, deren die edle Kunstbegeisterung der Prinzeß Wilhelm mich würdigte.« „Und Mendelssohn? er auch?“ »Er auch –« „Und beleidigte Sie?“ »Er beleidigte mich!« Liszt's Auge flammte. »Ich will es Ihnen erzählen. – Andern Morgens, nachdem die Prinzeß mich mit Übersendung der Kompositionen des Prinzen Louis Ferdinand und eines Manuskripts Friedrichs des Großen ausgezeichnet,[45] begegnete mir Mendelssohn auf der Schloßfreiheit. Herzlich und erfreut, reichte ich ihm die Hand – er legte seine kühl in meine und sagte mit hämischer Miene: ‚Nun – Prinz von Preußen?‘ – Ich trat zurück, zog meinen Hut und wandte ihm den Rücken. – – Mir das!« fügte Liszt noch hinzu. Seine Gestalt hatte sich stolz gehoben und sein Auge sprühte Zorn. „Sie sahen ihn nie wieder?“ »O ja«, sagte er wieder im gewöhnlich heitern Ton, »o ja – mehrmals! aber ich hatte kein Wort mehr für ihn.« – Diese kleine Episode zu erzählen, war ihm ersichtlich schwer geworden.

*

Die kürzlich erschienenen „*Souvenirs*“ der Gräfin d'Agoult führten uns später auf sie. Er erzählte mir vielerlei – von ihren „reizenden Manieren“, ihrer „großen schauspielerischen Anlage“, über die sie zu jeder Zeit verfügte, mit der sie sogar überwältigend auf ihn, der er wußte, daß sie spiele, wirken konnte und – – ihn täuschte; von ihrem Hang zu „träumerischer Bequemlichkeit“, die er mehrfach versucht zu brechen, indem er sie zwang zu arbeiten (am Comersee) und im Zimmer einschloß u. dgl. m. Kein Wort entfiel ihm dabei, das einer Anklage oder einer Verkleinerung ihrer ähnlich gesehen hätte. Einfach und nicht ohne Bewunderung, sprach er von der eleganten, poetischen Erscheinung, der gesellschaftlichen Tournüre und dem Reiz der Causerie dieser Frau – dieser merkwürdigen Frau, die noch als 70jährige Greisin, wie die Fürstin mir erzählt hat, von erotischen Delirien heimgesucht wurde.

[45] Nachtrag: Siehe Liszt-Biographie, II[1]. Bd. Seite 162.

Eisenach, „Villa Henneberg“ 25. Mai.

Gesundheitlich war mein Winter schwer, sehr schwer – dazu Kummer und Herzeleid um meine arme Schwester, die, Trübsinn und Wahn verfallen, einer Anstalt übergeben werden mußte. – –

So beschlossen wir zu den Pfingstferien die kräftige Luft Eisenachs aufzusuchen – zwei Wochen. Nun sind wir hier. Aus Weimar herüber kommt fast täglich Kunde von unserer getreuen Tuttel, die sich gestern *in persona* bei uns einstellte mit der Nachricht: Liszt, der in Hannover zur Tonkünstler-Versammlung sei, passire morgen (d. i. gestern) auf seiner Rückkehr nach Weimar Eisenach, habe sie beauftragt, ihn am Bahnhof zu erwarten – er wolle uns besuchen: überraschen! Wir beorderten Speise, Trank, Souper im „Löwen“, von wo alles auf unsere Burg herauf zu bringen war. So gewappnet, erwarteten wir den theuern Gast.

Zweimal war Auguste am Bahnhof, zweimal kam sie ohne ihn zurück. Zum dritten Mal brachte sie ihn – allerdings mit ängstlicher Miene. Liszt war mißmuthig, und es währte einige Zeit, ehe er ins alte Geleis kam. Bald flüsterte mir, diesmal *„l'Enfant terrible“*, zu: nach vielem Suchen habe sie ihn in einem Coupé in angenehmem Geplauder mit einer hübschen, koketten Schülerin gefunden – kein Gedanke auszusteigen! Mit naivem Zornesruf: „Was soll Fräulein Ramann sagen?!“ zwang sie ihn das Coupé mit dem wartenden Landauer zu tauschen. Es war ihm sehr verdrießlich, auch der Baronin Meyendorff wegen, die ihn erwartete – schließlich stimmte ihn selbst die komische Situation am Bahnhof heiter.

Dabei grollte doch allerlei herauf. Ich hörte aus abgerissenen Worten, wie es ihn kränkt, daß man in Hannover nicht, wie projektirt war, sein „Christus“-Oratorium durchgesetzt, sondern die „Elisabeth“ diesem vorgezogen hatte, wie es scheint: aus Mangel an Mitteln und energisch bahnbrechendem Sinn – trotz Bronsart's und Bülow's. Seine Subvention hätte vielleicht die Sache geschoben, das aber liegt ihm fern. Von Berlin aus wurde er direkt zur Ermöglichung einer Aufführung seines „Christus“ um eine Summe angegangen! – er verbot für dort eine Aufführung. Unser Kellermann, der zur Zeit in Berlin lebt und als Klavierlehrer thätig ist, hatte sich nämlich im Jugendfeuer der Begeisterung bei vollständigem Übersehen seiner Unerprobtheit für so große That, insbesondere auch der berliner Musikzustände, mittellos dafür ins Zeug geworfen, ohne irgend eines Menschen Rath dabei einzuholen. »Der Drei-Königs-Marsch vierhändig, wäre am Platz gewesen«, ironisirte Liszt den Ansturm seines *„hotspur“* [Heißsporn], wie er ihn darob benannte, aber auch sein Verbot begütigen wollte. Das „Wagen“ erweckt immer seine Sympathien, aber – – es muß gelingen. Geldforderungen zum Zwecke der Aufführung seiner Werke reizen ihn und machen ihn grimmig. Seinem Stolz sind solche Dornenhiebe in's

Gesicht. Doch hatte nicht Kellermann, sondern ein Freund von ihm, ohne sein Wissen, Liszt um Geld ersucht. –

Im Hochsommer will er nach Rom. Die Fürstin steht im Vatican in Ungnade. Es ging das Gerücht, sie beschäftige sich zu viel mit Bismarck und Cardinal Hohenlohe betreffs der zukünftigen Papstwahl und einigen Kirchenreformen, was aber, wie sie mir schrieb, Erfindung ist. Zu Liszt sagte sie brieflich: „Bleiben Sie fern von Rom. Da ich in Ungnade bin, können Sie angesteckt werden" – Das Wort genügte, seinen Willen dorthin zu lenken. Über die kirchenpolitische Befähigung der Fürstin äußerte er gegen mich: »Sie hat alles Zeug dazu – fehlt nur der Fingersatz.«

Heute Morgen reiste er ab – wir waren am Bahnhof. Im Schloß [Wilhelmsthal] war sein Nachtquartier.

Nürnberg, 14. Juni.

Die Fürstin ruft mich in den „biogr. Käfig" nach Rom für Monat Juli. Mein elender Gesundheitszustand läßt mich dem Ruf nicht folgen. – Dagegen sollen einige Monate im lieben, waldreichen Thüringen – in Eisenach wieder – mir das psychische Gleichgewicht herstellen und mich stählen zum Kampf mit den Elementen: Verhältnisse, Zustände, Beruf und „Ruf", deren Widerspruch mir den Weg erschweren. Wahrlich, wenige Schriftarbeiten dürften von Hemmnissen begleitet sein, wie mein Lisztwerk, das mich gepackt hält mit unsichtbaren, räthselhaften Klauen.

Am Johannistag.

Schon wieder mein Geburtstag! Ein Brief meines *Enfant spirituel* bringt mir aus Weimar allerbestes. Neben scharfer Schilderung insbesondere des Unterrichts bei Liszt und der „Lisztbande", wie die Weimaraner die oft zügellose, phantastische junge Künstler-Schülerschaar benennen, berührt sie meine und seine Beziehungen zu einander mit Worten von ihm, die wie geheime Zeichen zu mir sprechen. Sie schreibt: „– – Liszt sagte neulich von Ihren Schriften: »es wäre kein Wort ohne Überzeugung geschrieben – sie und Ihr Charakter hätten einen ‚großen Styl'.« – Er hat Recht, vielleicht auch darin, als er noch hinzufügte: »Es wäre Ihnen im Verkehr manchmal etwas leichtgeschürzte Gewandung zu wünschen: die Toga wäre nicht immer bequem!«"

Und dann wieder schrieb *l'Enfant*: „Ich kenne Sie und nun auch Liszt und bin doch als drittes die Zuschauerin eines höchst seltenen Zusammenhanges und Verhältnisses zweier Menschen – ich stehe hier einem Verhältnis gegenüber, an dem mein Verstand vergebens rüttelt. – Auch der Meister empfindet es oft packend, wie Sie seine Natur empfinden und begreifen. Als er neulich von Ihnen als Schriftstellerin sprach und hinzufügte: so hätte ihn noch Niemand verstanden, bemerkte ich: daß es mir fast wie eine Bestimmung und Fügung vorkomme, daß Sie seine Biographie schreiben – da entgegnete er mit ganz veränderter Stimme, mit weitausblickenden mystischen Augen: »Und wer sagt Ihnen, daß es keine Fügung sei?« – es war dieselbe Stimme, mit der er in Eisenach, als er uns lachend versicherte: »Nachts als Gespenst zu erscheinen« und ich ausrief: ‚Ein Kind des 19. Jahrh. fürchtet keine!', halblaut, ganz eigenthümlich sagte: »Wissen Sie das gewiß? Ich habe schon wunderliche Dinge erlebt, und gescheutere Menschen als ich, ebenfalls.« – Es schauerte mich, als ich ihn dabei ansah und den geheimnisvollen Gesichtsausdruck bemerkte. Der Mann ist ein Räthsel für uns Alle – für Sie nicht! – –"

Nein – für mich nicht! Und was da von „Fügung" steht, berührt mich wie hohe, reine Luft, in die gläubig-demüthig das Ich sich löst ......

Eisenach, 20. Juli
„Villa Henneberg".

Drei Wochen weile ich bereits hier. Ruhe, Frieden, Frische der Natur, Wohnung – rechts schaue ich hinauf zu den Höhen der Wartburg, links hinab ins lebensfrohe Marienthal, – alles hilft mir zurückzuholen, was ich gesundheitlich verloren! – : ich sitze wieder mehrere Stunden des Tags bei meinen Studien und *Mss*, – ich war drüben in Weimar, wohin mich Auguste abgeholt, den Meister zu begrüßen, – auch persönlichen Verkehr fand ich in der Person einer englischen Dame, Mrs. Martindale, Wittwe, die mit ihren Kindern auf Jahr und Tag hier zu bleiben gedenkt: eine Frau von seltener Milde und Schönheit des Gemüths, christlichem Sinn, ohne confessionelle Verengung, und weit angelegter Natur.[46] –

Briefe kommen und gehen nach Rom – – selten ohne Aufregung. Die letzten Briefe der Fürstin athmen kirchlich-römische Luft und breiten eine Dämpfung über die bis jetzt frei tönenden Saiten meiner Aussprache. Denn nur von da kann es kommen, daß sie meine religiösen Empfindungen mit „katholisch" belegt. Es widerstrebt mir schroff zu widersprechen – so erinnerte ich an Lessing's drei Ringe im „Nathan" – Arme Frau! bei ihrer Einsamkeit, ihrer Abgeschiedenheit vom Leben verlernt sie das Leben – sie brütet und spinnt und netzt den Faden mit der Tragik ihres Lebens, der Bitterkeit ihres Schmerzes, der Hoffnung ihrer Seele .... aber hoch, hoch über alles Alltägliche. –

[46] Nachtrag: Mit Mrs. Martindale verband mich von da eine innig-treue Freundschaft für das Leben. Bestrebt, in England meine Ziele zu fördern, veranlaßte sie Übersetzung und Druck des I. Bandes meiner Liszt-Biographie (W. H. Allen & Co., London 1882).

6. August.

Froh bewegte Tage und – – Sturmstunden! Ida, die während des Juni statt meiner Haus und Schule regiert hat, stellte sich hier zum Beginn der Ferien ein, – desgl. mein Bruder Wilhelm nebst Familie aus Amsterdam, mit der er Thüringen durchreist, – und dann Liszt, der auf dem Weg nach Wilhelmsthal, wo er auf mehrere Tage den Großherzog besucht, bei uns einkehrte, und den wir bewirthen und übernachten durften.

Es war Abend nach unserem kleinen Souper (von Beck, dem Löwenwirth, ausgesucht gut zusammengestellt) – es brannte die Lampe – er hatte mir so eben davon gesprochen, daß er sich mit einem neuen kirchlichen Werke trage, aber noch eines Textes bedürfe: „Die sieben Sakramente", nach Bildern von Overbeck. Hiebei entfiel mir die Frage: „So ist der ‚Stanislaus' fertig?" Stanislaus! – wie ein Losungswort zum Sturm, brauste ein solcher jetzt hervor in heftigster Naturgewalt. Wild schrie Liszt auf: »Stanislaus! Immer Stanislaus! – das klingt Rom-inspirirt! – schaffe man mir einen Text, der etwas bietet! ‚Große Werke komponiren', wie Frau Fürstin befiehlt – – sperrt ihn ein, den *fainéant,* damit er nicht ‚herum vagabondire'! – – Ich brauche keine Bevormundung! – ich will keine! – ich dulde keine!«

Seine Stimme schwoll hiebei an zu einem mächtigen *Crescendo* noch mächtigerer Leidenschaft – kein unartikulirtes Schreien, wie man es wohl sonst von Menschen in höchster Erregung hören kann, nein – es schwoll immer breiter, gewaltiger, dem Sturme gleich, der über uns und über die Wälder dahin braust und in der Ferne vergrollt – – ein vollendet künstlerisches *Crescendo.* Wir beide (Ida und ich) vergaßen unsern Schreck und sogen gebannt, bewundernd dieses Naturschauspiel mit Aug' und Ohr ein. Sein „bevormundetes" Leben schien jetzt an ihm vorüber zu ziehen: »Franz«, klang es bitter – »geh' in die Ecke! Franz, du hast Streiche gemacht! hieß es zum kleinen Jungen – zum alten Jungen sagt man jetzt: ‚*Cher Bon,* das ist Ihres Genie's unwerth, das ist dumm.' – Ich dulde keine Bevormundung – das muß sie einsehen lernen« – »Biograph«, wandte er sich plötzlich an mich und bohrte seine Augen in meine – »nach Ihrem Belieben: die Fürstin oder ich! Schreiben Sie ihre Lebensgeschichte – gut: dann gebührt ihr das Recht; schreiben Sie meine –« Er stockte – hatte mein Blick geantwortet? Wie gebrochen klang es: »Sie sind mir treu – Sie sind wahrhaftig – bleiben Sie es mir – verzeihen Sie ....« Wir waren erschüttert bis ins Herz. Ein Drama hatten wir durchlebt ....

Der Rest des Abends bis gegen Mittnacht war von friedvoller, um nicht zu sagen, friedseliger Ruhe durchweht. – – – »Ich muß Himmel und Sterne sehen können – kein verhängtes Fenster«, bat er, vordem er sich zurückzog. Das gehört zu seinen Gewohnheiten – ein freier Horizont! Licht!

Andern Morgens wurde biographirt. Ich las ihm mein hier geschriebenes Kapitel über Chopin vor, zu dem er mir noch einige Fakten gab. – Aus seiner eigenen Knabenzeit erzählte er manche kleine Episode von seinem damaligen Komponiren, und hiebei von seiner ersten Dedication an eine junge Dame in Marseille: Lydie Garella, der er huldigte obwohl, wie er lachte: sie einen Buckel hatte. Er war gegen 16 Jahre alt. »Sie können mir glauben«, sagte er mit kindlich-naivem Ton und legte die Hand aufs Herz: »ich wußte nicht, was ein Weib ist.«

Samstag, 11. August.

Wir kommen vom Bahnhof, wo wir dem Meister noch ein Abschiedswort zugerufen. Er reist nach Bayreuth, von da nach Rom und dann für den Winter nach Pest.

Den gestrigen Abend verbrachte er bei uns. Vordem hatte er sich durch einige Zeilen angemeldet, überbracht von einem der zwölf Leibhusaren des Großherzogs, deren Uniform (ein Kuriosum aus alten Zeiten) eine hohe Bärenmütze krönt. Der kam hoch zu Roß, das er an einem Baum vor dem Hause anband; dann trat er ein und überbrachte in stolzer Grandezza seine Depesche – dem armen Kerl troff das Wasser in Strömen von der Stirn – die Bärenmütze, wie ein Muff, auf dem Kopfe!

Liszt's Billet lautete:

(24.)

Verehrte Freundin,

Ich erwartete Sie gestern hier. Nun, obschon die Berge nicht zu dem klein winzigsten Mahometchen kamen, wird dieser doch sein Versprechen halten, und den Berg der Villa Henneberg morgen Freitag, gegen 8 Uhr Abends, ersteigen und dort bis nach 10 Uhr verweilen.

Telegraphiren Sie an Fräulein Rennebaum, dass bei Ihnen sein wird, morgen Abends

Ihr verehrungsvoll
und dankbar ergebenster
F. Liszt

Donnerstag, 9ten August, 77. Wilhelmsthal.

Falls Sie andere Dispositionen getroffen hätten, bitte ich Sie mir es durch den Husaren wissen zu lassen.

Hoch erfreut ob des Rufes, kam *l'Enfant* mit einer Collegin, Charlotte Arens aus Hamburg, bei uns an. Für die jugendlichen, phantastischen Gemüther war der Nachmittag in Erwartung des großen Momentes „8 Uhr Abends" eine Kette von Unruhe und Aufregung. Sie lachten, weinten, umarmten sich und uns – Scenen, die seit einem halben Jahrhundert allerorts sich abspielen, wo der sagenumwobene große Künstler weilt. Gegen 8 Uhr stiegen sie auf die Zinne der Villa und lugten aus. „Er kommt, er kommt!" riefen sie plötzlich – „er kommt in einem Wagen, ein Husar dabei – eine Dame neben ihm in weißem Hermelinkragen, ein Hermelinbarett auf." – „Es ist die Großherzogin!" schrie die Arens auf.

Und Liszt kam, keine Großherzogin am Arm. »Ich bringe Ihnen meine liebe Freundin Frau v. Schwartz von der Insel Kreta, mit der ich zufällig zusammentraf«, stellte er sie vor. – „Elpis Melena!" sagte ich erfreut und reichte ihr die Hand, doch die Mädchen waren enttäuscht, verzogen den Mund – es war ja keine Großherzogin; wie schade!

Garibaldi's Freundin und literarische Schildträgerin mag eine Sechzigerin sein, fast grau, mittelgroß, rund – ein merkwürdiges Gesicht, dessen Typus sich nicht festhalten läßt – merkwürdig in seinem Wechsel: bald Löwin, bald Nonne, bald ehrwürdige, gutmüthige Matrone. Sie erinnerte mich an Frau v. Mouchanoff, doch ohne die bedenklichen und gefährlichen Seiten dieser Frau. Diplomatin war die Baronin Schwartz niemals – sie gab mit vollem Herzen und vollen Händen und ihre Million Thaler weiht sie guten Zwecken. Gegenwärtig sucht sie ein Netz über deutsche und andere Länder zu werfen zu Gunsten des Thierschutzes und gegen die Vivisektion.

„Fürchten Sie nicht, daß Ihr Geld alle wird?" frug ich. – „Ich heiße Espérance und bin *plein d'espérance*", entgegnete sie heiter. Sie beschrieb mir Calamitäten Liszt's zur Zeit seines Monte Mario-Aufenthaltes. Damals wohnte sie in Rom. Einst kam sie mit einem Dutzend Künstler und Künstlerinnen, ihn zu besuchen – es nahte der Abend – alle hungrig und nichts in der Klosterküche aufzutreiben als ein Ei für Jedes! Ein andermal fand sie Liszt – es war im Winter – vor seinem Schreibtisch kauernd, die Beine auf den Stuhl gezogen und auf den Füßen sitzend, um sich warm halten zu können: der Backsteinboden war ohne Teppich. „Und andern Tags" – nahm ich das Wort – „als der Meister von Rom zurückkam, siehe da! fand er dicke Teppiche gelegt und fror nicht mehr –" „Ja", lachte sie – „das war ein Spaß!"

Zu Tieferem kam es an diesem Abend nicht. Liszt verhielt sich ziemlich schweigsam – er lächelte zu dem Geplauder und schaute freundlich drein. Ein böser Augenkatarrh belästigt ihn. Für Auguste aber, die den kommenden Winter unter seiner Leitung in Pest weiter studiren möchte, plaidirte er: »sie würde unter *seinem* Schutz stehen« – und schlug hiemit unsere Hauptbedenken. Er logirte wieder im Schloß.

Am Bahnhof erwähnte er der paulinischen Römer-Briefe: »Dorische Säulen an Kraft und Wahrheit des Christenthums« nannte er sie.

Nürnberg, 24. November.

Nach einem Brief aus Rom komponirte der Meister (er blieb nur kurz daselbst und zog sich nach Tivoli zurück) in den paar Monaten seines Dortseins:

Ein Lied für Adelheid v. Schorn, den Text von ihrer Mutter („Sei still" –);
Aux Cyprès de la Villa d'Este;
An die Schutzengel (für seine Enkelinnen);
*Ein *Pater noster;*
Ein *Salve Regina;*
Receuillement (1868?);
**Résignation;*
Les Jeux d'eaux à la Villa d'Este;
*Die heilige Dorothea;[47]
Die 2te Elegie, mit obligater Violine.

Die Fürstin hat große Sorge um Liszt – seine Verdauung ist in Folge seiner ungeregelten Lebensweise sehr gestört, sein Puls beständig fieberhaft. Nun ordnete sie schriftlich für Küche und Keller in Pest alles an, wie es zuträglich für ihn ist, und instruirte Spiridion, seinen Kammerdiener, bezüglich der häuslichen Pflege. Ob ihren Vorschriften genügt werden wird? – ich bezweifle es. –

[47] Nachtrag 1894: Von dieser Komposition konnte ich nirgends eine Spur entdecken. Desgleichen nicht von den mit * bezeichneten Stücken. – Über das *Pater noster* schrieb mir Augusta Rennebaum damals aus Pest, der Meister wolle nichts von ihm wissen. [Die übrigen oben genannten Werke sind im Kompositions-Verzeichnis (Anhang S. 453, 440, 448, 441, 440, 441 und 438) angeführt. – Das *Recueillement/Pel monumento a V. Bellini* ist nicht 1868, sondern 1877 entstanden, als nach Überführung der sterblichen Reste Bellinis von Paris nach Catania (1876) das marmorne Grabdenkmal (Basrelief) im dortigen Dom errichtet wurde. F.S.]

1878

Budapester Zustände – Carneval im Lehrsaal. Erfurter Tonkünstler-Versammlung; Begegnung mit Liszt. – Die Fürstin; biographische Differenzen. „Sieben Sakramente“.

Nürnberg, Januar.

Wie ich vermuthete, ereignete es sich! –: der Dienerschaft Liszt's waren die Vorschriften und Kochrecepte von Frau Fürstin unbequem – die Küche ist wieder nach früherem papricirten Styl, Spiridion freut sich zwanglos seines Lebens, und der liebe Meister sucht sich mit den Dingen abzufinden nach seiner Art. Gesundheitlich ginge es ihm besser, theilt mir Auguste R[ennebaum] aus Pest mit.

Was den Ingrimm der Fürstin bezüglich der „Degradation seiner selbst zum Klavierlehrer" an der Pester „Akademie" betrifft, ist er mehr als begründet. Aber der Wahrheit die Ehre! Der greise Meister bringt seinem Vaterlande ein Opfer; die von ihm selbst gewünschte Übernahme der Klavierklasse ist ihm ein Abtrag seiner „Ehrenschuld" (nach seinem Ausdruck) für die Jahressumme (fl. 4000 – ?), welche der Staat ihm ausgesetzt als Präsident einer Lehranstalt, die noch kein Geld zur Durchführung großer Kunstaufgaben hat, und der er durch seine mehrmonatliche Anwesenheit und Übernahme der Virtuosen- und Lehrerklasse Ansehen nach Außen zu gewinnen hofft. Die Verstimmungen mit der Fürstin mögen wohl die Räder nach Pest schieben helfen – auch sein natürliches Bedürfnis nach musikalischem Leben, das unter Tivoli's Cypressen schweigen muß. –

In Pest ist Liszt (nach Augusten's Berichten) systematisch „Lehrer", was in Weimar insofern nicht der Fall war, als da die „Schüler" aus meistens schon erprobten Künstlern bestanden. In Pest dagegen sind es Schüler von oft sehr geringem Können, wenn auch große Talente dazwischen sind. Männlich und weiblich ist getrennt. Jede zweite Stunde kommt der „*Gradus*" daran, jede dritte Stunde Fingerübungen aller Art. Wie rührend er zusieht, wie diese letzteren gemacht werden – die Hände zusammengefaltet und sein liebes Gesicht so aufmerksam unschuldig! Daß er technisch spielen läßt mit dieser Ausdauer, ist mir ergreifend. Und wie gottvoll er jene Etüden vorspielt – überhaupt klassische Musik!

Es ist schon einzig – da er gewissermaßen eine Verpflichtung hier hat (wenn es auch nur Ehrensache ist), wie peinlich gewissenhaft er derselben nachkommt! Keine Müdigkeit, kein Unwohlsein, kein Festtag hält ihn ab die Stunden einzuhalten, und wie dabei zu sein, mit welcher Frische, mit welcher Geduld!

Mitte Februar.

Eine humoristische Saison-Schilderung von *l'Enfant* ergänzt die obige:

Hier wird der „Pester Carneval" aufgeführt, getanzt und gelebt! Auch in den Klassen der „Akademie". Der liebe Meister läßt sich in den Stunden von den Bällen erzählen und hört andächtig diesen Eroberungszügen zu; stellt sich auch eifersüchtig und neckt sich mit seinen Lieblingen. – Er hat es schwer mit den vielen Damen, von denen jede beansprucht vorgezogen und besonders behandelt zu werden. Es ist auch ein Carneval, und wohl demjenigen, der es so harmlos betrachtet! Eine der Lieb-Damen wenigstens ist immer *fâchée* mit ihm, und er hat dann nichts eifriger zu thun als die Zürnende zu besänftigen. Drei sind erklärte Lieblinge – sie haben jede Maskenfreiheit, hassen aber natürlich sich gegenseitig; die andern steigen und fallen je nach Stimmung. Die drei Auserwählten (Anspruch hierauf gewinnt, wer im Besitz der größten Keckheit) umgeben ihn beständig, doch wehe! wenn er einer von ihnen einen Vorzug giebt – dann schleuniges Schmollen und Zurückziehen. – Vorzug nennt man in der Liszt-Klasse z.B. eine einseitige Richtung der Augen, so daß des Meisters Blick zu intensiv auf eine Schülerin fällt. Auch ist es verpönt, einer Schülerin etwas zuzuflüstern, zu welcher Neigung er leider ein großes Talent besitzt – alle diese Dinge müssen von den Auserwählten sehr bestraft werden, sollten sie nicht dem Kleeblatt gelten; nur in diesem Falle sind sie entschuldbar.

Sie begreifen nach dieser Skizze, daß der Meister eine schwere Aufgabe hat, die er jedoch mit bewundernswerther Ausdauer und Routine durchführt! Sein Feingefühl läßt ihn schon ahnen, wer demnächst zürnen wird, und – er baut vor, entschuldigt sich – – und sündigt fröhlich weiter. Für jene Drei giebt es nur eine Alternative: entweder – oder; ein ewiger Rundgang, oder ein Schlänglein, das sich in den Schwanz beißt. Meine Wenigkeit steht nicht im Dunstkreis der Lieblinge und ist weder berufen, noch auserwählt. Doch kommt das meinem Spiel und meiner Gemüthsstimmung zu gute –: ich freue mich an den Rosen, ohne deren Duft als Zeichen persönlicher Gunst zu betrachten!

Sie werden dieses Kapitel für höchst überflüssig halten, aber *pardon!* –: großer Sinn liegt oft in kindischem Spiel – ich sende der Biographin ein Bildchen ohne Retouche mit allen Zufälligkeiten des natürlichen Lebens, obwohl ich zu genau weiß, daß das Bild des Meisters wahr sein muß ohne immer wirklich zu sein. Wir leben im Strudel des Carneval!

Eine Anekdote aus diesem bunten Kaleidoskop beleuchte ihn. Die „bevorzugte“ Tochter eines Kaufmanns, „*fâchée*“, blieb vom Besuch der Klasse zurück. Der beleidigte Vater schrieb an den Meister:

„Ich bin sehr zufrieden, daß die Idolatrie meiner Tochter für Sie aufgehört hat“ –

Liszt antwortete:

Mit Ihrer Zufriedenheit
höchst zufrieden
F. Liszt.

Eisenach, „Villa Henneberg", 25. Mai.

Seit Anfang des Mai, der sich gar sommerlich anließ, habe ich abermals aus Eisenach eine Art Reconvalescenten-Station für mich gemacht. Der Winter war schlechter als je – beständig Bronchialkatarrhe, Lungenemphysem (!), peinliches Asthma Tag und Nacht. Hier machte ich schon böse Tage durch – meine Freundin Mrs. Martindale, die noch hier lebt, war mir liebevolle Diakonissin. –

Unser *Enfant* bekleidet seit einigen Wochen eine Stelle als Hauspianistin und Musikerzieherin bei einem Bischof, Michael Pável, in Falu Szlatiná, tief in Ungarn, der eine verwaiste Nichte mit ihrer Milchschwester aufgenommen und erziehen läßt. Obwohl der Meister mir noch letzten Sommer gesagt: »Sie hat ihr besonderes Genre, bleibt sie ihm treu, kann sie im Concertsaal ihr Glück machen«, und obwohl es sie zu dieser Carrière hindrängt, scheute ihr bürgerlich-solider Sinn zurück vor all den Zu- und Mißständen, die der öffentlichen Künstlerlaufbahn anhängen und nahm, als Liszt Ende März seine Schritte wieder gen Weimar lenkte, jene Stelle an. In Folge dessen aber dringt keine Kunde von Weimar zu mir herüber.

Einige Zeilen Liszt's unterbrachen diese Stille:

(25.)

Verehrte Freundin,

Wie Bayard, bleibt mein Biograph, Lina Ramann „Chevalier sans peur et sans reproche". Indess möchte ich ihm doch vorwerfen 2 Wochen in Eisenach herumzuspazieren ohne mir es wissen zu lassen. –

Nun ist es zu spät. Übermorgen abends muss ich in Hannover eintreffen, – und am 28ten Mai in Paris. Fräulein Adelheid von Schorn wird so freundlich sein, Ihnen meine Entschuldigungen besser beizubringen.

Herzlich treu ergebenst
F. Liszt

23ten Mai, 78 –
Weimar.

Umgehend telegraphirte ich an Liszt die Frage: „Mit welchem Zug reisen Sie?" und begrüßte ihn heute Morgen einige Stationen von hier, um ihn eine kurze Strecke zu begleiten. Er sah sehr abgespannt aus. Ungarn sende ihn zur Welt-Ausstellung nach Paris: daselbst als „Jury" bei der Abtheilung für Pianoforte von ihm vertreten zu sein – er sei des Reisens so müde. Der Tonkünstler-Versammlung in Erfurt (21.–26. Juni) wird er auch beiwohnen. »Auf Wiedersehen in Erfurt!« rief er mir nach, als ich sein Coupé verließ.

26. Juni.

Ich war dort, brach aber unseren Aufenthalt (Ida war mit) jäh ab – mein Husten wurde zu qualvoll. – Hörte Liszt's 13. Psalm: ein Aufschrei zum Herrn aus tiefster Seelennoth und Seelenbange, die am Rande steht – und doch eine kindliche Zuversicht, die so unmittelbar an Gott sich schmiegt wie die Kinderseele, die da ihre Thränen trocknet. Die Musik ist nicht alttestamentlich wie Mendelssohn's Psalmen: sie ist ein innerlichst christliches Erlebnis. – Dr. Gunz aus Hannover sang das Solo – in der Probe sehr gut, dagegen des Abends! Man sagt, er habe dem Becher zu sehr gehuldigt – – mit Nöthen kam das Werk durch. Wie Recht haben die Engländer, wenn sie von ihren Oratorien- und Kirchenmusiksängern verlangen, daß sie „*a holy life*" führen und mit der Bühne nichts zu schaffen haben.

Die Proben wurden durch Bülow's Zänkereien mit Erdmannsdörfer unbehaglich, ja peinlich. Bülow spielte Bronsart's *fis moll*-Concert, Erdmannsdörfer dirigirte – Kapelle und Dirigent waren – nicht mit Unrecht – Bülow nicht „exakt" genug; er behauptete: so das Concert nicht spielen zu können. Begütigend legte sich Liszt in's Mittel – er dirigirte! – Bülow sah ich alsdann im Garten auf einer Bank hingeworfen in nervösem Schluchzen. – Abends, nach dem Concert, als man im Speisesaal sich zusammen fand und Erdmannsdörfer's an Liszt's Tisch Platz nehmen wollten, wies Bülow sie weg: „Sie gehören nicht hierher!"

Mit Liszt war ich nur im Beisein Anderer zusammen – die Baronin Meyendorff nahm ihn mehr in Beschlag, als es gut war. Er fühlt das auch, wie aus folgenden Zeilen leicht herauszulesen ist:

(26.)

Verehrte liebe Freundin,

Musikfeste sind für mich keine günstigen Gelegenheiten zu freundschaftlich ruhigen Gedanken Austausch. Entschuldigen Sie dass ich in Erfurt nicht öfters zu Ihnen kam.

An dem Morgen wo wir uns treffen sollten war ich amtlich, sehr frühe zur Probe geholt. Später blieb ich auch unfrei ....

Karasowski's Chopin-Biographie besitze ich nicht.[48]

[48] Siehe: Biographischer Fragezettel No. 15.

Ihre Elegie erhalten Sie nächstens, schön eingebunden, und Mitte August besucht Sie in Nürnberg (auf der Reise nach Rom)

Ihr herzlich treu
ergebener
F. Liszt

3ten Juli, 78 –
Weimar.

[Auf dem biographischen Fragezettel bemerkt Liszt am Schluß:]
Verwickeln Sie sich nicht in zu vielen Details. Meine Biographie ist weit mehr zu erfinden als nachzuschreiben.

Eine merkwürdige Nachschrift! „Erfinden" – wer Liszt nicht kennt, könnte irre an ihm werden.

Mitte Juli – Nürnberg.

Die Hustenquälerei nimmt kein Ende – ich bin übel daran. – – In Folge dessen mußte eine Reise nach Rom abermals unterbleiben. „Der Käfig steht leer" – schreibt die Fürstin – biographisch bin ich darum sehr deprimirt. Wohl äußerte Liszt mehrmals gegen Guste: »Sie braucht nicht nach Rom – das hält sie auf – sie soll den I. Band bald herausgeben« – der gute Meister! aber ..... nun ja, er befürchtet Verzeichnungen. Das Manuskript der „Kinderjahre", zehn Kapitel, liegt längst fertig in Rom und wartet der Lektüre seitens der Fürstin.

Ihre Briefe tragen ziemlich durchweg Flammenzeichen – die der Liebe, der Erregung, der Gedanken, über alles: Fürsorge für ihn. Der Tag ihrer Ankunft ist auch jedesmal für mich ein Flammentag, dazwischen von Stacheln gepeitscht, aber – – es ist zum Guten und verwirrt mich nicht, auch nicht gegen sie.

20. Juli.

Ich muß nach Wiesbaden – Dr. Reuter verordnet eine Kur in der „pneumatischen Glocke". Am 12. August, mit dem Anfang der Schulferien reisen wir dahin – oder nach Liszt's Besuch. Wann?

3. August.

Bezüglich des letzteren, lautet seine Antwort auf meine Anfrage:

(27.)

Verehrte Freundin,

Der Tag meiner Abreise ist noch unbestimmt, und könnte sich dermassen verziehen dass wir uns diesmal nicht mehr in Nürnberg treffen. Jedenfalls bitte ich Sie ihre Kurpläne regelmässig auszuführen, ohne alle Rücksicht auf meine fehlerhaften Einrichtungen.

Die vielen Störungen die mir zufallen, machen es mir zur Pflicht meine Freunde nur dann zu stören, wenn durchaus nöthig – – –.

Verehrungsvoll und
herzlich ergebenst
F. Liszt

2ten August, 78 –
Weimar.

Besten Dank für die Besorgung meiner Zeilen an Kellermann.

7. August.

Und heute lauten einige Zeilen der Fortsetzung zu obigen:

(28.)

Verehrte Freundin,

Auf hohen Befehl wird meine Abreise von hier, noch länger verzögert. Entschuldigen Sie also gütigst meine Unterlassungs Sünde, für dieses Jahr in Nürnberg; nächsten Sommer treffen sich bessere arrangements.

herzlich ergebenst
F. Liszt

7ten August, 78 –
Weimar.

Die letzten Tage August's bin ich wieder in Rom.

14. August.

Eine Brandfackel aus Rom – ich fing sie auf: nicht zum Krieg .... Aber die Markung muß fest gestellt werden. – – –

Jene betrifft meine Kapitel „Kinder- und Knabenjahre", das I. Buch der Biographie – sofort antwortete ich:

Heute reise ich noch nach Wiesbaden und habe recht viel zu thun, aber Ihren Brief, verehrteste Frau, den ich so eben erhalten, muß ich dennoch vor der Abreise beantworten: es dürfte etwas „kurwidrig" sein, mit solchem Brief in der Tasche dort zu erscheinen.

Ihr Brief hat mich in der That überrascht – nicht wegen der Aussetzungen, die er enthält, denn für solche habe ich Ihnen stets von ganzem Herzen gedankt. Konnte ich auch nicht immer jeder einzelnen beipflichten, so hatte ich doch *summa summarum* für die Sache und für mich einen Gewinn. Aber dieser Brief enthielt so manches, was – – mich doch chokirt. Sie machen mir meine innere Festigkeit zum Vorwurf –: konnten Sie denn je denken, daß ich ein Instrument sei, dessen Mechanismus sich nach dem Willen des Spielers richtet? Lassen Sie mich das nicht glauben – ich müßte erröthen noch im Grabe.

Ist es denn „unbescheiden", wenn ich bei aller Liebe, Verehrung, Bewunderung, die ich für Sie hege, nicht die Wurzel von dem Boden abschneide, der mir den Lebenssaft gegeben?! Ich habe nie Ihre Größe und Capacität verkannt, weder Ihre menschliche noch Ihre geistige – ich habe Sie warm verehrt, so rein ohne selbstischen Gedanken, wie gewiß wenig Menschen auf Erden! –: setzt aber eine solche Verehrung voraus, daß ich darum nur mit Ihren Augen sehen? mit Ihren Gedanken denken? mit Ihren Gefühlen fühlen kann? Die Reihe der Jahre ist zu lang, wo ich selbständig den Dingen gegenüber stehe, um auf einmal – Andere für mich denken zu lassen. Der Glanz eines Sternes kann mich anziehen, aber nicht mich mir selbst untreu werden lassen.

Ich habe stets frei von Vorurtheilen und mit Liebe Ihre Ansichten auf- und angenommen: wo immer sie sich mit meinen Grundanschauungen vereinen ließen. Der Vorwurf, Ihre „intimsten Gefühle abgelauscht zu haben, ohne sie zu berücksichtigen" trifft mich nicht. – Ich bin mir bewußt mit „Ruhe, Objektivität und Besonnenheit" meinen Weg verfolgt zu haben – auch mir selbst gegenüber.

Den Anforderungen, die Sie, verehrte Frau, an einen Liszt-Biographen stellen, wird niemand genügen weder unter den Romanschriftstellern, noch unter den Geistlichen, noch unter den Gelehrten, noch unter den Künstlern! Ich habe mich in meiner Leistungsfähigkeit nicht überschätzt: ich weiß, wo meine Grenzen sind, und bin in Folge dessen auf der Linie geblieben, die ich mir von Anfang an ziehen mußte –: aber die Ausführung dessen, was sich auf dieser Linie bewegt, ist – Dank und tausend Dank Ihrer Güte! – eine breitere und correktere geworden. Ich habe mich Ihnen darüber schon mehrfach ausgesprochen, und auch in meiner „Vorrede" es gethan. Über diese Grenze gehe ich nicht hinaus – weder bezüglich Liszt's als Künstler, noch Liszt's als Mensch.

Daß Schwächen den Dingen gegenüber, die nicht in meiner Sphäre liegen, meinem Werke anhaften werden – dem kann ich mich nicht verschließen. Aber ich könnte solche mir auch nicht einmal abnehmen lassen, wenn es dahin ginge, daß ihre Correkturen nicht in Übereinstimmung mit meiner Auffassung, mit meiner Denkrichtung stehen sollten. Sie wissen das am besten, verehrte Frau: ich verschließe mich keiner Opposition. Ich strenge mein Auge an zu sehen, was andere sehen. Will aber meine Sehkraft nicht so weit reichen – so muß ich mich in meine fügen. Und sehe ich anders – so prüfe ich mein Erschautes, und finde ich, daß ich falsch gesehen, dann verbessere ich. Kann ich das aber nicht finden, so kann ich mich nicht weiter ausdehnen, als mein Auge reicht – – selbst auf die Gefahr hin zu irren.

Sie sprechen *out out* mit mir – verzeihen Sie darum, wenn meine Sprache entschieden klingt und ich antworte: daß ich aus den zehn Kapiteln keine zwanzig machen kann, wie Sie es vorschlagen – auch nicht eines mehr! Ich müßte geradezu faseln. Ebenso und darum kann ich keine der im VIII. Kapitel erwähnten Thatsachen fallen lassen, selbst wenn sie „bürgerlich und klein“ erscheinen.

Keinem Meister aber wie Liszt gegenüber, wird man die Zügel der Phantasie strenger halten müssen, wenn man glaubwürdig erscheinen will. Und was Sie von romanhafter Darstellung sagen, dem kann ich ebenfalls nicht nachkommen, weil sie dieser Aufgabe gegenüber ganz gegen meine Ansichten streitet, selbst wenn meine Feder eine geborene Romanfeder wäre. Leider und tausendmal leider! Daß Liszt's mehrdeutiges Leben zu sehr Veranlassung geworden, ihn in der Phantasie des Publikums aller Klassen mehr zu einem Romanhelden als zum berufenen Kirchenkomponisten zu machen, so, daß man sich hüten muß dieser Neigung des Publikums geflissentlich entgegen zu kommen. Es wird bald genug die Zeit da sein, wo man sich seines Lebens als willkommenen Romanstoffes bemächtigt – dann werden wir weinen ..... Dem muß vorgearbeitet, *resp.* eine Grenze gegeben werden –

Söhnen Sie sich darum aus, verehrte Frau, mit meiner Art die Dinge wieder zu geben, auch wenn weniger brillant im Styl. Aber gerade darum wird sie ihn dem Herzen Tausender näher bringen. Ohne mich zu rühmen, kann ich sagen, daß ich ihm viele warme Herzen gewonnen – durch meine, auch im Leben, nicht romanhafte Weise.

Sie haben vielleicht inzwischen, verehrte Fürstin, meine letzten Zeilen erhalten? Meine dort ausgesprochene Bitte und Ihre Vorschläge scheinen sich zu berühren und ich glaube darum jene wiederholen zu dürfen, falls meine Erklärung mir nicht Ihre Hülfe entzieht, was ich bitter beklagen und was mich tief schmerzen müßte. Wollen Sie aber trotz ihrer mit dem VIII. Kapitel eine „Amputation" vornehmen – so kann ich Ihnen nur danken. –

Noch möchte ich bitten, mir „Einleitung und Vorwort" zu remittiren, um Ihrem Vorschlag nachzukommen und deren erste Partie drucken zu lassen.[49]

Für Ihre Wünsche zu meiner vor mir liegenden Kur, herzlichen Dank – ich gehe nur mit halber Hoffnung auf Erfolg.

Zürnen Sie mir nicht!

In nie zu erlöschender Verehrung

Nürnberg, 14. August 1878. L Ramann

Nürnberg – 2. November.

„Nein, nein, Liebste, ich zürne nicht!" rief mir die Fürstin gleich nach Empfang meiner Erklärung zu. Ihr Verlangen jedoch: nur den „Künstler" biographisch zu behandeln, d.i. seine Werke zu besprechen und zu streichen, was sich auf Liszt als „Mensch" bezieht, blieb stehen, wenn auch in gemäßigterem Tone. Nochmals (10. Okt.) wiederholte sie es mit heftigem Nachdruck.

Meine Antwort, heute geschrieben, lautet:

– – – meine musikalische Natur strebt immer nach Lösung auch der nur schwebenden Dissonanzen. Ich muß es Ihnen aussprechen, so schwer es mir wird, daß ich Ihrem Vorschlag, „alles aus meiner Biographie Liszt's zu streichen, was seinem menschlichen Leben angehört"[50], nicht nachkommen kann – jetzt nicht mehr. Ich erinnere Sie daran, daß ich Ihnen nicht ein-, nein zehnmal! in Rom opponirte, als Sie für L.'s menschliches Leben größeren Raum, als meine Vorlage ihm angewiesen, verlangten. Als Ihr Drängen und Ihre Vorstellungen Eingang bei mir gewannen, so ging ich mit demselben Ernst, allmählich mit demselben heiligen Gefühl und Glauben specifischer Mission an die erweiterte Aufgabe. Es war ein harter Kampf

[49] Nachtrag: Diesen Theil brachte 1880 die „N. Zeitschr. f. M." (No. 11/12) unter der Überschrift: „Aesthetische Streiflichter auf das Kunstgenie, seine Arten und seine Stellung zu den Zeiten". Als Einleitung zur Liszt-Biographie geschrieben, blieb letztere auf Wunsch der HH. Verleger ohne sie und ohne Vorwort.

[50] Nachbemerkung: Gegenüber dieser Wendung seitens der Fürstin habe ich berechtigten Grund anzunehmen, daß mehr und mehr bezüglich ihrer selbst ein Kampf sich geltend machte – : der Kampf, ob sie ihrer „hohen Kinder" wegen (die Constantin v. Hohenlohe'sche Familie zu Wien), ihre Person in einer Liszt-Biographie nicht unterdrücken müsse, oder ob sie die Rechtfertigung ihrer außergewöhnlichen Lebensakte ihren Kindern schulde. Anfangs unserer Beziehungen brachte sie dieser letzteren Anschauung einen großen, um nicht zu sagen, einen freudigen Heroismus entgegen. Allmählich aber brach die andere Anschauung [wohl] durch. Es liegt auf der Hand, daß diese consequenter Weise eine [rein] „musikalische Biographie" verlangte.

damit verknüpft, welcher ohne die Kraft dieses Glaubens kein solches Ende gefunden haben würde, wie er es gefunden hat. Sie hatten die richtige Ansicht, daß „ich alles wissen müsse", und waren in Folge dessen gezwungen mich in eine Nachtseite des Lebens einzuführen, die mich lange mit Schaudern erfüllte. Ohne jenen Glauben hätte ich die Arbeit niedergelegt – mit ihm habe ich überwunden und die Liebe und Bewunderung, ja die Begeisterung! mir gerettet für Liszt's Genius als Künstler und Mensch.

Mit dem Kampf aber war eine neue Seite meines Glaubens in's Dasein gerufen –: ich sah (und so sehe ich noch bis auf diese Stunde!), daß jene Nachtseite, die im Gedächtnis unserer Nation historisch geworden, ihrem Verstehen des Wesens L.'s als Künstler und Mensch im Wege steht und daß keine Arbeit für L. als Künstler wirklich nützt, wenn nicht für jene die erklärenden Gesichtspunkte gegeben werden, welche gestatten, den Menschen in seiner Größe und Schönheit zu sehen und zu empfinden.

Ich erkannte zu sehr, wie Recht Sie mit Ihrem Verlangen hatten, L.'s menschliches Leben tiefer zu berühren als es anfangs im Plan meiner Arbeit lag, – ich erkannte auch, wie Recht Sie hatten mit Ihrer Behauptung: daß mein Styl, der bis 1876 ausschließlich Kunstfragen und wissenschaftlichen Arbeiten gedient hatte, jetzt, dieser erweiterten Aufgabe gegenüber, einer ganzen Umwälzung bedürfe. Meiner Zaghaftigkeit in Rom setzten Sie ein zuversichtliches: „Sie können es!" entgegen und im Laufe der Arbeit konnte es mir nicht entgehen, daß ich an Leichtigkeit des Styls und Gewandheit der Darstellung gewonnen, wobei ich mir jedoch nie verhehlte, daß mir noch manche „Ungeschicklichkeit" zu überwinden bleibe. Ich war unermüdlich, mir die bis da unentwickelt und ungeübt gebliebenen Seiten der Darstellung zu gewinnen – ich trug keinen andern Gedanken in mir als den: meiner Aufgabe gerecht zu werden.

Ich kann diese Zeit, mehr als 2 Jahre der Arbeit, des Kampfes, der vollsten Hingabe, des heiligen Glaubens und der Überzeugung nicht aus meinem Leben streichen.

Und abgesehen von alle dem, so kann ich nicht zu der Ansicht kommen, daß meine Auffassung und Darstellung L.'s als Mensch ihn je beeinträchtigen könnte, oder daß ich ein falsches Bild von ihm entworfen hätte; es können Nebenklänge seines Wesens – Weltklänge insbesondere – von mir zu schwach, andere zu stark, einige auch ungeschickt gegeben sein –: die Grundzüge seines Wesens aber – Kunst und Religion und das sie mitbestimmende Temperament – habe ich im Einklang mit seiner musikalischen Natur, und im Einklang mit den Thatsachen seines persönlichen Lebens hingestellt. Und das bleibt nach meiner Ansicht immer das Wesentliche.

Wenn ich hiemit ausgesprochen, daß ich auf Ihren jetzigen Vorschlag nicht eingehen kann – nicht in der Ausdehnung, wie es jetzt in Ihrer Anschauung liegt –, so will ich hiemit keineswegs gesagt haben, daß ich mich je Ihren Ansichten und Rathschlägen verschließen könnte, – da sei Gott vor! Danken, ja danken werde ich Ihnen und sie willig und freudig benutzen, soweit meine Fähigkeiten ihnen folgen können. Ich nehme es darum mit größtem Dank an, wenn Sie die Punkte der Kap. V, VII, VIII, die Ihnen ungenügend oder verfehlt erscheinen, im Manuskript anstreichen werden. Sowie es wieder in meinen Händen ist, werde ich es mir angelegen sein lassen, wie bis jetzt ja immer! zu verbessern, so weit ich kann.

Ob ich Ihnen, verehrte Frau, noch ferner *Ms* einsenden darf? – ich weiß es nicht; ich kann Ihnen nur aussprechen, daß ich es stets als einen großen Verlust empfinden und beklagen werde, wenn Sie der Fortsetzung des *Ms* Ihre Einsicht und Ihre Bemerkungen entziehen sollten – nach allem aber, was Sie mir gesagt, darf ich Sie ja nicht mehr darum bitten und muß ich Ihre fernere thätige Theilnahme Ihrem eigenen Ermessen anheim stellen. Die Reihenfolge der Überschriften der fertigen Kapitel der Jünglingsjahre erlaube ich mir Ihnen beizulegen. Die mit * bezeichneten hatten Sie bereits in Händen und wurden s.Z. von Ihnen gebilligt. Im Ganzen blieben diese unverändert, im Einzelnen aber haben Ihre Bemerkungen hie und da Verbesserungen, Verschärfung der Gedanken und des Ausdrucks nach sich gezogen. –

Hiemit bin ich am Ende meiner biographischen Aussprache bezüglich Ihres Vorschlags. Dieser Brief ist mir sehr schwer geworden und es ist ihm mancher innere Kampf vorausgegangen – keine sachlichen, nein! persönliche [Gründe] waren es. Nicht, daß ich die kleinliche Furcht gehabt, Ihre mir so unsagbar werthvolle Zuneigung zu verlieren; denn ich weiß, daß Sie zu groß sind, sie mir zu entziehen, aber meine Liebe zu Ihnen, vielleicht auch meine weibliche Natur, hätte so gern alles gethan, Ihnen zu gefallen, und sie trauert, daß es nicht sein kann. –

In immer treuer Liebe und Verehrung

Nürnberg, 2. Nov. 1878. LR

29. December.

Und so scheint es bleiben zu sollen. Die Fürstin beharrt auf ihrer „Musikalischen Biographie" – im übrigen schwingen die persönlichen Saiten fort – wahr, warm, liebevoll und vertraulich: bei ihr, bei mir. Ihre leidenschaftlichen Sturzwellen sind großentheils nur Temperamentssache; Gedanken, in die sie sich, vom Temperament getrieben, vergrübelt, verrennt; und ich beginne zu glauben, daß sie in solchen Zuständen kaum sieht „wie die Kugel rollt".

Meine Erfahrungen aber geben mir einen Aufschluß zu dem Warum bezüglich Liszt's: warum er Rom meidet, so sehr es ihn zieht ... Ein hartnäckiges Verrennen, ein apodiktisches Aburtheilen erbittert oder stumpft ab, und will man beides nicht, so tritt das Meiden ein .....

Übrigens kam Liszt diesmal frisch und gesund, gesammelt, in Rom an, wie seit den letzten Jahren nicht mehr. Geb' Gott, daß die Krisis überstanden!

Er komponirte und beendete, wie die Fürstin mir schrieb, „Die 7 Sakramente" – den Text suchte er sich selbst zusammen. Die „*Via crucis*" bearbeitete er nochmals. Nach dem ersteren Werke spanne ich mit brennendem Durst – –

„Ich weiß nicht warum", schrieb ich der Fürstin – „aber von dem ersten Moment an, als ich durch L. Kenntnis erlangte, daß er nach den Overbeck'schen Bildern ein musikalisches Werk zu schaffen beabsichtigte, erwartete ich gerade von diesem ganz besonderes, und oft ergriff mich Sehnsucht nach ihm wie nach innerer Räthsellösung. Dazwischen hatte ich Furcht, es bliebe vielleicht nur eine Intention. Ohne Overbeck's Bilder zu kennen, schien mir die Idee musikalisch neu und viel – durch ihren Mysticismus –, aber nur Liszt viel zu bieten. Kein anderer Komponist könnte ‚Sakramente' musikalisch geben – so etwas ist mehr als ein heiliger Graal und das kirchliche Naschwerk im ‚Parsifal' ...."

Wieder ein Jahreschluß. Ebenfalls an die Fürstin äußerte ich bezüglich meiner –:

„– – ich habe auf wenig zurückzuschauen, was mich gefreut, aber auf vieles, das mir hart war. Das Jahr 1879 wird mir voraussichtlich eine Fortsetzung des Jahres 1878 sein und dennoch bin ich froh, daß dieses zu Ende geht. Die Thorheit, zu hoffen, scheint uns eingeboren."

1879

Liszt's „Sakrament der Ehe" und „Communion". Wiesbaden, Tonkünstler-Versammlung; Zusammensein mit Liszt. – Frohe Arbeit. Nochmals die „7 Sakramente".

Nürnberg, Februar.

Die Fürstin erfreute mich mit einer Neujahrsgabe: das „Sakrament der Ehe" und der „Communion" der „Sieben Sakramente", dort in Rom lithographirt.

„Sagen Sie mir sehr aufrichtig" – bittet sie – „was Sie davon denken? – Scheint es Ihnen unklar, unverständlich? Es würde mich nicht wundern – – Finden Sie doch Kunstwerth darin? Neue musikalische Gedanken und Formen? – Ich bin sehr neugierig auf Ihr Urtheil, da ich weiß, Sie werden es mir ganz aufrichtig geben –"

Ich antwortete:

„– – Sie sind allerdings anders als ich dachte und auch nach den Overbeck'schen Bildern denken konnte. Musikalisch positiv Neues kann ich nicht finden, was jedoch ihren geistigen Werth nach meinem Gefühl nicht beeinträchtigt. So konnte nur Liszt die beiden Nummern fühlen, so konnte nur er sie komponiren, aber auch nur er konnte wagen, sie mit so wenig Mitteln zu schaffen. Diese Musik hat keinen Körper mehr, sie klingt wie aus andern Sphären – ein Ausgeklungenhaben der Welt – nur Geist – von Form läßt sich hier kaum reden. Wie Sie sagen ‚offenbaren' sie den reinen Gefühlsgehalt der Worte – nicht mehr, nicht weniger. Sie sagen das so richtig – und doch geht diese Musik über das Wort hinaus; sie ist auch nicht nur Kirchenmusik, sie ist heilige Musik, die in der Kirche am wirksamsten und, weil eine kirchliche Handlung begleitend, da an ihrem richtigen Platze erscheint, aber mehr noch als in St. Peter zu Rom, wenn sie auch vielleicht aus seiner lichten Kuppel am Überirdischsten zu den Menschenherzen herunterklingen mag.

Beide Kompositionen geben mir viel zu sinnen, weil sie mir viel zu fühlen geben – und doch kann ich Ihnen, verehrteste Frau, nicht alles aussprechen wie ich möchte: gegenüber dem Geist giebt es Unsagbares, und das geht mir bei den beiden Kompositionen so. Doch interessirt es Sie vielleicht zu hören, daß ich im ‚Matrimonium' Liszt's ‚Sposalizio' wieder- oder: nachklingen fühle – ich sage ‚fühle', denn greifen und analysiren läßt sich das nicht. Mir hallen beide – Matr. und Spos. – denselben Geist, dieselbe Stimmung wider, nur bei dem ‚Matrimonium' letztere abgezogen vom Irdischen. Zwei wonnige Harmonien, die aus dem ‚Sposalizio' nachklingen, sind so verklärt, daß sie mehr dem letzten Hauch des Abendrothes, wo Himmel und Erde ineinander geflossen dem Auge entschwinden wollen, gleichen als irdischem Klang.

Und die andern Nummern der ‚Sakramente' – sind jedenfalls ebenso gehalten? Zweifellos sind sie zusammen ein herrliches Werk, dessen Werth sich aber nicht nach der Form, nicht nach der Fülle und Neuheit seiner Harmonien, nicht nach seinem äußern Glanz messen läßt – es ist nur Geist, hoher, lichter, reiner Geist und kann nur von hier aus empfunden werden. Darum wird es sich in seiner Wirkung auch weltlichen, d.i. Concertaufführungen mehr entziehen – in der Kirche jedoch, kirchliche Handlungen begleitend, wird es die ergreifendste Sprache führen, ergreifender als irgend eine andere der Welt –"

Die Fürstin hofft, daß er nun zum „Stanislaus" übergehe – ich fürchte: nein. Die beiden Sakramente klingen „aus und vor" wie: Amen und: Zukunft ... Nach solchen Stimmungen ist mir eine schaffende Rückkehr zur Welt oder auch zum Pulsschlag großer Formen undenkbar.

8. April.

Kömpel aus Weimar besuchte mich. Von ihm erfuhr ich, der „Großmeister" werde dort erwartet. Wie ein Sonnenstrahl traf mich die Kunde! – – –
– –

„Allen Gewalten
Zum Trotz sich gestalten" –

liegt der I. Band der Biographie, die Jahre 1811 – 1840, bis zur Revision fertig vor mir! – nur fehlt noch das Buch der Kinderjahre, desgl. „Einleitung und Vorwort", die noch in Rom liegen.

Ich bat um Zurücksendung –

13. April.

„Liebste – hätten Sie mir im Herbst gesagt, ich soll auf das *Ms* meine Bemerkungen zeichnen, Sie hätten es gleich gehabt", entgegnet mir die Fürstin. Nun muß ich warten, da sie bettlägerig ist.

27. April.

In diese Misère tönt ein heiterer Gruß des Olympiers hinein:

(29.)

Verehrte liebe Freundin,

Wie einst Crillon bei Arques, fehlten Sie vorigen Montag bei dem friedlichen Sieg Kniese's mit der Aufführung des „Christus Oratorium" in Frankfurt.

Nach Nürnberg konnte ich diesmal nicht kommen: hoffentlich aber trifft Sie in Wiesbaden, nächste Pfingstwoche

Ihr herzlich treu ergebenster

26ten April, 79 – Weimar. F. Liszt

Wiesbaden, 9. Juni.
Dietenmühle.

Und hier sah ich ihn – wohl, geistig frisch, elastisch. Er logirte im Rheinischen Hof, empfing mich freudig und warm – aber Pillen mußte ich schlucken, manche bitteren Geschmacks. Ich solle, betonte er mehrmals: die Veröffentlichung der Biographie »nicht auf die *calendae graecae* verschieben« – –

Meiner Kur wegen, konnte ich nur die Proben zu den Concerten besuchen – da suchte mich Liszt immer auf und wenn er saß, saß er neben mir.

Seine Faust-Symphonie bot mir wunderbaren Genuß. Bülow dirigirte. Meine Partitur lag vor mir, Liszt sah mit hinein. Nun kam die Baronin Meyendorff – so saß er zwischen ihr und mir. Die Partitur legte er vor sich, so, daß wir alle Drei hineinzusehen vermochten – mit dem Zeigefinger der einen Hand verfolgte er Takt um Takt, damit sie mitlesen konnte, mit der andern taktirte er. Ich aber sah mehr auf ihn als in die Noten – seinem Gesicht las ich jedes Hauptthema ab – er Faust – es war ein sprechender Commentar zur Symphonie ......

Beim Gretchen-Satz stand er auf.

„Liszt hat keine Geduld mehr für Gretchen", wandte ich mich harmlos zur Baronin – ihrem Lächeln entnahm ich, was ich Dummes gesagt. –

Liszt gedenkt den Sommer in Rom, d.i. in Tivoli zu verbringen zur großen Freude der Fürstin. Ein Besuch bei uns soll vor seiner Bayreuther Tour sein.

Nürnberg, 21. Juli.

Heute endlich kam der Rest meines *Ms* zurück.

2. August.

Leider müssen wir für dieses Jahr Liszt's Besuch bei uns aufgeben. –

In Weimar ließ er in einem Kirchenconcert seine „Sieben Sakramente" aufführen, jedenfalls, um sie zu proben. Dort aber weiß man nicht, was daraus zu machen. Mir kommt eine Aufführung in protestantischen Landen, in protestantischer Kirche, ohne kirchliche Handlung, widersinnig vor – im Widerspruch mit der Komposition selbst. –

3. August.

Meine letzte Kur in Wiesbaden that Wunder – schon dort: während der letzten 14 Tage konnte ich zu meinen 2stündigen Käfigsitzungen die Reisebriefe des *Bachelier ès-musique*[51] mit dahin nehmen – brachte einen Theil druckfertig mit nach Hause.

Hier ging es an die letzte Feile der Biographie – und heute liegt der I. Band druckbereit auf meinem Schreibtisch!

Nun darf ich mir erlauben, wozu Ida und Dr. Reuter mich schon die ganze Zeit persuadiren, nämlich dem staubumhüllten, mir so ungesunden, Nürnberg für die Sommer-Ferien den Rücken zu kehren. Eine Einladung Freundin Martindale's nach Vevey – – dahin! dahin!

Vevey, September.
Pension Monnier.

Hier an den wunderbar labenden Ufern des Genfer Sees begann ich den II. Band der Liszt-Biographie.

Die Kapitel: Ein Vorblick[52] und: Liszt in Ungarn[53] sind die Erstlinge einer neuen Zeit –

Nürnberg, November.

Sonderbar – die „Sieben Sakramente" halten mich gepackt. Die Fürstin schreibt:

„Sobald die Sieben Sacramente gedruckt sind, schicke ich sie Ihnen, meine Liebe. Mögen Sie den innerlichen Sinn davon in sich nicht nur als Musikerin, aber auch als Christin aufnehmen!!" –
worauf ich entgegnete:

„Warum sagen Sie so? Denken Sie das Gegentheil? Warum? Wie ist es denn denkbar, den geistigen Inhalt dieser Musik zu verstehen, wenn nicht durch das religiöse Gefühl, das mit der religiösen Idee verknüpft ist? Muß man denn wirklich immer alle Confession in contrapunktischer, d.i. in

[51] Nachtrag: Liszt's „Ges. Schriften", II. Band.

[52] Nachtrag: Dasselbe wurde in einen Rückblick als Schlußkapitel der Virtuosen-Periode (II¹. Band, XXI. Kap.) umgewandelt.

[53] Nachtrag: II¹. Band, II. Kap.

dogmatischer Form aussprechen? Und bei Liszt's Musik ist der Contrapunkt so vom Geist überwunden! Wenn es in der Musik je einen Beweis gegeben, daß der christliche Geist sich frei vom Contrapunkt bewegen kann, so ist L.'s religiöse Musik dieser Beweis.

Nach meiner Empfindung und Ansicht hat Liszt gerade in diesem Punkt die Kunst seiner Zeit überflügelt – hier liegt sein größtes Prophetenwort; allerdings auch der Punkt, in dem er am wenigsten noch verstanden wird und welcher conservativerseits den Glauben an seine religiöse Musik hindert; ich meine von kirchlich-conservativer Seite. Ich verkenne nicht die Kirche – die sichtbare, oder besser: die sinnlich wahrnehmbare Kirche in seiner Musik (das *unisono* Chor-Gemurmel der Litanei etc etc), aber sie ist doch nur eine historisch-christliche Farbe, ein Attribut, ein Symbol für die Kirche im Geist, welcher seine Musik angehört. –

Erscheine ich Ihnen wirklich ‚unchristlich'? und ich habe immer geglaubt und wie gestrebt! eine ächte Christin zu sein.

25. December.

Und seit lange ein direkter Gruß von Liszt! – :

(30.)

Verehrte Freundin,

Herzlichen Dank für ihren geistig liebreichen Kommentar der Ramann Elegie.

Ich möchte so componiren können wie Sie es meinen und empfinden.

Freundschaftlichsten
Weihnachts Gruss!
F. Liszt

23ten December, 79 –
(Villa d'Este)

Am 15ten Januar bin ich in Budapest, und Mitte April in Weimar.

1880

Ein Ostermorgen und Charfreitag. – Breitkopf & Härtel übernehmen den Verlag der „Liszt-Biographie"; desgl. der „Ges. Schriften Liszt's". Bei Liszt in Weimar (Juni). *En rage*. Diner bei Chemnitius. „Müller und Schulze!" Bülow „kehrt aus". Der I. Band der Biographie geht in die Welt. Römische Nachkorrekturen. Das d'Agoult-Kapitel. In Meiningen zur IX. Symphonie. Bericht an Liszt; Projekt zu einem Kapitel: „Die Christus-Idee in der Musik"; Herausgabe der „Reisebriefe" etc. Bülow und das spanische Citat.

An Liszt.

Nürnberg, 2. März.

– –

„Und da ich einmal das biographische Kapitel erwähnt, möchte ich noch mit einigen Mittheilungen fortfahren. Seit vorigem Hochsommer liegt der I. Band der Biographie, 1811–1840, druckfertig da. Kahnt hat seinem mündlichen Contrakt und Handschlag so wenig entsprochen, daß ich glaube diese frühere Vereinbarung als gelöst ansehen zu müssen. Doch habe ich die Sache nicht liegen lassen und den Winter meine brieflichen Wanderungen bei ‚Verlegern' angetreten, ohne noch zu einem gewünschten Ziel gekommen zu sein – Dinge, die ich mir nur darum gestatte Ihnen zu erwähnen, damit Sie, verehrter Meister, nicht glauben, L. Ramann gehöre zu den Saumseligen und schiebe die Sache auf die ‚*calendae graecae*' – nein, nie und nimmer! bis zum letzten Athemzug nicht! Zuversichtlich hoffe ich Ihnen die Belege bald bringen zu können."

– –

Von Liszt.

(31.)

Verehrte Freundin,

Ihre Liszt Biographie ähnelt der Liszt Clavier Schule! Längst sind beide angezeigt, sogar druckfertig, aber erscheinen nicht: ohne Vorwurf für beide Autoren. Die leidigen Umstände erklären, – und verschlimmern alles.

Beiliegend meine Beantwortung ihrer Anfragen betreffs Schumann, und den glücklich begrabenen kindlichen „Don Sanche".[54] Unter Leitung des illustrissimo Maestro Paër schrieb ich diese einactige Oper, in meinem 13ten Lebens Jahr. Sie wurde ein paar mal in der pariser grossen Oper aufgeführt, und hatte als zweiten Titel „le Château d'amour" – („das Schloss der Liebe")

Darin verbleibt, in etwas alberner Weise eingesperrt, lebenslänglich

bescheidenst ergeben

22 März, 80 – Wien. F. Liszt

Ende nächster Woche bin ich in Weimar zurück, und verweile dort, wie gewöhnlich, bis Ende Juli.

Am 2. März schrieb ich nach vielen Irrfarthen an Breitkopf & Härtel bezüglich des Verlags meines Werkes – sie sind meine letzte Hoffnung – –

[54] Frage- und Antwortzettel No. 16.

Dietenmühle, Wiesbaden, April
am ersten Ostertag.

Ein herrlicher, feierlicher Ostermorgen! – Die Sonne verheißend, der Vögel Gesang so selig ....

Zwei Briefe brachte mir die Post. Ich öffnete den einen – : O Ostern! – :

die Annahme meines Werkes seitens Breitkopf & Härtel!

– –

Ich öffnete den andern – er brachte mir die Todeskunde meines 85jährigen Vaters, der am Charfreitag verschieden .....

Und ich sah ihn vor mir in seiner Mannesfrische, mit seiner genußfreudigen Art, seiner Liebe zur Musik, seiner Freude an der Natur – und sah daneben meine Mutter mit ihren schönen melancholischen Augen, ich hörte ihre Stimme und lauschte ihren Worten, die zu uns Kindern so gern von edlen, tugendhaften, starken Menschen, von Freundschaft, von Wahrhaftigkeit und Liebe sprachen! Es waren Samenkörner für's Leben, die sie in unsere jungen, aufhorchenden Herzen warf ... Längst schweigt ihr Mund – – – aber die Saat ging auf: sie spricht für ihn ...

Charfreitag – Ostern ... Sei die Frucht meines redlichen Strebens mein Dank, mein Dankgebet für Beider Saat. – – – – – – – – – – – – – –
– –
– –

Dietenmühle, 20. April.

Nach Weimar meldete ich den Wendepunkt, an dem mein Werk angekommen und bat zugleich: nichts davon nach Rom verlauten zu lassen, da ich die Nachricht der Fürstin selbst brieflich bringen werde.

Heute Liszt's Rückäußerung:

(32.)

Verehrte Freundin,

Das glückliche „Einlaufen" ihres Panzerschiffs in den weltberühmten Hafen Breitkopf & Härtel, erfreut mich. Vorgestern erhielt ich die Nachricht, und wollte sie so eben der Fürstin mittheilen als mir die Zeilen des Biographen zukamen. Nun soll natürlich kein Wort darüber von mir nach Rom geschrieben werden: möglicherweise aber gelangt die Sache zur Kenntnis der Frau Fürstin, durch Härtels, mit welchen Sie in Correspondenz steht. Diess gesagt um den Verdacht der Unzuverlässigkeit im Stillschweigen vorzubeugen.

Bis zur Tonkünstler Versammlung in Baden Baden (19ten – 23ten Mai) verbleibe ich hier, und komme nachher wieder auf ein paar Monathe zurück. Weimar ist für mich ein fortdauernder Orgelpunkt: 𝄐 –

herzlichst ergebenst

19ten April, 80: Weimar. F. Liszt

Nürnberg, Ende Juni.

Alles im Gang! – die ersten Bogen sind gesetzt, und – : auch die Publikation der gesammten literarischen Schriften Liszt's ist gesichert: die HH. Breitkopf & Härtel haben sie gleichfalls übernommen.

Die überraschend baldige Verlagsübernahme derselben, gegen welche die Firma noch vor kurzem sich ablehnend verhielt, erfolgte als Consequenz der neuen Ausgabe des Liszt'schen „Chopin". Die Fürstin hatte ihn 1876 umgearbeitet (französisch) und übergab die Übertragung in's Deutsche an Marie Lipsius (La Mara) – : ob es ihr entfallen, daß Liszt mich zur Herausgabe seiner Schriften autorisirt hat? mir ist dadurch ein Band entzogen. Auch Liszt scheint sich dessen nicht [mehr] erinnert zu haben – oder: wollte er Verstimmungen ausweichen? Dem sei nun, wie ihm wolle: „Chopin" ist gedruckt, und die andern Schriften sollen sich nun anreihen unter dem Gesammttitel: „Gesammelte Schriften" etc.

Das *Ms* zum I. *resp.* II. Band derselben ist bereits in den Händen der Firma – ich selbst brachte es dahin. Ich reiste über Weimar nach Leipzig. Mein *Enfant spirituel,* das den Sommer hier verbringt, begleitete mich als gesundheitliche *Surveillance* – „Kindsi", rief ich sie.

Der Meister hatte große Freude, daß nun etwas »hinauskommt«. Eine Edition seiner Schriften wollte ihm »unglaublich« erscheinen. Da ward er plötzlich zornig und legte, wie mit eisernem Griff seine Hand auf meine Achsel, indem er knirrschte:

»Versäumen Sie nicht einen Contrakt in Leipzig fertigen zu lassen – alle Rechte für Sie – von einem Rechtsanwalt – alles fest: unantastbar – verstanden, Biograph?«

Ich capirte! und sagte: „Ja, Meister." Nun ließ er meine Schulter los und schrieb einige Worte an den Rechtsanwalt Hofrath Kleinschmid: das sei der Mann, sagte er. Übrigens war dieser, als ich in Leipzig war, verreist – ich überließ das Ordnen des geschäftlichen Theils den HH. Breitkopf & Härtel.

Noch einmal sah ich ihn *en rage,* diesmal durch eine Äußerung meinerseits. Am Morgen meiner Abreise machte er mir einen Besuch mit

Blumen aus der „Hofgärtnerei". Auf dem Tisch lag eine Illustration: Pianistinnen der Gegenwart – eine Anzahl von Köpfen, die das Bild Clara Schumann's, der Ältesten und einer ächten Priesterin ihrer Kunst, gleichsam umrahmten. Ihr Bild hob sich durch Einfachheit, Weiblichkeit und Reine vortheilhaft von den durch Toilette und Natur phantastisch ajustirten Köpfen der meisten Andern ab. Und nur an die sittliche Verworrenheit denkend, die bei einem Theil der reisenden Künstlerinnen *quasi* „Styl" geworden, sagte ich:

„Wie keusch Clara Schumann's Bild" – –

»Keusch?!« stieß er gereizt hervor –: »hatte fünf Kinder« –

„Nun ja", sagte ich trocken –: „fünf Kinder und ein Mann – Andere: fünf Männer und kein Kind –"

Wie rasend sprang er in die Höhe, im Zimmer herum – ich, ärgerlich, daß mir das Wort entfahren, überlegte wie einzulenken. Da stand er auch schon wieder ruhig da und meinte:

»Ganz Unrecht haben Sie nicht – ganz so schlimm ist es aber auch nicht.«

Herzhaft und unbemäntelt sprach ich ihm, auch in Hinsicht auf seine „Bande", nun meine Ansicht aus: daß die Kunst durch eine sittliche Korruption ihrer Interpreten entwürdigt werde, und nannte sie: eine Blasphemie auf die hohe Aufgabe der Kunst. „Noch dazu, da das vielköpfige Mittelgut und die Kleinen weit davon entfernt sind, Aspasien und Perikleïden zu sein." Sein Gesichtsausdruck veränderte sich – sehr ernst, ja wie in der Kirche klang sein:

»Anders wäre es besser – aber die Versuchung, die Phantasmen der Leidenschaft! – – Wir sind allzumal Sünder« ....

*

Während meines Aufenthaltes in Weimar gab Liszt ein großes Diner bei Chemnitius, zu dem er mich und meine „Kindsi" einlud – über 20 Personen, Bülow darunter.

Nachdem der Kaffe servirt, drängte ich Liszt zum Aufbruch. Er nahm einen Platz in meinem Wagen und ich fuhr mit zur Hofgärtnerei, vornehmlich um zu sehen, wie Bülow mir zuraunte, „daß Niemand ihn belästige".

Unser Landauer war offen – hell schien die Sonne – ein heftiger Wind hatte sich erhoben. Liszt saß da, kerzengerade – sein gewaltiges Haupt, einen kurzen Cylinder darauf, hoch gehoben, die langen Silbersträhnen vom Winde gepeitscht nachflatternd, das Gesicht wie Erz: so starrte er in die Luft, als sähe er Geister. Als wir über den Theaterplatz an der Goethe-Schiller-Gruppe vorbei fuhren, belebte sich plötzlich sein Antlitz: er wandte sich ihr zu und schwenkte, indem er sich verbeugte, den Hut mit dem Zuruf:

»Müller u. Schulze!« –
worauf er sich stolz wie ein König, der seinen Genossen salutirt, in den Wagen zurück lehnte und seinen Geistertraum weiter träumte. Mir war, als trüge der Wind klingende Wellen uns nach, aus denen Klänge seines „Fest-Vorspiels“ deutlich hervor traten – – – –

An der Gartenthür erwies sich, wie nothwendig eine Sicherheitsgarde war – da stand ein struppiger Kerl mit einer Notenrolle und stürzte sich auf den Meister.

„Sie müssen später kommen – der Meister muß ruhen“, herrschte ich ihn an.

»Hoho!« machte Liszt, noch immer König, und schon gewillt, dem Wegelagerer sein Ruhestündchen zu opfern – »das bestimme ich!« Als er sich umsah, war jener schon fort.

Es müsse [dem] Meister fast immer die Ruhe erkämpft werden, sagte der Kammerdiener.

Diesmal war der Kampf nicht schwer. Der Struppige war Müller-Hartung, in Bart und Kostüm so modernisirt, daß sein freundliches Gesicht sich hinter dem Haargewächs wie hinter einer Maske verkroch.

*

Unter den diesjährigen Schülern und Schülerinnen bemerkte ich sehr viel Ausschuß. Ich hörte Bülow murmeln: „er werde auskehren“ – –[55]

In Leipzig ordnete sich alles leicht und angenehm, dank den guten Engeln – wie die Fürstin es ausdrücken würde –, die mich einer so vornehmen Verlagshandlung zugeführt!

Die Fortarbeit [an] der Biographie wird aber zunächst der Herausgabe der „Ges. Schriften“ weichen müssen. Vorläufig nehmen die Correkturbogen meine Kraft voll in Anspruch.

Ende Juli.

Jeder Revisionsbogen wandert nach Rom und – sie läßt mir Gerechtigkeit. Die Zeilen der Fürstin sind nach jeder Sendung voll herzlicher

[55] Nachtrag. – Und er kehrte aus! Als Liszt am 17. Juni die Einladung zu einer Mittagsgesellschaft angenommen, bat Bülow, ihn für diesen Tag bei seinen Schülern vertreten zu dürfen. Niemand von ihnen ahnte, daß der Gefürchtete heute das Scepter oder die Geißel schwingen werde – alle waren sie da. Nachdem er ihnen eine Rede gehalten über die Ehre, von einem Meister, wie Liszt, der Lehre gewürdigt zu werden, und ihre künstlerischen Pflichten ihnen dargelegt, ging er zur Prüfung der Einzelnen über. Da gab es Heulen und Zähneknirschen – unbarmherzig sonderte Bülow Unkraut vom Weizen und schob ersteres zur Thüre hinaus – selbst die Zöpfe einer jungen Pianistin dienten ihm hiebei zum Leitseil. Er hatte ausgekehrt. – Als er aber Weimar wieder verlassen, kam Eines nach dem Andern zum Meister, weinte und klagte und bat – – – und der Allzugütige nahm sie wieder auf in die Schaar seiner Schüler. Bülow erzählte mir diese Thatsache nicht ohne Bitterkeit.

Anerkennung; Retouchen, die sie da und dort wünscht, kann ich nur billigen, wenn sie auch nicht mehr möglich sind. – „Sehr, sehr schön" erscheint ihr heute, was sie ehedem verworfen. Wie viele unnütze Bitternisse!....

7. Oktober.

Das erste gebundene Exemplar meines Liszt-Werkes sandte ich heute dem Meister –

Der Druck des II. Bandes der „Ges. Schriften" ist in Vorbereitung.

11. Oktober.

Der erste Brief, den die Biographie mir bringt! Von Bülow. Er sagt:

Meiningen, 10. Okt. 1880

Sehr verehrtes Fräulein,

vor wenigen Tagen habe ich mich in den Besitz Ihrer Liszt-Biographie gesetzt und wenn mir auch meine durch starke Arbeit wie durch schwache Gesundheit sehr beschränkte Muße nicht gestattet, mich an unterbrechungsloser Lectüre dieses monumentalen Buches zu erfreuen, so habe ich doch schon genügende Bekanntschaft mit seinem Inhalte gemacht, um den Autor ersuchen zu dürfen, den Ausdruck meiner respektvollsten Bewunderung für sein unvergleichliches Werk genehmigen zu wollen.

Darf ich mir bei diesem Anlaß erlauben, Ihnen in der Vermuthung, daß dieses zur Rarität gewordene Heft vielleicht in Ihrem Materiale noch fehlt, dasselbe beifolgend zu offeriren? Trotz seiner „vormärzlichen" Form erscheint mir dasselbe als ein treuer Thermometer des Enthusiasmus, welchen der Großmeister Mitte der vierziger Jahre (die 1. Auflage dürfte in 1845 zu verlegen sein) in der Metropole der kritischen Verneinung entzündet hat, geschichtlich nicht ohne Interesse geblieben zu sein.*

Mit ausgezeichnetster Hochachtung habe ich die Ehre, gnädiges Fräulein, mich zu nennen

Ihren ergebensten Diener
Hans v. Bülow.

* Es handelt sich zweifellos um die Broschüre *Franz Liszt von L. Rellstab./Beurtheilungen. – Berichte. – Lebensskizze.* Berlin. Verlag von Trautwein u. Comp. 1842 (F.S.).

23. Oktober.

Jetzt, wo der I. Bd. der Lisztbiographie bereits fertig vorliegt, kommen 2 Bogen aus Rom mit Correkturen von Liszt! Sehr verdrießlich, obwohl sie nichts wesentliches betreffen. Auch einige Zeilen von der Fürstin, die, wie mir scheint, allzu flüchtig gelesen hat, sind nicht angenehm. Sie schreibt:

„Als Ihr gebundenes Buch an Ihn [Liszt] ankam, war er auch auf eine wenig angenehme Weise überrascht wegen dieser Correkturen, die Ihm sehr am Herzen liegen. Einige Worte über ihn in dem ‚Thalberg-Kampf' haben ihn, so zu sagen, verletzt. – – Überhaupt ist ihm das Wort ‚Liszt-Thalberg-Kampf' etwas demüthigend erschienen – viel zu schwerfällig und ihn verkleinernd. Rivalität – vermeintliche Rivalität wäre die richtige Nuance gewesen."

Folgender Brief an Liszt (z.Z. in Tivoli) wird, wie ich hoffe, die Sache aufklären:

Hochverehrter Meister –:

So eben erhalte ich von Frau Fürstin Ihre mir sehr werthvollen Berichtigungen. Meinen verbindlichsten Dank dafür – sie werden einer 2ten Auflage meines Buches zu Gute kommen.

Zu meiner Betrübnis theilt mir zugleich Frau Fürstin mit, daß die Bezeichnung des Kapitels „Liszt-Thalberg-Kampf" Sie verletzt habe, was doch wohl nur auf ein[em] Mißverständnis beruhen kann? Denn das Wort „Kampf" ist nicht meine Erfindung, sondern der Presse jener Zeit entnommen und hier für diese Episode Ihres Künstlerlebens feststehend, folglich ist diese Bezeichnung eine zeithistorische. Da ich sie nicht aus den Blättern damaliger Zeit verbannen kann, aber auch keinen Zweifel über sie aufkommen lassen wollte, so habe ich sie apostrophirt, was während des ganzen Kapitels beibehalten ist – eine Ironie: denn meine Erzählung selbst spricht kein Wort von einem Kampfe, sie war vielmehr bestrebt die falsche Auffassung und Darstellung der Sachlage, welche sich bis in die Gegenwart herein erhalten hat, ohne den lästigen Staub von Jahrzehnten aufzuwirbeln, zu berichtigen.

Dem Wort „Rivalschaft" (S. 430, 2ter Absatz) fügt sie (meine Erzählung) das Wort „sogenannt" bei und spricht von der sogenannten Rivalschaft.

Ich bin untröstlich über die Mittheilungen aus Rom und kann nur denken, daß sich irgend eine schwebende Dissonanz in die Zeilen der Frau Fürstin geflüchtet. Ich bitte Sie, dieselbe durch ein freundliches Wort zu lösen – Sie, der Meister der Harmoniker.

Ihr
Ihnen treu ergebener Biograph

Nbg., den 23. Okt. 1880 L Ramann

(33.)

Verehrte liebe Freundin,
und gütigster Biograph,

Unter den vielen, ja unzähligen trefflichen Bemerkungen ihres Buches liest man gleich anfangs:

„Er schrieb überhaupt viel früher Noten als Buchstaben. Er schrieb sie auch lieber und leichter ....“ Hätte ich Ihnen meinen innigsten Dank in Noten schreiben können, so wäre er längst in ihren Händen, und diesmal nicht wie früher in Form einer Elegie, sondern als breite, höchst polyphone Symphonie mit Chören.

Sie haben die Schattenseiten meines Lebens, meine Fehler und Mängel, versöhnlich dargestellt. Bei der Lesung der Liszt Biographie verrichte ich innerlich eine General Beicht deren ernstliche Zerknirschung durch Ihre Ein- und Nachsicht gemildert wird. Ach! wie Vieles wünschte ich besser gethan zu haben! ... Wie treffend sagt Ovid: „Video meliora proboque: Deteriora sequor.“

Von einer „Verletzung“ zwischen uns, darf nicht die Rede sein. Blos bemerkte ich der Frau Fürstin Wittgenstein dass § XXI richtiger betitelt wäre: „Thalberg-Liszt Episode“ (anstatt „Kampf“). Zwar inscenirte man damals eine Art von Hahnenkampf, wie solche in England gebräuchlich. Weder Thalberg noch meine Wenigkeit vergnügten uns daran, und ich verhehle nicht dass mir in Paris, 35 – 36, eine Niederlage bereitet ward, die auch zum Theil erfolgte.

Dergleichen Dinge sind détails der Virtuosen Laufbahn; aber ein wesentlicher Irrthum steht auf Seite 332. Nie und niemals konnte es mir einfallen, Frau Gräfin d'Agoult zu bereden eine rehabilitation zu versuchen, und zur protestantischen Kirche zu übertreten, wegen einer eheligen Verbindung. Mein angebornes Rechts- und Anstands Gefühl verboten mir stets alle Auswege. Madame d'Agoult war von mir nicht verführt, und ihr Gemahl, Graf d'Agoult, und ihr Bruder, Graf de Flavigny, sagten schliesslich zutreffend: „Liszt est un homme d'honneur“.

In der 2ten Ausgabe ihres Buches soll die Stelle d'Agoult berichtigt werden. –

Nun, gütigster Biograph, wollen wir zusammen, im nächsten Frühjahr, mündlich biographiren, – Nürnberg oder Weimar. Einstweilen notire ich mancherlei kleine Errata (bezüglich auf Ortschaften, Namenschreibung, geringfügige Daten) in dem mir so werthen Buch.

Fürder und fürder bitte ich Sie, gütigste Freundin, mit der Frau Fürstin Wittgenstein im Einverständnisse zu verbleiben. Sie allein kennt den halb zerrissenen, doch stets festen Faden meines Lebens und Wirkens, und wird darüber am sichersten berichtigen.

herzlichst dankbar
und treu ergebenst
F. Liszt

14ten November, 80 –
(Villa d'Este)

Letzterer Wunsch Liszt's „mit der Fürstin im Einvernehmen zu verbleiben", ist mir Gebot. Ich werde auch ferner im Dienste meiner großen Aufgabe tragen und ertragen. Ihre Ausfälle, Rüffel und leidenschaftlichen Aufwallungen bleiben trotz allem immer Ausfluß einer großen, aber im innersten Mark getroffenen Seele, die ich herzlich liebe und verehre – dabei einer Natur von phantastisch überkochender Urkraft. „Chriemhild" nannte ich sie einmal bezüglich letzterer gegen Liszt, wobei er nachdenklich und düster blickend mehrmals mit dem Kopfe nickte. – Wie ernstlich ich nach gutem Einvernehmen trachte, wird dereinst mein Briefwechsel mit ihr, auch mit den Verlegern meines Buches, belegen können.

Jener Passus aber im Briefe Liszt's betreffs eines „wesentlichen Irrthums" bedarf einiger ergänzenden Worte, welche in folgender, einer Aussprache der Fürstin gegen mich entnommenen, Stelle liegen dürfen:

– – – – – – – – – – – – – – – – – – – –

Liszt hat Ihnen sehr klar, auf seine Weise, über das Wort: „Mme d'Agoult ne sera jamais Mme Liszt" geschrieben. Als er es las, fuhr er auf, wie er es nur bei mir noch thut – es war ihm höchst peinlich. Wenn man solche Worte citirt, ohne denselben Glauben zu haben, muß man sich sehr nach dem akuraten Inhalt des Satzes erkundigen; denn auch diejenigen, welche es am besten wissen, können in der Conversation die Worte anders fügen; – – so, wie sie dieselben nie geschrieben haben würden.

Liszt schrie förmlich auf: »*Je n'ai jamais dit cela comme cela – Je n'ai jamais dit: Si nous nous faisions protestants – –*«

Da ließ ich ihn austoben und frug ihn, obschon ich es im voraus wußte: „*Et comment avez-vous dit?*"

»*J'ai dit: Si nous étions des protestants, – – – – à quoi elle me répondit: Mme d'Agoult ne sera jamais Mme Liszt.*«

Die Richtigstellung meiner Angabe läßt sich noch in einem Theil der Exemplare meines Buches bewerkstelligen, was demnächst geschehen soll. –

Eine andere Stelle meines d'Agoult-Kapitels soll auf ausdrückliches Verlangen der Fürstin durch Hinzufügung der Namen Derer gleichsam historisch beglaubigt werden, welche der Jüngling damals (1835) zu Hülfe rief, um die thörigte Frau von ihrem Vorhaben zurückzuhalten: Gatten, Familie und Paris verlassen zu wollen. Diese Thatsachen wußte ich wohl, aber ich unterließ sie dem genannten Kapitel einzufügen. Meine Gründe hiefür, auch die von mir behauptete Stellung zum biographischen Stoff selbst, legen meine Briefe an die Fürstin, auch solche an die HH. Breitkopf & Härtel zur Genüge dar. Einer derjenigen an die Fürstin aber mag hier doch Platz finden:

„Sie überschütten mich mit Vorwürfen, hochgeehrte und verehrteste Frau, – mit Vorwürfen, die vielleicht doch nicht so ganz gerechtfertigt sind. Ja, ich habe die Namen der Männer, welche Liszt damals zur Verhütung eines Eclat zur Gräfin d'Agoult sandte, nicht genannt und die Details nicht angegeben und dadurch der damaligen Situation eine ‚Bekräftigung' entzogen – das ist wahr. Ich habe es nicht gethan, weil ich, trotz aller meiner Bemühungen es nicht erreichen konnte, dem Meister dieses Kapitel zur Genehmigung vorzulegen – an Sie konnte ich mich nicht mehr wenden – Sie hatten es mir ja ganz unmöglich gemacht. Ich mußte also die Details streichen, ich verschärfte aber die ganze Darstellung derartig, daß in jeder Zeile, in jedem Wort das Wesen und der Charakter der Situation und der Personen klar und faßbar hervortritt.

In meinen Manuskripten dieses, des d'Agoult-Kapitels (ich besitze deren mehrere!) ist der Eclat als Scene skizzirt – das aber ließ sich nicht durchführen und, wie gesagt, ohne Liszt's Genehmigung konnte ich keine Details bringen.

Die Wahrheit der Situation hat aber nach meiner Überzeugung hierdurch nicht gelitten, sondern das ganze Kapitel ist hierdurch nobler geworden. Daß ich Liszt damit ein ‚Entlastungszeugniß' seiner Korruption entzogen, kann ich nicht einsehen. Wäre durch ein Anführen der Details der ‚Entführung' die moralische Verwirrung der Gräfin [auch] in das schärfste Licht gesetzt worden: wäre hiemit Liszt's Verfehlung hinweggenommen? wäre sie mit oder ohne Eclat geringer? geringer, wenn seine Bemühungen zur Vermeidung eines Eclat der Welt detaillirt würden? Was Sünde ist – bleibt Sünde – und so wird es jedermann auffassen, dessen Gefühl und Gewissen gesund ist.

Liszt hat seine Verirrung gesühnt durch die Noblesse seiner Handlung, durch den Heroismus, mit welcher er ihre Folgen auf sich nahm – das gilt in den Augen derer, die Urtheil haben, und das habe ich alles ausgesprochen und dargelegt. Und daß der Accent auf seine Handlungsweise gelegt ist, spricht mehr für ihn, als wenn ich jene Frau noch mehr als es der Fall ist, auf die öffentliche Anklagebank gesetzt hätte. Den Stab hat sie selbst über sich gebrochen durch das Wort: ‚*M*[me] *la Comtesse d'Agoult ne sera jamais M*[me] *Liszt*.' Dieses Wort wiegt mehr als alle Details. Diese würden nimmermehr ihn in den Augen der Welt reingewaschen haben. Das würde er in der Zukunft nur selbst gekonnt haben, wenn er der ‚edelsten und der so großen Frau' die Treue gewahrt hätte. Das allein hätte ihn über alle Irrthümer gereinigt hingestellt.

Traurig – daß es nicht so ist! Aber selbst [zugegeben] daß es so ist wie es ist, so ist sein Charakter durch sein ganzes Leben hindurch so groß dastehend, daß er nicht jener Details bedarf, um als solcher erkannt und bewundert zu werden, ja selbst über die traurige Gewalt seiner leidenschaftlichen Natur [erhaben] zu stehen. Was sich zu seiner Entschuldigung, ohne lächerlich zu werden und ohne lächerlich zu machen, nur immer thun ließ, sagt mir mein Gewissen angeführt zu haben. Ich rufe das von Ihnen so sehr beklagte Kapitel und alles sich in den folgenden Kapiteln hieran Knüpfende, ja Sie selbst zum Zeugen auf! Ihre Vorwürfe ‚Liszt Unrecht gethan zu haben' kränken mich, aber sie treffen mich nicht. Mein Gewissen ist ruhig.

Nichtsdestoweniger habe ich, um Ihren Wünschen nachzukommen, an HH. Breitkopf & Härtel geschrieben und ihnen den Vorschlag gemacht, einige Seiten des fraglichen Kapitels nochmals zu drucken. Ich werde die Antwort, so wie sie in meinen Händen ist, Ihnen mit diesem Brief übersenden.

Und nun ich mich über diesen Punkt ausgesprochen, bitte ich Sie dringend und herzlich: Beruhigen Sie sich, Sie sehen zu schwarz. ‚Nein', höre ich Sie rufen, ‚zu hell!' Nun gut – nennen Sie es so. Aber so wie es ist, ist es – auch ohne uns Beide. Und ich möchte nicht um die Welt weder Ihnen noch Ihm ein Unrecht thun!

In aufrichtiger Treue und Liebe Ihre

15/10/80 LR"

Nachträglich.

Die auf das d'Agoult-Kapitel bezüglichen Briefe der Fürstin an mich: 8. (2 Briefe) und 18. August, 6., 20. Sept., 18. Okt., 8. und 12. Dec. 1880, 8. Jan., 1., 12. und 18. Febr. 1881 – dürften Liszt und die Gräfin d'Agoult betreffende biographische Dokumente sein, welche für eine Detaildarstellung den intimen Stoff enthalten, insbesondere mehrere Punkte der Vorgeschichte Mme d'Agoult's berühren.

Meiningen, Hôtel zum „D. Haus"
15. December 1880.

Begleitet von Susanna v. Tucher reiste ich hierher, um eine Woche hindurch Bülow's Proben zur IX. Symphonie, die am 19. ds. zur Aufführung kommen soll, beizuwohnen. Ida und unsere Lehrerinnen Löhner und Beeg folgen uns zur Generalprobe und der Aufführung des Werkes. Zweimal, direkt nach einander als ein Concert-Ptogramm (!) wird er es vorführen. Das ist Pädagogik!! –

Der Besuch der Proben ist eine Vergünstigung, die mir Bülow „mit der Liszt-Biographie in der Hand", wie er sagte, beim Herzog erwirkt hat. Nur er und wir wohnen ihnen bei – er in seiner Loge, wir im Orchesterraum des Theaters. Die Bühne selbst ist vom Orchester besetzt.

Ich spreche viel mit Bülow – wir haben so viele gleiche Ideen. Heute sprachen wir über das Wesen, den Charakter und die Behandlung der Dissonanz beim Vortrag. Es ist erstaunlich, wie gleich unsere Ansichten sind. Bezüglich des Vortrags finde ich in den Proben so viele Betonungen und Klangbehandlungen, wie ich sie am Klavier lehre. –

17. December.

An Liszt:

Hochverehrter und lieber Meister –:

Von Breitkopf & Härtel erhielt ich heute die ersten Exemplare des II. Bandes Ihrer „Ges. Schriften" in deutsch. Ich beeile mich Ihnen ein Exemplar zu übersenden und bitte es gütig aufzunehmen. Daß ich alles gethan, dem Ideal gemäß zu übersetzen, das Sie als musikalischer Übersetzer uns einzig erschlossen, bedarf wohl kaum einer Versicherung – aber es erreichen? –: wer könnte das!

Diese Zeilen erhalten Sie aus Meiningen, wohin mich Bülow's Aufführung der Neunten führte. Mit der Partitur in der Hand bin ich in allen Proben. Das Studium der „Neunten" ist für mich eine Liszt-Studie. Ich wünsche Sie wären hier, um für so manchen Gedanken, der in mir aufsteigt, sogleich Ihre Correktur erlangen zu können. So manches geht mir im Kopf herum. So der Gedanke, für den 2ten Band der Lisztbiographie ein Kapitel zu schreiben: „Die Christus-Idee in der Musik". Bei demselben schwebt mir vor anzuführen: wie vom Beginn der Oratorien an sich der Erlösungsgedanke durch die Musik und verschiedene ihrer Werke ausgedrückt hat; – wie dieser Gedanke im Laufe der Zeiten immer mehr und mehr das Persönliche im Hintergrund läßt, um dem rein Geistigen Platz zu machen; – wie die musikalische Darstellung der Person Christi immer mehr der Idee weicht, und in Ihrem „Christus" latent gehalten, als Geistesgehalt und Geistesgewalt uns entgegentritt; – und wie endlich als Consequenz dieser Entwickelung die Instrumentalmusik nicht Träger [Begleiter] der Chöre mehr sein kann, sondern mit dem Chor Träger und [ausdeutender] Geist des Wortes ist.

Ein solches Kapitel zu schreiben, ist mir persönlich, ich möchte sagen, „ein Durst der Seele". Aber ohne Ihre Hülfe fürchte ich, daß meine historischen kirchenmusikalischen Kenntnisse nicht ausreichen – auch muß ich Ihre Ansicht darüber hören. Meister – : möchten Sie Ihrem Biographen nicht die Wohlthat erweisen und ihm, wenn Sie im Frühjahr nach Weimar reisen, ein – zwei Tage in Nürnberg schenken? Ich bitte Sie sehr darum. –

Über Bülow kann ich Ihnen mittheilen, daß er gesundheitlich sich merkwürdig erholt hat und er überhaupt in seinem Wesen ruhig ist. Seinen Musikern gegenüber ist er ebenso gemäßigt, wie energisch in seiner musikalischen Disciplin. Es geht alles wunderbar exakt, flüssig und schwungvoll. – Ich sagte heute Bülow, daß ich Ihnen schreiben würde und fragte, ob er einen Auftrag habe? „Nein", entgegnete er, – „aber sagen Sie ihm, daß ich heute den 78sten Tag Beethoven probire." –

Da ich gerade über Personalien bin, möchte ich noch beifügen, daß Kömpel kürzlich bei einer mit Lassen, Grützmacher und Achenbach in Nürnberg gegebenen Soirée Ihre II. Elegie mit vielem Beifall gespielt hat. Auch Kellermann gab ein Klavier-Concert. Programm: Beethoven – Chopin – Liszt. Er hat sehr fleißig gearbeitet.

Und nun zum Schluß: haben Sie Dank und nochmals Dank für Ihren so gütigen Brief, der mich thatsächlich von einer inneren Unsicherheit befreit hat, die mir sehr drückend war. Alles, was Sie sagen, ist mir Gesetz. Ich werde wie auch bisher alles thun, mich mit Frau Fürstin W. in gutem Einvernehmen zu halten, wobei ich nicht verhehlen kann, daß sie ein solches oft sehr schwer macht. Doch schätze ich sie zu hoch, um nicht wo ich nur immer kann, mit aufrichtigem Herzen willig zu sein.

Daß Ihnen die heilige Weihnachtszeit recht „weihnachtlich" vergehen möge, wünscht herzlichst

Ihre treu ergebene

Meiningen, 17. December 1880 L Ramann

Ich hatte Bülow ein Exemplar des II. Bd. der „Gesammelten Schriften" Liszts gebracht. Anderntags bei der Probe bemerkte er mir sogleich: das spanische Citat, Seite 25 sei nicht correkt in's Deutsche übertragen, was mich zu folgender Frage an Liszt veranlaßte:

Seite 25.

Das spanische Citat ist von einem Philologen (Nürnberg) übersetzt. Herr v. Bülow jedoch übersetzt es wie folgt:

Lo que ha de ser no puede faltar
Das, was hat zu sein, nicht kann fehlen.

Also: Das, was kommen muß, kann nicht ausbleiben.[56]

Welche dieser beiden Übersetzungen die richtigere, bitte ich zu entscheiden.*

Meiningen.

Liszt sandte meinen Zettel retour und schrieb darunter:

Bülow's Übersetzung gefällt mir am besten

FL

[56] Andere Version: Was kommen soll, wird kommen.

* Der Nürnberger Philologe hatte fälschlich gelesen „Lo que a deseo no puede faltar" und übersetzt: „Das, was dem Wunsch nicht fehlen kann." (F.S.).

1881

Vorarbeiten zu dem Kapitel: „Die Christusidee in der Musik“. Liszt bei uns (14./16. April). Wieder ein Charfreitag. Mozart's „*Confutatis*“ und „*Lacrymosa*“ und Bach's „Der Vorhang im Tempel“. Mme Loyson und Pater Hyacinthe. Römische Verwickelungen. Beunruhigende Gerüchte über Liszt's Gesundheit. Liszt abermals bei uns, mit seiner Enkelin Daniela (10. Okt.). „Weihnachtsbaum“. Hans v. Wolzogen als Vegetarianer. R. Wagner's Frauen-Ideal. Gedächtnis Liszt's. Sturm aus der Via del Babuino. Die französische Neubearbeitung der *Bohémiens*. Aufregung der jüdischen Presse. Die Israeliten-Kapitel der „*Bohémiens*“.

Nürnberg, 5. Januar 1881.

Die Post brachte mir Nachricht von Liszt:

(34.)

Stets und immer, Verehrte liebe Freundin, allerherzlichsten Dank. Ihn mehr und mehr zu beweisen wünsche ich besonders.

Von Mitte Januar bis zur Charwoche habe ich in Budapest zu verbleiben; dann nach Weimar zu kommen, und mehreren wohlwollenden, angenommenen Einladungen persönliche Folge zu leisten:

Berlin und Freiburg (im Breisgau) wegen „Christus“ Aufführungen: – Antwerpen, wo ein grossartiges Liszt Festival statt finden soll. Hiezu gesellen sich noch ein paar andere Versprechungen .... Ob meine Gesundheit und Zeiteintheilung mir gestatten allen diesen Obliegenheiten zu genügen, bleibt fraglich. Fest aber steht mein Besuch bei Ihnen, in Nürnberg. Mitte April werde ich Ihnen den Datum, von Wien oder Weimar aus, melden. Wacker wollen wir zusammen weiter biographiren.

Der Gedanke ein Kapitel zu schreiben über die „Christus Idee in der Musik[“] ist höchst verführerisch. Folgen Sie einfach den „Durst ihrer Seele“. Meine geringen musikalischen Kenntnisse und theologischen Ansichten stelle ich gerne zu Diensten, in Nürnberg, mündlich.

Bülow's Wohlbefinden und seine jetzige Thätigkeit erfreuen mich innig. Als Unicum hat er seines gleichen nicht zu suchen. Gottlob, bei allem seinen beharrlichen, hochherzigen Bahn brechen, hat er sich den Hals nicht gebrochen. Mit Recht kann er den Psalmvers gebrauchen: „Et super inimicos meos despexit oculus meus“. („Über meine Feinde hat weggeschauet mein Auge“. Luther übersetzt noch kräftiger: „dass mein Auge an meinen Feinden Lust siehet![“] – Psalm 54)

treu dankbarst
ergeben

F Liszt

2ten Januar, 81,
(Villa d'Este)

Kellermann bitte ich Sie meine beständige Freundschaftlichkeit zu sagen. Er möge an der berliner „Christus[“] Aufführung kein Ärgerniss nehmen. Die dortigen Umstände scheinen sich nun etwas günstiger zu gestalten als im Jahre wo Kellermann das Wagniss bestehen wollte.

Notizen für ein Kapitel zur Darstellung Liszt's als Kirchenkomponist.

„Die Christus- oder Messiasidee in der Musik."

Da sind zusammenzustellen:

1) die geschichtlichen musikalischen Darstellungen von ihren Anfängen bis zu Liszt;

2) das Vergleichen

   a) der Texte,

   b) der kompositorischen Mittel (gregorianischer, protestantischer Choral – Rhythmik – Contrapunkt – Akkord),

   c) die Behandlung der Instrumente und Stimmen;

3) Die Idee in ihrem Vertiefungszug.

Material zu obigem Kapitel:

Schütz, Heinrich (Sagittarius) 1585–1672. Passions-Oratorien. „Historia des Leidens und Sterbens Jesu Christi." [57]

1) Text ist genau nach den (4) Evangelisten.

2) Die Behandlung der Reden Jesu ist der seit dem 12. Jahrhundert (wenigstens läßt sich dieselbe bis zu dieser Zeit verfolgen) in der Sixtina zu Rom herrschenden Form entsprechend: der Evangelist recitirt (musikalisch) die Erzählung bis zu den Reden Christi (die Einsetzungsworte, vor Pilatus, am Kreuz etc.). Diese selbst werden von einem andern Sänger ausgeführt. In der Sixtina wurden sie vom Priester gesungen.

   a) Die formelle Behandlung des Evangelisten und des Heilands ist noch unterschiedslos: (1) melodisch ist sie bei beiden auf diatonischer (gregor.) Grundlage, ohne Modulation in anderen Tonarten recitativisch, gemischt mit cantilenenartigen Wendungen jener Zeit, die insbesondere zu den melodischen Schlußformeln sich festsetzen, welche von dem Styl der Kirchenmusik so unzertrennlich geworden sind wie in der Malerei der Heiligenschein um das Haupt Christi und um die Köpfe der Heiligen; (2) harmonisch (Begleitung) bewegt sie sich in einfachen Akkorden (überwiegend in Dreiklängen in der $\frac{5}{3}$- und 6-Form), Dissonanzen (7–6, 4–3) treten vorbereitet auf nach den Regeln des niederländischen Contrapunkt[es]. Die 7 auch durchgehend.

   b) Der Unterschied zwischen beiden ist der, daß der Evangelist als Tenor, Christus als Baß gesetzt ist.

[57] Herausgegeben von Carl Riedel (Leipzig, E. W. Fritzsch).

Die Tendenz zu individualisiren, die Beweglichkeit des Gemüths zum Ausdruck zu bringen, tritt nur ahnungsvoll, wie aus weiter Ferne, auf. Der erwachende Pulsschlag aber zeigt sich in der festen gedrungenen Haltung, in der Kraft der Melodieschritte und der Harmonien, trotz ihrer, ich möchte sagen, herzenseinfältigen, evangelischen Einfachheit.

Dramatische Erregtheit besitzen nur die Chöre des Volks (*turbae*).

Schütz dürfte mit Masaccio[58] zu vergleichen sein – Beide geben die Grundlage zu einem lebendigen und vollendeten Kunststyl. Jener: Oratorium – dieser: die biblische Gruppe – Beider Styl: dramatisch, bewegt, obwohl episch gebunden.

Die anfängliche Darstellung der christlichen Kunst nimmt in der Musik, wie in der Malerei, ihre Motive aus der Geschichte Jesu und der ältesten Gemeinde.

In der „Historia" etc tritt Christus auf:

Seite 14 – verweisend und belehrend: „Was bekümmert Ihr das Weib?" –
Seite 15 – weissagend: „Wahrlich, ich sage Euch" –,
Seite 16 – „ : (zu Ischarioth): „Du sagest es" –,
Seite 17 – das Abendmahl einsetzend: „Nehmet, essest" –,
Seite 20 – auf dem Ölberg: „Setzet Euch hin, bis daß" –,
„ „ „ : „Mein Vater, ist's möglich" –,
Seite 21 – „ „ „ : „Ach, wollet Ihr nun schlafen" –,
Seite 30 – vor dem Hohenpriester: „Du sagest es, doch sage ich Euch" –,
Seite 34 – vor Pilatus: „Du sagest es, ich bin ein König" –,
Seite 48 – Gebet am Kreuze: „Vater, vergieb ihnen" –,
Seite 52 – „ „ „ : „*Eli, Eli lama asabthani!*" –,
Seite 55 – „ „ „ : „Es ist vollbracht".

Diese Stellen sind zur Feststellung ihrer melodischen, rhythmischen, harmonischen Charakteristik zu vergleichen.

Desgleichen sind die Hauptwerke der großen Kirchenkomponisten katholischer-, wie protestantischerseits bis herauf zu Liszt zu durchforschen.

Palestrina's „Improperien" –:

„Ein Zwiegespräch zwischen dem leidenden Heiland und der Gemeinde."
(Portig, „Religion u. Kunst" etc, I. Bd. S. 142.)

[58] Ich denke an dessen Wandgemälde (aus der Lebensgeschichte des hl. Petrus) in *Santa Maria del Carmine* zu Florenz.

Zur Einleitung.

Den Urtypus für alle Christusdarstellungen durch die Kunst geben die Christusbeschreibungen der Evangelien.

Sie (die Evangelien) sind die Urquelle. Die Skulptur, die Malerei, die Dichtkunst, die Musik schöpfen von da – letztere allerdings nur im Anschluß an die Dichtkunst. Die Instrumentalmusik besitzt noch keinen Christus – : ob es ihr gegeben ist, je einen solchen zu schaffen? sie, die keinen (Christus-)Typus vor sich hat zur Nachahmung oder zur Anlehnung? die nicht das Auge fixiren kann und nicht zu dem Auge spricht? die nicht fixirt durch das Wort in die Vorstellung tritt?

Der Gedanke instrumental einen Christus zu concipiren, wäre unaussprechlich kühn – die Lösung einer solchen Aufgabe wohl das Höchste, was alle Kunst geschaffen hätte! –

Das Mittelalter schuf in der Malerei und Skulptur (den Künsten des Raumes) den Christus-Typus, der wohl für alle Christusköpfe (Gabr. Max und Munkácsy nicht ausgenommen) die Grundform geblieben ist.

Beide Künste haben den Christusstoff in diesem Zeitabschnitt wohl in allem von ihnen Darstellbaren zum Ausdruck gebracht. Das aber umfaßt nur den bildnerischen Theil der Christus-Biographie. Letzteren von vor der Geburt Christi (Empfängnis Mariä bis zur Himmelfarth). Mir scheint, als habe keine Kunst diese Aufgabe so vollendet gelöst wie die Malerei, die durch Farbe, Gruppe, Scene, Staffage wie unmittelbar zu uns spricht.

Anders aber verhält es sich mit dem geistigen Theil dieses Stoffes, der einerseits von der Dichtkunst, anderseits von der Musik ergriffen wird und hier seine Erfassung, Vertiefung, Verklärung und Glorifikation findet.

Zu dem Gegensatz, den durch die geistige Seite des Stoffes diese beiden Künste zur Malerei bilden, tritt noch ein anderer, das Wesen der Künste gewissermaßen charakterisirender, der auch wieder befruchtend auf den Stoff zurückwirkt: die Malerei (die bildende Kunst) schafft Typen, die andern beiden Künste jedoch, als in der Zeit und in der Bewegung wurzelnd, können nicht Typen in dem Sinn wie jene schaffen. Sie sind dehnbar, elastisch und in Folge dessen drückt sich von Jahrhundert zu Jahrhundert der Geist der Zeit in ihnen ab, auch: verkörpert sich in ihnen. Bereicherung, Erweiterung, Vertiefung des Geistes – das alles trägt sich in die Dicht- und Tonkunst, gewinnt hier Leben und Gestalt, und erweitert den Stoff selbst zum Unendlichen hin, so daß er ein Unbegrenztes, ja unbegrenzte Idee wird, während er dort typisch gebunden bleibt an die „physische Erscheinungswelt“.

Diese Bewegung zum Unbegrenzten hin giebt dem Stoff, erfaßt von diesen beiden Dichtarten, ein Etwas, welches sich dem Übernatürlichen nähert, es ahnend erschließt und in ihn hineinzieht, während dagegen das Übernatürliche dort dargestellt, naiv oder lächerlich wirkt.

Nach diesem konnte das Mittelalter weder musikalisch noch dichterisch einen Christustypus schaffen, obwohl es [in] beiden Künsten im Allgemeinen einen diesem Zeitalter adäquaten typischen Styl *resp.* Form geschaffen hat: den Contrapunkt – die Alliteration.

Als Consequenz ihres Wesens gehen Ton- und Dichtkunst gegenüber dem Christusstoff über die Darstellung der Lebensgeschichte hinaus und erfassen den weiterspinnenden Geist, die weiterspinnende Seele des Christenthums, das aus dem Senfkorn zu einem die Welten beschattenden und sie befruchtenden Baume emporwächst.

In der Aufgabe des Mittelalters lag es: den von der Malerei und Skulptur dargestellten lebensgeschichtlichen Theil des Christusstoffes zu ergänzen durch fromme Lieder, Mysterien. Der Geist des Christenthums – das Heil – scheint wie eine romantische Gnadensonne im „Parceval". Die Auffassung des Christenthums gewinnt praktische Gestalt im Ritterthum: in den Rittertugenden.

Musikalisch setzt er sich fest in dem Credo der kirchenmusikalischen Kultusformen.

Mir aber will scheinen als formulire und trenne sich die Aufgabe der Künste dahin: daß die bildenden Künste das Ideal, die Dicht- und Tonkunst die Idee des Christusstoffes zur Darstellung zu bringen berufen seien.

Im Liszt'schen „Christus" ist die Idee das bestimmende Element.

Ein anderer Punkt, der bei einem Kapitel wie das projektirte, ebenfalls Beachtung fordert, ist das Kunstwerk als Kultusmittel an sich, also auch außerkirchlich – namentlich darum, weil diese Frage durch den „Parsifal" verschieft worden ist. Sie liegt jedenfalls in unserer Zeit.

Wenn der Kultus, d.i. seine Aufgabe darin besteht: das Gemüth über sich selbst zu den höchsten Gütern – und dieses sind die Güter des Heils – zu erheben, es zu entflammen für edles Thun, wenn er also den Willen ergreift: dann kann das Kunstwerk religiöses Kultusmittel nicht nur sein, dann ist es ein solches.

Werke der Malerei, der Musik, der Poesie können unser Gemüth so ergreifen und zum Guten führen wie nur irgend ein religiöser Kult. Das Kunstwerk aber schlechtweg an seine Stelle (d.i. an Stelle der Kirche) setzen zu wollen, wie einige Wagner-Enthusiasten träumen, ist Wahnwitz. –

Wenn es Zweck des Kultus ist, die Ahnung des Höchsten zu wecken, zu erschließen: so wird nichts reiner, nichts tiefer den Zweck erfüllen können als das Kunstwerk, denn es steht frei da von allen Nebenrücksichten und

Nebenzwecken, seien sie kirchenpolitischer Art oder socialpolitischer Art. –

In jedem Kunstwerk hoher Gattung bleibt ein geistig unerklärbarer Rest zurück. Er fängt da an, wo das Resultat der Arbeit (Regel, Berechnung, Technik) aufhört: wo die Offenbarung des Genius anfängt. Hier dürfte das Zusammenfließen des Kunstgeistes mit dem Allschaffen liegen, der Hinweis auf das Ewig-Unfaßbare, Göttliche, ja ein Ausfluß des letzteren in seiner Unmittelbarkeit. Shakespeare, Michel Angelo, Raffael, Dürer, Palestrina, Bach, Händel, Beethoven u. A.

Das Kunstwerk kann die höchste Predigt einschließen, ja sein – faßt man den Begriff „Predigt" als Lehrerin des Heils, und ihre Aufgabe als Wegweiserin zum Heil. („Die Werke der Barmherzigkeit".)

Ein Kapitel („Die Christusidee" etc.) müßte streng auf Grundlage der Geschichte sich aufbauen. Denn die Geschichte ist:

bestätigend,
entwickelnd,
Kritik übend –

kirchen- und kunst(musik)geschichtlich. (24. Febr. 81.)

Wenn man bezüglich der Meinung, daß die Kunst an Stelle der Kirche (der Confession) zu setzen sei, argumentirt: „die Religion zehre an Vergangenem, die Kunst dagegen sei ein lebendig Sich-Verjüngen, Sich-Erneuen", so will mir das so wahr wie falsch scheinen. Wahr: wenn man im engen Begriff der offenbarten Religion beharrt – falsch: wenn man von ihm abstrahirt.

Die offenbarte Religion ist ein einmaliger Akt – einerseits hiemit abgeschlossen, anderseits aber durch die Offenbarung wieder aufgehoben. „Ich bin das ewige Leben". Dieser Satz bildet These und Antithese –: Abschluß und Fortschritt zugleich.

Das „ewige Leben" weist auf unaufhörlichen Fortschritt hin. Dieser Fortschritt theilt sich allem, jedem „Glied des Leibes", d. i. jedem Gebiet des Lebens und Wissens mit, desgl. der Kunst. Das fort und fort „Neu-werden" der Kunst ist ein Theil dieses „ewigen Lebens", dessen Quell zurückgeht zu jenem einmaligen Akt, welcher gleichsam den geistigen und höchsten Zusammenhang zwischen der Kunst und der Religion aufdeckt, und die Ahnung der geistigen Einheit jener Mächte und Gewalten, deren Quellen wir rauschen hören und nicht sehen, die uns wie Sterne umkreisen, deren Spur wir fühlen und nicht greifen, dessen Licht uns umfließt, ohne daß wir sein geheimnisvolles Leben ergründen – das Licht, das uns umstrahlt mit milder Glut als Wahrheit und Schönheit, das unser Sein durchlodert und uns zwingt zu glauben.

Jener Satz wäre darum in seiner Synthese zu fassen.

(6. März 81.)

Es scheint mir nur logisch, und gewiß wie eine Naturwahrheit: daß der Künstler, der an die Offenbarungen der Kunst glaubt, auch an die Offenbarungen Christi glaubt. Auch der Glaube an die Kunst ist ein Ausdruck des „ewigen Lebens".

(7. März.)

An Liszt, nach Budapest:

Hoch und innig verehrter Meister –:

Ihr letzter Brief hat mir die Verheißung Ihres Besuches gebracht – darf ich Sie vielleicht jetzt, ehe Sie nach Weimar reisen, erwarten? Ich werde sehr glücklich sein. Wir würden dann das Kapitel, das mir so sehr am Herzen liegt – „Die Christusidee in der Musik" – und vieles andere besprechen.

Zur Zeit lese ich ein interessantes Buch: „Religion und Kunst in ihrem gegenseitigen Verhältnis" von Dr. Gustav Portig – ein Theologe. Kennen Sie den Mann? Er hat nach meiner Ansicht einige sehr treffende Worte über Sie als Kirchenkomponist[en] gesagt. –

Bülow und Frau Erdmannsdörfer brachten mir ohnlängst Ihre Grüße und erzählten mir davon, wie immer gleich kräftig Sie sind und die Jahre machtlos sich Ihnen gegenüber erweisen. So ist es richtig: das Genie steht über der Zeit – bei Ihnen trifft das auch im Leben zu.

In treuer herzlicher Liebe und Verehrung
L Ramann

Nürnberg, 30./III./81.

Von Liszt, nebst einem biographischen Zettel[59].

(35.)

Verehrte liebe Freundin,

Wahrscheinlich biographiren wir zusammen in Nürnberg, am Grün Donnerstag Abends, 14ten April. Vordem sendet Ihnen Telegramm, aus Wien,

Ihr herzlich und
dankbarst ergebener
F. Liszt

6ten April, 81 – Oedenburg.

und:

(36.)

Verehrte liebe Freundin,

Donnerstag Morgens, kommt zu Ihnen, Nürnberg, Ihr herzlich ergebenster

F. Liszt

Montag, 11ten April, 81 –
Wien.

Nürnberg, 16. April.

An Frau Fürstin Wittgenstein.

Heute habe ich Ihnen die freudige Nachricht auszusprechen, hochverehrteste Frau, daß Liszt's Besuch mich beglückte und noch mehr! daß er geistig und körperlich wohl und frisch, und sein ganzes Wesen von einer wunderbaren Harmonie war – so frei von Staub und doch so menschlich, so groß und doch so einfach! Ich kann Ihnen nicht beschreiben – Worte können es nicht – wie weltfern schön und heiter er war. –

Er kam Donnerstag Früh nach 7 Uhr hier an, wo ihn Ida an der Bahn abholte; ich mußte es mir leider versagen. Trotzdem er die Nacht gereist, war keine Müdigkeit an ihm wahrzunehmen. Er meinte sogar, nach der Kette der Unruhe und Strapatzen, die er hinter sich habe, hätte er herrlich geruht. Mit Ausnahme seines Kirchenbesuchs war er bis zur Ruhezeit Abends 10 Uhr bei uns. Ebenso den folgenden Tag, Charfreitag, an dem wir mit großer Freude mit ihm „katholische Fasten" hielten.

Dieser Charfreitag wird mir unvergeßlich sein! Weder in meinem Innern, noch in meinen Arbeiten wird er ohne Frucht bleiben. – Tags vordem hatten wir „biographirt", d.i. alle Correkturen des I. Bandes vorgenommen u. dgl.,

[59] Siehe Biogr. Fragezettel No. 17. [Verschollen! F.S.]

an diesem Tag aber sprachen wir über Kirchen-, über religiöse Musik, über Religion, über gegenwärtige Verirrungen, „Wagner" ihr – der Religion – gegenüber u. dgl. mehr, alles Themen, die mich in letzter Zeit sehr tief bewegen – es gährt und sehnt sich so viel in mir. – Wie ich nie anders denken konnte, so stimmt Liszt meinen Ansichten über Wagner's gegenwärtige Religionsanläufe bei, aber es that mir doch wohl und wirkte erhebend auf mich, von ihm alles das bestätigt zu sehen, was ich geglaubt. Bei ihm ist alles echt, seine Religiosität wahr, wurzelnd in der höchsten, ewigen Wahrheit Grund – und so, ein Spiegel, ein Ausdruck seines Innern, ist seine Kirchenmusik. –

Heute Vormittag reiste er nach Weimar – – möge die Ruhe und Sammlung ihm erhalten bleiben, wie er sie in diesen Tagen in sich trug.

Ich war mit am Bahnhof. »Schreiben Sie noch heute der Fürstin«, rief er mir noch aus dem Wagen zu. Doch wäre das auch ohne seinen speciellen Wunsch geschehen.

Mit herzlichen Ostergrüßen, bin ich wie immer in Liebe und Verehrung

Ihre

Nürnberg, 16. April 1881. L Ramann

Sonntag, 17. April.

Mein Brief an die Fürstin berührt die wesentlichen Punkte der letzten Erlebnisse – doch sei Einiges noch aufgezeichnet. Einen inhaltsreicheren Charfreitag erlebte ich nie – er hat mich in meiner Auffassung kirchenmusikalischer Aufgaben befestigt und – es ist seltsam zu sagen – mich über mich selbst erhoben: er öffnete mir Geistesregionen, die bis jetzt von mir nur geahnt waren, ähnlich wie einst Rom die verdeckten Lebensadern der Gesellschaftsschichten und der Confessionen mir blosgelegt hat.

Wer niemals einem Kunstgenie näher getreten und „es in sich erlebt", kennt nicht die Räthselgebung und Räthsellösung seines Wesens. Doch will mir scheinen, daß es nur gegenüber einer Individualität sein kann, die religiös gläubig und doch frei, hoher Mensch und großer Künstler, die Flügel ihrer Phantasie in das Allmeer der Poesie und des Lebens getaucht hat: „dichtend lebend, und lebend dichtend", wie es hier der Fall. –

Wir sprachen von Mozart als Kirchenkomponist[en]. Ich ließ mich zu dem Wort verleiten, daß durch ihn keine neue Saite erklungen, und nannte seine kirchlichen Werke „kindlich-gebunden".

»So«, sagte Liszt groß und ernst, und setzte sich an den Flügel – : »was wäre denn das?« Er spielte das *Confutatis* und *Lacrymosa* aus Mozart's *Requiem,* für Klavier von ihm übertragen. Welche Gewalt und Schauern traten mir entgegen – erhabene Strenge, zermalmende Hoheit, herztiefes Bangen, Schrecknisse des Gerichts und doch Gnadenahnung – ächte Charfreitagstragik!

Erschüttert schwieg ich, als der Meister geendet, der dasaß, regungslos, tiefe Blässe auf dem Gesicht, Schweiß auf der Stirn, eine Frage im Blick, der auf mich gerichtet war.

„Das waren Sie“, sagte ich endlich, „nicht Mozart.“

»Das war ich nicht«, entgegnete er langsam, jedes Wort betont – »das hat er gesagt – ihm fehlten nur die Mittel zum Ausdruck – denken Sie an die Instrumente, die ihm zu Gebote standen. Wo hörten Sie solches vor ihm!?«

„Und Bach's: ‚Der Vorhang im Tempel riß mitten entzwei‘?“ wagte ich zu erinnern.

»Das ist eine ebenbürtige Offenbarung; auch, wenn Sie wollen, eines Stammes mit der von Mozart, nur andere Frucht.«

Ich sann nach. „Meinen Sie“, hub ich an, „daß Bach die Schauern des erhabensten Weltereignisses durch den Ton der Malerei ausgedrückt, und bei Mozart das sich lösende Geheimnis desselben Ereignisses durch das Gemüth hindurchgezogen ist?“

Er schwieg lange. Endlich sagte er: »Das könnte zutreffen« –

Als ich ihm meine Vorgedanken zu dem beregten Kapitel vorlas, erwähnte ich der stofflichen Schwierigkeiten, denen die Arbeit nicht entgehen kann; daß ich vor allem – abgesehen von der Beschaffung der kirchlichen Tonwerke zu Quellenstudien – eines philosophisch-geschichtlichen Grundrisses der Christusidee als Ausgangspunkt zum musikalischen Theil bedürfe. »Ich werde«, meinte er – »jedenfalls daran denken das Nöthige zu beschaffen. Halten Sie Ihren Plan fest und verwerten Sie ihn – er scheint mir gut.« –[60]

Bei meiner kleinen auf das Kunstwerk als Kultusmittel bezüglichen Excursion platzte ich los: „Wir brauchen keinen verkappten, neuen Christus – nenne man ihn Parsifal oder sonst wie – der alte reicht aus bis ans Ende der Welt“, – da nickte er und lachte:

»Das war deutlich«, fügte jedoch ernst hinzu: »Fände ich Zeit und Ruhe, wir Beide zusammen wollten schon etwas schreiben, was Hand und Kopf hätte.«

Liszt hatte bei diesen Themen länger Stand gehalten, als sonst seine Art. Dazu wurde unser „Fasten-Diner“ angesagt, so brachen wir ab.

*

[60] Nachtrag: Die Arbeit mußte unterbleiben, theils aus Mangel an den Hilfsquellen, theils weil ich bald erfuhr, daß der Stoff über den Rahmen der Biographie zu weit hinausgehe und mich der eigentlich biographischen Aufgabe gegenüber aufhalte. Ich hoffte auf später. –

Ich erzählte Liszt, daß ich im vorigen Jahr in einer Pension zu Bern einer merkwürdig auffallenden Frau von hoher stattlicher Gestalt, wundervoller Haltung, gewinnenden Gesichtszügen, schwarz, fast klösterlich gekleidet, ein Kreuz aus Elfenbein auf der Brust begegnet sei und zwei Tage mit ihr am selben Tische aß: Mme Hyacinthe Loyson.

»Ah!« – machte Liszt, »und wie fanden Sie sie?«

Ich erzählte ihm weiter, daß Mme Hyacinthe mir Grüße an die Fürstin aufgetragen mit der mir dunkeln Rede: hörte sie (die Fürstin) die süße Stimme ihres Knaben, würde sie gewiß ihre Verzeihung ihr nicht mehr vorenthalten –

»Und die Fürstin?« – fragte Liszt gespannt.

„Die Fürstin ignorirte jedes meiner Worte.“

»Sie verzeiht ihr nicht die Niederlage, die sie durch sie erlitten« – sagte er und erzählte mir: daß zur Zeit als der exkommunizirte Pater Hyacinthe nach den vatikanischen Concilien Parthei für die Altkatholiken ergriff, die vordem in Folge seiner Beredsamkeit zur katholischen Kirche übergetretene Amerikanerin im Begriff stand, unter besonderer Protektion der Fürstin, in einem Kloster Roms einzutreten. Als der Akt herannahte, schlug sie plötzlich um, verließ Rom und vermählte sich in London mit dem berühmten geistvollen Pater.

„*À la* Luther mit Catarina von Bora“, warf ich ein.

»Ja. Allein er war kein Luther, und das war sein Fehler. Luther brach mit der Kirche – Loyson blieb Katholik und daran geht er zu Grunde. Seine Beredsamkeit ist der einzige Boden unter seinen Füßen – hört sie auf, hört auch seine ‚gallikanische‘ Sekte auf. Die Kirche ist zu mächtig, zu einheitlich in sich geschlossen, als daß innerhalb ihrer das freie Wort sich entfalten könnte.«

»Danken Sie Gott«, fügte er starken Ausdrucks hinzu – »daß Sie Protestant sind – Sie dürfen denken und sprechen. In der katholischen Kirche heißt es: Knecht – Knecht – und nochmals Knecht!«

*

1. Juli.

Ein Brief der Fürstin, der mich erschreckt und tief bedrückt. Sie schreibt (25. Juni):

„Meine Gute und liebste – Ihr Brief hat mich sehr gerührt. Ich danke Ihnen herzlich für alles, was Sie mir schreiben. Ich möchte so gerne Ihnen zu etwas gut sein – ich brauche nicht mehr zu Ihnen zu sagen: *Soyez une croyante* – nein, ich sage es nicht mehr – Sie sind es – *je voudrais vous dire: Soyez catholique! Essayez!* – Es macht so glücklich – so glücklich hier auf dieser schönen, so schmerzensreichen Erde – –"

– – – –

Soyez catholique – so mich mißzuverstehen! Als ich 1876 in Rom Tag für Tag, Woche für Woche stundenlang, auch im persönlich trautesten Gespräch, im „biographischen Käfig" saß, war es mein Stolz sagen zu können: „Sie, die entschiedene Katholikin – und ich, die entschiedene Protestantin, besprachen sonder Hehl unsere religiösen Anschauungen, und kein Wort fiel, das die Grenze der andern verletzt, oder die Offenheit gestört hätte!" Dann allerdings, ein Jahr später, eine tastende Seitenbewegung – aber es blieb dabei. Und nun nach Jahren soll das aufhören ... Ihr Ruf widerhallt nicht, aber der Gedanke schmerzt: ihr wehe zu tun und – – ihre Herzlichkeit erkalten zu sehen. Und das wird kommen.

St. Beatenberg, 20. August.

Erst hier erhielt ich wieder Nachricht von der Fürstin – kein Wort über *Soyez catholique*. Sie ist über Liszt in Unruhe. Trotzdem er ein Greis, demnächst sein 70stes Lebensjahr erreicht, kann sie sich nicht darüber beruhigen, daß er nicht still in Rom sitzen bleibt und große Werke schafft. Dabei entgeht ihr, daß sie es ist – wenigstens zum größern Theil –, die ihn von Roms Thoren treibt durch ihre Ausschließlichkeit für die Kirche, in welche ihre einstige Hingabe an ihn sich aufgelöst, und nun erwartet, daß er als Künstler und Mensch gleicher Ausschließlichkeit sich hingebe. Ihr schweres Geschick hat sie dem Leben ganz entfremdet und verschlossen – sie verkennt, daß die Natur seines Genius nicht zur Verherrlichung der Kirche berufen, als vielmehr: zum Ausdruck des religiösen Gefühls und religiösen Erkennens der Wahrheit im Anschluß an die Kirche. In ihrem letzt empfangenen Briefe (datirt 12. August) schreibt sie:

„Sie wissen gewiß, daß Liszt nicht ganz wohl ist – noch immer in Weymar, wo er Bülow mit seiner Tochter hatte. Er sagt nicht, wann er kommt.

Und sein Oratorio! – Ach, das Herz bricht in mir. Jetzt hat er noch Kräfte und Genius – später werden vielleicht Kräfte und Genius schwinden – Er wird ruhig sitzen und noch immer Arrangements für Piano machen! – dieses Aequivalent für Stricken! – –"

Ich entgegnete ihr heute:

– – – – – – – – – – – – – – – – – – – –

„Nun habe ich Sie zu mir auf Bergeshöhe versetzt, nun lassen Sie sich noch sagen, daß ich viel, sehr viel und oft mit Schmerzen an Sie denke. Nicht wegen Ihres Gesund- oder vielmehr Nicht-gesundseins allein, nein! auch wegen der Wunden, die das Leben, so wie es ist, nicht dazu kommen läßt, sich zu schließen, aber immer und immer wieder aufreißt – – vielleicht auch neue hinzufügt. Ich weiß und habe mitgefühlt, was Sie, als Liszt ohnlängst den, Gott sei Dank! gut abgelaufenen Unfall hatte[61], gelitten haben, nicht wegen des Unfalls allein – sondern in dem Gedanken und in dem Furchtgefühl, daß sein Lebenslauf vielleicht nicht so endet, wie Sie und Alle, die ihn wahrhaftig lieben und ihn in seinem Genius erkannt haben, es wünschen müssen. Ich fühle und kenne das Leid und den blutenden Schmerz, der Sie ergreift angesichts dieser Zustände, die sich doch nicht ändern, nicht überwinden lassen! Was Sie sagen, ist alles so wahr, nur möchte ich glauben, daß der ‚Stanislaus', der Ihnen so am Herzen liegt, mehr nachhaltiger Schöpferkraft bedarf, als sich von einem 70jährigen Greis beanspruchen läßt, namentlich da, soviel mir davon bekannt ist, die künstlerisch ungenügende Fassung des Textes seinem Genius keine höhere Anregung giebt.

Mißverstehen Sie mich nicht, wenn ich Ihnen zurufen möchte: Lassen Sie ihn gewähren, zeigen Sie ihm nicht Ihren Kummer, weisen Sie ihn nicht so drängend auf seinen Genius hin, wenigstens nicht in Momenten, wo er keine Stimmung für den Stoff hat! Die menschliche Natur geräth so leicht in Opposition und reißt dann die künstlerische Natur mit sich fort, und das Resultat sind schließlich – – Mephistowalzer!

Verzeihen Sie mir, wenn ich etwas gesagt haben sollte, was Ihnen vielleicht nicht gefällt, aber es kommt aus einem Herzen, das in seiner treuen Liebe und Verehrung zu Ihnen und Liszt erprobt ist. Ich möchte noch manches Ihnen aussprechen können – aber schließlich giebt es so viele Dinge, die ein Andeuten nicht vertragen und doch ein Aussprechen nicht gestatten, und so muß beides unterbleiben."

– – – – – – – – – – – – – – – – – – – –

Nürnberg, 1. Oktober.

Liszt weilt in Bayreuth – beunruhigende Gerüchte über seinen Gesundheitszustand durchlaufen die Presse. Leider, daß sie nicht unbegründet sind. Die Fürstin schreibt mir hierüber:

„Liszt ist noch nicht hier. Es geht gar nicht gut mit ihm, und meine Sorge ist sehr groß. Die Ärzte haben viele, nichtssagende Worte, um ihre

[61] Er war auf der Treppe seiner Wohnung (was bei der winkeligen, hühnerleiterähnlichen Stiege der „Hofgärtnerei" schon Manchem passirt ist) ausgeglitten und lag mehrere Tage nicht unerheblich krank zu Bett.

Unwissenheit über mögliche, doch nicht augenblickliche Gefahr zu verdecken. Ich fürchte Wassersucht, das heißt: Zersetzung des Blutes. Die Füße sind oft sehr geschwollen – Damit kann man noch Jahre lang leben, wenn man sich schont ..... Jetzt habe ich mit einer unendlichen Liebe seine letzten Tage zu verschönen ..... Jetzt ist es mit dem Schmerz des Fürchtens aus. Es bleibt nur: einen schönen, glänzenden, ruhigen, wonnigen Sonnenuntergang vom Himmel zu erbitten!" –

Gott sei Dank für diese Worte!

9. Oktober.

Einige Zeilen Frau Cosima Wagner's melden mir Liszt's Besuch für Montag – morgen – an. Ihre Tochter Daniela wird ihn begleiten.

Dienstag, 11. Oktober.

An die Fürstin:

Gestern war Liszt bei uns – wir verbrachten einen stillen Nachmittag – einen stillen Abend. Seine Stimmung war harmonisch, heiter – sein Aussehen besser, als ich erwartete. Aber liebe, hochverehrte Frau, die Veränderung ist groß, die in diesem halben Jahr vor sich ging. Tröstlich ist es, daß seine Enkelin, die er liebt und die ihn liebt, bei ihm sein wird; tröstlich, daß er in Ihrer Nähe die ihm einzig würdige Umgebung finden wird und sich der würdige Schluß eines großen Lebens vollziehen kann. Was soll ich Ihnen hierüber noch sagen? was könnte ich Ihnen auch sagen? Ihr letzter Brief hat alles ausgesprochen.

Heute wird er bis München reisen.

Seine Enkelin ist ein liebes Geschöpf, das andächtig seinen Worten lauscht und mit schweigendem Willen ihn bewacht und lenkt – ein jugendlicher Schutzgeist, aber, wie mir scheint, ein sicherer.

Liszt gab mir den Auftrag Ihnen mitzutheilen, daß er Samstag oder Sonntag (15. oder 16. ds.) in Rom ankommen, Ihnen aber noch vordem telegraphiren werde.

Für Ihren letzten Brief, wenn auch flüchtigen, doch herzlichen Dank. Desgl. für die Rücksendung des *Ms*. Die Fortsetzung sende ich Ihnen nach Ihrem Wunsche, Ende Oktober.

Den IV. Band der Ges. Schriften Liszt's, welcher in dieser Woche fertig sein wird, werden Ihnen Breitkopf & Härtel in meinem Auftrage übersenden.

Verzeihen Sie mit der Knappheit meiner Zeit, daß diese geschäftlichen Notizen sich in diese Zeilen drängen.

Leben Sie wohl, Sie hochverehrte Frau! Voll tausend guter Wünsche für Sie und die nächste Zeit, immer

Ihre treu ergebene
Nbg., den 11. Okt. 1881 L Ramann

13. Oktober.

Nachträgliches zum Besuche Liszt's.

Auch dieses Mal bedurfte es – wie noch immer, wenn er von Bayreuth kam – einiger Stunden harmloser und schnell wechselnder Conversation, ehe sich seine Grandseigneur-Miene und eine gereizte Stimmung verlor. – Er brachte das *Ms* seines „Weihnachtsbaum" mit und spielte uns sämmtliche Stücke vor, zum Theil sehr verändert gegen früher. Sie sind ganz eigenartig – religiös durchdrungene Poesien und Bilder der schönen Weihnachtszeit – ihr Hauptwerth dürfte in ihren harmonischen Visionen liegen. „Dem Einen bringt er dies, dem Andern das", sagt er. Ein Stück: „Ehemals", dann ein ungarisches, dann ein polnisches ist auch darin – das ist nicht mißzuverstehen. – – Endlich will Liszt sie veröffentlichen, Daniela gewidmet.

Zum ersten Mal erschien mir Liszt – ich schreibe das Wort so schwer –: greisenhaft. Er war stiller, eine Müdigkeit lag in Stimme und Haltung. Das Geplauder seiner Enkelin, die sich bereits nicht ohne das bayreuther souveraine Großgepräge bewegt, amüsirte ihn ersichtlich. Sie sprach von der Erziehung ihrer Geschwister, ihrer strengen Aufsicht über sie, Anekdotisches von Wolzogen, der nicht nur fanatischer Wagner-, auch Vegetarianer-Apostel ist und in „Wahnfried" ohnlängst geäußert, mit 30 Thaler jährlich *pro* Kopf könne man eine Küche glänzend bestreiten. Mit Behagen habe er sein herrliches Diner gerühmt.

„Was hatten Sie denn?" frug neugierig Daniela.

„Ach" – erwiderte Herr v. Wolzogen: „Kernsuppe, getrocknete Birnen – vorzüglich! – Äpfel zum Dessert."

Wir hatten für die junge Dame Gabriele Beeg, jetzt Lehrerin an unserer Schule, eingeladen, mit deren Verwandten, der Freiherrl. v. Aufseß'schen Familie, Wagner's in Beziehung stehen. Die alte Freifrau, Gabrielens Großmutter, lebt, gleichsam eine letzte Repräsentantin alt-romantischer Gefühlsweise, in Bayreuth. Wagner nennt sie „Ideal der Weiblichkeit". Eine zweite Griseldis an Liebe und Dulden, ließ sie sich nach reichem Kindersegen auf inständiges Flehen ihres Ehegemahls von diesem scheiden, um seiner Leidenschaft für ein schönes junges Geschöpf nicht im Wege zu stehen, und – abermals auf sein inständiges Flehen, stand sie nach dem Tod der

Geliebten zum zweiten Male mit ihm am Traualtar, um für den Rest, bald vereint mit ihm, bald ferne von ihm, je nach dem wechselbedürftigen Herzen des Eheherrn, in ungestörtem Einvernehmen mit ihm weiterzuleben, bis die Straßburger Katastrophe ihn von ihr nahm. –

Während die jungen Mädchen am Sophatisch saßen und Ida mit ihnen plauderte, besprach Liszt mit mir noch Einiges bezüglich der Ges. Schriften. – Dann erwähnte ich seiner drei Klaviersonaten[62], die er als Knabe komponirt hat.

„– – Und sind die *Mss* wirklich verloren?" fragte ich.

»Ich weiß nicht anders –«

„Wie schade!"

»Des Anfangs der einen Sonate besinne ich mich noch ganz genau« – womit er aufstand, sich an den Flügel setzte und spielte, was er 1825 komponirt hatte! »Wenn Sie wollen, schreibe ich es Ihnen noch auf«, sagte er, erheitert von diesem Knabenversuch. Ich legte ihm auf dem Schreibtisch Notenpapier etc zurecht.

»Nur gleich hierher!« rief er mir zu – er saß bereits wieder auf dem Sopha. Während um ihn herum geplaudert und gelacht wurde, und er selbst Theil daran nahm, entriß er heiter lächelnd der längst entwichenen Zeit ein Erinnerungsblatt! Ich lege es hier bei.[63]

O Wunder der Natur!

19. Oktober.

Gratulirte Liszt zu seinem bevorstehenden Geburtstag – sandte ihm den eben fertig gewordenen Wagner-Band seiner Schriften.

November.

Wie ich gefürchtet, blieb der Sturm aus Rom nicht aus – am III[1]. Bd. der „Gesammelten Schriften" entlud er sich, und die bis Anfang Oktober erhaltenen liebevollen Briefe waren nur die Stille vor dem Gewitter. Gebe Gott, daß nach seiner Entladung eine gereinigte Luft es vergessen mache! . . . . .

Ich reihe hier vier Briefe ein, welche diese Angelegenheit feststellen, wobei ich ein Später im Auge habe. Denn es ist nicht vorauszusehen, welche die Ges. Schriften schädigende Wendung sie noch nehmen kann.

Der 1ste der Briefe ist von Fräulein v. Schorn aus Weimar, die gegenwärtig in Rom weilt und jedenfalls im Auftrag der Fürstin geschrieben hat. Er lautet:

[62] Nachtrag: S. Liszt-Biographie I. Bd., S. 79, 84. – Daselbst nannte ich nur eine Sonate. Inzwischen bedeutete mir der Meister, daß er damals drei Sonaten komponirt hat.

[63] Siehe das Faksimile.

„Anfang einer Sonate, in meinem 14ten Jahre geschrieben. F Liszt“
Von Liszt aus dem Gedächtnis aufgezeichnet
Nürnberg, 10. Oktober 1881
(Verkleinerte Wiedergabe)

Rom, Hôtel Alibert, 28./10./81.

Liebe Fräulein Ramann!

In Folge eines Gespräches mit der Fürstin Wittgenstein schreibe ich heute an Sie, um vielleicht eine Aufklärung oder Vermittlung herbeizuführen, die Ihnen Unannehmlichkeiten und der Fürstin Ärger erspart. Sie hat den neu herausgekommenen Band von Liszt's Ges. Schriften in Händen und ist in heller Empörung darüber, daß Sie 1) dieselben veröffentlicht haben, ohne daß sie sie revidirt hat, und 2) daß auf dem Titel steht: Übersetzt von L. Ramann, da Sie doch nur die Übersetzung von Cornelius in Händen haben könnten und nicht die französischen Manuskripte, die die Fürstin in Händen hat. – Da Sie und auch Breitkopf & Härtel ihr auf verschiedene Briefe in der Sache nicht geantwortet haben, so kann ich mir denken, daß Sie keine Einmischung wünschten, aber Sie wissen wohl, daß jeder Autor eine neue Ausgabe seiner Schriften revidirt, und daß die Fürstin Wittgenstein Liszt in literarischen Sachen vertritt, umsomehr da die Manuskripte alle von ihrer Hand geschrieben sind, sie hat nach Gesprächen mit Liszt die Artikel verfaßt* und Cornelius hat sie übersetzt.

Ich fand sie und ihre Tochter, die Fürstin Hohenlohe, in großer Aufregung über dem Buch, sie trägt sich mit dem Gedanken, einen öffentlichen Protest gegen diese Herausgabe ergehen zu lassen. Wie unangenehm das wäre, nicht nur für Sie, sondern auch für Liszt, können Sie sich denken. Ich hoffe noch immer, daß die Sache beigelegt werden kann, denn Liszt ist nicht in so gutem Gesundheitszustand, daß man ihm ungestraft Ärger bereiten darf und die Fürstin so wenig wohl, daß ihr jede Aufregung Fieber bringt.

Bitte, schreiben Sie mir so bald als möglich. Mit herzlichem Gruß Ihre ergebene

Adelheid v. Schorn.

Liszt weiß nicht, daß ich Ihnen schreibe.

2) Meine Antwort:

Liebe Fräulein von Schorn –:

Ihren soeben erhaltenen Brief, welcher mich überraschte und nicht überraschte, beantworte ich sogleich.

* Diese Behauptung geht wohl zu weit. So ist ein 1976 aufgetauchtes 11 Großoktav-Seiten füllendes Fragment aus Liszt's *Chopin* (1852) von Liszt eigenhändig und vollkommen selbständig geschrieben. Das Autograph enthält – abgesehen von einigen stilistischen Korrekturen – nur 2 kaum ins Gewicht fallende Einschübe der Fürstin (F.S.).

Der II. Band und 2te Abtheilung des III. Bandes der Ges. Schriften Liszt's ist mit Ausnahme des kleinen „Rheingold-Aufsatzes" von mir ins Deutsche übertragen. Die 1ste Abtheilung des III. Bandes hingegen habe ich nach den Vorlagen in der „Neuen Zeitschrift für Musik" bearbeitet. Dieser Abtheilung gegenüber wäre es korrekter gewesen zu sagen: „Deutsch bearbeitet" anstatt: „In das Deutsche übertragen von L. Ramann". Doch trägt an dieser Inkorrektheit niemand, weder ich noch sonst jemand Schuld, sondern ein trauriger Zufall. Ich war Pfingsten, als die letzten Korrekturbogen dieser Abtheilung mir zukamen, so schwer, um nicht zu sagen sterbenskrank, daß ich Hals über Kopf auf den Beatenberg transportirt wurde, um mich zu erhalten, was, wie Sie sehen geschehen, aber nebenbei gesagt nicht glänzend ausgefallen ist – ich sitze wieder in meinem „Mausoleum".

In jener Zeit stellte die Verlagshandlung, da meine Bogenkorrekturen fertig waren und sie die Nüancen meiner Arbeit nicht kennen konnte, das Buch fertig in Übereinstimmung mit dem Titel der von mir „ins Deutsche übertragenen" Essays und Reisebriefe Liszt's. Den Titel als Korrekturbogen hatte ich nicht gesehen, sonst hätte ich das Wort „übertragen" geändert. Als mir der fertige Band zugesandt wurde, sah ich den mir so unlieben Fehler. Weil aber der Band schon seit einiger Zeit fertig war und meine Korrektur zu spät gekommen wäre, ließ ich ihn, *resp.* mußte ich ihn lassen, aber mit dem Vornehmen ihn bei erster Gelegenheit zu berichtigen, obwohl es mich wurmte es nicht sogleich thun zu können.

Ich bedaure, daß die Fürstin sich so alterirt, doch hätte sie wissen können, auch ohne mit dem ganzen Sachverhalt bekannt zu sein, daß ich einer „unehrlichen Handlung" – und zu einer solchen stempelt sie doch ihre mir mitgetheilte Bemerkung – nicht fähig bin. Das kränkt mich. –

Bezüglich der Herausgabe der Schriften Liszt's bin ich mir keiner Inkorrektheit bewußt. Von mir aus ist nichts geschehen, was nicht mit seiner Bewilligung übereinstimmte. Er hat mich 1875 gesetzgültig zur Herausgabe autorisirt und diese Autorisation der Verlagshandlung Breitkopf & Härtel kontraktlich bekräftigt. Allem, was ich bezüglich der mir zufallenden Arbeit mit Liszt gelegentlich unserer, den letzten Jahren angehörenden gegenseitigen Besuche besprochen, bin ich nachgekommen. Unverrückt folgte ich dem Gedanken seine Schriften fachlich und stylistisch, dem Autor und dem Gegenstand würdig, dem deutschen Publikum so zu übergeben, daß sowohl dem Musiker, wie dem Musikfreund und Laien dieselben entgegen treten wie aus dem Herzen unserer Sprache geboren, und nach dieser Seite hin nichts die schönen und hohen Anschauungen Liszt's hindern möge geistiges Gemeingut unserer Nation zu werden. –

Meinen Arbeitsplan bezüglich der Zusammenstellung u.s.f. der Aufsätze, habe ich seiner Zeit von St. Beatenberg aus (voriges Jahr) der Fürstin mitgetheilt.

Also, liebe Fräulein v. Schorn, beruhigen Sie die Fürstin – sie leidet gewiß sehr und mehr als ihre stolze Natur zugeben mag, durch ihr eigenes Unwohlsein, als auch durch die Besorgnisse um Liszt.

Dank für Ihre Zeilen und seien Sie herzlichst gegrüßt von

Ihrer ergebenen

Nürnberg, den 1. Nov. 1881. L Ramann

3) Eine auf die obige Angelegenheit Bezug habende Nachschrift eines Briefes an die HH Breitkopf & Härtel:

Diese Zeilen sollten gestern an Sie abgehen als ich einen Brief aus Rom von Frl. v. Schorn aus Weimar, die zur Zeit dort ist und mit Frau Fürstin W. und Liszt intim verkehrt, erhielt. Nach demselben steht der Herausgabe der noch nicht edirten Schriften Liszt's ein Unwetter bevor. Den Brief und meine Antwort an Frl. v. Schorn lege ich Ihnen zur Einsicht – confidentiell – bei. Der mich belastende Punkt ist ein unverschuldeter Zufall, dem gegenüber ich – wenn es sein muß – ebenso öffentlich Rede stehen kann und werde, wie mit meiner Antwort der Fürstin. Es ist der Groll über das ruhige und jede Einmischung vermeidende Vorgehen in der Herausgabe der Schriften Liszt's, der bei dieser Gelegenheit losgeplatzt und in der Hitze des Temperamentes diese ergreift, um zu hindern, wozu man kein Recht hat.

Ich bitte Sie dringend: lassen Sie uns zusammenstehen, daß keine Unterbrechung in der Herausgabe von Liszt's Schriften stattfindet. Es ist nicht zum Nutzen derselben, auch in keiner Weise, wenn die Fürstin sie vordem noch bearbeitet. So geistvoll, so scharf und blendend sie schreibt, so wenig beachtet sie Liszt's Meinung und Anschauungen – wie ihre Behandlung und Beleuchtung der Semiten in den *Bohémiens* belegt. Dem Vatikan wird das alles gefallen – Liszt aber würde das nimmermehr geschrieben haben! Ich sprach noch mit ihm eingehend im Frühjahr darüber.

Viele solche Punkte kann ich anführen. –

Im Ganzen sind Frau Fürstin und ich nach dem Zwischenfall mit dem d'Agoult-Kapitel im besten Einvernehmen, das ich auch zu erhalten bestrebt sein werde. Nur gezwungen würde ich es brechen.

Verzeihen Sie die Schreibfehler, besser die Korrekturen in diesem Brief mit meiner Eile diese Korrespondenz zu erledigen, um an die Korrektur des gestern erhaltenen Druckbogens zu gehen.

Nbg., den 1. Nov. 1881. D. O.

4) Antwort der Herren Breitkopf & Härtel:

Leipzig, 2. Nov. 1881.

Sehr geehrtes Fräulein:

Für Ihren Doppelbrief v. 30. Okt. und 1. Nov. besten Dank. Lassen Sie die Last des zweiten Bandes Ihrer Biographie ja nicht auf Sich drücken, unsererseits liegt ein Drängen fern; ruhiges, freudiges Behagen hilft besser vorwärts als bedrückende Hast. Mag Ihnen aber besonders Freude und Genugthuung nicht durch die berechtigte Eifersucht der Frau Fürstin W. in Sachen des literarischen Liszt verkümmern. Sie haben Frl. v. Schorn gegenüber ganz richtig auf die correkte Grundlage und rechtliche Basis Ihrer Arbeit hingewiesen. Sie können sich auf uns verlassen, daß wir Ihnen in dieser Sache nicht fehlen werden. Wünschen Sie es, oder wird es gewünscht, so können wir von jenem Titel ja einen Carton drucken, doch das mag vorläufig als Mittel zu einer späteren Verständigung vorbehalten bleiben.

Hier die freundlich mitgetheilten Briefe mit Dank zurück.

Also nicht wahr, Sie machen uns die Freude Sich in diesen ritterlichen Kämpfen nicht zu ärgern, sondern gehen freudig und entschieden, aber mild in der Form, ruhig Ihres Weges weiter.

In herzlicher Verehrung ergeben
Breitkopf & Härtel.

December.

Liszt's Buch „*Des Bohémiens et de leur Musique en Hongrie*" ist in der neuen Bearbeitung der Fürstin im Druck erschienen. Es macht viel böses Blut bei den ungarischen Chauvinisten und den Juden. Man zieht die Kapitel „*Les Israélites*" in die gegenwärtig crassirende Judenhetze hinein. In Budapest und Wien regnet es Schmähartikel gegen Liszt. Auch ein Pamphlet von dem ersten musikalischen Kritiker des Pester Lloyd, Namens Schütz (lateinisch Sagittarius) erschien. In Budapest beträgt man sich elendiglich. Die Studentenjugend fordert man auf, dem Meister, wenn er dort eintreffe, eine Katzenmusik zu bringen, seine Kompositionen drängt man aus den Concertprogrammen. Auguste Rennebaum schrieb mir von dort:

„Im letzten philharmonischen Concerte sollte der Gretchen-Satz der Faustsymphonie gespielt werden. Als aber die Juden dem Musikalienhändler Dunkl erklärten: sie würden nur ihre Köchinnen in das Concert schicken, und man Demonstrationen fürchtete, ließ man die Nummer fallen! –

Man hat mich schon oft gefragt, was Sie wohl mit der Übersetzung thun werden – auslassen oder getreu sein? – ich wage mir selbst keine Antwort zu geben.

Was den Meister betrifft, so kommt er Januar hierher. Nach neuester Version aber hat er dem Unterrichtsminister geschrieben, daß er, wenn es nicht unumgänglich nothwendig sei, seines Gesundheitszustandes wegen nicht kommen würde."

Meine Antwort, auf die die Übersetzung betreffenden Fragen, wird die Zeit bringen.

14. December.

Man fragt mich von allen Seiten: was Liszt veranlaßt habe die Israeliten-Kapitel zu schreiben? – In meinen Gedanken taucht bei dieser Frage immer wieder R. Wagner's Juden-Aufsatz auf.

Der Vorgänger zu dem „Judenthum in der Musik" dürfte Disraeli's hohes Lied auf die Juden sein, das er in seinem „*Coningsby or The new generation*" dem Sidonia – dem „*Nuovo Christiano*" – in den Mund legt (Tauchnitz-Edition 1844, Seite 231/35), unter andern die Worte:

„The ear, the voice, the fancy teeming with combinations, the imagination fervent with picture and emotion, that came from Caucasus and which we have preserved unpolluted, have endowed us with almost the exclusive privilege of music" etc. ... „Enough for us that the three great creative minds to whose exquisite inventions all nations of this moment yield: Rossini[!], Meyerbeer, Mendelssohn: are of Hebrew race" – –

Man möchte glauben, daß Wagner's vernichtender Appell gegen das musikalische Judenthum von obigen Sätzen hervorgerufen wurde, oder auch, daß sie mitgewirkt haben. Ebenso halte ich dafür, daß, abgesehen von dem Eindruck, den das „Judenthum in der Musik" auf Liszt gemacht hat, das X. Kapitel des „Coningsby" seinen Ausfall gegen die Israeliten in den „Bohémiens" mitverursacht, wenigstens verstärkt hat. Liszt's Judenkapitel und das Disraeli's sind Opponenten starker Gattung. Aber Disraeli verletzt nirgends. Die verletzende Schärfe der Liszt'schen Kapitel schreibe ich indessen der Fürstin zu. Ich bewundere dieselben, doch sympathisiere nicht mit ihnen.

Der Haß, den sie bei den Juden-Journalisten hervorrufen, ist sehr begreiflich. Dabei ist aber nicht zu übersehen, daß die Bruchstücke daraus, welche bis jetzt die Presse als Hetzmittel gegen Liszt gebracht hat, Übersetzungen sehr untergeordneter Art und niedrigen Geistes sind.

Jedenfalls gehören die Kapitel nicht in die „Bohémiens". Als Motive ihrer Entstehung und Aufnahme in dies Buch kann ich mir seitens Liszt's: nur den künstlerischen Einfall, der sein Opfer packt, seitens der Fürstin: die römische Christin denken, bei Beiden: den Drang, einem Problem nachzuspüren. Judenhaß steckt nimmermehr dahinter! Das Zigeunerproblem mit dem Judenproblem gegenüber der Musik zu beleuchten, jenem künstlerisch den Contrast durch dieses zu geben –: das scheint mir der wesentliche Ausgangspunkt dieser unheilvollen Kapitel zu sein.

1882

Abgebrochene Beziehungen nach Rom. Der neue Kanonikus zu Albano – keine klerikalen Weihen. Liszt in Pest. Graf Géza Zichy. IV. u. V. Bd. der „Ges. Schriften". Englische Ausgabe der Biographie. Liszt bei uns (14./15. November). „*Bohémiens*"-Gespräche. Brendel. Der „Dornröschen"-Aufsatz.

Nürnberg, 10. Januar 1882.

Fräul. v. Schorn ist aus Rom zurück und besuchte mich heute.

Über meine Beziehung zur Fürstin liegt – – Schweigen. Frl. v. Schorn legte ihr nach Empfang meinen Brief zur Einsichtnahme vor. Sie las ihn, schwieg, und schwieg noch immer – sie gab ihr weder eine Entschuldigung noch einen Auftrag an mich mit. Somit bleibt unser persönliches Verhältnis in der Schwebe, da direkt ein Zusammenstoß zwischen uns nicht stattgefunden hat, auch keine Absage vorliegt ....

– –

Frl. v. Sch. erzählte vielerlei von Liszt, darunter folgendes. Sie besuchte ihn in Tivoli. An sein Canonicat zu Albano anknüpfend, machte sie ihm die Bemerkung: nun er Canonicus sei, werde er doch vielleicht noch die klerikalen Weihen nehmen; worauf er ihr heftig entgegnete:

»Nie! Das kann ich nicht und werde ich nicht! Das ist nicht meines Amtes!« –

Wie tobsüchtig sei er bei diesen Ausrufen im Zimmer herumgelaufen. „Was Wunder auch", sagte die Schorn – „die Klerikalen, an ihrer Spitze die Fürstin, bohren unablässig an ihm." Als er ruhiger geworden, erzählte sie weiter, habe er noch hinzugefügt:

»Sie können mir glauben, ich bete mein Brevier jeden Morgen, wenn ich aber s o l l t e, könnte ich nicht.«

Seine lilla Soutane, Baret, was eben zu seinem Ornat gehört, lag auf dem Bette – Frl. v. Schorn wollte sehen, wie es ihm stehe, setzte ihm das Baret auf und legte ihm die Soutane um. Freundlich wie ein Kind hielt er stille und lächelte zu ihrem Thun. Der lilla Sammet stehe ihm sehr gut, sagte sie.

Bezüglich seiner und der Fürstin erzählte sie mir noch, daß sie mehrmals heftigem Streite Beider beigewohnt, und einmal Liszt in wildem Zornesausbruch mit der Faust in ein Fenster geschlagen habe. Beide kamen hiedurch zur Besinnung – die Hände fest verschlungen, weinten sie heiße Thränen.

Ob er nach Budapest reise, oder in Rom bleibe, von da im Frühjahr wieder in Weimar eintreffe, wußte sie nicht.

Februar.

„Liszt ist hier!" schreibt mir *l'Enfant* aus Budapest. „Niemand glaubte, daß er kommen würde, erstens schon wegen der Judenhetze, zweitens seiner Gesundheit halber. – Man fürchtete in Bülow's Concert, das ein paar Tage nach seiner Ankunft stattfand, Demonstrationen, aber es blieb alles ruhig, wenn auch gezwungen.

Den Meister finde ich eigentlich wohler aussehend als vergangenes Jahr – nicht so dick im Gesicht – aber so anders. Er wird gar nicht mehr wild, fährt nicht auf, ist so liebevoll und sanft, daß es Einen wehmüthig berührt. Seine Hände zittern viel mehr während des Spielens, welches ihn angreift, – er athmet so mühsam dabei. Ich lausche jedem Ton mit einer Inbrunst als möchte ich ihn ewig festhalten – sein Spiel ist ganz Verklärung – leise, wie gehaucht – nur klingende Luft. Er spielte gestern in der Stunde aus der *Fis moll*-Sonate Schumann's den Mittelsatz und einen seiner *Chants polonais* – die Schüler weinten. Es war eine solche Ergriffenheit unter uns allen, ihn zu hören und zu sehen, daß noch heute jede Fiber in mir erregt ist. Es will Abend werden – aber welch ein wunderbarer Sonnenuntergang ......

Der Meister beauftragte mich Ihnen über das Kommen Zichy's nach Nürnberg zu schreiben. Liszt liegt sehr viel daran, wie er dort aufgenommen wird; er schickt ihn nur wegen Ihnen; denn Zichy wollte Nürnberg übergehen. Letzterer ist sehr begierig Sie kennen zu lernen. Seine Lieder werden hier viel gesungen. Liszt hält viel von ihnen, wie überhaupt von seinen Kompositionen; seine Gedichte sind poetisch und reizvoll; sein Spiel eben ein *unicum*.

Dabei ist der Graf so hinter dem Menschen verborgen, daß man ersteren über den zweiten vergißt und nur in unserem eigenen Bewußtsein wieder aufsucht. – Seiner poetischen Erscheinung wegen, von der er übrigens mehrere Grade eingebüßt hat (das Leben ist bei ihm ein anstrengendes Vergnügen) haben ihn die Wiener das „Blümerl" genannt.

Nicht wahr, Sie erbarmen sich meiner Neugierde und theilen mir mit, wie er Ihnen gefiel!"

19. Februar.

Expedirte heute eine Buchsendung an Liszt und schrieb ihm:

Hochverehrter, lieber Meister –:

Mit diesen Zeilen geht der IV. Band Ihrer „Ges. Schriften" an Sie ab – ein Band so reich an großen künstlerischen und humanen Ideen, Zielen und Enthüllungen, daß eine spätere Zeit das Jahrhundert, das den Autor besessen, beneiden und bewundern muß.

Die Notenbeispiele zur „Harold-Symphonie" sind, wie Sie gewünscht, dem ihr gewidmeten Theil eingefügt. – Nun noch zwei Bände und die herrliche Sammlung steht fest für alle Zeiten! –

Zum 1. März erwarten wir hier Ihren Verehrer und Schüler Graf Géza Zichy, der, wie ich zuversichtlich hoffe, von seiner Aufnahme befriedigt sein wird. Ich bin voller Erwartung ihn zu sehen – denn Sie erzählten uns viel von ihm.

Mit den verehrungsvollsten Empfehlungen von meiner Freundin sendet Ihnen mit vielen guten Wünschen Grüße der Treue und Verehrung

Ihr „Biograph"

Nürnberg, den 17. Febr. 1882 LR

Der Meister erwiderte mir:

(37.)

Verehrte, liebe vortreffliche Freundin,

Der Titel Ihres 4ten Bandes „Aus den Annalen des Fortschritts" gefällt mir besonders. Haben Sie herzlichsten Dank für alle Ihre langjährigen Mühewaltungen, zu Gunsten meiner Wenigkeit. Wenn mein Name rühmlich verbleibt, sind Sie zumeist Schuld daran.

Beiliegend ein Brief an Graf Geza Zichy, dessen ungarische Dichtungen seinen ausserordentlichen Clavier Hexereien nicht nachstehen. Ausserdem ist er mir ein hochlieber Freund.

In getreuer Dankbarkeit,
herzlich ergebenst

24ten Februar 82 – F. Liszt
Budapest.

Ob vor, oder nach Weimar, ich Sie in Nürenberg besuche, kann ich noch nicht bestimmen.

Jedenfalls aber soll das Jahr nicht vergehen, ohne dass wir uns wiedersehen. Wie gewöhnlich bin ich wieder in Weimar, Mitte April.

3. März.

An Liszt.

Lieber, theurer Meister –:

Ihr junger Freund Graf Zichy ist nicht nur am Klavier ein Hexenmeister: er strömte ein Fluidum aus, das alle Herzen bezauberte. Ich habe noch für wenige Menschen eine so rückhaltslose Sympathie empfunden wie für ihn, von dem Sie sagen, daß er Ihnen „hochlieb" sei. Das begreife ich!

Heute ist er nach Wiesbaden. Für Ihren Brief tausend Dank, und lassen Sie mich hoffen, daß ich Sie bald wiedersehe!

In hochverehrender Liebe Ihre

Nürnberg, 3. März 1882. L Ramann

Von Liszt.

Brüssel, 3ten Mai, 82.

Verehrteste liebe Freundin,

Mein herzlicher Besuch bei Ihnen, verspätet sich bis Juli – August, nach oder vor Bayreuth, in Parsifal. Vielleicht sehen wir uns schon dort: Eintritts Karte besorge ich gerne für meinen Biographen.

Heute Abend hier, Aufführung der Elisabeth – zum erstenmale mit französischem Text –

Zur Fortsetzung der Biographie sendet Ihnen übermorgen das Referat der „Indépendance belge", günstig gesinnt,

Ihrem dankbar,
treu ergebensten
F. Liszt

Nächste Woche bin ich in Weimar zurück, und verbleibe dort bis zur „Tonkünstler Versammlung["], in Zürich 9ten Juli.

An Liszt.

Hochverehrter, lieber Meister –:

Ich habe Ihnen noch für einen gütigen Brief aus Brüssel zu danken. Leider ist es mir nicht vergönnt an den schönen musikalischen Festtagen, die in Zürich und Bayreuth bevorstehen, theilzunehmen, meiner Gesundheit wegen, die mir große Ruhe – zu übersetzen mit „Entsagung" – auferlegt. Nichtsdestoweniger gebe ich die Hoffnung nicht auf, Sie theurer Meister, im Herbst noch begrüßen zu können.

In diesem Jahre werde ich anstatt hohe Bergluft, Seeluft aufsuchen und die Sommermonate still, die deutsche Ausgabe Ihrer „Bohémiens" vorbereitend, theils in hiesiger Nähe, theils an der Südwestküste Englands verbringen, wohin ich die Einladung einer mir lieben Freundin angenommen.

Von England aus hoffe ich Ihnen bald eine Neuigkeit: die englische Ausgabe Ihrer Biographie – übersenden zu können.

Die Aufsätze zum V. Bd. Ihrer „Ges. Schriften“ sind seit gestern in den Händen der HH. Breitkopf & Härtel. Die Druckbogen werden auf Ihren Wunsch von da an Frau Fürstin nach Rom gesandt werden. Leider hat dieser Band meinem Gefühl nach dadurch eine Lücke, daß es mir nicht gelungen ist Ihren Essay über Berlioz' „Benvenuto Cellini“ aufzustöbern. *„L'Artiste“* enthält ihn nicht. Die *„Gazette musicale“* auch nicht. Meine Suche werde ich aber nicht aufgeben.

Beifolgende biographische Frage darf ich wohl hoffen beantwortet zu erhalten?

Herzlich wünschend, daß Sie frisch und kräftig, das heißt: Sie selbst sind, begrüßt Sie in treuer Liebe und Verehrung

Ihr dankbarer „Biograph“

Nürnberg, den 20. Juni 1882. L Ramann

Meine Adresse wird bis Mitte September sein:

c/o Mrs. Martindale
212 High-Street
Lewes, Sussex.

Von Liszt.

(39.)

Verehrte liebe Freundin,

Also England, Seeluft, und englische Ausgabe unserer Biographie! Immer schön und schöner!

Von ihrer Zuschrift an das Weimarische Ministerium, mit welchem ich zur Zeit meiner hiesigen musikalischen Thätigkeit – von 48 – bis ungefähr 58 – möglichst geringen Verkehr pflegte, weil nur die Frau Grossherzogin Maria Paulowna, (– Hochderselben widmete Schiller die „Huldigung der Künste[“] –) meine Idee des künstlerischen Fortdauerns Weimars verstand und gnädigst unterstüzte. Ihr Sohn, Carl Alexander, sagte mir gestern, dass Er meinen gleichzeitig mit der Veröffentlichung der Broschüre: „De la fondation Goethe“ an Ihn geschriebenen Brief (50) aufsuchen wird, und mir dessen Abschrift zustellen, die ich Ihnen dann mittheile. –

Herzlich ergebenst F Liszt

22ten Juni, 82. [Weimar]

Alle Druckbogen bitte ich continuirlich nach Rom zu senden, so wie ich es Härtels schrieb.

Beiliegend die Beantwortung ihrer biographischen Anfrage*.

* Weder L. Ramanns Anfrage noch Liszt Beantwortung waren aufzufinden. (F.S.)

Franz Brendel
Lithographie von Otto Merseburger
Leipzig 1856

Nürnberg, 20. Oktober.

Sandte nach Weimar Liszt zum Geburtstag ein schön gebundenes Exemplar der englischen Ausgabe meiner Liszt-Biographie.

16. November.

Vorgestern 14. November traf er von Weimar bei uns ein, reist von hier nach Venedig zu Wagners, die dort „Villa Vendramin" für den Winter residiren, und von da Ende December nach Budapest – also diesmal nicht nach Rom? – –

Die „Bohémiens" kamen stark aufs Tapet. Die Angriffe der Israeliten-Kapitel haben ihn sehr verstimmt, ebenso wie die Judenhetze ihm zuwider ist.

»Mir ist Jeder recht, der ein ordentlicher Kerl ist – über mich haben sich die Juden nicht zu beklagen«, sagte er mehrmals im Hinweis auf die Hunderte von jüdischen Künstlern, die er gefördert hat – »die Sache ekelt mich an.«

„Und wie wünschen Sie, daß ich es mit der Übersetzung halte?" fragte ich ihn.

»Cornelius hat bei der Übersetzung der 1. Ausgabe die Kapitel weggelassen.«

„Das machen wir nicht nach!" fiel ich ihm ins Wort.

»Nein, das machen wir nicht nach«, wiederholte er mit stolzem Ausdruck, wobei seine altergebeugte Gestalt sich hoch aufrichtete. »Was gesagt ist, ist gesagt: sie sollen widerlegen! Wenn es an den wissenschaftlichen Ernst der Frage geht, geben die besten jüdischen Gelehrten mir Recht. Die Andern mögen schimpfen – ich kann es tragen –: wir lassen kein Wort, kein Komma weg.«

„Sie haben Recht, Meister. Dennoch bedaure ich die Angelegenheit – die Schimpferei; die Juden beeinflussen stark die Presse: Ihre Kompositionen werden weniger gehört werden – –"

»Ich kann warten«, entgegnete er. Dieses Wort ist sein Schild – es klang fast düster. Mir aber ist bei der Sache nicht wohl.

Es wurde das „Judenthum in der Musik" berührt. »Mit Wagner«, sagte Liszt, »verfuhr man auch nicht glimpflich – daß man je anders mit mir seitens der Presse verfahren, ließe sich nicht behaupten.«

„Wohl wahr – aber Brendel deckte Freigedank –"

»Brendel! – wir haben keine Brendels mehr. In dieser Angelegenheit war er ein Held – mir war er ein aufrichtiger, ergebenster Freund« – fügte er hinzu, und wie immer, wenn er von Brendel spricht, wurde seine Stimme weich und warm. Ich erzählte ihm, wie Brendel damals in Folge der Aufnahme jener Aufsätze, die wie ein Feuerbrand wirkten, geradezu geächtet vom Lehrpersonal des Conservatoriums und den Leipziger Künstlern allein stund, wie, als er Abends seinen Platz am Stammtisch seiner Kneipe einnahm, alle andern aufstunden und ihn sitzen ließen, wie er plötzlich gesellschaftlich unmöglich, ohne jeden persönlichen Verkehr dastand.

»Seine Charakterstärke war sein Talent – Er mußte Festes unter den Zähnen haben«, sagte er noch in Erinnerung an ihn.

Die „Bohémiens" kamen nochmals zur Sprache. Graf Zichy hatte sich mir gegen einen andern Punkt derselben ausgesprochen: gegen Liszt's Annahme: daß der Ursprung der ungarischen Musik dem ungarischen Zigeuner zuzuschreiben sei. Das sei eine Beleidigung für die Nation, meinte er; dazu sei sie ein Irrthum: ob sich bei der deutschen Ausgabe dieser nicht redressiren ließe? Als jetzt das Gespräch auf Zichy's Besuch bei uns kam, tippte ich ganz leise an, indem ich seiner bedingungslosen Verehrung für ihn gedachte und leicht hinwarf: „Nur in einer Sache ist er anderer Meinung als Sie, Meister –: er will nichts von den Zigeunern als erster musikalischer Quelle der ungarischen Musik wissen."

Als hätte er einen Schlag ins Gesicht bekommen, sprang Liszt von seinem Sitze auf und rief voll tiefster Bitterkeit:

»Weiß man das schon wieder besser? Zu was sind wir denn da? – unsere Geburt war wohl auch ganz überflüssig?!«

Ich fühlte, er war in seinem Genius verletzt. Möglich, daß ich mich verfärbt hatte – er ergriff plötzlich meine Hand: »Ich habe Sie erschreckt, verzeihen Sie«, sagte er mit noch zitternder Stimme. Und voll tiefen Ernstes:

»Was ich da aussprach, habe ich als Musiker und Künstler in Wahrhaftigkeit empfunden und g e h ö r t. Die Musik besitzt eine geistige Kryptographie, von der Wenige etwas ahnen.«

Er war wieder im Gleichgewicht. Ich weiß nun, was ich zu thun habe. Es kann immerhin sein, daß trotz der Überzeugung und der Sehkraft des Genies, welche die psychische Geheimschrift der Töne zu entziffern vermag und als historische Urkunde erkennt, ein Irrthum seitens Liszt's vorliegt. Es wäre aber ein Irrthum, den keine Zeit vollständig widerlegen wird und kann, der also trotz Widerlegung immer das Recht der Hypothese besitzt, weil die Widerlegung selbst nur hypothetisch sich aufbaut. Unter allen Umständen bleibt er ein poetischer Traum, während seine Bekämpfung chauvinistisches Rüstzeug trägt und – diesem Traum nachgeht. Demnach: ein hypernationaler gegen einen poetischen. Mir sagt der poetische mehr zu – ich stehe auf Liszt's Seite. –

Die Mitarbeiterschaft der Fürstin berührte ich auch. Wie ich vermuthete, ist die Fassung der Kapitel „*Les Israélites*" von ihr, ausgenommen die warmen hochpoetischen §§ bezüglich des israelitischen Kultusgesanges zu Wien – hier herrscht ausschließlich sein Ton und seine Sprache. Meiner Frage: ob es, um die jüdische Parthei zu beruhigen, und überhaupt, nicht besser sei die Sache richtig zu stellen und mit dem eigentlichen *status quo* nicht zurückzuhalten? entgegnete er:

»Mit nichten. Jedes Wort ist mir bekannt und von mir – *vide* Titelblatt – unterzeichnet. Mein Name steht nicht zufällig dort.« In diesem Moment war er Cavalier vom Scheitel bis zur Zehe.

„Und läßt sich nichts, gar nichts thun, die Ruhe herzustellen? Meister", sagte ich noch, halb Ernst, halb Scherz – : „ich frage als Ihr biographisches Gewissen: ‚Muß es sein?'"

»‚Es muß sein!'« lautete die Gegenformel.

– –

Gegenüber den aufregenden „Bohémiens"-Gesprächen erfreute ihn meine Bearbeitung seines „Dornröschen"-Aufsatzes. Den volksthümlichen Ton hätte er bei seiner ersten Fassung stark gewünscht, aber –

„Sie kam aus keinem Volksgemüt", ergänzte ich sein Schweigen. Er lächelte.

»Das ist auch der Fehler bei Raff's Musik«, sagte er. – Meine Hinzuziehung des W. Genast'schen Textes war ebenfalls nach seinem Sinn: »Ein gerechter Ausgleich gegen frühere Unterlassung.«

Über volksthümliche Musik äußerte er sich:

»Ihre erste Bedingung ist Naivität und Urwüchsigkeit – sie läßt sich nicht züchten. Walderde und Raffinement führen zu einer Mésalliance – eines verdirbt dem andern den Charakter.«

1883

Nochmals die „*Bohémiens*". Die „Trauergondel". Wagner †. Bei Liszt in Weimar (14./21. Juli). Seine Tochter nach Wagner's Tod – Liszt ehrt ihren Schmerz. „Spinnen" in der Hofgärtnerei. Schüler und Lehrer. Ein neuer Mephisto-Walzer. Zur I. Aufführung der Graner Messe. Bei Napoleon III. Lina Schmalhausen. Schlußband der „Gesammelten Schriften". Besuch Bülow's – „Jesus von Nazareth".

Nürnberg, 11. Februar 1883.

Aber er fand doch eine andere Antwort. Liszt schreibt mir:

(40.)

Mein gütiger Biograph

wird über den einliegenden Brief nicht ungehalten sein. Gestern (8ten Februar) brachte ihn, nach dem französischen Original, die hier erscheinende „Gazette de Hongrie“[64] und gleichzeitig die deutsche Übersetzung, das „Neue Pester Journal“ aber ohne die Einleitungs Zeilen Saissy's welche sich gut anpassen. Auch fehlen in der Übersetzung ein paar Nüancen die Sie, verehrte Freundin, sogleich herausfinden werden.

Am 1ten Februar veröffentlichte dieselbe „Gazette de Hongrie“ meine Antwort an das pariser Comité des elsasser Festivals. Anbei theile ich sie Ihnen mit, nebst dem sehr schmeichelhaften Brief des Fest Comités.

Meine diesmalige Winterexistenz in Budapest gleicht sehr den vorjährigen. Jeden Tag wenigstens 4 Stunden Briefe schreiben: dann Visiten, – geschäftliche und andere – gewärtigen: Correcturen besorgen: Nachmittags dreimal die Woche mehrere Stunden Clavier lectioniren mit ein duzend Schülern, wovon einige sich meisterlich gebahren: Abends, manchmal Conzerten beiwohnen, und zur Erholung Whist spielen.

Meinen eigentlichen Arbeiten kann ich hier kaum obliegen. In Venedig ward es mir leichter. Dort schrieb ich verschiedenes, unter andern eine dritte Elegie, Lina Ramann gewidmet. Der Titel: „die Trauer Gondel[“] („la gondola lugubre“) möge Sie nicht erschrecken. Wie Sie wissen trage ich eine tiefe Trauer im Herzen; sie muss hie und da in Noten ertönend ausbrechen.

Stets Ihr dankbar
ergebenster
F. Liszt

9ten Februar, 83,
Budapest.

Fräulein Rennebaum benachrichtigt Sie von den hiesigen musikalischen Vorkommnissen.

Herzlichen Gruss an ihre Mitwirker.

[64] Nachtrag: Dieser Brief befindet sich als No. [320 und] 321 im II. Bd. von „Franz Liszt's Briefen“, herausgegeben von La Mara.

An Liszt.

Lieber, herrlicher Meister –:

Ihr Brief hat mir eine unbeschreiblich große Freude gebracht. Zunächst Ihr Schreiben an den Redakteur der „*Gaz. de Hongrie*" in dem Sie sich literarisch so ganz als Meister der Harmonie bewähren und die schwebenden Stimmungen mit so glücklichem Ausdruck in die Tonika „Charitas" moduliren, daß dieser Brief in der That ein historisches Friedens-Dokument zu nennen sein wird. Biographisch ist er mir eine Art Erlösungswerk. Im Frühjahr in Köln oder Nürnberg persönlich mehr darüber. Bis dorthin hoffe ich das Juden-Kapitel, dieses *enfant terrible* in der Semitenfrage, in deutscher Fassung Ihnen vorlegen und über einige Punkte Ihre Bestimmung entgegen nehmen zu können.

Und nun die andere große Freude, die mich eben so überrascht hat, als sie mich ehrt: die Widmung Ihrer „Trauer-Gondel". Der Titel – nein! er erschreckt mich nicht; denn der Schmerz, diese heilige Krankheit, die allen idealen Geistern und allen höher Strebenden mehr und weniger immer ein Lebensbegleiter, ja ein Theil ihrer selbst wird, ist mir kein Fremdling, wohl aber eine Quelle mancher inneren Tröstung. Daß aber Sie mich Ihrer künstlerischen Aussprache werth halten, indem Sie mir Ihre III. Elegie zugedacht, ist für mich unendlich beglückend, und ich danke Ihnen herzlich für dieses Zeichen Ihrer Ehrung.

Die Nachricht aber, daß Ihnen der Winter keine gesundheitliche Störung gebracht, ist uns allen die Krone Ihres Schreibens: denn in Ihnen leben und weben wir. Gott erhalte Sie uns ferner so gesund!

Unter Grüßen innigster Verehrung von mir und meinen „Mitwirkern"

Ihr

Nbg., 13. Febr./83. dankbarer „Biograph".

Pscrpt.
Ich wollte diesen Brief eben postiren, als die überraschende Trauerkunde aus Venedig kam. Ich bin tief erschüttert. Läßt sich auch aussprechen, daß Wagner seine Riesenaufgabe der Kunst glänzend erfüllt [hat], so nimmt das doch den Schrei des Schreckens und der Trauer nicht hinweg, den sein plötzlicher Tod der Mitwelt entreißt – der Mitwelt und seinen Nächststehenden. Lieber Meister, ich denke hiebei an Sie und bin tief-traurig, daß Ihnen dieser Schmerz nicht erspart geblieben. Bange ich auch nicht, daß Ihr starker Geist diesen Verlust ungebeugt erträgt, so bange ich doch vor der Einsamkeit, die Sie beschleichen wird.

– Doch wir Alle stehen unter dem Schirm des Einen Willens – sei er uns Allen gnädig!

Nochmals

Ihr
treuer Biogr.

Von Liszt.

(41.)

Verehrteste Freundin,

Seit meinen Jugend Jahren halte ich das Sterben für viel einfacher als das Leben. Wenn auch öfters furchtbare, langwierige Schmerzen den Tod vorangehen, bleibt er immerhin die Erlösung unseres unfreiwilligen Joch' der Existenz.

Die Religion mildert dieses Joch, doch blutet darunter beständig unser Herz! –

„Sursum corda"!

In meinem „Requiem" (für Männerstimmen) versuchte ich der milden, erlösenden Stimmung des Todes, Ausdruck zu verleihen. Sie zeigt sich selbst im „Dies irae" wo die Schreckens Herrschaft nicht zu vermeiden war: auf der dreizeiligen Strophe „Qui Mariam absolvisti
„Et latronem exaudisti,
„Mihi autem spem dedisti"
liegt der innig sanftmüthige Accent, der von gewöhnlichen Sängern nicht leicht getroffen wird – – – – – auch erschweren den Vortrag die 2 halben Töne, aufsteigend im 1ten Tenor, niedersteigend im 2ten Tenor und 1ten Bass. Dergleichen Stimmführungen sind zwar nicht neu, doch leisten selten die Sänger die erforderliche krystallreine Intonation, ohne welche der armselige Componist unterliegt.

Unsere 3te Elegie „Die Trauer Gondel" („La gondola funebre") in Venedig letzten Dezember, unversehens geschrieben, soll diesen Sommer erscheinen, bei Kahnt der schon meine 2 früheren Elegien verlegte.

Herzlichen Gruss an Ihre verehrlichen Mitwirkenden, und stets,

Ihr
dankbar ergebenster
F. Liszt

22ten Februar, 83 – Budapest.

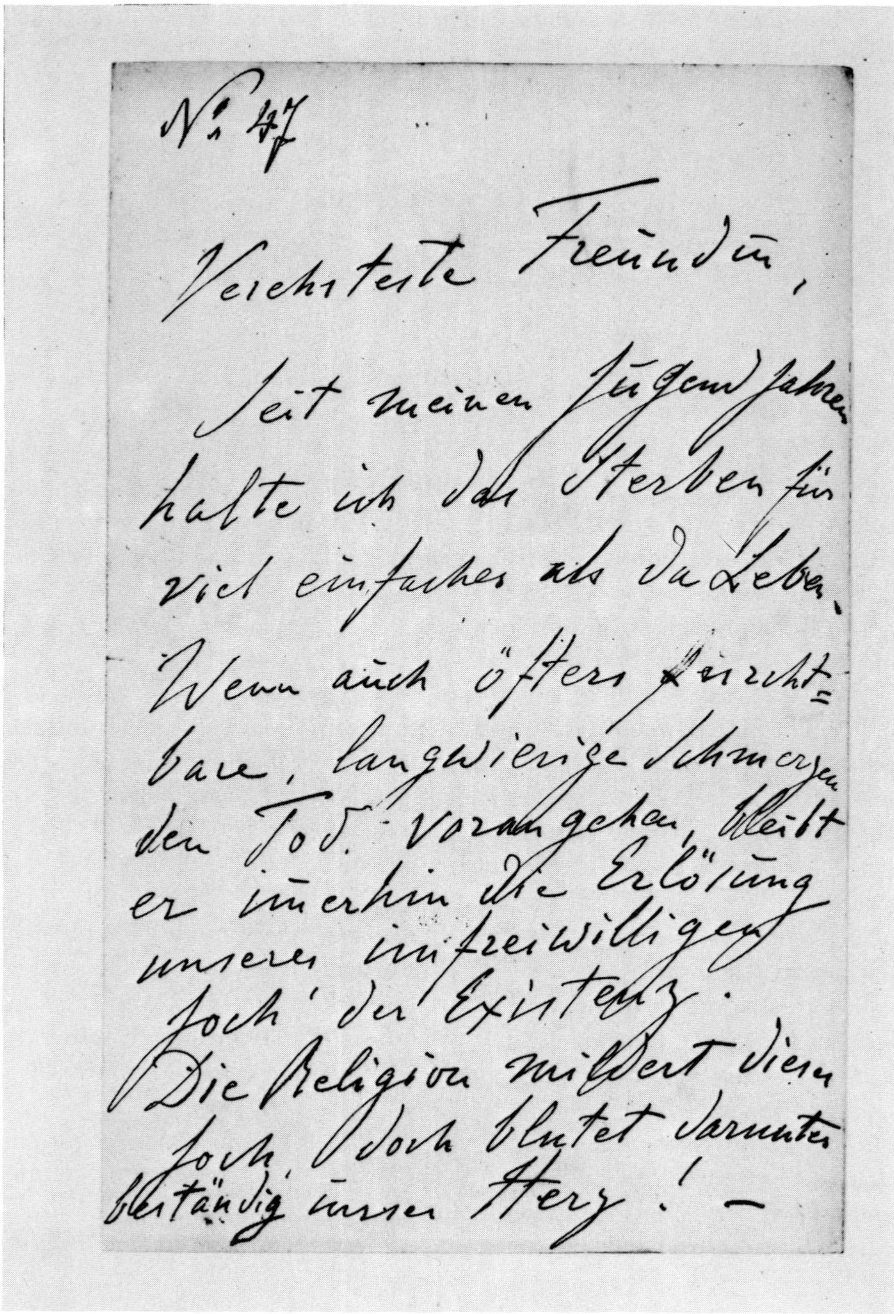

N° 47

Verehrteste Freundin,

Seit meinen Jugendjahren
halte ich das Sterben für
viel einfacher als das Leben.
Wenn auch öfters furcht=
bare, langwierige Schmerzen
den Tod vorangehen, bleibt
er immerhin die Erlösung
unseres unfreiwilligen
Joch's der Existenz.
Die Religion mildert dieses
Joch, doch blutet darunter
beständig unser Herz! —

Brief Liszts an Lina Ramann
Budapest, 22. Februar 1883

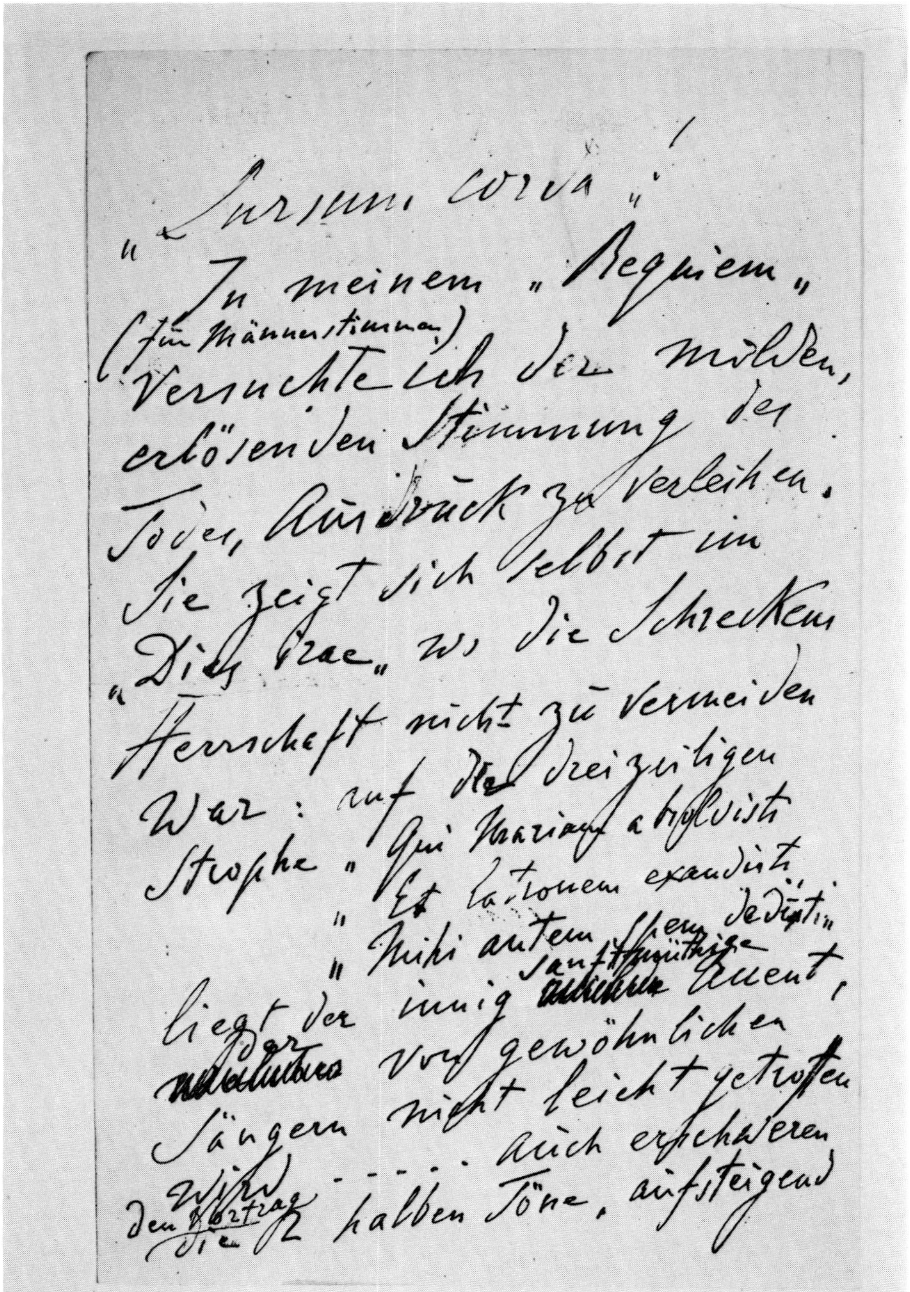
„Sursum corda"!

„In meinem „Requiem" (für Männerstimmen) versuchte ich der milden, erlösenden Stimmung des Todes, Ausdruck zu verleihen. Sie zeigt sich selbst im „Dies irae", wo die Schrecken Herrschaft nicht zu vermeiden war: auf der dreizeiligen Strophe „Qui Mariam absolvisti Et latronem exaudisti, Mihi autem spem dedisti" liegt der innig sanftmüthige Accent, der von gewöhnlichen Sängern nicht leicht getroffen wird.... auch erschweren den Vortrag die halben Töne, aufsteigend

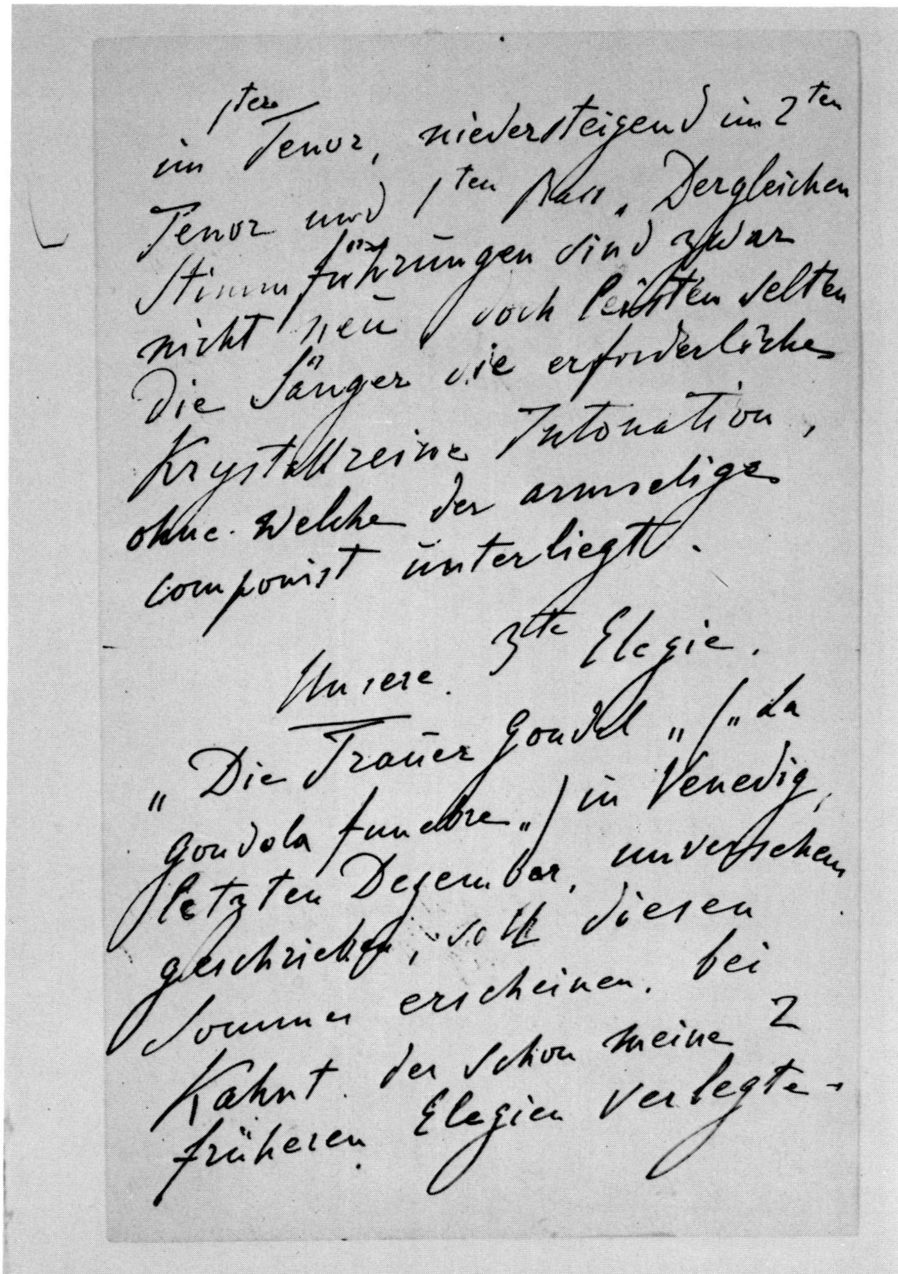

im 1ten Tenor, niedersteigend im 2ten
Tenor und 1ten Bass. Dergleichen
Stimmführungen sind zwar
nicht neu — doch leisten selten
die Sänger die erforderliche
krystallreine Intonation,
ohne welche der armselige
componist unterliegt.

Unsere 3te Elegie.
„Die Trauer Gondel" („la
gondola funebre") in Venedig,
letzten Dezember, unversehens
geschrieben, soll diesen
Sommer erscheinen. bei
Kahnt, der schon meine 2
früheren Elegien verlegte —

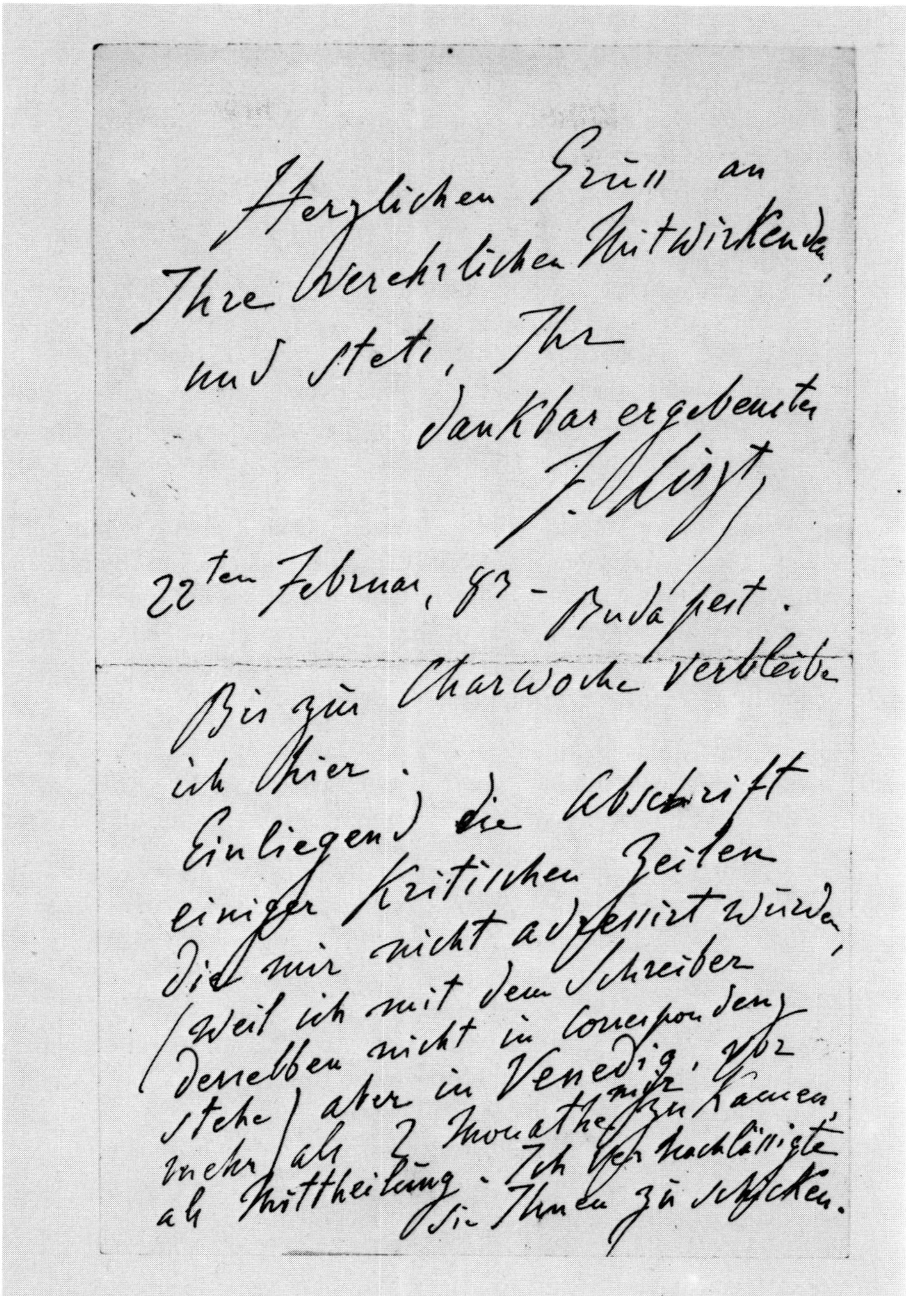

Herzlichen Gruss an
Ihre verehrlichen Mitwirkenden,
und stets, Ihr
dankbar ergebenster
F. Liszt
22ten Februar, 83 – Budapest.

Bis zur Charwoche verbleibe
ich hier.
Einliegend die Abschrift
einiger kritischen Zeilen
die mir nicht adressirt wurden
(weil ich mit dem Schreiber
derselben nicht in Correspondenz
stehe) aber in Venedig, vor
mehr als 2 Monathen mir zukamen,
als Mittheilung. Ich vernachlässigte
sie Ihnen zu schicken.

Bis zur Charwoche verbleibe ich hier.

Einliegend die Abschrift einiger kritischen Zeilen die mir nicht adressirt wurden, (weil ich mit dem Schreiber derselben nicht in Correspondenz stehe) aber in Venedig, vor mehr als 2 Monathe mir zukamen, als Mittheilung. Ich vernachlässigte sie Ihnen zu schicken.

März.

Ich hatte auf seinen Besuch gehofft. Durch Auguste Rennebaum ließ er mir schreiben: sein Weg führe ihn jetzt direkt nach Bayreuth, im Laufe des Jahres käme er jedoch sicherlich. –

Sie schreibt weiter: sein Wesen würde immer versöhnender, so mild und gütig – es wäre förmlich erschütternd mit ihm zusammen zu sein. Er sagte ihr: er könne immer Elegien schreiben, sein jetziges Dasein sei nur noch eine Elegie.

„Aber dann manchmal wieder richtet er sich auf, schüttelt die Mähne und ist ganz der Löwe; so die erste Zeit nach Wagner's Tode. Es war interessant zu sehen, wie er sich gegen den Schmerz bäumte; er ließ ihn nicht an sich heran – er kam mir wie gewappnet vor. Jetzt ist er wieder ganz harmonisch. Ein Arzt, der ihn genauer kennt, sagte mir: seine Constitution sei noch außerordentlich – 20 Jahre könne er noch leben."

Weimar, Belvedere-Allee No. 5
14. Juli/83

Ich reise auf einige Tage hierher – nahm Ina Löhner mit als Sekretair und gesundheitliche Garde-Dame. Noch im Reisemantel trat ich bei dem Meister ein, der mich erwartete und in mein Logis – Privatlogis bei Frau Schütz – geleitete. Sein Aussehen ist gut – sein Wesen, wie Auguste (R.) es mir geschildert.

Ich erwähnte Wagner's, fühlte ihm aber ab, daß er hierüber lieber schweigt. Nun erzählte mir Frl. v. Schorn nahezu Unglaubliches. Liszt wollte von Pest aus seine Tochter in Bayreuth besuchen und – sie lehnte seinen Besuch ab ... Cosima wolle fortan zurückgezogen nur dem Schmerz und der Trauer um ihren Todten leben – sagt Frl. v. Schorn. Liszt sei beim Empfang ihres Briefes außer sich gewesen, wie sie ihn nie gesehen. Seitdem gebrauche er mehr Cognac als sonst, es sei manchmal kaum mit ihm auszukommen.

Armer, armer Meister! Zum zweiten Mal, daß seine Lieblingstochter einen tiefsten Schnitt in sein Seelenleben verübt – – –

Als ich heute ein Stündchen allein mit ihm war, setzte er sich vor seinen Schreibtisch, schlug sein Brief-Conceptbuch auf und deutete auf eine Seite, sie zu lesen. Als ich geendet, zog ich nach einer Pause mein Notizbuch aus der Tasche: „Darf ich?“ fragte ich.

»Nicht für die Biographie«, entgegnete er, worauf ich:

„Nein, Meister: für mein Tagebuch.“

»Ja«, sagte er. So copirte ich folgende Billete: das 1te und 3te an seine Enkelin Daniela, das 2te an Feustel.

Très chère Daniela,

Votre mère a le Génie du cœur. Sa raison est d'égale hauteur. Je comprends, admire et l'aime de toute mon âme.

Votre grand père
F Liszt

7 Mai, 83 –
Weimar.

Hochgeehrter Herr!

Meinem aufrichtigen Dank für Ihre gütige Einladung muß ich leider das Bedauern beifügen, diesmal nicht nach Bayreuth zu kommen.

So lange meine Tochter in ehrwürdigster Abgeschiedenheit ihre hohe Trauer fortführt, werde ich mich daran nur in der Ferne näher betheiligen.

Hochachtungsvoll ergebenst
F. Liszt

2ten Juni 83, Weimar –

Très chère Daniela,

j'écris à Feustel mes très sincères remerciments pour sa bienveillante invitation, – et mes affligés regrets de ne pas la suivre.

Votre mère fait toujours bien, et mieux, au superlatif idéal réalisable en ce bas monde.

Malgré ma sénilité, je continue de travailler en musique, et resterai ici quelques mois encore.

Mes lectures sont „les quatre vents de l'esprit“ de Victor Hugo, et les: „dramatische Bilder“ – „Helden und Welt“ de Stein. Ceux-ci me plaisent singulièrement.

Veuillez bien dire à Madame de Schleinitz mes tendres respects et à Mr de Wollzogen ma fidélité au culte de Wagner.

De plein cœur
votre grand papa
F.L

12 Juin 83 –
Weimar.

Am 16. Juli.

Im Ganzen ist es still in der Hofgärtnerei – man sagt mir, die hervorragenden Künstler seien schon fort – trotzdem ist viel Lärm um sie. Dumme Geschichten sind im Umlauf und haben dem „alten Herrn" Ärgerniß bereitet. Zudringlichkeit und Eifersucht, Eitelkeit und Eigennutz heißen die Spinnen, die ihr Netz um ihn ziehen.

„Zerreißen Sie das Gewebe – verbannen Sie die Störenfriede", bat ich ihn heute.

»Ich habe es versucht«, entgegnete er müde. »Rücksichten binden mich: die Eine erhält Unterstützungsgelder von einem Großindustriellen, der sie ihr entziehen würde, sobald ich sie verweise – die Andere ward mir aus hohem Mund empfohlen. Sie sehen – – ich bin gebunden.« Er legte mir hierauf hieher bezügliche Schriftstücke hin, Briefe u. dgl., die ich durchlas.

»Die Eine«, bemerkte er noch zähneknirschend – »ist eine Canaille – die Andere ist unvorsichtig, aber ehrlich.«

Schweigend legte ich die Briefe wieder hin – das Thema ward nicht mehr berührt.

Unter den gegenwärtig in Weimar anwesenden Pianisten dürfte kaum Einer befähigt sein, auch nur annähernd zu begreifen, was der Meister giebt und was seine Lehre bedeutet. Intelligenzlosigkeit und dabei eine geringe technische Bildung bildet den Durchschnittsgrad ihrer Befähigung. Der Meister machte sich wieder durch Ironie Luft. Aus ihr ist ebenso seine Lehre wie seine Kritik zu lesen.

Gegenüber einem Unverbesserlichen, den er dem mechanischen Dudel nicht entheben konnte, rief er schließlich aus: »Wird noch ein Conservatorium gründen!« Und bei einer Genossin des Unverbesserlichen, setzte er sich an den Flügel und spielte die erste Cramer-Etüde in Conservatoristen-Manier. –

Bei Stellen rhythmischer Begleitung, wie z.B. –:

,

deren Achtel ein Spieler bald betonte:

 bald verlängerte: 

corrigirte er: »Sich nicht die Hausnummer anschauen, bevor man eintritt!«

*

Er spielte mir zwei Novitäten vor »*première fraîcheur*«, wie er sagte: eine *Seconde Valse oubliée* (für die Baronin v. Meyendorff) und Bruchstücke eines neuen Mephisto-Walzers (für Mme Jaëll). Ich konnte mich nicht gleich hineinfühlen, namentlich nicht in die Mephisto-Stimmung, die ich weit weg wünsche aus dem Sonnenuntergang des Lebens. Bedrückt schwieg ich. »*Première fraîcheur*«, sagte er nochmals, aber gereizt. „Ich verstehe die Auszeichnung, lieber Meister – aber, verzeihen Sie, ich freue mich nicht an solchen Stimmungen", erwiderte ich. Er verstand, was ich meinte –: der gereizte Gesichtsausdruck wich und traurig seufzte er: »Sie haben Recht« – und wir weinten still ......

Der Harfen-Virtuos Posse aus Berlin ist zur Zeit hier. Er spielte mir gestern Abend unermüdlich vor, auch Übertragungen Liszt'scher Kompositionen von ihm selbst. Posse ist ein hochfeiner und bescheidener Künstler, der das ästhetische Empfinden stark betont. –

Vormittags war der Posaunist Prof. Grosse bei mir und erzählte mir von den Reisen, die er als „Leibposaunist" mit dem Meister gemacht, namentlich nach Pest und Gran 1856 und nach Paris 1866 zur Aufführung der *Missa solennis,* Graner Fest-Messe genannt. Nach ihm:

In Folge akustischer Mißverhältnisse war die Aufführung in Gran unter mittelmäßig, der Kaiser sprach sich gegen die Posaunenparthie des jüngsten Gerichts aus – war nicht für Liszt gestimmt. In Folge dessen konnte der Fürst-Primas diesen nicht zur Hoftafel laden, was Liszt tief beleidigte. Der Marschalltafel, zu der seine Einladung lautete, kehrte er den Rücken und erregt und empört mischte er sich unter die Volkshaufen, die die Straßen durchzogen und sich um die Wein-Brunnen schaarten, welche zur hohen Festfeier die Munificenz der Regierung ihnen fließen ließ. In Hüten, Bechern, Töpfen suchte man das köstliche Naß zu erhaschen – es war ein heißer Tag und die Sonne brannte.

Auch der beleidigte Meister stand erhitzt vor dem Brunnen und füllte seinen eleganten Hut mit dem feurigen Wein, und in langen Zügen suchte er Erquickung – – An einem Baum gelehnt, blaß, ohne Hut und seiner kaum mehr bewußt, fand ihn nach längerem Suchen Grosse. –

Von Paris erzählte er mir, daß die Intriguen gegen Liszt, wie auch in Pest, „nimmer schön gewesen". Dabei umdrängten ihn dermaßen Besucher und Einladungen, daß er kaum Zeit zum Schlafen fand. Man bestürmte ihn, eine Photographie, einen Namenszug zu erobern. »Leider ließ mich mein Photograph im Stich: holen Sie sich bei ihm eine solche.« Und sie gingen zum Photographen. Als Liszt abreiste, präsentirte ihm derselbe eine Rechnung von 600.– Francs! –

Einen Abend in den Tuilerien erwähnte Grosse auch. Der Meister spielte Napoleon III. und der Kaiserin Eugenie bis spät in die Nacht vor. Sie waren seine einzigen Zuhörer; an der einen Seite des Flügels saß neben ihm der Kaiser, auf der andern die Kaiserin. Als Liszt heimkehrte, flog er die Treppen hinauf (er wohnte – leider vergaß ich den Namen der Straße – vier Treppen hoch), umarmte leuchtenden Auges Grosse und rief aus: »Grosse, heute habe ich schön gespielt!«

18. Juli.

Im selben Haus, wo ich Logis fand, wohnt die Liszt-Schülerin Lina Schmalhausen. Ihre Zimmer liegen neben den unseren – ihren Salon trat sie freundlich mir ab. Bei dem Meister erfreut sie sich freien Zutritts zu jeder Tagestunde – er hat sie unter seinen besonderen Schutz genommen. Gebe Gott, daß ihm seine Vereinsamung und das ihn nie verlassende Poesiebedürfnis nicht abermals einen Streich spielt. Sie ist keine Kosackin, aber ich weiß nicht – ein Wort, das er mir vor Jahren gelegentlich eines Gesprächs über „*La cosaque*“ sagte, klingt mir beständig im Ohr:

»Der Fehler, den ich gemacht habe, war, daß ich ihr vertraute. – Ich kann nicht für mich einstehen, daß mich nicht noch einmal die Leidenschaft packt.« ......

Dieses gilt nicht mehr für heute, selbst wenn es eine persönliche Beziehung färben sollte. Gemüthliche Bedürfnisse, wie das Familienleben sie zeitigt, stehen in erster und letzter Linie. Hinweg mit jenem Wort.

20. Juli.

Morgen ziehen wir heimwärts. – Meine Zeit war sehr ausgefüllt – die Ruhestunden mußten für Correkturen herhalten (das Zigeunerbuch ist im Druck) und sonst fast immer in der Hofgärtnerei.

Ich fand Liszt nicht so harmonisch, wie mir Auguste geschrieben – die Ereignisse dieses Jahres lasten auf ihm, wenn auch sein edler Stolz dagegen reagirt – aber dieser deckt doch nicht das schmerzende Vatergefühl. Und reckt sich der Mensch auch königlich bis zum Himmel hinauf: er bleibt ein Mensch .... Zu allem noch die Ärgernisse und Taktlosigkeiten, das Gewäsch und Geklatsch, das sich an ihn hinandrängt! Ist denn die Heilighaltung und Unantastbarkeit des Alters im Leben wirklich nur eine Poesie? – Seine Gesundheit bedarf der Schonung.

Meine biographischen Errungenschaften blieben in den Gränzen des Atmosphärischen.

Nassau, 18. Sept. 1883.

An Frau Clara Schumann, Frankfurt a/M.

Hochgeschätzte Frau!

Das Glück einer persönlichen Begegnung mit Ihnen, verehrte Frau, wurde mir noch nicht zu Theil – doch glaube ich hoffen zu dürfen, daß mein Namen (insbesondere als Biographin Liszt's und Herausgeberin seiner Schriften) Ihnen nicht ganz unbekannt geblieben ist. Und hierauf fußend, erlaube ich mir Ihnen eine Bitte auszusprechen.

Ich bin darüber den II. Bd. der Biographie Liszt's zu conceptiren. Derselbe beginnt mit dem Jahr 1840 – der Zeit, in welcher Liszt's persönliche Begegnungen mit Ihrem verstorbenen Herrn Gemahl beginnen. Zur Feststellung hieher bezügl. Daten und Thatsachen wäre es mir im hohen Grad wünschenswerth Ihnen persönlich einige Fragen vorlegen zu dürfen, und bitte ich um die Gunst mir einen Besuch bei Ihnen bewilligen zu wollen.

Am 26. dss. Monates werde ich durch Frankfurt reisen, doch dort kurz Aufenthalt nehmen in der Voraussetzung, daß Sie, hochverehrte Frau, angesichts der Sachlage und der Bedeutung correkter Darlegung – selbst wenn nur äußere Beziehungen zwischen Geistern berührend, die berufen waren in das Kunstrad ihrer Zeit einzugreifen – mir willfahren. Bitte hierüber um Ihre gütige Rückäußerung.

Unbekannt darüber ob diese Zeilen Sie z. Z. in Frankfurt treffen werden, recommandire ich sie.

Genehmigen Sie noch, hochgeschätzte Frau, die Versicherung meiner großen Verehrung!

L Ramann

22. September.

Und heute die Antwort [per Postkarte] Clara's!

21. Sept. [Poststempel 83]

Geehrter Herr,

Sie finden mich hier, jedoch kann ich Ihnen erst bei Ihrer Hierherkunft eine Zeit bestimmen, wo Sie mich finden, bitte daher schriftlich bei mir anzufragen und mir Adresse anzugeben, wohin ich meine Antwort richten soll, vor allem, welchen Tag Sie hier sind. Achtungsvoll

Cl. Schumann

Frankfurt a/M., „Frankf. Hof" No. 222
26. September.

Sofort nach meiner Ankunft meldete ich selbe bei Frau Schumann und bat um ihren Empfang. Lakonisch lautete ihre Antwort, per Visitenkarte:

Frau Clara Schumann,
täglich zu sprechen von 5 – 6 Uhr.

Im Begriff, die Künstlerin zur bestimmten Zeit zu besuchen, erhielt ich folgendes Billet, das, augenscheinlich [und selbst in der Namensunterzeichnung gar] nicht von ihrer Hand geschrieben ist, auch im Gegensatz zu Clara's ersten Zeilen die Anrede wechselt:

Frkft. a/M., d. 25ten

Mein Fräulein,

es stellt sich heraus, daß es mir morgen (! Anm. LR.) nicht möglich ist, Sie zu sehen, da ich den ganzen Tag in Anspruch genommen bin.

Herzlich bedauernd
Clara Schumann

[NB: trotzdem noch mit Unterschrift-Schnörkel! D. Herausg.]

Nürnberg, 28. September.

Also erging es mir mit Clara, der einst großen Künstlerin!

*

„Ächt Clara Schumannisch", erwiderte mir Bertrand Roth, der mir freundlich des Abends im Hôtel Gesellschaft leistete und dem ich meine Enttäuschung erzählte. Ihr Haß gegen Liszt erstreckt sich auf alles, was mit ihm in Zusammenhang steht. Roth weiß davon zu erzählen! Manch' ähnliche Geschichte und manch' kleinliche Intrigue hat er erlebt und erduldet. – –

Roth hat sich vortrefflich entwickelt[65]. Sein ernstes Streben musikgeschichtlicher und pädagogischer Richtung bot reichlich Stoff, einen ärgerli-

[65] Er wirkt zur Zeit als Lehrer am Raff-Conservatorium unter und neben Bülow's Schüler Schwarz. „*Rouge et noir*" nennt Liszt scherzhaft beide Künstler.

chen Vorfall und das unnütze Zeit- und Geldopfer meiner biographischen Leidensstation Frankfurt für den Moment vergessen zu machen.

*

Bei dieser Gelegenheit sei eines kleinen Vorfalls in der Hofgärtnerei gedacht, welcher charakteristische Streiflichter über die individuelle Auffassungsverschiedenheit Liszt's und Schumann's wirft.

Es wurde Schumann's „Widmung" in der Bearbeitung Liszt's gespielt. Bei der Stelle

„Du hebst mich liebend über mich,
Mein guter Geist, mein bess'res Ich" –

rief Liszt aus: »Ja, ja, das hat mir Clara nie verziehen, daß ich das ‚bess're Ich' nicht verinnerlichte. Hinaus muß es! Hinaus – über uns!«

(Bei Schumann zieht bei dieser Stelle sich der Klang leise zurück. Liszt veränderte sie und gab ihr einen großen breitfliegenden Charakter.)

Nürnberg, November.

Die Correkturbogen zu dem letzten und schwierigsten Band der Gesammelten Schriften Liszt's begleiteten mich auf meiner Ferien- und Erfrischungsreise nach Amsterdam und in das nahe Nordseebad Zandvoort – nun liegt der Band fertig vor mir.

Diese Arbeit wäre also beendet – Liszt's literarische Erzeugnisse sind gesichert – ein Schritt weiter ist erreicht. Ich schrieb an ihn, der noch immer in Weimar weilt:

Innigst verehrter Meister –:

Von Breitkopf & Härtel erhielt ich heute morgen das erste Exemplar der deutschen Ausgabe Ihrer „Bohémiens", das nun sogleich zu Ihnen wandern soll, wobei ich mich der Hoffnung hingebe, daß deren vorliegende Fassung keine verfehlte ist und mein „Nachflug" Ihres ebenso eigenartigen als hochschwingenden Gedankenkreises die Verehrer Ihrer Schriften vermehren werde.

Das Israeliten-Kapitel habe ich, sorgfältigst jedes Wort in seiner Tragweite bemessend, ungekürzt wiedergegeben. Nach Ihrem schönen Versöhnungsbrief an Saissy schien mir dieses das Richtige zu sein, um nicht den Schein eines Widerrufes – was jener ja nicht sein sollte – auf Sie zu laden und ein neues Halloh hervorzurufen. Ohne den Sinn jenes Kapitels zu schwächen, suchte ich es im edelsten Wortlaut wiederzugeben.

In den Verlagsmittheilungen Br. & H.'s habe ich meine Ansicht mit einigen Worten zur Stellung des Buches ausgesprochen.

So viel hierüber – alles Mehr mündlich, wenn der „große Tag" kommt, der Sie zu uns führt und auf den ich und meine Freundin Volckmann uns schon lange freuen. Inzwischen präparire ich noch musikalische Fragen, die ich mir dann erlauben werde Ihnen vorzulegen. Ich beschäftige mich zur Zeit viel mit harmonischen Analysen Ihrer ungarischen Musik, mit dem Suchen nach „zigeunerischen" Tonschritten in derselben – Arbeiten zum 2ten Band Ihrer Biographie.

Vorige Woche concertirte Bülow hier. Er spielte die [Sonaten] Opus 110 und 111 von Beethoven – unbeschreiblich vollendet und weihevoll. Vormittags war er bei mir. Zu meiner Freude fand ich ihn gemüthlich so viel ruhiger und harmonischer als früher. Warum soll nicht auch bei ihm Segen aus Leiden erwachsen? Alles Höhere ist schmerzgeboren – –

Nun leben Sie wohl. Gott erhalte Sie recht kräftig und frisch – und vergessen Sie nicht

Ihren
getreuen „Biographen"
L Ramann.

Nürnberg
19. Nov./83.

19. November.

Bülow besuchte mich am 15. dss. Monats. In einer Angelegenheit mit der Fürstin wünscht er meine Vermittlung – eine mir sehr unangenehme Commission, die mich doch auch wieder erfreut. Seit dazumal wurde keine Zeile mehr zwischen uns gewechselt, obwohl k e i n Bruch zwischen uns ausgesprochen ist. Die arme große Frau ist für mich noch heute wie immer ein Gegenstand warmer aufrichtiger Verehrung, die durch nichts Abbruch erleiden kann.

Ich schrieb ihr:

Hochverehrte Frau und Fürstin –:

Verzeihen Sie, wenn ich in Ihr Schweigen hineintrete und vielleicht Ihren Unwillen errege. Aber v. Bülow besuchte mich heute und bat mich dringend in einer ihn betreffenden Sache Ihnen zu schreiben – möge das der Geleitsbrief sein, der mich bei Ihnen vertritt und diese Zeilen bei Ihnen entschuldigt.

Die Sache selbst gilt einem Manuskript, das nach Bülow's Mittheilung dieser vor *circa* dreißig Jahren die Ehre hatte in Ihre Hände zu legen: die Partitur „Jesus von Nazareth" von R. Wagner. Diese Partitur erbittet er durch mich von Ihnen zurück.

„Es ist mir Herzenssache, meiner Tochter Daniela ein kostbares Weihnachtsgeschenk zu machen", sagte er. „Um eines zu kaufen, bin ich zu arm – aber dieses *Ms* wird ein solches für sie sein."

Hiemit ist mein Auftrag erledigt und bitte ich um einige Worte der Rückäußerung an mich oder an Bülow.

Diese Zeilen aber, hochverehrte Fürstin, möchte ich nicht absenden, ohne ihnen die besten Wünsche für Ihr Wohlbefinden, als auch die Versicherung meiner unwandelbaren Verehrung und Dankbarkeit beigefügt zu haben, mit der ich verbleibe

Ihre ergebene

Nbg. 15./XI/83. L Ramann.

Ende December.

Ihre Antwort erfolgte umgehend, persönlich und liebenswürdig.

Bezüglich der Wunscherfüllung Bülow's ist freilich keine Aussicht, indem das *Ms* mit anderen Werthgegenständen aus der Altenburg-Periode in Kisten versiegelt auf dem Gr.-Herzogl. Hofamt zu Weimar sich befindet[66] und gegenwärtig nicht erreichbar ist.

In Folge dieser *Ms*-Angelegenheit stand ich bis jetzt mit der Fürstin, mit Bülow und seiner Tochter Daniela in Correspondenz. Letztere enthält mir eigenthümlich genug den Brief der Fürstin an mich vor, den ich zur Kenntnisnahme an Bülow gesandt hatte –

[66] Nachtrag 1894: Nach Liszt's Tod und dem Ordnen seiner Hinterlassenschaft fiel das *Ms* (ein Prosa-Entwurf) an die Wagner-Familie zurück.

1884

Liszt bei uns (1.–3. Februar). Unwohlsein, trübe Stimmung. Musikalisches. Das Tonsystem der Zukunft. Bach. Beethoven. – Whist. Abschied. Gute Ankunft in Pest.

Wir in Weimar (18. Mai bis 4. Juni). Abendrout zu Ehren der Fürstin Marie v. Hohenlohe. „Stunde". Ein denkwürdiger Ausgang mit Liszt. Die Hofgärtnerei: Domicil Liszt's. – Während der Tonkünstler-Versammlung (die „Hl. Elisabeth" in Scene; Liszt dirigirt; *„Salve Polonia"*; alte und neue Bekannte; Musikalisches; Liszt als Wächter der Künstlerehre; Pianistisches; ein Künstler-Rout; Elise Schmidt; die „Graner"; der Hof zu Liszt; *„Sakuntala"*; Whist; Mme Jaëll). – Pfingsten. Im „Staarenkobel". Diner *à quatre*. Domesticales. Eine Spazierfarth nach Tiefurth. Reminiscenzen. Whistspiel und Poeterei. Ein letzter Moment.

Liszt bei uns (25. und 26. Oktober). Vorher: Louise Otto. „Ungarisches Königslied". Ankunft Liszt's. Am Lesetisch. Plaudereien; ein heiterer Abend. Im „Rothen Roß" – „Schießen Sie erst den Bären!" Ungarische Tonleiter. Pädagogisches. Mein „Liszt-Psalmen"-Kapitel. – „Schule". Des Abends. Nachrichten aus Pest. Die Erzherzogin Valerie besucht den Meister.

Nürnberg, 1. Februar 1884.

Seit Ende November v. J. erwarte ich Liszt, der noch immer, mehrmals am Reisen durch Unwohlsein gehindert, in Weimar weilt. Heute scheine ich ihn erwarten zu sollen. Ein mir unverständliches Telegramm von Dr. Gille aus Jena läßt mich so schließen. Es lautet:

„Bitte Liszt das heute früh erfolgte Ableben Achille's mitzutheilen. Reise soeben nach Weimar zur Ordnung alles weiteren. Gruß

Jena 1./II./84 Gille.“

2. Februar.

Der Schnellzug der Werra-Bahn war angekommen (gestern) – ich erwartete den Meister nicht mehr und saß bei gedämpftem Lampenlicht an meiner Arbeit. Da stand er plötzlich im Zimmer – er keuchte, seine Haltung gebeugt. Die ganze Zeit nicht wohl, war noch dazu sein Diener erkrankt – Frau v. Meyendorff trat ihm den ihren ab. Sie selbst hatte ihn bis Eisenach begleitet. Hier übernachtete der Meister und reiste mit einem späteren Zug hierher. So entstand die Überraschung.

Das Telegramm verstand ich nun auf einmal. Ich gab es ihm – er war ganz erschüttert, es zitterte in seiner Hand und eine Thräne fiel darauf.

»Also todt – todt«, murmelte er – »der arme Teufel!« Er konnte sich gar nicht erholen. Erdfahlen blaß, müde, gebrochen saß er vor mir.

Endlich wurde er ruhig und sein Gesichtsausdruck lebendiger. Ich erzählte ihm von der Amsterdamer Ausstellung, von den Javanen, Chinesen, Surinamen, was ihn allmählich von sich und den trüben Geschichten abzog. Als ich ihm von den musikalischen Merkwürdigkeiten erzählte, von den „singenden Steinen“, die ein Franzose ausgestellt hatte und die in Bewegung gesetzt – d. i. in Schwingung – gleich den volltönigsten Militairpfeifen, rein und rund im Klang, harmonisch gestimmt, Volksmelodien mehrstimmig sangen, – von dem merkwürdigen „Gamalan der Javanen“ und meine Beobachtungen bezüglich ihrer Rhythmik und Harmonie, ward er ganz Spannung; noch mehr so, als ich erwähnte, letztere hätten mich mehrfach an die uns von ihm erschlossene zigeunerische Musik erinnert –: einfache gerade Rhythmen, Naturharmonien, und im Vortrag häufig ein Beben, dem Cimbal ähnlich, das oft ergreifend, ja mächtig anschwoll.

»Tanzlieder?« warf er ein.

„Mehr Tanz-Dramen“, entgegnete ich und beschrieb, was ich bereits in einem Essay für Leßmann zu beschreiben versucht.[67]

[67] „Allgemeine D. Musik-Ztg.“ [1884].

Er sprach nun von den Tonsystemen indischer Stämme und warf hin, daß das europäische Tonsystem heutiger Zeit in seiner Weiterentwickelung bei dem Vierteltonsystem ankommen werde. Als ich ihn zweifelnd ansah und seiner Hypothese entgegenhielt, daß mich die Javanen-Musik, deren Tonleiter sich auf dem Vierteltonschritt zu bauen scheine, als nackter, ohrenzerreißender Lärm berührt habe, aus dem ich erst allmählich eine Art Ordnung und Gesetz herausgehört, und es mir nicht denkbar sei, daß eine zum höchsten Gefühlsausdruck entwickelte Kunst, wie unsere heutige Musik, sich zu solchen Klängen hinwenden könne, erwiderte er bestimmten Tones:

»Warum nicht? Das beruht auf physische[r] und psychische[r] Entwickelung – sie steht nicht still, sie schreitet mit dem Fortschritt der Dinge –: was kann nach der Chromatik und Enharmonik anderes kommen als der Viertelton? Das Wie wird die Zeit lösen.«

Er war aufgestanden und ging im Zimmer auf und ab, setzte sich jedoch sogleich wieder wegen Schmerzen oberhalb des Knies – er müsse sich erkältet haben, meinte er. Ida füllte schleunigst einen Gummi-Wärmbeutel mit heißem Wasser und legte ihn ihm an die betreffende Stelle. Erst wollte er nicht, dann aber ließ er ihn sich doch gefallen, und als wir ihm sagten, der Beutel hieße bei uns „*baby*", lachte er und hatte seinen Spaß daran. Als wir uns zu Tisch setzten, sagte er: »Nehmen wir das *baby* mit – es hat mir wirklich gut gethan.« Es lag den ganzen Abend auf seinem Knie.

Liszt genoß kaum etwas und klagte über Appetitlosigkeit und Frost. Wir veranlaßten ihn sich bald zur Ruhe zu begeben. Schon nach 9 Uhr brach er auf. Im „Rothen Roß" war sein gewohntes Zimmer für ihn bereit, der Kammerdiener wartete schon draußen, um ihn abzuholen.

„Erlauben Sie, daß ich Sie als Diakonissin begleite?" fragte Ida, die eine Mischung von Kamillen- und Pfeffermünzthee in die Tasche gesteckt. Im Hôtel ließ sie ihn aufbrühen. Als der Diener ihr meldete, der Meister sei bereits zur Ruhe, [ging sie zu diesem,] reichte ihm den Trank und blieb noch ein Viertelstündchen an seinem Bette sitzen. Dankbar und geduldig, wie ein Kind, sei er gewesen – sagte sie.

Später.

Ida wollte eben ins „Rothe Roß", als er schon auf dem Sebaldusplatz sichtbar ward. Sie eilte ihm entgegen und führte ihn zur Treppe herauf.

»Ich habe vortrefflich geschlafen, wie lange nicht – Dank *baby* und Thee – ich fühle mich ganz erfrischt«, hörte ich ihn schon sagen. Bei seinem Eintreten ins Zimmer setzte er hinzu: »Kinder, bei Euch wird mir immer wohl.«

Er war in der That merkwürdig frischer und hatte bereits so und so viele Korrespondenzen erledigt, worunter ein Brief nach Weimar mit Bestimmungen bezüglich der Grabstätte seines Dieners Achille. »Achille war ein braver Mensch – er soll anständig gebettet werden«, bemerkte er gegen uns.

Nun unternahmen wir die gewohnten biographischen, musikalischen, zeit- und tagesgeschichtlichen Kreuz- und Querzüge. Mitten im Gespräch, wurde Herr und Frau v. Schorn gemeldet, ersterer ist der Bruder Adelheid's und am Gewerbe-Museum angestellt. »Nehmen Sie an«, bestimmte der Meister, »doch des Abends sind wir unter uns.« Frau v. Schorn sah sehr gut aus, lachte und plauderte nett. Als sie sich empfahlen, flüsterte mir plötzlich Liszt zu: »Wollen Sie sie nicht auf heute Abend zu einer Whist-Parthie – – ?« Und so geschah es.

3./II. Vormittags.

Ich komme vom Bahnhof, wohin ich mit Ida den theuern Meister geleitet. Dort waren unsere Lehrerinnen und Schülerinnen schon auf dem Perron. Als er bequem in seinem Coupé saß, gut in Decken gepackt, auch das *baby* schön warm dabei, traten sie heran und warfen ihm Veilchen und andere Blumen zu. Wir hatten ihm auch Veilchen ins „Rothe Roß" gebracht, ein Sträußchen steckte ich ihm ins Knopfloch. »Aufmunterung zur Bescheidenheit«, sagte er heiter. Jetzt freute er sich ebenfalls – er war so bewegt ....

»Ich werde Ihrer Pflege Ehre machen – Sie sollen bald von mir hören«, sagte er noch beim letzten Händedruck.

Gott schütze ihn! –

Der gestrige Tag verlief nur zu schnell. Nachmittags komponirte er am „Stanislaus" – dann hörte er Schülerinnen an, corrigirte und spielte einiges selbst. Zuerst Fuge aus dem „Wohltemperirten Klavier", wobei er auf die Frage: welcher Ausgabe er den Vorzug gebe? erwiderte:

»Kroll's Ausgabe ist die beste – ich benutze Czerny.«

„Und Tausig's?" –

»Tausig hat es sich leicht gemacht – er hat sich an Czerny gehalten.«

Dann spielte er noch die *Es dur*-Sonate *opus* 27 von Beethoven – wunderbar! Einfach, ganz Gesang, ganz Form und doch Freiheit! Das veranlaßte mich, ihm als „höchster Kritik" einen Passus aus dem *Ms* des II. Bandes vorzulesen, welcher auf seine Beethoven-Vorträge sich stützend, von der Wiedergabe der Kompositionen Beethoven's handelt.[68] Er stimmte zu meiner Freude vollständig damit überein – ich mußte ihm die Seiten zweimal lesen.

[68] Später: S. II[1]. Band meines Lisztwerkes, Seite 115 u. f.

»Sachlich und literarisch vortrefflich – besser und Besseres läßt sich nicht sagen«, meinte er.

Zum Souper waren Schorn's da, dann spielte man Whist. Der Meister war heiter, aber stiller denn sonst – er war mit den Elementen eben doch nicht vertraut. Seine stehende Redensart: »Adelheid läßt grüßen!« bei verfrühtem Hergeben der Stichblätter, hatte er Gelegenheit oft zu gebrauchen zum jedesmaligen Vergnügen Herrn und Frau v. Schorn's. Es ging sehr harmlos zu.

Schon gegen 10 Uhr erhob sich der Meister. »Ich habe Ihnen noch einige Skalen zu notiren«, wandte er sich im Hinweis auf ein Harmonie-Gespräch, das wir im Laufe des Tags gehabt, zu mir und ging zum Schreibtisch. Die Anderen blieben beim Spiel. Während er schrieb, plauderten wir gedämpften Tones über Persönliches. Dann fragte er nach einem Künstler, den wir Beide gut kennen.

»Er kommt nicht weiter«, sagte der Meister – »was halten Sie von ihm? Ohne Umschweife!« – fügte er hinzu, als ich zögerte.

„Ohne Umschweife, Meister: er kommt als Künstler nicht weiter, weil er als Mensch nicht weiter kommt."

»Wieso?«

„Er will als besonders reiner und bedeutender Charakter gelten. Er könnte es sein, aber Ich-Leidenschaften, Eitelkeit zerfressen heimlich seine bessere Natur und seine Anlagen – ihm fehlt der Muth der Wahrheit: er ist nicht ehrlich gegen sich selbst."

Liszt hatte die Feder hingelegt, mit seltsamem Blick kam das vielsagende Wort über seine Lippen:

»So ist es. Die Wahrheit birgt Reue und Sühne –, es ist das Geringste, ehrlich zu sein.« Bewegt und innig umarmte er mich, verbeugte sich gegen die Andern und verließ das Zimmer.

4. und 6. Februar.

Ein Telegramm meldet Liszt's glückliche Ankunft in Pest – ein Brief vom Kammerdiener folgte und berichtet ausführlich.

16. Februar.

Liszt sandte uns zu unserer Überraschung sehr praktische Piano- und Flügellampen – eine Novität.

1. März.

Nachricht von ihm selbst. Er schreibt:

(42.)

Wohlbehalten, gesund, war ich vorigem Sonntag und Montag in Pressburg. Dort dirigirte ich, zu Ehren des 50jährigen Priester Jubiläums des hoch ehrwürdigen Bischofs Heiller in dem von Ihm herrlich restaurirten Dom, die Ungarische Krönungs Messe, deren Aufführung sich sehr anständig erwies.

Bis Ostern verbleibt hier,

Ihr herzlichst ergebener

28ter Februar 84 [Budapest]. F. Liszt

Inzwischen erfuhr ich schweren Verlust. Meine getreue Susanne v. Tucher schied nach zweijährigen, großen Leiden aus dem Leben, erst 46 Jahre alt. Der Adel und die Reinheit ihrer Seele drückten sich in allem, selbst im Kleinsten ihres Thuns aus. Meine Liszt-Arbeit verlor an ihr einen treuen Beistand. Wie vor Jahren bei der „Christus"-Studie und meiner Reise nach Rom, sprang sie hülfsbereit ein, so oft es Noth that. Die schöne Selbstlosigkeit ihres Wesens, das Verständnis und die innige Antheilnahme an meinen Bestrebungen – wie war das schön! Und so wird es bleiben, nach des Dichters Wort:

Was wir bergen
In den Särgen,
Ist der Erde Kleid.

Was wir lieben,
Ist geblieben,
Bleibt in Ewigkeit!

Nürnberg, 17. Mai/84.

Morgen reisen wir nach Weimar zur Tonkünstler-Versammlung, welche das Fest des 25jährigen Bestehens des „Allg. D. Musik-Vereins" begeht. Wir haben Logis in der Belvedere-Allée ganz in der Nähe der Hofgärtnerei auf *circa* 2 Monate gemiethet. Ida gedenkt nach der Versammlung dort zu bleiben und Liszt's Schüler-Nachmittagen beizuwohnen. – Am 22. Mai folgen uns für die Zeit der Concerte unsere Lehrerinnen, Ina Löhner an der Spitze; desgl. ein halb Dutzend Vorgerückte unserer Schülerinnen. Auch unser Freund Karl v. Tucher, der seit Susanna's Heimgang sich noch nicht recht mit Menschen zusammenfinden kann, wird sich uns anschließen.

Die Versammlung verspricht viel Hörenswerthes. Liszt hatte mir, auf die erste Nachricht unserer Beteiligung, bereits geschrieben:

(43.)

Verehrteste liebe Freundin,

Herzliches Willkommen in Weimar, sagt Ihnen und dem „Wander Professor“.[69] Leider ist meine Behausung der „Hofgärtnerei“ zu beengt, um Ihnen Logis anzubieten, wie ich es zur Zeit der Altenburg thuen konnte.

Unser diesmaliges Programm der Tonkünstler Versammlung ist furchtbar überladen; bringen Sie also geduldig ausharrende Ohren mit.

innigst dankend
und ergebenst
F. Liszt

30ten April, 84 –
Weimar.

Weimar, 19. Mai.

Liszt ist nicht anwesend, was mir eigentlich lieb ist – ich bin elend erkältet. Er weilte in Dresden, dann Leipzig („Christus“-Aufführung), kommt heute zurück, hat Abendgesellschaft zu Ehren der Fürstin Hohenlohe, die gegenwärtig hier weilt. Es seien viele Herren und Damen vom Hofe eingeladen, auch einige Künstler, berichtete Pauline.[70]

Waren Vormittags im Theater zu einer Probe. Dirigent: Müller-Hartung – *Te Deum* von Hector Berlioz. Brachten Müller-H. Blumen – er feiert heute seinen 50. Geburtstag. –

Hörten nur den letzten Satz des *Te Deum*: „*Judex crederis*“. Charakter sehr düster, jedoch großartig – für die Bläser immense Schwierigkeiten – hochbedeutend die Durchführung des Haupt-Themas, das wie mit Eisenklammern uns gepackt hält.

[69] „Wanderprofessor“ –: ein Scherzname, den Liszt gelegentlich heiteren Tischgeplauders Ida Volckmann bei uns in Nürnberg beigelegt hat. Bülow's Wander-Reform-Concerte mit den „Meiningern“ veranlaßte den Meister zu der Äußerung: »Zu meiner Zeit wäre so etwas nicht gegangen. Sie werden sehen, es kommt noch so weit, daß die Dirigenten mit ihrem Taktstock als Dirigir-Virtuosen durchs Land wandern« –

„Na“, lachte Ida, „da dürfen wir Lehrer nicht zurückbleiben – wir wandern mit, und lehren gleich *primavista* pro eine Stunde ein Stück – alles nach Taxe je nach Werth und Rang des Komponisten – Sie, Meister, sind der theuerste.“

»Bravo!« rief Liszt belustigt – »Sie sind der erste Wander-Professor!« Das Wort blieb mündlich und schriftlich bei uns im Gebrauch.

[70] Frau Pauline Apel hatte, als sie noch sehr jung war, in Diensten der Fürstin auf der Altenburg gestanden. Seit Anfang der 70er Jahre versah sie Liszt's Zimmer-, später auch Küchendienste, so oft er in Weimar wohnte.

20. Mai.

Wir machten gestern einen langen Spaziergang im Park und kamen sehr müde nach 7 Uhr heim. Zu unserer Überraschung fanden wir von Liszt eine Einladung zu seiner Gesellschaft vor:

(44.)

Der Biograph, und seine Freundin, sind gebeten heute Abend, „Hofgärtnerei“ von

Ihrem dankbarst
ergebenen
FL

Montag Mittag.

Schnell Toilette – um 8 Uhr gingen wir hin.

Die Fürstin Hohenlohe kam einige Minuten später. Liszt stellte mich ihr sogleich vor – eine liebenswürdige, edle Erscheinung; geistig lebendig, natürlich, und doch jeder Zoll Fürstin. Sie streckte mir die Hand entgegen und zog mich vertraulich zu sich aufs Sopha.

„Meine Mutter hat so freundschaftlich“ – das war ihr Wort – „von Ihnen gesprochen, ich freue mich Ihnen zu begegnen.“ Nun sprachen wir von der Fürstin, die, wie sie richtig sagte, zu einsam lebe und dadurch den Maßstab für Menschen und Verhältnisse verlöre. Und dgl. m. – Ich erwähnte den Sturm, den sie (Fürstin H.) in Rom erlebte und der mich schuldlos betraf.

„Und hat er sich gelegt?“ fragte sie.

„Er ist besänftigt, wir wechselten letzten Winter einige Briefe.“ –

„Nun, das freut mich“ u.s.f. – fragte nach dem Erscheinen des II. Bandes der Liszt-Biographie. „Ich bin darüber – – nur Ihre Frau Mutter – –“

„Ah – –“ machte sie gedehnt. Das war ein wunder Fleck. Graf Wedel's traten ein – – ich war entlassen.

Ich sprach viel mit Lassen – zunächst über Bülow. In der Hülsen-Affaire stehe er auf seiner Seite – nur die Form! Ich vertheidigte sie:

„Hätte er in der schärfsten Weise über die Zustände geschrieben, so wäre das höchstens von einigen Hunderten gelesen worden, aber nimmermehr hätte er Tausende zu einer Kritik der musikalischen Zustände der Reichshauptstadt erhitzt und erregt – diese Wirkung konnte er mit nichts –“

„Na, wenn Sie diese Form vertheidigen, vertheidigen Sie Dynamit“, unterbrach mich Lassen.

„Sie erschrecken mich! ich denke an keinen musikalischen Phönixpark! – Geben Sie mir den Schlüssel zu anderem. Wie kommt es, daß Bülow nicht daran will, Liszt's symphonische Dichtungen mit seinem Orchester aufzuführen wie Beethoven's Werke? Ich bohre und bohre, ohne daß es mir gelingt."

„Unbegreiflich! Was aber soll man von einem Künstler, wie Bülow, denken, der nicht weiter geht als bis zu den ‚Meistersingern'? Dem die ‚Nibelungen', ‚Parsifal' nichts sind? Bülow ist manchmal unbegreiflich!"

Mme Jaëll war auch anwesend (sie hatte uns Nachmittags besucht und nicht gefunden), auch Weingartner, der junge Komponist der „Sakuntala", Freiherr v. Loën (sehr liebenswürdig gegen uns), Frl. v. Schorn u. A., Baronin Meyendorff – sie hatte die Gnade mich zu bemerken.

Und nun zu Liszt!

Wie mir Pauline zugeraunt, hatte er nach seiner Rückkehr ordentlich gegessen und bis zur Ankunft seiner Gäste gut geschlafen. Er sah wohl aus, sein ehernes Antlitz ganz Milde und Güte. Bewillkommte in gewohnter Herzlichkeit seinen „Biographen" und den „Wanderprofessor". Als Wirth war er voll Aufmerksamkeit. Ein fliegendes Büffet war arrangirt. »Bei mir finden Sie keine *beefsteaks*«, haranguirte er mit einem Seitenblick auf mich, wie nun seit bald zehn Jahren sobald es ans Bewirthen geht.

Nach dem Thee wurde musicirt – ein junger Rotterdamer, van de Sandt, spielte Liszt's Mazeppa-Etüde. Tapfer und kräftig. Von der Idee, d. i. von der Charakteristik keine Spur, und diese von der Mazeppa-Etüde genommen, dann ist sie eben eine Bravour-Etüde und zwar eine recht dissonanzige! Mme Jaëll spielte „*Les jeux d'eaux à la Villa d'Este*". Da konnte man Wunder erleben – sie begann glatt, virtuos, begann mit dem Stück und hörte mit etwas ganz anderem auf! Der Meister schaute verblüfft drein, dann lächelte er. Ähnliches passirt ihr manchmal in der Erregung. – Dann spielte sie eine ihrer Kompositionen. Ida's und mein Blick traf sich – wir dachten beide an Bülow's boshafte Recension.......

Wir gingen $\frac{1}{2}$ 12 Uhr.

Übrigens hat die Baronin Meyendorff sich sehr verändert. Sie ist stärker geworden, hat eine neue Frisur, moderne Tournüre etc. Gegen Liszt soll sie lauer sein. Sie kommt nicht mehr täglich von 12 – 1 Uhr wie früher – war erst 2mal bei ihm seit seinem Hiersein. Die Abende verbringt er aber noch regelmäßig bei ihr.

Früh gegen 10 Uhr suchten wir Frl. v. Schorn auf, dann Liszt, fanden hier Mme Jaëll; sie liest und componirt häufig bei ihm. Er war ganz Er. Leichte Plauderei herüber, hinüber. Wir sprachen vom Frauenpantoffel.

„Ich weiß nicht, was das ist", sagte die Jaëll mit ihrem Gesicht, das halb träumend, halb geistlos, nicht immer aufmunternd ist.

„Was das ist: der ‚Pantoffel'? – eigentlich bedeutet er ein Stück Verkörperung des Frauendaseins", ironisirte ich.

»Verkörperung?« – fing der Meister das Wort auf, »Pantoffel? stimmt nicht – – der ist zu formlos.«

In solchen Momenten ist er ganz der alte.

Alsdann bei Burkhardt's – im Archiv. Inzwischen gab Müller-Hartung seine Karte bei uns ab.

21. Mai.

Die Kammerfrau der Fürstin Wittgenstein, Frau Pickel, ist diese Woche hier, die Möbel etc. zu lüften. Ida ging, als wir es hörten, sogleich zu ihr, zu fragen: ob sie mir die Bilder *resp.* die Gemälde der Fürstin zeigen möchte? „Nein", war die Antwort, sie dürfe nicht, die Fürstin habe verschärft befohlen, sie niemanden sehen zu lassen. „Doch wenn der Herr Doktor Sie hinführt, muß ich – er hat dann die Verantwortung."

Den Wink benutzend, bat ich sogleich den Meister um diese Gunst. Einen Moment schwieg er, dann mit eigenthümlicher Betonung: »Ich will Sie hinführen, aber – – –« er legte den Finger auf den Mund. »Morgen Früh 10 Uhr holen Sie mich ab.«

Wir waren Nachmittags zur „Stunde" bei ihm. Es wimmelte von angehenden und bekannten Pianisten und Pianistinnen. Mme Jaëll, Siloti, Petersilia und Frau, Reisenauer, van de Sandt, Friedheim, Lachmund und Frau, sowie eine Masse unbekannter. – Die ersten Spielerinnen waren unter mittelmäßig, erbarmenswerth und selbstbewußt. Eine Pianistin spielte die *Harmonies du Soir* –

»Ich empfehle Ihnen Hünten«, sagte der Meister unwirsch; und als nach mehreren anderen Vorträgen ähnlicher Art, Gottschalg eine Schülerin Franz Kullak's präsentirte, die mit Bach debütirte, ward er zornig und rief:

»Das habe ich schon ein halbes Dutzend mal ebenso gehört, so fürs Haus gespielt – aber ein Dutzend mal schon besser!« Ironisch ließ er sich über die „Musikprofessoren" und ihre Leistungen aus. Man war wie erlöst, als Reisenauer vor dem Flügel saß und die Dante-Sonate spielte – musikalisch saß jeder Takt, dabei elastisch, gesund, natürlich, das Forte außerordentlich, das Piano zart und schmeichelnd – alles Poesie und Traum.

„Reisenauer hat eine Zukunft!" wandte ich mich, ihn bewundernd, zu Liszt.

»Ja«, stimmte er zu, »wenn er sich hält – – die Bowlen und –«

„Er wird sich halten – ganz gewiß!" unterbrach ich ihn zuversichtlich.

»Meinen Sie?« sagte er erfreut ob meiner vertrauensvollen guten Meinung – »hoffen wir es!«

Als die Masse sich verzog, hielt uns Liszt zu einer Whistparthie zurück, desgl. Siloti, Mme Jaëll u. A. Nach einigen Parthien forderte er die beiden auf, den „Nächtlichen Zug" zu probiren, der von Dr. Fr. Stade zweiklavierig gesetzt, dem Schuberth'schen Verlag zufällt. Sie kamen in Folge der „schnottelichen" Ausgabe, wie Liszt sie nannte, nicht zur sachlichen Klarheit: Jul. Schuberth's Nachfolger, Rüppel, hatte ökonomisch die zwei Klavierparthien nicht partiturmäßig übereinander stechen lassen, in Folge dessen sich keine Möglichkeit einer einheitlichen Ausführung der Komposition ergab. Liszt war blaß vor Ärger. Zu seiner Beruhigung erbot ich mich, an Stade zu schreiben und in seinem (Liszt's) Namen gegen diese verstümperte Ausgabe zu protestiren. – Gegen 8 Uhr gingen wir nach Hause, begleitet von Siloti.

Donnerstag, 22. Mai.

Gegen 10 Uhr holte ich Liszt ab. Den Brief an Stade legte ich ihm vor – er war zufrieden damit. Nur ein Wort hatte ich zu ändern, was dem Brief einen bestimmten Wurf gab und den Meister wieder charakterisirt. Bei dem Protest gegen das Arrangement hatte ich vor dieses Wort „Verleger-" zu setzen, so daß es „Verleger-Arrangement" hieß: damit Stade nicht meine, er (Liszt) sei von seiner Arbeit nicht befriedigt.

Unten an der Gartenthür wartete Ida. Der Meister erlaubte, daß sie uns begleite. Er führte mich – dabei sagte er nochmals: »Niemand etwas sagen, die Pickel darf kein Wort schreiben – die Fürstin soll es durch mich erfahren, aber mündlich. Hu! sonst gäb's ein Donnerwetter –«

Inzwischen kamen wir ans Haus. Die untern Räume waren schon aufgeschlossen und Frau Pickel, etwas gekniffen, empfing uns. Schränke, Sophas, Schreib-, Toilettentische und Stühle, Spiegel, Vasen u.s.f. sind von Zimmer zu Zimmer aufgeschichtet. Liszt stürzte sogleich einem Flügel zu und machte ihn auf: »Der war in meinem Arbeitszimmer auf der Altenburg«[71] –, »Sehen Sie, das war mein Schreibtisch!«

„Ein historischer –"

»Plunder! – Aber hier: das ist Beethoven's Flügel.« Mit einer gewissen Hast öffnete er ihn – »Er ist ächt, hier das Zeichen« –, dabei wies er auf die im Flügel eingezeichneten Handschriften J. B. Cramer's u. A., den Gebern desselben, las laut die Inschrift Broadwood's – musterte die kurztastige, nur sechs Oktaven umfassende Klaviatur und sagte gedankenvoll: »Auf diesem hat er oft gewüthet –«

[71] Ein *Boisselot et fils.*

In einem andern Zimmer stand ein dünnbeiniges Klavier Mozart's. »Solche giebt es mehrere – Beethoven-Flügel nur den einen. Spina schenkte ihn mir –«

„Im Jahre 1846" schaltete ich ein – „zugleich mit dem Silberpult –"

»Ganz recht – wo ist denn das?«

„Auf dem Schloß, Herr Doktor, mit sechs anderen Kisten voll Kostbarkeiten und Preciosen" – die Pickel.

»Der Ehrensäbel auch?«

„Der auch – alles versiegelt."

»Doch wegen des Flügels – Spina also schenkte ihn mir – hatte ihn wohl für tausend Gulden gekauft – damals! – ginge heute nicht mehr. Ich will, daß er nach Pest einmal komme.«

„Ins Liszt-Museum, das die Fürstin wünscht? Haben Sie es endlich bewilligt?"

»Bewilligt? Nein«, sagte er mit seinem so naturwahren festen Ton – »ich bewillige nichts. Mir kommt es nicht zu, ein Liszt-Museum zu bestimmen – das ist die Sache Anderer.«

„Immer der Musiker – der eingeborene Takt." Er lächelte und nickte. –

»Nun zu den Bildern!« gebot er.

„Drei Treppen höher, Herr Doktor –" wieder die Pickel. Ich sah ihn fragend an – »Ich steige hinauf«, bestimmte er. Die Treppen waren steil; auf meinen Arm gelehnt stieg er mit uns hinan. Nach der ersten hielt er einen Moment an und las ein Thürschild. Es trug den Namen: Wasiniewsky – wir gingen weiter. Nach der zweiten hielt er wieder an und las: »Lassen – er hat Einquartirung von der ‚*Indépendance Belge*'[72]; ich trete einen Moment ein – gehen Sie inzwischen hinauf.«

Die Gemälde waren in einem Dachstübchen und standen in großen Rahmen auf dem Boden gegen die Wand gekehrt. Beide Pickels, er und sie, waren oben. Ich benutzte die Gelegenheit und setzte beiden auseinander – wie schon früher eingehend gegenüber der Frau – daß ich Zeichnungen der Möbel wünsche, die in Liszt's Arbeitszimmer auf der Altenburg gestanden, zum Zwecke, dieses Zimmer als eine durch den Genius geheiligte Stätte im Bilde reconstruirt der Nachwelt übergeben zu können. Der Mann begriff, die Frau? sie schüttelte den Kopf: sie dürfe nicht.

Der Meister trat ein: »Nun zeigen Sie!« Zuerst brachte der Mann einen großen Rahmen von lithographirten Lisztbildern, die, aneinander gereiht, von den Knaben- bis zu den Mannesjahren reichten. »Das war eine Liebhaberei der Fürstin – ist biographisch, aber werthlos. Den Scheffer!« – befahl er.

[72] Mme Tardieu, deren Gatte als Feuilleton-Redakteur an dieser Zeitung betheiligt ist.

Ary Scheffer: Die heiligen drei Könige (Ausschnitt)
Ölgemälde, 1841

Ary Scheffer: Franz Liszt
Ölgemälde, Paris 1837

Lorenzo Bartolini: Franz Liszt
Marmorbüste, Florenz 1838/39

Ernst Rietschel: Büste der Prinzessin
Marie von Sayn-Wittgenstein, Weimar 1854
Zeichnung von B. Schmitt, Weimar 1875

Da stand das herrliche Bild vor uns: „Die Könige aus Morgenland" –: der eine die Weisheit, der zweite die Wissenschaft, der dritte die Liebe. Der letztere in halb liegender Stellung, das Auge groß verklärt, ganz dem Himmel zugewandt, an dem der Führer der Suchenden, der Stern, erglänzt, trägt Liszt's Züge. Das Bild ist durch den Stich vervielfältigt, was aber die Farbe ausdrückt, ist unbeschreiblich. Der nach des Künstlers Intention die Liebe offenbarende König ist in Stellung, Farbe, Blick, Ausdruck, eine Eingebung ersten Rangs – der hehre Geist der Liebe athmet eine Hingabe und einen lyrischen Fluß, wie sie unter den Künsten vorzugsweise dem Wesen der Musik eingebildet ist. „*Simon Joannis, diliges me?* – liebst du mich?" stieg es aus dem „Christus"-Oratorium in mir auf.

»Nun das andere Bild!« befahl er, fast barsch. – Frau Pickel stellte Liszt's Bildnis, 1835 von Ary Scheffer gemalt, neben das andere, das ihr Mann noch hielt. Auch dieses ist vielfach durch den Stichel reproducirt. Welcher Ausdruck! Das war dasselbe Johannesantlitz, doch vermischt mit den Petrarka-Sonetten Liszt's, die an inniger, überirdischer und wonniger Poesie in der ganzen Musik so einzig dastehen. Ein unbeschreibliches Gefühl der Weihe und Rührung ergriff mich – ich sah, wie Ida die Thränen aus den Augen stürzten – ein feierliches Schweigen hielt uns im Bann. Nur um etwas zu sagen, fragte ich: ob beide Gemälde im selben Jahr gemalt seien?

»Zum zweiten – dem Könige – saß ich nicht. Ich weiß nicht, wann es gemalt worden, wußte auch nicht, daß Scheffer mich benutzt hat. Einestags sagte die Großherzogin – damals noch Erbgroßherzogin – zur Fürstin: ‚Das beste Bild Liszt's besitzt mein Vater in Holland'. ‚Das muß ich haben, um jeden Preis!' – die Fürstin. Da die Gemäldesammlung verkauft wurde, erstand sie es. Sie bezahlte eine große Summe dafür.«

Inzwischen hatte Pickel ein drittes Bild aufgestellt: Liszt's Portrait von Rahl 1853 (?) gemalt. Es zeigt ihn in voller Manneskraft – noch jetzt Zug um Zug getreu – ein Bild von Genie, Kraft, ruhiger Männlichkeit.

Liszt stand neben mir – da faßte er von der Seite meine Hand und preßte sie so heftig, daß ich einen Schrei unterdrückte – seine war feucht, kalt wie Eis. Ich sah auf, eine Todtenblässe lag auf seinen gewaltigen Zügen, die Augen tief in ihren Höhlen, ein fürchterlich erhabenes Bild des Schmerzes – mit gepreßter Stimme raunte er mir zu: »Das ist mir ein Grab –« Ich hielt seine Hand fest und sah ihm ins Auge, dessen erstarrter Blick sich in Resignation löste. Ich wußte, es kostete ihm die größte Überwindung mir diese Bilder und alles das zu zeigen, diese Zeugen des großen Lebens und geistigen Ringens auf der Altenburg.

Die andern Gemälde hatten kein Interesse mehr für mich – wir gingen, er immer auf meinen Arm gestützt. Unten angekommen, bat ich nochmals die

Parterreräume zu betreten. Ich wollte gern die Sanduhr noch sehen, die gleichfalls in Liszt's Zimmer auf der Altenburg war und die ich in Beziehung mit der Fuge der „Ideale" weiß.

»Da ist sie«, zeigte er auf sie hin – »über ihr hing ein Stich Dürer's, die ‚Melancholie' – ich hatte sie gern – sonst hatte ich keine Bilder an den Wänden.«

Wir sahen noch eine Büste der Prinzessin Marie, der jetzigen Fürstin Constantin v. Hohenlohe, von Rietschel an, in Marmor, wie Liszt sagt, vorzüglich getroffen.

»Eine Anekdote von Rietschel, die seinen Charakter kennzeichnet. Die Fürstin hatte ihn kommen lassen dieser Büste wegen. Die Prinzessin hatte ihm einige Male gesessen, da kam er bestürzt zu mir: ‚Helfen Sie – ich habe sie verfehlt!' – So etwas dürften unsere heutigen großen Künstler schwerlich sagen«, fügte er ironisch hinzu.

„Und die Fürstin?" – fragte ich.

»Anderntags erschien natürlich die Prinzessin bei ihm, und er begann seine zweite Arbeit, die Sie gesehen.«

Noch zeigte er mir eine andere Büste, ebenfalls Marmor – gleichsam ein Seitenstück an jugendlicher Lieblichkeit, auch im Format: Liszt's Jünglingsbüste, von Bartolini in Florenz 1838 gemeißelt. –

Als wir ins Freie traten, athmete er tief auf. »Nun lassen Sie uns auf den Kirchhof«, sagte er, die Stimme noch immer gepreßt. Meinem fragenden Blick entgegnete er:

»Das macht mir nichts – aber hier, dies ist ein Grab.«

Auf dem Weg kamen wir wieder ins Plaudern: »Nun werde ich Ihnen zeigen, wo Achille liegt – er bekommt ein Marmorkreuz von mir. – Hummel liegt auch hier – gehen wir zur Fürstengruft.«

„Wir kennen sie, Meister", hielt ich ihn ab – „und alles, was Bedeutsames hier weilt – lassen Sie uns lieber umkehren."

»Dann wollen wir Mme Jaëll einen Besuch machen, sie wohnt in der Freimaurerloge.« – Sein Ton klang erleichtert, er war bereits ersichtlich müde. Auf dem Weg dahin sprach er von den Ständen und deren Kastengeist. »Die Gesellschaft ist eine Hierarchie der Verachtung«, recitirte er, »ein Paradoxon, aber wahr.«

Die Jaëll nannte er sarkastisch einen „Freigeist" – ganz Nibelunge, ganz Parsifal – alles zusammen – »ist nicht wie wir«, wobei er mit inniger Güte in Ton und Blick sich zu mir gewandt.

Aus einem Parterre drang Klavierspiel – der I. Mephisto-Walzer. Sogleich war er unterm Fenster. »*Bravo*, Siloti« – rief er hinein – »*bravissimo!*« Alsbald ward des jungen Russen schlanke Gestalt am Fenster sichtbar. »Nur weiter, weiter! *bravo!*« rief er von neuem, als jener sich sogleich wieder an den Flügel gesetzt und fortfuhr, wo er abgebrochen.

Mme Jaëll war nicht zu Hause. »Gehen wir zur Norwegerin – sie wohnt in der Nähe – dann sind meine Besuche abgemacht – ich bin gern exakt.« Der „Norwegerin", einer Schülerin der Jaëll, kam diese Ehre jedenfalls unerwartet – große Aufregung unter den Menschen, bei denen sie wohnte. Überhaupt konnte man immer sehen, wie Liszt auf der Straße, überall, die Aufmerksamkeit auf sich lenkt, trotzdem er einen großen Theil des Jahres doch in Weimar verbringt. In dem Hause, wo er besucht, rotten sich die Frauen zusammen, um zu knixen, wenn er passirt, oder nur aus der Ferne ihn zu sehen. Alt und Jung grüßt mit einem Respekt, wie er dem Großherzog nicht ehrfürchtiger widerfährt.

Wir gingen zusammen bis zur Hofgärtnerei: »Also – tiefstes Stillschweigen über unsern Gang! Ich selbst werde von ihm der Fürstin berichten.« –

Nachmittags: Whist – wir zwei, Liszt, Frau Jaëll, »Ossiana«, wie er sie nennt, seitdem sie Parthien aus Ossian zu komponiren gedenkt. Der Meister war frisch und geistig belebt.

Freitag, 23. Mai.

Lernte Mme Tardieu kennen – eine geborene Rheinländerin, angenehme Frau. Auf dem Büreau sprach ich Gille, Stern etc., nach dreißig Jahren W. Tschirch. – „Elisabeth"-Probe. –

Besuch von Liszt. –

»Im Wagen komme ich zu Ihnen«, hatte er Früh geäußert – »Sie erhalten eine Staatsvisite.« Ida war ihm bis zur Hausthür entgegen geeilt. Als er im Zimmer war, brach er ingrimmig mit einem Löwengesicht los:

»Hab' die Herren auf dem Büreau eben eingeseift – ist das eine lahme, liederliche Wirthschaft – die Seife wird wirken!« Es galt namentlich Gille und Kahnt, die wenig freundlich die Fremden-Angelegenheit besorgen und zu spät begonnen, die Anordnungen auszuführen.

Liszt sah das „Gebet des hl. Franziskus" bei mir liegen. »Mein Schutzpatron ist Franz von Paula, nicht von Assisi. Ich werde Ihnen von Pest aus einen Kupferstich nach einer mir von Steinle verehrten Zeichnung schicken – eingerahmt.«

„Zu gütig, lieber Meister, – aber den Rahmen kann ich ja –"

»Ich bin zwar kein Nabob, doch den Rahmen kann ich schon noch tragen.«

Wir durften ihn nicht an den Wagen, nur bis zur Hausthür geleiten. »Heute nicht weiter«, wehrte er mit der Miene des *grand-seigneur* und – – man muß den feinen Takt verstehen. Gerade so übte ihn die Fürstin in Rom gegen mich und Susanna.

Abends scenische Aufführung der „Hl. Elisabeth". Auf dem Weg dahin sahen wir d'Albert. Der kleine Mensch hatte seinen Kopf in einen so breitkrempigen Strohhut vergraben, daß er aussah wie ein wandelnder, auf menschlichem Rumpf sitzender *en-tout-cas*. Wir winkten ihm zu und im Nu saß er bei uns im Wagen. Der Klang seiner Stimme ist noch ebenso knabenhaft unausgegoren wie damals wo er unser Mittagsgast in Nürnberg war – sonst scheint er sehr verändert, nicht mehr so zutraulich-naiv. Sein Klavierconcert, an dem er damals arbeitete, wird er in einem der Kammerconcerte vorspielen. –

Wir fanden viele Bekannte auf dem Theaterplatz – Heinr. Porges, Dr. Wilh. Langhans, Dr. Adolf Stern, Rich. Pohl, Fr. Stade, Siloti, Reisenauer, Tschirch, Frau Dr. Merian u. A. Sprach lange mit Pohl. Er wird einen III. Bd. seiner Ges. Schriften herausgeben. Bemerkte ihm, daß das chronologische Verzeichnis seines Lisztbandes mit meinem nicht stimme. Er habe es von der Fürstin, entgegnete er mir, worauf ich ihm nachwies, daß ihr Gedächtnis nicht infallibel sei. Er habe es ganz mit ihr verdorben, bedeutete er mir, seit er ihren Namen in den Wagner-Aufsätzen (Allg. Zeitung) genannt, sie sei außer sich gewesen.

Überall Für und Wieder bezüglich der s c e n i s c h e n „Elisabeth". Während der Aufführung kam mir die Gefühlssicherheit zurück, die anfangs das Oratorium auf der Bühne ins Schwanken gebracht hatte – mir wurde die „Elisabeth" ein neues Werk: die Verdichtung eines mir geläufigen Gefühlsstoffes zur körperlichen Erscheinung – das Ohr ward Auge, das Auge Ohr, daß ich sah, was ich hörte und hörte, was ich sah. Mir scheint, die religöse Schönheit und Innerlichkeit wird dem Werke durch die Bühne n i c h t benommen, aber e r g r e i f t mehr. Ich stand unter dem Eindruck, als sprenge die „Elisabeth" ihre Hülle zur Sichtbarkeit, als wohne ich einem Geburtsakt bei. Bülow nannte vor wohl 20 Jahren die „Elisabeth" ein g e i s t l i c h e s D r a m a – das war Prophentenwort!

Protest aber müßte eine theatralische, den S t o f f v e r w e l t l i c h e n d e A u f f ü h r u n g hervorrufen. Die Weimaraner war nach d i e s e r Seite musterhaft – nichts klebte ihr von der Bühne an – sie wirkte r e l i g i ö s - n a t u r w a h r. – Störend waren andere Dinge: der Anachronismus, den Kinderchor von Erwachsenen spielen zu lassen, das elektrische Licht mit seinem theaterfarbigen Effekt und anderes. – Bezüglich der Komposition hatte ich das Gefühl, als wären einige Kürzungen doch rathsam.

24. Mai.

N a c h t r a g z u g e s t e r n.

Vor der „Elisabeth“ – Nachmittags von 4 bis 6 Uhr bei Liszt – wurde viel gut, viel schlecht gespielt – Reisenauer wieder vorzüglich. Mir vorgestellt: Gräfin Gizycka-Zamoyska, eine Wiener Hofdame und Komponistin (Kahnt verlegte ihre Klavierstücke), sehr „polnisch“ – die Sängerin Reif aus Mannheim – der Vater der „Wandsbecker“ Goswin und Paula Sökeland u. A. Der 10jährige Knabe spielte aus Beethoven's *C dur*-Sonate *op.* 53 und sein 11jähriges Schwesterchen die „Aufforderung zum Tanz“ – beide talentirt, allein wie mir scheint, nur technisch.

Vormittags in der Probe: Pauline Viardot – noch immer eine höchst interessante vornehme Erscheinung – trotz ihrer 63 Jahre kein Silber im Haar – die Haltung elegant – ihre Mimik lebendig. Leider, daß ihr Gesicht zu stark bepudert *resp.* bemalt ist; leider auch, daß sie, gleich der Jaëll, zu den Deutsch m e i d e r n gerechnet wird. Ich stelle mich ihr als Lisztbiographin vor, sie nannte sich Lisztschülerin. Meine Anfrage sie aufsuchen zu dürfen und dann von Liszt zu plaudern, schlug sie fein ab: „Sie werden mich schwer zu Hause finden.“ – Trotzdem konnte ich nicht unterlassen, ihr lebendig von dem Eindruck, den sie 1870 („Beethovenfeier“ in Weimar) mit ihrem Lied: „Das ist ein schlechtes Wetter“ auf mich gemacht und wie seitdem dieser Refrain bei innerem und äußerem grauen Himmel unzähligemale mit i h r e n Accenten in mir erklungen; von dem Essay, den Liszt über sie geschrieben und den ich für die Ges. Schriften bearbeitet etc. etc. Ihr Gesichtsausdruck war hiebei lebendig, fein, doch immer gehalten, wie bei den ächten Großen, denen die Sympathie Anderer nicht gleichgültig ist, die aber d a r ü b e r stehen. Hierin liegt ein wunderbarer Zauber, die Hoheit, ich möchte sagen, die Glorie des Hochgeborenen. Bei Liszt ist das oft zu bemerken.

*

Das alles war gestern – nun heute!

Louise Otto gab der Festnummer der „N. Zeitschr. f. Mus.“ eine Nummer der „Neuen Bahnen“ mit, die einen langen Aufsatz: „Lina Ramann. Auch eine Bahnbrecherin“, enthält. Das Comité zeichnet mich bezüglich der Plätze aus – immer, wo Liszt und die „Herrschaften“ sitzen. In der I. Matinée saß ich mit der Gräfin Gizycka – sehr heitere, lebenslustige Dame – erzählt mir, „daß sie lieber einer Toilette entsagt und das Geld ‚verjuxt‘“ u. dgl. m. –

Friedheim spielte die h m o l l -Sonate des Meisters, – formell klar, technisch-reif, aber auch technisch-kalt, ohne Größe oder bemerkenswerthe

Individualität im Hintergrund. Er ist eine durchaus herbe Intelligenz, welche sich an Form und Dynamik der Reproduktion hält. – – Frau Margarethe Stern (Dr. Ad. Stern's Gattin) trat gleichfalls auf – ein „blondes Spiel", ohne Contrast und höheren Zug, ganz Margarethenblümchen. Spielte mit Grützmacher eine Sonate von Grieg. – Mir wird kühl und schwül bei dem Solistenthum. Enorme Technik, wenig innerer Gehalt – ich sehne mich nach Musik ...

Wir dinirten mit „unsern Leuten" in der „Armbrust". Die Dr. Langhans war auch dabei – unglückliche Frau.

Nach 4 Uhr ging ich mit Ida zur Pickel, welche die unteren Räume mit dem Mobiliar der Fürstin gerade lüftete. Alles, was ich von ihr erreichen konnte, war nochmals die Möbel aus Liszt's Arbeitszimmer auf der Altenburg in Augenschein zu nehmen, ihre Stellung im Zimmer zu notiren und ein Stückchen Möbelkattun der Sopha- und Stuhlüberzüge zu erhalten. Meine Notizen ergänzen meine früheren auf der Altenburg gemachten, so daß sich das Zimmer als Bild nun doch reconstruiren läßt.

Frau Pickel erzählte mir über die Entziehung der Altenburg als Heim der Fürstin und Liszts, seitens der Großherzogin Folgendes.

Die Pickel – noch unverheirathet, aber mit ihrem Mann schon verlobt – begleitete im Mai 1860 auf nur kurze Zeit, wie es hieß, die Fürstin Wittgenstein nach Rom. Die verwickelten Verhältnisse der letzteren dehnten den Aufenthalt immer wieder von neuem hinaus. Frau Pickel blieb im persönlichen Dienst der Fürstin bis 1862 und schied aus ihm, um sich mit Pickel, der seiner Braut keinen längeren Urlaub geben wollte, zu verehelichen. Am 2. Juni kam sie zurück auf die Altenburg, zu der sie die Schlüssel, aufbewahrt auf dem großherzogl. Hofamt, vom Herrn Rath Sältzer eingehändigt erhielt, machte Hochzeit, und blieb mit ihrem Mann daselbst als *quasi* Castellanin, bis die Fürstin, mit ihren römischen Angelegenheiten in Ordnung, als Liszt's Gemahlin heimkehren würde, was sich immer wieder verzögerte.

Da kam Graf Beust, der großherzogl. Hofmarschall, zu Frau Pickel und wünschte: sie möge ihm eine Etage der Altenburg überlassen *resp.* räumen zur Einquartirung eines preuß. Obersten, für den er nirgends Wohnung finden könne. Sie berichtete der Fürstin darüber. Gern gefällig, befahl diese die Möbel in einer anderen Etage unterzubringen und dem Hofmarschall v. Beust die gewünschten Räume zur Verfügung zu stellen. Als er von diesen Besitz ergriffen, wollte er kleine Räume für die Bediensteten – das Hinterhaus, in welchem des Meisters Arbeits-, Schlaf- und Betzimmer lag. Diese verweigerte die Fürstin, räumte aber im Vorderhaus dem Grafen Beust noch mehr Platz ein. Trotzdem hörte sein Drängen nicht auf, bis er der Fürstin und Liszt alles abgenötigt hatte: Hauptgebäude, Seitenflügel und

Dépendance. Liszt's Zimmer war das letzte. Als des hofmarschalligen Verlangens kein Ende war, befahl die Fürstin, Räume anderswo zu miethen und daselbst die ganze Hauseinrichtung zusammen zu stellen.

Von Wien kam Hofrath Eduard Liszt, nahm das Inventar auf und half zu ordnen. Viele Möbel, darunter die von Liszt's Waffenzimmer, erhielt die junge Frau v. Bülow (Cosima) – andere kamen nach Wien zur Fürstin Hohenlohe; die aber aus dem Arbeitszimmer Liszt's, die historischen Klaviere (Beethoven's, Mozart's, auch Liszt's *Boisselot et fils*), Skripturen, die Scheffer'schen und andere werthvollen Gemälde nebst Büsten etc. etc. wurden „An der Kunstschule" No. 1 in den Parterre- und Mansardräumen aufgeschichtet verwahrt, wo sie noch sind und von Frau Pickel erhalten werden. Liszt's Preciosen, Ehrensäbel und Reliquien kamen zur Hinterlegung versiegelt auf das großherzogl. Schloß. Da sind sie noch, gegen sechs Kisten voll. – Das war im Jahr 1865.

Liszt kam 1864 (Karlsruher Tonkünstler-Versammlung) zum ersten Male auf kurz von Rom zurück. Die Altenburg war noch in den Händen der Pickel. Er bezog seine alten Zimmer im Seitenflügel – seine Empfangszimmer im Parterre des Hauptgebäudes waren bereits abgegeben. Als er sein Arbeitszimmer betrat, weinte er bitterlich. Ein und das andere mal schrie er schmerzlich auf: »Das hätte man mir ersparen können!«

Nach der Aufführung der „Elisabeth" zur Wartburgfeier 1867 wünschte der Großherzog mit Gemahlin angelegentlich des Meisters Rückkehr nach Weimar – 1868 ward der Wunsch dringender. »Er sei wohnungslos«, lautete es zurück. „Eine Wohnung, alles sei für ihn bereit" – hieß es wieder. So sagte Liszt zu.

Graf Beust erhielt vom Hof den Auftrag, eine Wohnung für ihn einzurichten. Er fand die kleinen Zimmer der oberen Räume der Hofgärtnerei für passend. Diese waren ziemlich verkommen. Frau Pickel sprach gegen mich aus, daß es „eine Schande gewesen", einen Mann wie Liszt, in eine so ungesunde, zugige Wohnung – ein leicht gebautes Gärtnerlokal, das damals von Tünchern benutzt wurde – einquartiren zu wollen. Die Vorbereitungen, um die Wohnung in Stand zu setzen, wurden saumselig betrieben – alles nur nothdürftig. Die von Liszt anberaumte Zeit seines Kommens rückte näher – die tapfere Kammerfrau drang auf anständiges Instandsetzen der Zimmer. Als die Schäden der Decke, des Fußbodens, der Wände dem Auge wenigstens verdeckt waren (die Decke war so schlecht und leicht gebaut, daß sie – 1877? – über Liszts Bett herunterfiel und, wäre er eine halbe Stunde später aufgestanden, ihn hätte erschlagen können) – verlangte der Graf Beust: die Pickel solle Liszt's Möbel hergeben, um sie in die Zimmer zu stellen. Sie entgegnete: „daß sie hierüber ohne Auftrag der Frau Fürstin sei, doch anfragen wolle, daß aber, nach ihrem Wissen, S. Kgl. Hoheit habe schreiben lassen, Herr Dr. werde Zimmer fertig vorfinden."

Es läßt sich annehmen, daß weder der Großherzog noch die Großherzogin mit des Herrn Hofmarschalls v. Beust Vorsorge bekannt waren oder auch nur dgl. ahnten. Die Anfrage der Frau Pickel beantwortete die Fürstin mit dem Auftrag: auf Rechnung Liszt's gesunde, ruhige Zimmer zu miethen. Sie fand solche, allerdings klein und nur als Nothbehelf zu erachten, im „Erbprinzen".

Wurde man hierauf am Hof selbst stutzig? oder befürchtete Beust die Unzufriedenheit seiner gnädigsten Herrschaft? –: in der Hofgärtnerei wurden plötzlich über Hals und Kopf Teppiche gelegt, Gardinen aufgemacht, Möbel gestellt, und an dem Tag, als der Meister eintraf – am 12. Januar 1869 – sahen die kleinen Räume schmuck und gastlich aus, so daß er zur Pickel äußerte: sie habe im Pflichteifer nicht korrekt berichtet. Ihr Bericht aber war korrekt.

Das ganze Logis bestand aus einem länglichen, nicht allzu großen Salon, der mittels einer Portière, wie noch gegenwärtig, getheilt war. Eine Flügelthüre, die an der Treppenseite liegt, führt in denselben. Die Treppe selbst, im Winkel gebaut, steil, schmal, läßt keine zwei Personen nebeneinander gehen und mündet auf einen Vorplatz *en miniature*, dessen eine Hälfte ein Kleiderschrank besetzt, während die andere so viel Raum läßt, um ohne rechts oder links anzustreifen, links in den Salon an der Treppenseite, oder geradeaus in des Kammerdieners Zimmerchen eintreten zu können.

Der Salon selbst, ein Eckzimmer, ist hell und licht. Zwei Fenster führen den Blick unbehindert in die Hofgärtnerei und ein drittes (in der zweiten Eckwand) nach der Belvedere-Allée hinaus. Weiße Glanztapete, mit einer Goldleiste begränzt, deckt die Wand, ein buntfarbiger Teppich den Boden, rothe Wollengardinen, großkarrirt, die Querstreifen schmal, grün und gelb, die Fenster. Die breite Portière gleichen Stoffes theilt den Salon, eine andere schmückt die Flügelthüre. Die Polstermöbel sind mit gleichem Stoff bezogen (ein großes *chaise longue*-artiges Sopha und sechs hohe Polster-, auch einige Armstühle)[73] – die Holzmöbel Mahagony: ein Sekretair, ein großer runder Tisch, ein Spieltisch, ein breites Büchergestell etc.[74] Ein großer Wandspiegel mit Goldrahmen auf Console, eine Stutzuhr, Vasen u. dgl. fügten zum

[73] Als nach 12jähriger Benutzung der Stoff defekt geworden war, besserte man ihn gut bürgerlich mit neuem Stoff aus, was dem Auge eine sonderbare Musterkarte von frischen und verblichenen Farben darbot; als er auch so nicht mehr vorhielt, wurden die Möbel mit einem anderen neuen Stoff bedacht, die verschossenen Gardinen und Portièren aber blieben. – Die Fremden wundern sich höchlichst über die „*pauvre* Wirthschaft", wie sie es nennen. Kürzlich wurde sie, wenn mir recht erinnerlich, in der „Frankfurter Ztg." stark mitgenommen.

[74] Die Möbel wurden mit der Zeit durch manches Stück aus Liszt's und der Fürstin Besitz ergänzt.

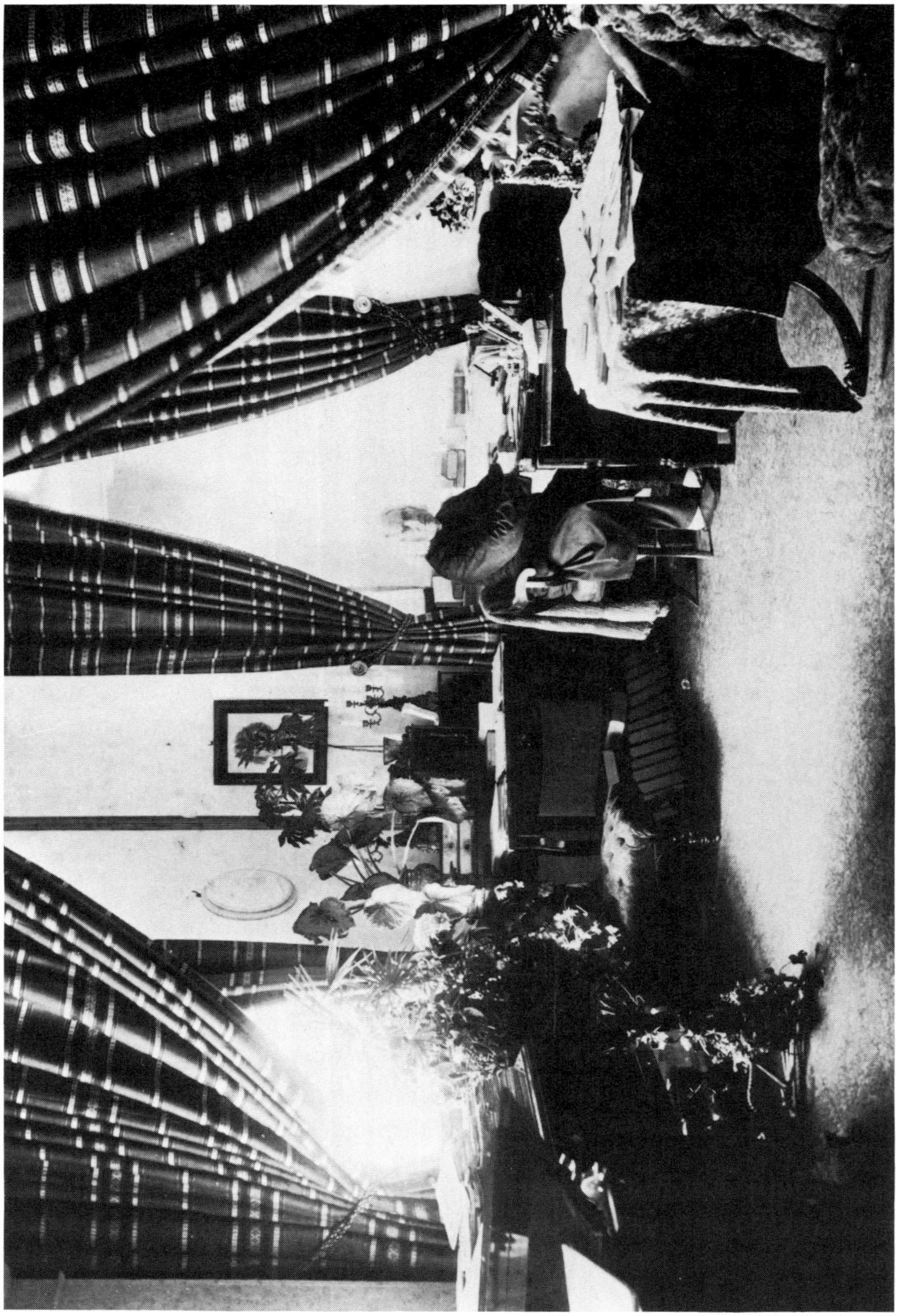

Liszt am Schreibtisch in der „Hofgärtnerei"
Weimar, Sommer 1884

Nothwendigen den Schmuck. So machte der Salon einen wohl einfachen, aber dennoch behaglichen und distinguirten Eindruck.

Hinter dem Salon lag links das Schlaf-Cabinett, rechts das Speisezimmerchen, wohin vom Salon aus Tapetenthüren führten. In letzteres tritt man von Außen durch das sogenannte Bedientenzimmer, das hinter einer spanischen Wand eine Schlafstelle und das bescheidenste Maß an Mobiliar nur aufnehmen konnte. Die ganze Einrichtung war elegant, gediegen, einer Gartenwohnung entsprechend, die Räume jedoch so klein, daß sie wohl für eine alternde deutsche Schriftstellerin, die einsam und poetisch gestimmt, ein kleines Eldorado gewesen sein würde, für einen Mann aber von der Bedeutung, der Weltstellung Liszt's und seinem bis in fremde Erdteile reichenden Verkehr, nur für einen kurzen und vorübergehenden Besuch, wie man ihn zeitweise einer von der Heerstraße fernen *Villeggiatur* abstattet, als schicklich erscheinen könnte.

Es ist bedauerlich, sagen zu müssen, daß der Hof nach dieser Seite hin des Meisters Stellung und Bedürfnisse nicht erkannt hat. Die Hofgärtnerei blieb für immer seine Weimar-Wohnung, die je länger sich sein Aufenthalt ausdehnte, um so peinlicher wurde. Gab er seine musikalischen Sonntags-Matinéen, wo man Künstlern und hervorragenden Menschen aus allen Ländern begegnen konnte, dann faßten die Räume nicht die Besucher – die Damen, 16–20, saßen im Salon, im Eß- und Dienerzimmer[75], auf dem kleinen Corridor, auf der Treppe standen und saßen die Herren. Der Großherzog selbstverständlich war stets im Salon untergebracht. Es ist unbegreiflich, daß das allein ihn nicht auf den Gedanken brachte, dem hohen Künstler eine angemessene Wohnung zu schaffen. Ein Fremdenzimmerchen fehlte ebenfalls. Es ereignete sich oft, daß Liszt einen Freund, wie z.B. Hofrath Gille, sein Bett abtrat und – noch als 70jähriger Greis – auf der *Chaise longue* mit einigen Decken sich behalf, bis ihm das ernstlich vom Arzt verwiesen wurde. Hiezu kam noch, daß das ganze Häuschen nur eine winzige Küche mit nur einem Herd besaß und Küche und Herd sowohl für die Ménage der das Parterre bewohnenden Hofgärtnersfamilie, als auch für die des Meisters ausreichen mußte. So lange letzterer seine Verpflegung aus einem Hôtel, dem „Erbprinzen", bezog, ließ es sich zur Noth arrangiren. Als er jedoch älter, diese Kost nicht mehr ertragen konnte und häusliche Pflege nothwendig wurde, sah es schlimm genug aus – er konnte nur mit Conserven operiren, ein kleines *menu* herstellig zu machen. –

Und das war noch nicht alles! Nicht nur, daß die unteren Bewohner durch lautes und rücksichtsloses Wesen oft genug bewiesen, daß die Bedürfnisse

[75] Dieser Umstand mochte kürzlich einen Berichterstatter zu der Bemerkung veranlaßt haben, „daß der Meister bei seinen Gesellschaften auch sein Schlafzimmer benutze"!

des schaffenden Geistes außerhalb ihres Begreifens lagen, beschlagnahmten sie auch, sobald er gegen den Herbst oder den Winter hin seinen dortigen Aufenthalt mit Rom oder Budapest vertauschte, seine Zimmer und bewohnten sie *sans gêne*!

Hiervon hatte Liszt Jahre lang keine Ahnung. Es kam erst zu seiner Kenntnis, als bei einer Abreise von dort (1878) sein Kammerdiener Spiridion auch seine Bücher, Musikalien etc. einpackte. »Das bleibt hier«, sagte Liszt. „Wenn Meister wollen, daß die Gärtners sie benutzen." – Er wurde sehr wild und verbat sich solchen Skandal. Ein Theil Bücher und Schriftsachen wurden nun stets mit fortgenommen. Sein Schlafzimmer und seinen Salon befahl er unbetreten zu lassen. – Daß die Hofgärtnersfamilie, wenn er fort war, die anderen kleinen Räume benutzte, ist in Weimar bekannt –: ob Liszt's Schlafcabinett und Salon als Privatgemächer respektirt wurden, bleibt, nach der Meinung Frau Pickel's, dahingestellt.

*

Abends Berlioz' *Te Deum* – gewaltig, doch, nach meinem Gefühl ohne den religösen Höhenzug und Liebesathem der mit Gott erfüllten Innerlichkeit.

Raff's „Weltgericht" hörte ich nicht an. Sein Hungermotiv $^6/_8$-Takt *à la sicilienne* soll sehr erheiternd wirken.

Sonntag, 25. Mai.

Früh in die Probe zu Bülow's „*Nirwana*" und Liszt's „*Salve Polonia*", von ihm in Nürnberg (Februar) beendet. Damals kam er statt 4 Uhr um 6 Uhr Abends zu uns mit leuchtendem und befriedigtem Gesichtsausdruck.

„Sie haben komponirt!" – hatte ich ihm entgegen gerufen.

»Ja – einige Dissonanzen mehr in die Welt gesetzt.«

Den ideellen Leitfaden dieses „Stanislaus"-Fragments bildet das polnische Nationallied „Noch ist Polen nicht verloren" u.a. – Liszt dirigirte – das Orchester war wie ausgewechselt, wie höher gestimmt: Schwung, Glanz, eine wunderbare Klarheit! – Stade, Porges u. A. hörte ich sagen: „So hört man das Orchester unter k e i n e m." Das ist sicherlich wahr. Ich selbst beobachtete es 1859, 1870 und jetzt wieder –: ein geistiges Fluidum, das dem Wesen nach ganz Musik ist, entströmt ihm. Er verbreitet eine Atmosphäre, die seine Umgebung gleich hoher Luft einathmen m u ß, die sie gleichsam momentan über ihr physisches und psychisches Diapason der Lungen hinaushebt.

Der persönliche Einfluß, den auch jetzt der 73jährige Mann ausübt, ist ein Phänomen. Als Dirigent zeigt er sich noch ebenso souverän beherrschend wie *anno* 1859 – und doch so ganz anders, so wie sein 129. Psalm und seine „Cruzifix"-Lieder zum 23. Psalm und zur Graner Messe sich verhalten. Jetzt alles so einfach, so innerlich und ruhig – früher alles feuerflammender Siegesmuth ..... Höchste Verinnerlichung, die zugleich eine Vereinfachung der Mittel heißt.

„*Salve Polonia*" ist ein schönes, einheitliches, harmonisch abgerundetes Stück – die Instrumentation entzückend, eigentlich: ergreifend. Die viertaktigen Rhythmen:

umschweben das Ohr wie klingende, klagende, silbernfließende Trauerweiden. Der 83. Psalm steht im Hintergrund. –

„*Nirwana*" ist eine hochbedeutende Gedankenarbeit, weniger Musik. Liszt sagte mir: es gehöre zu den »lehrreichsten Stücken«, es sei von »seltenster Gedanken logik«.

Das Abendconcert war sehr vorzüglich – als der greise Meister am Dirigentenpult erschien, brach ein unbeschreiblicher Jubel los, Tusch fiel ein. Es war ein historischer Moment, das fühlten Alle. Die Aufnahme des „*Salve Polonia*" der Komposition würdig. –

Bülow kam nicht zum Feste. „Er wolle sich keinen Cotillonorden holen", hatte er an Liszt geschrieben. Die Stimmung gegen ihn ist nicht günstig. Leßmann sagte mir, Bülow habe sich auch mit ihm überworfen – er habe ihm malitiös geschrieben, sein Eintreten (Leßmann's) in der Hülsen-Affaire wäre ihm nicht energisch genug gewesen und habe ihn schwer beleidigt.

„Bülow kommt nicht?", hatte ich den Meister nach unserer Ankunft gleich gefragt. »Ich habe ihn nicht eingeladen«, entgegnete er stolz. Bülow's Photographie, eingerahmt, stand immer auf seinem Schreibtisch – diesmal nicht. Gottschalg flüsterte mir zu, es sei das erste Mal, daß er sie nicht auf ihrem Platz bemerke. Nachdem jedoch der Brief angekommen, stand sie wieder da. Ob zufällig oder nicht –: Bülow's Extravaganzen kann der Meister nicht billigen und ist verstimmt über sie.

Montag.

Vormittag war Probe zur „Graner" – Früh 9 Uhr. Unser Wagen hatte sich verspätet; als wir ankamen, war sie zur Hälfte vorüber. Liszt saß vorn am

Altar, ich setzte mich zu ihm. Ich hatte den Klavierauszug mit und las nach. Im *Benedictus* fehlen einige Takte der ersten Violine: ein Solo. Liszt entsann sich dessen nicht mehr, endlich fiel ihm die Stelle ein und er sang sie mir vor wie im Klavierauszug, vermehrte sie aber um einige Takte. »Die frühere Notation klinge nicht genug aus, sei zu kurz«, bemerkte er.

Da erlebte ich Sonderbarstes. Das *Benedictus* ist in seinen Segenslauten ergreifend, es riß mich förmlich zur Kniebeugung – unbewußt griff ich nach des Meisters Hand, der mich fragend ansah und sein Ohr zu mir beugte. „Daß ich in die Knie sinken könnte!" Da zog ein Lächeln über sein Gesicht wie so manchmal, wenn ihm Schmeichelndes gesagt wird und er es vornehm, ich möchte sagen, bemitleidet. Ein Zorn stieg in mir auf, befehlerisch raunte ich ihm zu: „Nicht lachen!" Urplötzlich war sein Gesichtsausdruck verändert, unsere Hände umschlossen sich fester, wir reckten uns wie zum Kampfe, unsere Blicke stachen ineinander. Sein Auge trat einen Moment in seine Höhle zurück, dann zog ein feuchter Glanz darüber: »Ich lache nicht!« – trat es bebend über seine Lippen. Das alles währte nur Sekunden – ich fühlte, er war erschüttert wie ich. Eine wunderbar heilige Friedseligkeit überkam mich. So saßen wir, die Hände ineinander, bis zum Ende des *Agnus Dei* .....

Ein Ungar trat in der Kirche zu Liszt, der ihm meinen Namen nannte, worauf jener meine beiden Hände ergriff und mich auf das enthusiastischeste begrüßte. „Joseph Batka, Archivar aus Preßburg" schrieb er seinen Namen in meinen Klavierauszug. „Die Graner – das ist ein Werk! Wie da die Weltgerichtsposaunen tönen, man glaubt, Himmel und Erde stürzen zusammen – Sie verstehen das auch, ich hab's Ihnen angemerkt – das hat keiner so gekonnt, auch Beethoven nicht – das erschüttert bis in's Mark." So strömte es noch weiter, ich aber dachte: wie schön solche Begeisterung, wie nüchtern nehmen sich dagegen die deutschen Musiker aus. –

Beim Verlassen der Kirche kam Ida, dann gesellte sich die Sängerin Breidenstein zu uns. So gingen wir, den Meister in der Mitte, dem Theater zu, wo ein Kammermusik-Concert bald beginnen sollte. Unterwegs streifte sein Blick Franz Kullak – seine gehobene Stimmung schlug plötzlich um.

»Was schnüffelt der hier herum – ist es nicht eine Infamie, eine so große Erbschaft anzutreten ohne eine Stiftung daran zu knüpfen? Wir Künstler müssen unsere Kunst heilig halten vom Schacher – warum macht er keine Beethoven-Stiftung? oder auch eine Kullak-Stiftung? Bleichröder wird ihn verachten!« Er war nicht zu beruhigen und ich versprach ihm, mit Kullak zu sprechen. »Sagen Sie ihm: es sei eine Infamie – ich hätte es gesagt.«

„Werde mich bemühen, Jules Janin zu sein, lieber Meister", suchte ich zu begütigen.

Photographie Hans von Bülows
(Florenz 1870)

»Es ist eine Infamie!« – knirschte er mit den Zähnen und war so erregt, daß er wüthende Gesichter schnitt, laut sprach, daß Mancher auf der Straße stehen blieb. –

Die Sache ist: daß nach Theodor Kullak's Tod sich ein Vermögen, wie man sagt, über eine Million vorfand, was um so enormer erscheint, als Theodor Kullak, von Haus aus arm und als junger Pianist von Liszt vielfach gefördert, dieses Vermögen durch Unterricht (Privat- und „Akademie der Tonkunst") erworben hat. Sein Sohn Franz übernahm die Akademie, ohne, wie die Künstlerpflicht es nahelegt, eine musikalische Stiftung zu machen zu Gunsten der Studirenden und der Kunst.

Das Morgenconcert fing bald an. Der Meister ging in seine Loge, wir in unsere. Siloti spielte Liszt's Sonett in *As* und I. Mephistowalzer. Sehr schöner Ton, ästhetisches Spiel – alles gefühlt, aber meine Erwartung erfüllte sich nicht. In dem Sonett war vieles unverstanden – und dem Walzer fehlte ganz und gar die mephistophelische Negation. Der geistvolle schöne Mittelsatz des Sonetts berührte mich nichtig – ging auch bei den Hörern spurlos vorüber. Leider – bei keinem unserer Meister hängt die Wirkung der Komposition so sehr von ihrer Wiedergabe ab, wie bei Liszt, und so wenige Spieler können sich in das ihm Eigenste hineinleben! Es fehlen bald Poesie, bald Intelligenz, bald der Reichthum der Empfindung. Die Liszt'sche Manier dagegen verbreitet sich mehr und mehr; das Etwas aber, das sie geschaffen, – ihr Lebensnerv – bleibt unberührt: „Haben die Theile in der Hand" etc. etc.

Ich hörte nur einen kleinen Theil des Programms. Kullak kam – ich hatte ihm sagen lassen, erst nachmittags abzureisen, da ich ihm Wichtiges mitzutheilen hätte. Wir gingen in einen nahen Garten. Die Unterredung leitete ich ein, indem ich sagte: ich glaubte dem Dankesgefühl, das ich für seinen Vater hege (für eine 1868 empfangene Anerkennungsadresse meiner Lehrideen), nicht besser genügen zu können, als daß ich seinem Sohne freundschaftlich und vermittelnd einen Auftrag überbrächte, der aus anderem Munde, möglicher Weise einer Kriegserklärung ähnele. Kullak erkannte Liszt's Forderung grundsätzlich an – er verneinte aber die Million – er wandte sich – dankte mir überfließend für meine freundschaftliche Gesinnung. Ich hatte gehofft, eine „Stiftung" zu erreichen, Liszt dadurch zu beruhigen und einen öffentlichen Skandal unmöglich zu machen.

Vergebens – – Ich mußte mir bekennen, daß der Name Jules Janin zu kühn von mir ausgesprochen worden war.

*

Nachmittags großer Rout in der Hofgärtnerei. Ida und ich waren eingeladen – wir stellten Liszt unseren Baron v. Tucher vor. Alles, was von musikalischem Rang war, fand sich ein – ein Elite-Rout: Mmes Viardot, Jaëll, Montigny, Reif, Gräfin Gizycka u.a. Künstlerinnen, dann Saint-Saëns, Lassen, Klindworth, Leßmann, Dr. Stern, Siloti, Weingartner, der Russe Glasunow u.a. – gegen 40–50 Personen. Die beiden Russen Siloti und Glasunow spielten eine Komposition (*Ms*) des letzteren über ein griechisches Thema, das mich an javanische Musik erinnerte; dann Mme Jaëll zum Schrecken Aller wieder eine ihrer Kompositionen – – „Ihr Spiel gleicht ‚dithyrambischer Bacchantenlust'" sagte ich zu Adolf Stern.

„Nein", moquirte der sich, „Sie verkennen ganz den Standpunkt: es ist die Aufbauschung der absoluten Impotenz."

Hierauf spielte Saint-Saëns (Ida, der „Wanderprofessor", wurde von Liszt beordert, die Seiten zu wenden). Sein Spiel hat immerhin etwas Großes, dem technisch die „*Bravour* des *non-legato*", wie ich es nennen möchte, den Charakter giebt.

Um 6 Uhr ging man. Sprach mit Leßmann über Kullak. „Lassen Sie den armen Wicht laufen", bat ich. „Sie sind sicherlich bezüglich der Million nicht gut unterrichtet –" „Soll ich Ihnen meinen Gewährsmann nennen? Da steht er" – und damit deutete er auf den Meister. Dieser geriet sofort wieder in Aufregung, wir aber machten, daß wir fortkamen, um sie abzuschneiden. – –

„Unserer Bande" (die Lehrerinnen und Schülerinnen, die uns nach Weimar gefolgt) hatten wir unsere Einladungskarten zu einer dramatischen Vorlesung: „Der Ring der Venus" – vielleicht ein Seitenstück zum „Ring des Nibelung"? – von Elise Schmidt, der kühnen Verfasserin des „Judas Ischariot", gegeben mit dem Auftrag: unser Nichterscheinen zu entschuldigen. Sie selbst hatte mir einen Besuch gemacht, den Ida empfangen, da ich nicht zu Hause war. Ida beschreibt sie als sehr geistvoll, mit Spuren einstiger Schönheit. Sie wohnt in Bad Berka, wo sie einen kleinen Landsitz hat und eine kleine Pension verzehrt, wenn ich nicht irre, vom preußischen Hof. Man zischelt sich wunderliche Dinge über sie ins Ohr. Liszt erzählt mir, sie sei überall unmöglich. »Sogar ich kann sie nicht mehr empfangen«, fügte er nachdrücklich hinzu. Sie hatte die Idee, ihren „Venusring" bei ihm vorlesen zu wollen. »Sie soll in den Venusberg – da gehört sie hin«, lachte er.

Zu Ida sagte Elise Schmidt bei ihrem Besuch –: wenn Liszt bei seiner „Elisabeth" nur zwei Dinge ändern wollte: 1) daß ein Bettelchor (nicht Bettlerchor, den sie hat) hinzugefügt würde, 2) eine Scene, die den Übergang von der Kindheit zur Jungfrau Elisabeth bilde und den sich entwickelnden Haß der Landgräfin zur Darstellungsaufgabe nehme; dann wäre sie das erste Drama und Liszt der größte Dramatiker der Welt. Er wäre in Unkenntnis über sich selbst – sie möchte die Änderung vornehmen, die Biographin solle es ihr auswirken.

Den „Ring der Venus“ hatte die Dichterin nicht lesen können. Als „Unsere“ zur Vorlesung kamen, war kein Publikum zugegen (sie auch nicht), nur ein Herr – ein Zeitungsredakteur. Er erzählte mir später: aus Neugierde sei er gekommen, um zu sehen, was nach 25 Jahren aus einer Frau von wunderbarer Schönheit geworden sei, die damals einer berauschten Bacchantin geglichen. In einer Gesellschaft habe sie wildlockigen Hauptes ihr Champagnerglas geschwungen und ausgerufen: „Das ist die Milch des Mondes!“ – Es liegt ein Dunkel über ihr, das Männern wie Frauen, ich möchte sagen, Grauen erregt – ein Problem der Natur und, wenn dem so ist: ein tragisches Geschick. Weder der Roman noch die dramatische Dichtung hat sich bis jetzt solcher Stoffe bemächtigt – doch die Zukunft, wer weiß, wird sie nicht zu ihnen greifen? Auch das wäre grausig!

Elise Schmidt hatte auch Komponisten eingeladen, um für den „Venusring“ einen solchen zu gewinnen!

*

Die Aufführung der „Graner“ soll gut, wenn auch nicht vorzüglich gewesen sein, Viele tadeln sie. Ich weiß nichts davon, mich riß der Inhalt des Werkes so mit sich fort, daß mir die mehr oder minder gelungene Aufführung ganz entschwand – mir scheint es der höchste Sieg eines Kunstwerkes: wenn man über sein Inneres sein Äußeres, über die Produktion die Reproduktion vergessen kann!

Nach der Aufführung umringten den Meister die Damen und Herren seiner Umgebung und ich sah sie süß lächeln, plaudern, ganz Salon, sogar die Viardot darunter, eine Künstlerin großen Schlages! Mich zwang es zu ihm – Worte hatte ich nicht – die dargereichte Hand küßte ich und still ging ich fort, zur Kirche hinaus. – – –

Dienstag.

Ich war kaum heute Morgen aufgestanden, als Pauline mir schon einen Brief Liszt's an Leßmann über Franz Kullak brachte. Er lautete:

Verehrter Freund,

Wiederholt sage ich Ihnen, dass Th. Kullaks Vergessen ein Skandal ist. Zu was unsern Künstlerstand erniedrigen? Wenn Kullak nur einige 100000 Mark hinterlassen hätte, müßten gerechter Weise 30000 irgend welcher Musikstiftung zukommen. Wir haben deren mehre in Deutschland: Mozart, Beethoven, Meyerbeer und Mendelssohn.

Man sagt, dass Theodor Kullak ein paar Millionen Vermögen hinterlassen. Pfui! wenn ein Sohn seine Pflicht verkennt und nicht eine „Kullak-Stiftung" macht oder der letzten Beethoven Stiftung den Betrag zuwendet.

Ergebenst
F. Liszt

Als ich bald nach der Lektüre des Briefes zu ihm kam, rief er mir entgegen: »Ich habe ihm nochmals geschrieben mit einigen *Sforzati!*« Liszt fühlt sich gleichsam verantwortlich für Unterlassungssünden Anderer bezüglich der Musik – immer noch heroischer Kämpfer für die Idealität, auch des Künstlerstandes. –

„*Salve Polonia*" erschien nochmals auf einem Programm „auf Verlangen der Künstler". Die Begrüßungswogen gingen, wenn möglich, noch höher als gestern, ebenso die des Beifalls nach der Aufführung. Er wurde wieder und wieder gerufen – heute: der greise Meister. Ich sah, wie er erschüttert und erschöpft sich kaum mehr aufrecht erhalten konnte, und doch durfte ihm das nicht erlassen werden! Hastig ging ich auf den Corridor, ihn zu sehen, ich hatte Angst – da kam er zur Treppe herauf, gestützt auf Grosse, der ihn mehr schleifte als führte. Er war todtblaß und wankte bei jedem Schritt – und doch hatte er noch einen freundlichen Blick für mich, aber wie sterbend ......

Mittwoch, 28. Mai.

Die Fremden drängen sich förmlich zur Hofgärtnerei. Schon früh um 6 Uhr wird der Meister belästigt – das denkt immer nur an sich und nur an sich und am wenigsten daran, daß es heilige Pflicht wäre, ihm die Ruhe zu schützen anstatt sie ihm zu rauben! Kein schirmender Wall, von liebender Hand gebaut, der vor der Neugierde, der Selbstsucht ihn wahrt. Das ist ein herbes Geschick ... Heute ist er ganz erschöpft. Ein Wunder, daß er den über- und unmäßigen Anforderungen an ihn so weit Stand gehalten – – dann greift er zur Cognacflasche, um nicht zusammenzustürzen....

Um 4 Uhr Nachmittag gab Müller-Hartung mit seinen Orchesterschülern ein Concert. Die „Ideale" als Anfang. Der Hof (der Großherzog und einige Prinzessinnen) war schon da – Liszt nicht. Der Großherzog gebot, auf ihn zu warten. Er war ½ 4 Uhr in der Hofgärtnerei, wo er sich angemeldet hatte, kam aber gleich wieder zurück mit dem Befehl an Mihály: „Niemand zu ihm zu lassen – er ist zu müde – muß ruhen".

Wie man mir sagt, ist der Hof nicht zufrieden mit dem „alten Herrn" – wegen des Cognacs, den er jetzt manchmal in den Wein gießt. Daran aber denken sie nicht, daß Niemand ihm, der Allen gab, das „Daheim" gegeben, um es ihm im Alter freundlich und heimathlich zu machen – daß Niemand ihn vor seiner Berühmtheit schützt, daß egoistisch Alle sich an ihn drängen, um Nutzen zu ziehen, sei es als Künstler oder geschäftlich – daß er früh um 4 Uhr, sage früh um 4 Uhr! aufsteht, nur um den Briefpflichten, meistens Bettelbriefen um Geld, Anstellungen, Orden, Autographen und solchen Plunder, zu genügen. Seine Kraft ist solchen Anstrengungen nicht mehr gewachsen – abgesehen von dem Mißbrauch seiner Güte. Der Hof hat bitter wenig für ihn gethan, obwohl er ihm den erneuten künstlerischen Ruhm Weimars zu danken hat –

Überhaupt: er wird so wenig begriffen. Sagt mir doch gestern die Schorn: „Denken Sie, er wird jetzt so eitel und legt Gewicht darauf, wie der Hof ihn einladet. Vorgestern ging er nur darum nicht hin, weil er durch den Bedienten und nicht schriftlich eingeladen wurde." Verstehen die Menschen denn nicht, daß er sich das schuldig ist? War es nicht Beethoven, der da sagte: „Auch ich bin ein König"? – – Seit jüngster Zeit erst sendet der Hof einen Wagen, wenn er dort eingeladen ist – – das hätte doch stets sein müssen.

*

Die „Ideale" waren technisch für eine Schülerleistung wacker – beim Vortrag machte sich auch eine gewisse Styltradition bemerkbar; im Ganzen aber scheint Müller-Hartung den Schwung dieses elastischesten der Liszt'schen Gebilde weniger beachtet zu haben – aber freilich: Schüler! Es klang alles „langweilig" und nüchtern. –

Beim Fortgehen sagte Liszt leise zu mir: »Morgen versuchen wir die Conserven – *à trois.*«

Des Abends Weingartner's „Sakuntala". Neben mir saß die Gräfin Gizycka – sie hatte die Uhr während des II. Aktes in der Hand, um die Länge der Küsse und stillen Umarmungen Duschyanta's und Wasumati's zu messen. Es herrscht große Entrüstung über diese Oper, theils wegen der „Wagner-Ausbeutung", wie man sagt, theils wegen der Sinnlichkeit in der Wiedergabe des Stoffes. Letztere ist allerdings in dicken Portionen servirt, doch das kommt auf Wagner's Rechnung als eine der Consequenzen seiner Richtung, und diese und andere sind unausbleiblich: Genuß! heißt die Losung – Genuß, ungemessen! unbeschränkt! – Oder fangen wir an mit unseren Idealen zu veralten? Die Jugend stürzt sich ihm in die Arme – die jungen Künstler sind in „Sakuntala" verliebt, wie Siloti am Whisttisch erzählte.

Übrigens – so verfehlt die Oper nach Seite der Charakteristik, und so sehr sie wagnervoll ist: so talentvoll ist sie gemacht. Vorzüglich: naturwahre

Deklamation, reizende Instrumentirung, dabei durchweg Fluß. Man lacht mit Recht über die endlosen Küsse unter *pp* bebenden Trommeln u. dgl. – man hackt auf Weingartner ein und vergißt, daß er erst 20 Jahre zählt. Daß die Begehrlichkeit, von der seine Erstlingsoper so laut spricht, wo andere gerne schweigen, ihn nicht selbst vergifte, das bleibt zu wünschen.

Donnerstag.

Nun ist die Versammlung glücklich vorüber!

Mittags gingen wir zu den „Conserven", waren aber nicht *à trois,* sondern zu Fünfen. Mme Tardieu (reizend aufmerksam gegen Liszt, voll angenehmer leichter Plauderei) und Mme Jaëll waren auch da. Wegen meiner sollte es *Beefsteak* geben, und nun hatte Pauline kein Filet auftreiben können. »Sie werden noch *Beefsteak* bei mir essen«, wandte sich Liszt wieder zu mir – »vortrefflich wie niemals – besitze eine Brüsseler Beefsteakmaschine von Lassen« – – so plauderte er hausväterlich, setzte die Vorzüge der Maschine auseinander, wobei er natürlich nicht weiß, daß sie nie benutzt wird, weil sie nichts taugt.

Es wurde ziemlich schnell dinirt, um dem Meister ein Ruhestündchen zu ermöglichen – 4 Uhr sollte schon wieder „Stunde" sein. Er läßt keine ausfallen – das ist sein Styl.

Wir fanden uns zur rechten Zeit ein, unsere ganze „Bande" mit. Alles war noch müde von der Versammlung – das Spiel schlecht.

Dann folgte wieder eine Whistparthie, wobei Ida und ich wie gewöhnlich mitspielen mußten, obwohl ich kaum die Karten kenne und Ida sehr gering für sie begabt ist – jeder von uns wird ein „Geheimrath" zugewiesen, der die auszuwerfende Karte ihr bezeichnet, und dann geht es flott! Weingartner war da. Vor der Aufführung seiner „Sakuntala" sprach ich mit ihm über eine Besprechung von Gottschalg, welche abweisend, aber nach meinem Dafürhalten, nicht sehr taktvoll der Festnummer der „N.Z.f.M." eingereiht ist. Er war entrüstet.

„Gottschalg ist ein dummer Kerl", behauptete er aufgeregt.

„Na" – sagte ich lächelnd – „vielleicht nicht ganz so dumm, und nicht so ganz im Unrecht. Trotzdem gratulire ich Ihnen herzlich. Diese naturwahre, gute Deklamation! Dieser Fluß im Ganzen! – : ich bin überzeugt, Ihnen noch als ächtem Weingärtner zu begegnen."

Am Whisttisch kam die Rede auf Wagner. – Niemand spricht ehrlich seine Meinung bei Liszt aus, was mich oft ärgert. „Ich mag vieles nicht bei Wagner und er ist für vieles verantwortlich zu machen – er verleitet unsere Musikerjugend zum Genuß, zum Schwelgen – : Schwelgen in der Liebe, Schwelgen im Schmerz. Wo das Schwelgen beginnt, beginnt die Sinnlichkeit im bösesten Sinne. ‚Tristan und Isolde', ‚Parsifal' –: das edelste und heiligste des Menschenherzens, Liebe und Schmerz, werden hier Ausgangspunkte zum Schwelgen. Das ist ungesund, eine Giftbeule für die Zukunft unserer Kunst –"

»Und was würden Sie dagegen zu thun rathen«, lächelte der Meister, der, ohne zu unterbrechen, mich reden ließ, obwohl derartige Reden in seinen Räumen nicht gebräuchlich sind.

„Was ich dagegen rathen würde?" sagte ich schnell, „– ein antiseptisches Mittel: die gesunde Seele sich erhalten." Der Meister und Alle schwiegen. Aber ich weiß, daß er gar manches denkt, wie ich, nur spricht er es nicht aus. Er hält im Leben und Sterben zu seinem großen Kunstbruder. Andern entzieht er das Wort – sein „Biograph" darf reden. Auch jetzt sah er mich halb streng, halb gütig an, darunter ein wenig vergnügt. „Verzeihung, Meister – das paßte nicht zum Whist – lassen Sie es als Intermezzo gelten!" Wir spielten weiter. Als man sich verabschiedete, hielt er mich einen Moment zurück: »Bravo, Freundin! – eine Lektion – eine antiseptische – – ob das Mittel gebraucht wird? bliebe eine andere Frage.« Da ward mir plötzlich siedeheiß und mir war, als sei ich ein rechter Thor. Beinahe schämte ich mich meiner.

Gottschalg begegnete mir, fiel über die Jaëll *sans façon* her. Niemand will sie gelten lassen. An ihrem Concert, das sie vorgestern vortrug, hat Liszt viel geholfen, was an manchen Stellen sofort erkennbar hervortritt. Saint-Saëns dirigirte es – sie selbst glich vor dem Klavier einer trunkenen Mänade. Die Musiker sind voll Spott und Lachen – mit Recht? Nein! Mir kommt sie bedauerlich vor, als schwebe sie über dem Bodenlosen und schaukele und gaukele um die Linie herum, die so viel wie ein ausgelöschtes Bewußtsein bedeutet. Sicher: sie delirirt.

Als Mme Jaëll ihr Concert spielte verließ Draeseke den Saal, indem er ausrief: „Das Concert ist mir verjällt!" (jaëllt – vergällt).

Samstag.

War den ganzen Tag im großherzogl. Archiv – las einen Aktenauszug betreffs der Ehescheidungsklage der Fürstin – finde alles bestätigt, was sie mir 1876 in Rom erzählte und was mir damals unglaublich erschien. Unglückliche, große Frau! Das war eine Tragödie, wie kein Dichter ergreifender sie schildern kann – aber eine Tragödie auf Goldgrund.

Am ersten Pfingsttag – 1. Juni.

Liszt bat so liebenswürdig, mit ihm Anna und Helene Stahr's „Nachmittag" zu besuchen – er wolle uns im Wagen abholen etc., daß wir unsere Zusage geben mußten. Es regnete – der Wagen hielt pünktlich vor der Thür. Er stieg mit Hofrath Rohlfs, dem Afrikaforscher, aus, uns abzuholen. Frau Rohlfs saß im Wagen – wir waren zu fünf, wir drei Damen im Fond, die beiden Herrn auf dem Rücksitz.

„Wir haben zusammen", auf seine Frau deutend, „Ihre Lisztbiographie auf dem Wege nach Cairo gelesen, und uns sehr daran erfreut", sagte Rohlfs.

„Wie schön! – ich danke Ihnen, daß uns der Kaffee täglich schmeckt – bei mir wird er nach Ihrem Recept gebraut und heißt Rohlfs-Kaffee."

»Ah – was ist das?« – Liszt – »der Wanderprofessor«, wandte er sich an Ida, »soll ihn bei mir kochen« –

Der Wagen hielt, der Regen fiel noch in Strömen – das Gartenthor nicht offen – so hatten wir noch eine gute Strecke bis zum „Staarenkobel", wie die Weimaraner das Häuschen nennen, das die „Stärlein" bewohnen. Rohlfs beschirmte mich – wir sprachen von d'Albert, von dem zur Zeit der Meister nichts wissen will und dem Rohlfs das Wort spricht. Und doch ist d'Albert unter den jugendlichen Klavierheroen der einzige geniale – in ihm pulsirt es musikalisch. Der Meister giebt es zu. „Jedenfalls ist er verklatscht", meinte Rohlfs.

D'Albert's Concert enthält vielerlei: Sturm, Drang, Reminiscenzen, große Längen, nicht endenwollende Akkordpassagen. Einige Takte (gegen acht) entsetzlich dissonanzig, dabei interessant – möchte sie geschrieben sehen! Langhans saß hinter mir, als er es spielte (im Hoftheater-Concert). Auf meine ihm geäußerte Bedenken, erwiderte er: „In Berlin waren wir Alle gepackt – ich bin es immer mehr – dieses Concert hat eine Zukunft!" Ich schwieg betroffen, eigentlich kritisch verblüfft. Anderntags sprach ich mit Liszt darüber. »Sie haben Recht« – sagte er – »Langhans! Langhans – die Fortsetzung von Ambros, doch weit von ihm entfernt. Die Herren haben kein Urtheil. Zwei Drittel würde ich d'Albert streichen – vielleicht noch mehr, doch schweige ich – er würde es nicht goutiren.« Er deutete noch die Befürchtung an, daß »d'Albert's Zeit« vorüber sei. – Auf dem Weg zu Stahr's war seine Miene auf Ida's Bemerkung: „er sei unter unseren jungen Pianisten der einzige höher angelegte", abfällig; er lächelte ironisch, gab es ihr aber schließlich doch zu. Rohlfs sagte mir: d'Albert sei ganz unglücklich über Liszt's gegen früher so veränderte Meinung von ihm. –

Im Hause angekommen, wimmelte es bereits von Menschen. Im langen Vorsaal legten wir ab – Liszt kam – annehmend, er würde die Hofrath in den Salon führen, trat ich zurück. »Sie bleiben bei mir« – herrschte er mir zu, »nehmen Sie meinen Arm!«

„Der Meister und sein Biograph", flüsterte es von allen Seiten – wir marschirten gleichsam durch Spalier – wir saßen auch zusammen. Er ist so dankbar, so schön dankbar, was so Wenige zu sein verstehen, wenn er

Liebe und Verständnis für seine Kompositionen sieht. Während der Klaviervorträge machte er viele Bemerkungen, immer zu mir gewandt, als wolle er seinen Ideengang mir darlegen. Meistens aber – und es erfüllt mich mit hoher Zuversicht – sprach er nur aus, wie in dem Moment ich es selbst gefühlt, gedacht. Das: »Sie wissen es, auch wenn ich schweige«, wie er einstmalen zu mir gesagt, kommt mir in den Sinn – wie könnte ich sonst auch mit solch innerer Gewißheit sein Biograph sein?! »Gewiß sein in dem, wo keine Gewißheit, ist Glaube« – das sind auch Worte von ihm –: ich glaube an ihn .....

Unter den Vorträgen stand die Dante-Sonate am Anfang. Bei den großen Modulationen auf Ganztonschritten bemerkte er: »Die wollte vor 45 Jahren niemand gelten lassen – heute ist es ganz verbreitet, viele Komponisten bringen Ähnliches.« – Es folgte die Hamlet-Dichtung für 2 Klaviere, gespielt von einem Südrussen Namens Göllerich, ein fanatisch aussehender junger Mensch mit auffallendem, wie ich sagen hörte, „häßlichem Christuskopf", und einer Frau Greipel, einer Wienerin.

»*To be or not to be*«, flüsterte der Meister, als sie begannen. »Ah – die Schatten –«, »*Polonius* – die Ratte«, wobei er eine Zickzackbewegung mit dem Arm machte, als stieße er mit dem Schwert durch die Tapete, – und so ging es fort. Die Mazeppa-Etüde wurde ebenfalls gespielt, von dem jungen Max van de Sandt, der sonst sehr sicher, doch diesmal ganz unsicher war, so daß Liszt mit großen Augen dreinschaute.

Eine der Fräulein Stahr ging an uns vorüber – „Es wird gleich Erfrischungen geben, lieber Meister", schnarrte sie ihm zu. Gleich darauf wogte, vielmehr: drückte sich alles herum und durcheinander – Torten und Weine wurden gereicht, man stand wie erlöst von den Sitzen auf, kaute, plauderte.

„Haben Sie unser Museum schon gesehen, Fräul. Ramann? Das müssen Sie sehen! Es ist einzig in seiner Art –" krächzte die ältere der Schwestern hinter mir. Und in der That! Dieses kleine Haus-Museum war einzig. Ein kleiner Raum bis zur Decke hinauf gefüllt mit großen und kleinen Bildern, Photographien, Büsten, Medaillons von Künstlern, Künstlerinnen und hervorragenden Personen, die während dreißig Jahren das Stahr'sche Haus besucht – die Bilder Adolf Stahr's, ihres Vaters, und Fanny Lewald's; dazwischen auf Tischen: Albums und kleine Kuriositäten, die ihnen von Künstlern aus allen Himmelsgegenden mitgebracht worden waren. Am meisten zogen mich die vielen Lisztbilder in Stich und in Photographie an, die aus allen seinen Lebensperioden zusammengetragen, so reichhaltig von mir nirgends gesehen wurden. Ein schönes Bild der Gräfin d'Agoult ist hier ebenfalls zu finden.

Der Meister stand wieder hinter mir: »Bleiben wir hier«, winkte er mir zu. Mehr als 3–4 Personen, auf Tabourets sitzend, konnten im „Museum" nicht untergebracht werden – dazwischen flatterte ängstlich wie eine Henne um entwischende Küchlein, die eine Fräulein Stahr vor der Thür auf und ab, augenscheinlich mit der Furcht: eine unvorsichtige Bewegung könne Unheil stiften. Aber es passirte nichts.

Fräulein Agnes Schöler, die Wienerin Greipel, der Südrusse, Fräulein Overbeck – eine Menge Menschen sagten mir schmeichelhaftes über die Liszt-Biographie – wollten wissen: wann der II. Band erscheine? Der Meister hörte zu und schien sich dessen zu freuen. – Wagner's „Träume" wurden gesungen, Reisenauer begleitete außerordentlich schön – keiner der jungen Pianisten hat eine so fein durchgebildete Technik, einen so vollen, weich-singenden Ton. Er ist ein Schüler Louis Köhler's. Ich drehte mich um – Liszt war verschwunden. Ihn suchend, fand ich ihn in der Küche, die außerordentlich zierlich und blinkend einem Putzstübchen glich – da gestikulirte die ältere Stahr mit dem Küchenteller herum, andere Damen standen um den Meister, der hier nach seinem Wagen fragte.

»Nach meiner Uhr müßte er da sein« – sagte er, mit einem Anflug von Verstimmung. Es stellte sich heraus, daß jemand, um ihn länger in der Gesellschaft zu halten, *contre-ordre* gegeben hatte. Ärgerlich wollte er nun im Regen fort. „Ich lasse Sie nicht", sagte ich eindringlichst – „wenn Sie sich erkälten –" »Ich gehe!« war seine Antwort. Er war nicht zu halten. Schleunigst eiste ich Ida los, die in ein Gespräch verwickelt war, desgl. Rohlfs – und wir trollten mitten im Regen fort, einige Andere hinten nach. Rohlfs stürzte die Straße entlang nach einem Wagen – ein fremder kam und nahm uns auf – jetzt erleichterte Gesichter. Ich nahm einen Rücksitz, um Liszt im Fond besser zu placiren. »Wenn Sie sich nicht sogleich hinter setzen – gehe ich ganz zu Fuß nach Hause« – rief er trotzig. Schnell gab ich nach; denn er hätte es wirklich gethan trotz seiner Lackschuhe und der Beschwerden, die es ihm verursacht haben würde! – Wir waren im Abfahren, als ein dünner alter Nachtshawl noch in den Wagen flog: „Für den Meister! Für den Meister! Thun Sie ihn um!" kreischte eine Stimme – die jüngere Stahr. Natürlich that er ihn n i c h t um.

Diese beiden Fräulein Stahr sind, einige boshafte Seiten abgerechnet, herzensgute Menschen. Durch ihren Vater aber kamen sie in Sphären, die abgöttisch von ihnen geliebt werden, o h n e daß sie sie begreifen. Eine sentimentale Kunstliebe, eine noch sentimentalere Liebe für alle Künstler, die um Liszt sich schaaren, dabei eine ebenso große Neigung für alles, was Klatsch heißt, sind sie seit Jahren – seit dem Scheiden ihres Vaters aus dem Weimarkreis, um sich mit Fanny Lewald zu verbinden – zwei feststehende Figuren daselbst. Über die beiden altmodisch und doch phantastisch modern kostümirten, in ihren Gewändern einen unerhörten Farbensinn zur Schau tragenden Gestalten lachte alle Welt und doch läßt alle Welt auch wieder nichts auf sie kommen. Mit den Schülern und Schülerinnen Liszt's stehen sie auf Du und Du – ihre Thür steht ihnen allen offen – man court, man kost – der „Staarenkobel" wird dazwischen auch zum „Taubenschlag". An gewissen Sonntagen während der Liszt-Saison versammelt sich hier alles, was zu Liszt gehört, um Lisztmusik zu hören, läßt sich Kaffee und Kuchen und Wein schmecken, raisonnirt über den schlechten Kaffee und den sauern Wein, den man zu trinken bekommt – den die beiden guten Schwestern schwer durch Klavierstunden sich verdient haben und hochherzig auf den Altar ihres Kultus niederlegen. Dafür bringen ihre Gäste ihnen von Reisen die kleinen Kuriositäten mit, die ihr „Museum" bilden.

Liszt, der sich ihnen entzieht, wo er nur kann, ist nach jeder Richtung hin gütig gegen sie, schon ihres Vaters wegen, schenkt ihnen Photographien, besucht ihre Liszt-Sonntage – zu seinen Matinéen aber lud er sie nicht mehr ein, nachdem sie einstmals in spechtgrüner Seide und rothen Umhängen erschienen waren. Er schließt Bemerkungen über sie stets mit den Worten: »Vortreffliche Menschen – ebenso tüchtig, wie häßlich.« So auch jetzt.

Am „Erbprinzen" mußte gehalten werden. »Mme Montigny ist unpaß – nur eine kurze Visite« und, begleitet von seinem Kammerdiener, stieg der greise Meister die Treppen hinauf, seine Krankenvisite zu machen. So versäumte er Niemand. Nach vielleicht fünf Minuten kam er zurück: »Es geht besser«, sagte er. Er sah so müde aus. Meinem besorgten Blick begegnete er mit den Worten: »Wenn Sie mir einen Gefallen thun wollen, liebe Freundin, nehmen Sie im Vorbeifahren meine Post mit und sehen Sie sie durch.« Es klang so mühsam.

Wir hielten – mehr als ein Dutzend Briefe brachte Mihály. »Morgen denn –« winkte er noch, und wir fuhren nach Hause.

Hier warteten unser die Löhner und Genossinnen, die zum Thee bei uns blieben – auch v. Tucher kam. Ich aber war erschöpft – mußte zu Bett gebracht werden.

2. Pfingsttag.

Schon gegen 9 Uhr befand ich mich beim Meister, referirte über die Briefe: Dank-, Bewunderungsschreiben, Gesuche. Unter den letzteren ein Brief von dem Comité eines Musikfestes, das zu Mainz im Juli abgehalten werden soll. Es ersuchte den Meister um – – ein musikalisches Autograph.

»Ja wohl«, lachte er bitter, »dazu kommen die Herren – könnte mein ganzes Leben autographiren – dazu kennen sie mich! Wird abgewiesen –

ich weise grundsätzlich derartige Ansinnen zurück. Schreiben Sie das – aber höflich – ausgesucht höflich – legen Sie mir den Brief vor Absenden noch vor.«

Somit war die Correspondenzsache erledigt.

»Und was haben Sie da noch in der Hand?« – Ich hatte das *Ms* zu einem „Grundriß der Technik des Klavierspiels", den Elementartheil nebst Vorwort zum ganzen Werk (das ich aus drei Schulen: Elementar-, Mittel-, Hochschule bestehend geplant habe), um ihm die Idee und die fertige I. Schule vorzulegen und, falls er mit der Arbeit, die ich mir als ein technisches Reformwerk denke, einverstanden, ihr einen Geleitsbrief zu erbitten, was ich ihm gleich aussprach.

Ich las ihm das „Vorwort". Schon beim ersten Satz richtete er sich in die Höhe: »Das wäre! Getroffen – nur weiter!« mahnte er, als ich mit Lesen anhielt. Gespannt nahm er mir jedes Wort vom Mund und, als ich die Stelle bezüglich der ungarischen Tonleiter las, trat er zum Klavier und spielte, eigentlich probirte, prüfend verschiedene Tonarten.

»Geht!« – sagte er erfreut.

„Auch in Terzen und Sexten, Meister?" fragte ich, dieser Form gegenüber noch unschlüssig. Er probirte von Neuem nachdenklich und entschied dann:

»Geht auch –«[76] Die Aufnahme dieser Tonleiter in ein Lehrwerk erfreute ihn ersichtlich. »Das ist nur gerecht – wissenschaftlich korrekt – und fördernd.«

Ich las nochmals nach dieser Unterbrechung die besagte Stelle. Ein gewaltiger Ernst lag auf seinen Zügen – ich hatte den Lebensnerv einer Kunstfrage berührt, in der er selbst zum Theil wurzelt. Dann strich er sanft über meine Stirn mit den Worten: »Erstgesprochen – meisterlich. Ihnen schreibe ich einen Brief – Ihnen – Haben Sie noch etwas? Nein? – Dann gehen Sie. Ich habe etwas zu arbeiten, was keinen Aufschub erduldet. Bis Mittag – – dann fahre ich Euch nach Tiefurth!«

*

Auf dem Nachhauseweg begegnete mir Müller-Hartung. Wir plauderten Pädagogisches – über Musiklehrer-Erziehung. Die Musiker stehen derartigen Ideen meistens fern – sie haben keine Ahnung von Dingen, die außerhalb des specifisch-musikalischen Gebietes liegen, von einer Verschmelzung der human- und musikalisch-pädagogischen Ideen, die völlig unverstanden noch außerhalb ihres Sehkreises liegen. Es ist so schwer sie ihnen näher zu rücken.

[76] Nachtrag: Bei der Herausgabe des Werkes ließ ich diese Formen jedoch weg, obwohl sie im *Ms* verzeichnet sind (Mittelschule, 1. Heft), weil sie mir mehr gedanklich als technisch fördernd erschienen.

Die ungeheure Tragweite, welche für die zukünftige allgemeine Musikbildung und für das Zusammengehen von Kunst und Volk in ihnen liegt, ahnen sie gar nicht. Daß hiebei dem Lehrstand, ähnlich wie für den Staat dem Wehrstand, eine größte und schwierigste Aufgabe zufällt, denken sie nicht, wenigstens nicht: daß es hiezu einer Reform mit ganz andern Ausgangspunkten als den specifisch musikalischen bedarf. Immer nur formell-technische Zucht – nicht auch die ideele! Wir brauchen neue Grundlagen. – –

*

Zum Diner bei Liszt – außer uns Mme Jaëll. Zu seinem Triumph kam vorzügliches *Beefsteak* auf den Tisch – er pries seine Maschine und ahnte noch immer nicht, der Gute, daß sie ganz schuldlos war. Die Unterhaltung wurde von seiner Seite heftig. Kullak war wieder einmal das heikle Thema. Die Jaëll schien gleichgültig und schläfrig – Ida schwieg, um nicht durch irgend ein Wort Öl ins Feuer zu gießen. Endlich brachte ich das Gespräch auf das weibliche Schaffen.

„Wie kommt es nur, Meister, daß Frauen, wenn wirklich einmal schaffensbegabt, kühner als die Männer auftreten? Ich denke an George Sand, zunächst aber an den ‚Judas Ischariot' der Elise Schmidt."

»Lassen Sie das – die Frauen sind begabt. Das Überfliegen aller Gränzen dürfte zu den Problemen der Frauennatur gehören. Glauben Sie mir: sie haben einen größeren Antheil an dem Schaffen der Männer, als diese zugestehen mögen – und doch ist es so: sie haben den intuitiven Blick des Erkennens im Bereiche des Schönen und sind der Impuls vieler großer Werke – ein Stachel zur Tatkraft.«

Somit waren wir denn glücklich über Kullak hinüber. Das Dessert kam – der Meister hob die Tafel auf, um zu ruhen: »Ossiana soll mich Punkt 3 Uhr wecken.«

Ida setzte sich ans offene Fenster und sah zweien Tauben zu, die auf einem Zweig des großen Fichtenbaumes, der das Fenster streift, ihr anmuthiges Spiel trieben. Ossiana und ich saßen auf dem Divan und plauderten leise. Indirekt suchte ich ihr die Pflichten einer in Liszt's Nähe weilenden Frau, ihre edle, schöne Aufgabe, nahezulegen. Es überraschte mich von neuem, wie hochfliegend und verworren die Gedanken- und Gefühlswelt sich bewegt – „die Aufbauschung der absoluten Impotenz" nach Ad. Stern. Ein häßliches Wort!

Es war gegen 3 Uhr – nun sprang sie auf – Liszt schlief so gut. „Soll ich ihn wecken?" fragte sie. „Lassen Sie ihm noch die drei Minuten, die bis Punkt 3 Uhr fehlen", entgegnete ich. So standen wir drei, jede die Uhr in der Hand. „Jetzt" – die Jaëll trat zu ihm, erstaunt sah er sich um, zog seine Uhr: »Punkt 3 Uhr – es ist gut.«

Im Nu war er aufgestanden, ordnete seine Toilette, ließ sich dabei helfen und nahm einige Schluck Thee aus einer Tasse, in der sein silbernes Thee-Ei noch lag und die vom Kammerdiener auf den Schreibtisch gesetzt worden war. Jetzt trinkt er nach Tisch Thee – der starke Kaffee thut ihm nicht mehr so recht gut. Er zeigte mir das Ei in der Tasse, zog es am Kettchen heraus und legte es auf die Untertasse: »er wird zu stark«, sagte er dabei – »eine praktische Einrichtung – gut beim Reisen – empfehle sie Ihnen auch«, plauderte er weiter. – Solche kleine Bequemlichkeiten, die praktisch, machen ihm viel Spaß. So erzählte er mir z.B. mehr als ein Mal, daß die erste Schachtel Schwefel-Streichhölzer (die ersten Schwefelhölzchen tupfte man, um sie zu entzünden, in ein Phosphorglas, wie ich mich aus meiner Kindheit noch sehr wohl entsinne) in seinem Besitz gewesen, indem der Erfinder sie ihm zum Geschenk und ihn damit zum Propagandisten für seine Erfindung gemacht habe – »machte keine schlechten Geschäfte dabei«, versicherte er befriedigt.

Der Landauer stand vor der Thür. Wir fuhren nach Tiefurth. Ich saß neben Liszt, Ida und Ossiana uns gegenüber. Er neckte letztere und flüsterte mir zu: »Ungnädig.« Kerzengerade saß sie da und verzog keine Miene. »Mme Flintsch – ganz wie sie –« „Die Hofdame Maria Paulowna's?" fiel ich ein. Er nickte. »Berühmt«, fuhr er pathetisch fort, »wegen ihrer tadellosen Haltung. Während einer siebentägigen Reise zu Wagen mit der Frau Großherzogin-Großfürstin von St. Petersburg nach Weimar vergaß sie keinen Moment ihre hohe Charge: sie saß aufrecht und lehnte ihren Rücken nicht ein Mal an.« Selbst die Deklamation entriß Mme Jaëll nicht ihrer Unbeweglichkeit.

Wir fuhren an der Altenburg vorbei – es schwand der Humor aus seinem Gesicht. Er wies nach dem Seitenflügel, deutete auf ein Fenster: »Hier wohnte ich«, sprach er gedämpften Tones. „Ihr Arbeitszimmer." – »Ja – und da, in dem Hause über dem Hof drüben wohnten Tausig, Bülow, Cornelius – dort war auch Brendel's Zimmer, es war stets für ihn bereit.« Ich teilte ihm mit, daß ich sein Arbeitszimmer gerne im Bilde hergestellt besäße – daß ich mit dem Architekten Eelbo darüber gesprochen u. dgl. m. Es schien ihm nicht unangenehm zu sein, nur meinte er: es würden zu große Schwierigkeiten entgegen stehen. –

Unsere Farth war sehr anmuthig – das frische Grün und die Kühle des Waldes – dann und wann ausgehauene Parthien, die den Blick auf die Felder freiließen – Spaziergänger am Wege, die respektvollst stehen blieben und grüßten – der Meister selbst, der vor jedem Grüßenden, selbst vor Knaben, den Hut tief abzog – die von Ferne herschallende Dorfmusik – der herrliche Sonnenschein, der auf die noch vom Regen feuchten Bäume und Felder blitzte – dazu die Reminiscenzen an die Dichter-Heroen, die der ganzen Umgebung Weimars und speziell dieser Parthie einen Glorienschein für alle Zeiten geschaffen –: das alles umwob mich mit einer jener Stimmungen, die wie ein Ereignis in uns stehen bleiben, ohne daß wir es anders als in der Erinnerung festhalten können, Gestirnen gleich, die in sternstrahlender Nacht ihre glänzenden Mitwelten verdunkeln.

Wir kamen an. Der „Gnädigste Herr" selbst hätte nicht devoter von der Förstersfamilie, die in dem alten Lustschlößchen des Beschließeramtes waltet, empfangen werden können. So lange wir im Schlößchen waren, durfte Niemand es betreten. Wir durchschritten ziemlich rasch die Zimmer; die schlechte Luft – Moderduft – beengte Liszt. Gestützt auf meinen Arm, deutete er bald auf dieses, bald auf jenes Bild, auf diesen und jenen Gegenstand, machte Bemerkungen über das alte Gerümpel, für das er gar keine Sympathie hat. Voll Interesse jedoch besah er – zum wievielsten Male! – die „Kabinettchen" für die Cavaliere und für die Hofdamen der Herzogin Anna Amalie. Vor einem der kleinen Zimmer blieb er stehen –:

»Das war«, erklärte er, »das Zimmer des Fräulein v. Göchhausen –, dieses die Thür, die Carl August und Goethe ihr vermauern ließen, während sie auf dem Rasen ‚blinde Kuh' mit ihr spielten – eine rosenfarbige Zeit.« –

Vor der Thür meinte er: »Lassen Sie uns noch die ‚ideale' Küche besuchen.« Sie forderte ihn zu köstlichen Bemerkungen über den Idealismus im Hausstand auf, der an der Liebe sich genügt. – Unsere Lehrerinnen, nebst unserem Freund Tucher, die zur Zeit im Park geweilt, waren eingetreten und begrüßten den Meister. – Wir gingen dann eine Strecke zusammen und sie verloren sich wieder im Park, den auch wir bis zur Ilm durchschritten. Er lenkte seine Schritte zum Frühstückspavillon.

»Hier«, sagte er und die Erinnerung färbte den Klang seiner Stimme – »hier frühstückten wir zuletzt bei der Tonkünstler-Versammlung, ehe ich nach Rom reiste (1861) mit Wagner, Brendel, Bülow, Cornelius u. A. –«

„Ja – damals spielten Sie ‚Blindekuh' und Brendel suchte Sie – – auf der Altenburg!" fiel ich ein und spielte auf einen kleinen Vorgang an, der sich dazumal zutrug und mir durch Brendel's bekannt ist. Zur Zeit der Tiefurth-Parthie nämlich sollte auf der Altenburg eine wichtige Besprechung zwischen Liszt und Brendel in Sache des eben gegründeten „Allg. D. Musik-Vereins" stattfinden. Zur anberaumten Zeit stellte sich letzterer ein. Erstaunt, fand er Liszt nicht vor, aber er fand den Säumigen göttlich-heiter unter der Jugend Schaar, mit der Binde um die Augen – »ein Kalb mit den Kälbern«, wie er selbst es ausdrückte, wovon dieses Spielchen auf der Wiese den Namen „Kälberparthie" unter den Eingeweihten behielt. – Eine andere kleine Episode eben dieses heiteren Nachmittags (ebenfalls durch Brendel's mir bekannt) sei als charakteristisch für Liszt meinen Aufzeichnungen eingereiht. Als man von der „Kälberparthie" nach Weimar zurückkehrte, war es dunkel geworden und paarweise schlenderte man zu Fuß dahin. Das letzte und verspätete Paar war der Meister mit einer jungen liebenswürdigen Russin, die bei Brendels lebte und ihnen nahe stand.

»Fürchten Sie sich nicht«, flüsterte er, zu ihr geneigt – »fürchten Sie sich nicht, so im Dunkel der Nacht mit dem übel berüchtigten Liszt allein zu wandern?«

„Fürchten“ – entgegnete sie, „ich fühle mich sicher wie bei meinem Vater.“

»Das sollen Sie auch sein, liebes Kind« – und ausgesucht sorgsam und traulich wie ein solcher, begegnete er ihr jetzt und während der noch übrigen Festzeit. –

Diese Anekdote erwähnte ich in Rom (1876) gegen die Fürstin, worauf sie einfach und ernst hinzufügte: „Liszt hat nie im Leben eine Frau entführt und nie ein unschuldiges Mädchen verführt – wer anderes behauptet, lügt.“

Doch zurück zu unserem Spaziergang! – Liszt erinnerte sich noch sehr gut seines Blindekuhspiels, das ich ein „historisches Pendant aus anderer Zeit“ zu dem mit Fräulein v. Göchhausen nannte. »Ja«, lachte er – »wäre Brendel damals abgereist, wie er es vorhatte, hätte er mir halb und halb auch eine Tür vermauert.«

Wir blieben mit unserem Geplauder in der alten Zeit – Herzogin Anna Amalie, Goethe, Frau v. Stein. »Die Idealität dieses Bündnisses«, sagte er, »wird immer mehr angezweifelt – mit allem Recht. Ein Gelehrter (K. Eitner?) – ein ganz alter Herr – ich besuchte ihn noch gestern, um seine werthvollen Handschriften, darunter ein ‚*Veni, creator spiritus*‘, anzusehen – besitzt auch ein ungedrucktes Gedicht Goethe's an die Frau v. Stein –: das giebt manchen Aufschluß.«

Nun setzten wir uns wieder in den Wagen und fuhren zur Hofgärtnerei, wo auch ein Spielchen gemacht wurde. Lassen kam – wurde mir als „Geheimrath“ beigegeben – der Meister war mein Partner. Er liebt es, mit seinem Biographen zu spielen und mit ihm zu gewinnen. Das ist ihm so *quasi* Schicksalsspruch. Mehrmals schon wurde er mißmuthig, wenn wir nicht gewannen. Nicht, daß er abergläubisch ist, was so Manche, denen das innere Spiel poetischer Naturen fremd geblieben, behaupten möchten –: aber die geheimen Fäden, die Leben spinnend uns überall umgeben, die unser Gefühl immer ahnt und empfindet und die in uns zu Furcht, zu Hoffnung werden, umgarnen ihn viel – bald als dunkelnde, bald als lichtende Macht. Keine Poesie ohne dieses Geheimnis! Und er ist ein Poet, immer und ganz – heute gewannen wir, ja wir machten „groß Schlemm“.

»Nun behält Mme Jaëll doch Recht« – lachte er ironisch und vergnügt – »ich bin nicht ärgerlich, wenn ich gewinne.« Er kann nicht vergessen, daß sie letzten Winter in Budapest erzählte: er ertrüge es nicht, zu verlieren. Sie hatte unbewußt einen geheimen Fleck berührt, nur lagen beim Gewinnen wie beim Verlieren andere Motive für Stimmung und Verstimmung zu Grunde, als sie annahm – kleines und kleinliches liegt ihm fern. So macht es ihm beim Whist besonderes Vergnügen, seinem Gegner guten Rath zu geben zu seinem eigenen Schaden. Heute half er dem „Wanderprofessor", dem das Glück im Spiel nicht hold ist, des öfteren aus der Patsche. »Ich bin nicht eigennützig«, stichelte er dabei mit einem Seitenblick auf Mme Jaëll – »aber ich werde verstimmt, wenn ich verliere.«

Wir waren alle müde und froh, als der Meister das Spiel aufhob.

»Also morgen Früh reisen Sie – wann? Ich werde Sie nach –«

„Nein, nein, Meister" – fiel ich ihm abwehrend ins Wort – „ich komme zu Ihnen."

»Nun ja – ich nehme es an. Ihre Freundin bleibt hier unter meiner Obhut – sie soll sich nicht beklagen können« – –

3ter Pfingsttag.

„Der Herr Doktor wartet schon lange auf Sie", empfing mich Pauline, als ich gegen 8 Uhr Früh (!) die Treppe hinauf stieg, ihm *adieu* zu sagen. „Er wagt gar nicht zu schlafen."

Als ich leise den Salon betrat, lag er auf dem Divan, eine braune Decke über sich gebreitet und schlief, das Gesicht voll und ganz nach oben gerichtet. Wie in Granit gehauen lag er da – das Antlitz groß, fest, ehern, gewaltig. Ich betrachtete ihn lange. Wie bald wird der Tag kommen, der ihn von uns ruft ...... Aber diesen schmerzlichen Gedanken verdrängte ein anderer, der an das Unvergleichliche seines Lebens und Schaffens mich gemahnte, und überwältigend vor mich hintrat. Meine Lippen beteten – nicht gerührt, nein! solche Gefühle flößt er nicht ein, aber erhoben und gestärkt in dem Bewußtsein: daß es Dinge giebt, Wunder der höheren Ordnung, die unverweslich das Dauerlose kühn überdauern – eine ewige Vernichtung des Nichtigen – –

Da schlug er die Augen auf. „Bleiben Sie liegen –" bat ich.

»Nein – ich habe noch Blumen für Sie, extra für Sie.« Hiemit erhob er sich und gab mir einen Strauß, kein kunstvolles Bouquet – einfache Gartenblumen, natürlich gebunden und in der Mitte eine Passionsblume. Ich deutete schweigend auf sie – ebenso nickte er. Ergriffen drückte er mich an sich, küßte mich auf den Mund: »Im Geiste sind wir immer vereint.« –

Somit schieden wir.

Nürnberg, 10. Juni.

Ida bleibt bis Ende des Monats in Weimar, bis Liszt nach Bayreuth reist. Heute schrieb sie:

„Fast täglich komme ich zu Liszt. Du warst kaum fort, als eine Karte mich einlud: »Den verehrten Wander Professor erwartet morgen Sonntag 1 Uhr zum Kosten der Conserven« etc, dann wieder: »Den lieben verehrten Wander Professor erwartet morgen Samstag, 4 Uhr, ‚Hofgärtnerei'« etc. – Ich spielte ihm auch vor, privatim. Was sich mir da alles erschließt, technisch, geistig, besonders seine Art des Ausdrucks und der Wiedergabe ist unbeschreiblich. Davon, wenn ich wieder zu Hause bin, hier habe ich zu nichts Zeit."

24. Juni.

Geburtstags-Telegramm von Liszt. Brief von Ida nebst drei Briefen für den Biographen.

An Liszt nach Weimar.

Lieber, theurer Meister –:

Die drei Autographen[77], die Sie mir durch meine Freundin gesandt, bereiteten mir viel Vergnügen – genehmigen Sie meinen innigsten Dank, zugleich auch meinen Dank für die vielen Beweise Ihrer mir so herzlich zugewandten Gesinnung.

Im Geiste bin ich immer bei Ihnen. Gestern sah ich am Klavier Ihre Dante-Fantasie (*quasi Sonata*) durch und erfreute mich an dem chromatischen Gigantenzug der Akkorde, der über dem Orgelpunkt dahin braust wie Geisterzüge über dampfende Welten. Das Klavier wollte mir zu eng scheinen für das, was Sie hier gaben und ich hatte den Wunsch die Fantasie orchestrirt zu hören. Sollte keiner Ihrer instrumental Vertrauten das können?

Mitte Juli werde ich meine gewohnte Erfrischungskur in Nassau beginnen, dann bis Ende September mit meiner Freundin irgendwo im bayerischen Hochland bleiben. Im Oktober, wie Sie mir sagten, darf ich Sie bei uns begrüßen? Bis da aus Wiedersehen!

Ihnen treueigen, in innigster Verehrung
Ihr Biograph

Nürnberg, 2. Juli 1884. LR

[77] Dieselben bestanden 1) aus einem Brief Clara Schumann's an Liszt und des letzteren Antwort [s. S. 432f.], 2) aus einem von Hans v. Wolzogen nebst Liszt's Anwort, 3) aus dem Brief eines israelischen Convertiten, bei welchem der Meister Taufzeuge war, und des letzteren Antwort – alle drei datirt Juni 1884.

Juli, 1884.

Der Meister sandte mir Grüße:

(45.)

Liebste Freundin,

Die verwitt[w]ete Frau Hofräthin von Liszt, (aus Wien) sagt Ihnen die herzlichsten Grüsse

Ihres dankbar ergebensten
F. Liszt

25ten Juli, 84 –
Bayreuth.

Nach Beendigung der Parsifal Vorstellungen (8ten August) bin ich wieder in Weimar.

Nürnberg, 30. September.

Wir hatten die Sommerferien gemeinschaftlich mit Auguste Rennebaum, die sich dauernd in Budapest als Lehrerin des Klavierspiels niedergelassen, auf dem Brenner, in Matrei, verbracht. Mein *Enfant* bewährt sich fortgesetzt – auf ihrem Gebiet unermüdlich, hochstrebend und dabei in's Breite sich dehnend.

Heimwärts machten wir in Jenbach Station, um den Übergang von der Hochluft zur Luft des Flachlands zu vermitteln. Der Herbst war wie selten sonnig, die Luft so warm, daß ich noch in Jenbach blieb, während Ida der Schule wegen nach Hause reiste. Ich benutzte die Zeit und schrieb das „Materialbezügliche" zur Elementarschule meines technischen Werkes. Desgleichen die V. und VI. Zeittabelle derselben.

Die Arbeit war fertig; es wurde kühler und neblig, zudem erwarteten wir den Besuch Louise Otto's. So reiste ich am 26. dss. nach Hause. In München übernachtete ich. Gabriele Beeg (jetzt Frau v. Hößle), B. Kellermann und seine junge Frau brachten den Abend bei mir im „Hôtel Bauer" zu. Wir besprachen Pädagogisches – er hält, wie mir scheint, treu zu meinen Ideen, „seiner Schule", und sucht an der Kgl. Musikschule Propaganda für sie zu machen. – Beabsichtigt eine Lehrerbildungsklasse nach meinem „Lehrbuch" daselbst einzurichten. – Möge es ihm gelingen!

Kellermann erzählte mir manches von Liszt, der den Münchner Wagner-Aufführungen im *quasi* Anschluß an Bayreuth beigewohnt hatte. Sophie

Menter und Marie Jaëll waren seine Begleiterinnen rechts und links; letztere, wieder ungnädig, reiste ab. – Liszt arbeitete in München an einem „Königslied" ungarischen Styls, das zur Einweihung des Ungarischen Opernhauses in Budapest bestimmt ist. Kellermann nannte es „einfach, aber höchst kräftig und feurig".

Andern Morgens reiste ich. Am Bahnhof erschien noch letzterer. „Ich habe Ihnen noch etwas Neuestes mitgebracht – da, lesen Sie!" rief er mir entgegen, und reichte mir eine Zeitung mit der Notiz, „daß das Königslied Liszt's vom Ungarischen Ministerium abgelehnt sei, und der Meister beleidigt, sein Vaterland nicht mehr betreten werde."

Es wird sich die Sache anders lösen, als hier steht, selbst wenn die Notiz keine Zeitungsente sein sollte.

6. Oktober.

Louise Otto hielten wir bis heute bei uns fest. Ihr Besuch war mir eine Sonntagswoche. Welcher Charakter und welch' beispielwürdiges Leben, dazu das tiefe Gemüth und die nie versiegende Menschenliebe! Wir haben eine so gleiche Lebens- und Kunstanschauung, so „Brendelisch".

Daß sie, noch ehe der „Tannhäuser" komponirt war und ehe der Nibelungenstoff in Wagner lebte, in der Schumann-Brendel'schen Zeitschrift eine Oper mit deutsch-nationalem Stoff verlangte und als einen solchen die „Nibelungen" nicht nur vorschlug, sondern auch 1844/45 zu einem Libretto verarbeitete, das dazumal schon gedruckt wurde –: davon wissen heutzutage die Wenigsten etwas. Daß die Form des Libretto noch ganz auf der Grundlage jener Zeit sich bewegt, ähnlich wie auch Wagner's Rienzi-Text, ist ganz natürlich. Sie war das vorahnende Talent, nicht aber das Neue Bahnen schaffende, verkörpernde Genie. Nach Seite der Idee gehört sie historisch zu Wagner's Vorarbeitern – zu den allerersten. Ihr deutsch-begeistertes Gemüth, erglüht in der Ahnung des nationalen Gedankens, wie er 1848 zum Ausbruch kam, war erfüllt, ja überzeugt von dem Kommen einer Nationaloper. – Bei der von Brendel 1847 zu Leipzig veranstalteten [ersten] Tonkünstler-Versammlung lieh sie ihrer Überzeugung beredt das Wort und verlangte „Kampf!" für eine solche. Richard Pohl sagte damals seufzend zu ihr: „Wer's doch schon so weit gebracht hätte, wie Sie, und fest stünde – ohne nach Anderen fragen zu müssen!" Sie sah ihn an und ohne sicher zu sein, ob seine Worte Ernst oder Hohn, entgegnete sie in ihrer raschen Art: „Man fragt eben nicht nach Andern!" – Und hierbei ist es für sie geblieben. Ihre Blicke wandten sich nicht rechts, nicht links –: sie folgten dem Kompaß ihrer Überzeugung.

Gestern Abend hatten wir noch ein religiöses Gespräch. „Lesen Sie Otto Leixner's ‚Andachten eines Weltmannes'" – sagte sie; „dieses Buch ist mir aus der Seele geschrieben. Zwei Dinge hielt ich in den bewegten 1848er Jahren gegenüber dem Freiheitstaumel der Poeten immer fest: die Forderung der Reinheit bei dem freien Verkehr der Geschlechter und den festen Glauben an Gott und seine Liebe."

Liszt beabsichtigte, uns diese Woche zu besuchen, und Louise Otto hoffte, ihm noch zu begegnen. Leider verschob sich sein Besuch und so zog sie heimwärts, ohne daß ihr dieser Wunsch sich erfüllt hat.

Liszt hat mit dem „Königslied" viel Ärgernis. Die Sache ist aufgeklärt, und die Zeitungen haben hinreichend darüber berichtet, was meine Aufzeichnungen überflüssig macht. Unbegreiflich aber bleibt es, daß die feine Huldigung, welche für das Königshaus in der Benutzung einiger Takte des „Hahj! Rákóczi, Bercsényi!" liegt, den weisen Herrn entgehen konnte, trotz des royalen Textes. Doch bleibt es dahin gestellt, ob die Zurückweisung des „Königsliedes" eine Taktlosigkeit, eine Dummheit, oder eine Bosheit war. Möglicherweise wirkte diese Trias zusammen. Aus Pest schrieb man mir, daß Erkel gegen Liszt konspirirt habe – dieser ist dem Ruhme dortiger Komponisten im Wege.

In der Art der Benutzung einiger Motive des ungarischen Revolutionsliedes zu einem musikalischen Huldigungsakt liegt ein Stück Weltanschauung Liszt's: das Besiegen der, wenn auch heldenhaften, aber doch immer rohen Freiheit und Kraft durch Ordnung und Gesetz. Ideell verwandt, jedoch nach religiöser Richtung, ist dies auch in dem „*Salve Polonia*" ausgedrückt in der dem Polenlied folgenden Stelle:

über welche Liszt in der Klavierausgabe (2hdg.) die bezeichnenden Worte hinschrieb: „*Passer invenit sibi domum, et turtur nidum, ubi reponat pullos suos. Altaria tua, Domine virtutum*" (Psalm 83)[78].

20. Oktober.

Liszt's Ankunft zieht sich wieder hinaus. Er schreibt:

[78] Luther-Bibel Ps. 84, 4 –: „Denn der Vogel hat ein Haus gefunden und die Schwalbe ihr Nest, da sie Junge hecken: Deine Altäre, Herr Zebaoth, mein König und mein Gott."

(46.)

Sehr Verehrte liebe Freundin,

Seit Donnerstag bin ich ziemlich unwohl: medicinire sogar, was mir äusserst selten passirt!

Vor Ende der Woche telegraphire ich welchen Tag bei Ihnen eintrifft, ihr

herzlich ergebenster

F. Liszt

Sonntag, 19ten Oct. 84 – Weimar.

27. Oktober.

Endlich kam er vorgestern an. Ida holte ihn am Bahnhof ab – wie müde und keuchend stieg er zur Treppe herauf! Noch vor zwei Jahren sagte er, den Kopf stolz gehoben: »Noch sieben Treppen steige ich hinauf – ich kann's!« Aber jetzt. So kommt das Alter mit Riesenschritten.....

Nach den ersten Begrüßungen setzte er sich sogleich – früher promenirten wir in meinem Zimmer auf und ab, wobei er immer Kehrt machte, wenn er das Leopardenfell am Fenster erreicht und seinen Fuß wie im Triumph auf den ausgestopften Kopf des Thieres gesetzt hatte. Jetzt ganz erschöpft, sagte er:

»Ich wollte den 22ten[79] bei Ihnen sein, war aber unpaß. Der Arzt meinte, ich solle keinenfalls reisen – so mußte ich zeigen, daß ich auch vernünftig sein kann. Nun haben Sie mich erst heute. – – Ja, ja ‚vernünftig' sein« – plauderte er weiter – »da kann ich Ihnen gleich einen Spaß erzählen, doch – wie geht es Herrn v. Schorn? Noch nicht besser? – das bedaure ich! Mein gnädigster Herr interessirt sich für seine Erkrankung. Neulich bei der Bach-Feier in Eisenach hatte ich die Ehre, mit den Herrschaften zu speisen – ungezwungen, wo man nicht nur plaudern, sondern auch laut plaudern durfte. ‚Wer hätte gedacht', sagte eine der anwesenden Prinzessinnen, ‚daß dieser ruhige Mann geisteskrank werden könnte. Es ist erstaunlich.' – ‚Wenn mir das passirt wäre' – sagte ich laut – ‚hätte kein Mensch sich erstaunt.' Alle lachten.« – Und der Meister lachte auch jetzt, als er es erzählte.

Er saß mit dem Rücken gegen das Licht und hielt sich trotzdem oftmals die Hand vor die Augen. »Lesen Sie mir diese Briefe, liebe Freundin« – dabei griff er in die Brusttasche und holte ein Packet noch nicht geöffneter Briefe heraus. »Meine Augen versagen mir den Dienst«, fügte er mit todttrauriger Stimme hinzu. Alle Heiterkeit war von ihm gewichen, um dem Ausdruck der Gebrochenheit über sich selbst Platz zu machen. Sogleich aber flog wieder

[79] Oktober: Liszt's Geburtstag.

ein Strahl von Helle über sein Antlitz, als ich ihm versicherte: er sähe gut aus und ich fände an seinem Aussehen keinen Unterschied zwischen jetzt und dem Frühjahr.

Die Briefe, die unerwidert bleiben sollten, wurden zerrissen, die andern beantwortete ich sogleich in seiner Gegenwart. Während ich schrieb, saß er mir gegenüber und durchstöberte die Zeitungen und Bücher, die auf dem Lesetisch lagen. Er nahm eines nach dem andern in die Hand, wobei ich ihm jedesmal Titel und Verfasser nannte. „‚Die Nächte des Orient‘ von Graf Schack“, berichtete ich.

»Ah, Schack! – früher war ich häufig mit ihm zusammen, doch verscherzte ich seine freundliche Gesinnung. Er wünschte von mir Musik zu einer seiner Dichtungen, was ich nicht konnte. – Die Fürstin hatte ihn sehr gern, sie stand auch lange in Correspondenz mit ihm. Zur Zeit Ludwig I. von Bayern war er bei den Malern sein Gegenkönig. Wenn Ludwig knauserte, bezahlte er königlich. Und Künstlern, die der König nicht mochte, wie Genelli, auch Schwind, Feuerbach gab er große Aufträge – eine große, noble Natur! – Man macht neuerdings viel aus ihm –«

„Zu viel, scheint mir. Ich suche in seinen Schriften vergeblich nach einem ‚zweiten Goethe‘, wie seine Kritiker ihn benennen. Bei seinen Poesien – ebenso in den ‚Nächten‘ – vermisse ich die Originalität des Ausdrucks, auch der Anschauung. Gedanken und Bilder sind selten neu, obwohl alles fließend, weit, edel und wahr empfunden ist.“

»Gut docirt. Was haben Sie weiter unter Ihren Nova? Carl Fuchs? Wer ist Fuchs? – belehren Sie mich. So, so –: Riemann-Phrasirungs-Evangeliste. Es giebt auch falsche Evangelisten.«

„Was halten Sie von Riemann's Phrasirungsidee?“ fragte ich.

»Nichts und etwas. Manches ist richtig, das aber ist nicht neu und n i c h t v o n i h m.« Er betonte das, ohne mehr zu sagen. Man merkt es ihm stets an, daß es sein Wahrheitsgefühl verletzt, wenn seine Urheberschaft von Andern stillschweigend annektirt wird. Sein Stolz legt ihm in diesem Fall Schweigen auf. Betrifft es aber A n d e r e, dann berichtigt e r sofort.

»Und was haben Sie hier?« fuhr er fort und griff nach einer andern Brochüre.

„Didaktische Abhandlungen unter dem Titel: ‚Wie spielt man Klavier?‘ von Heinrich Germer – ein ausgezeichnetes Schriftchen.“ –

»Referiren Sie«, unterbrach er gespannt. Mit großer Aufmerksamkeit verfolgte er die Überschriften der Kapitel, fragte dazwischen, wie der Autor das und jenes meine, probirte auf dem Tisch die von Germer specialisirten Anschlagsarten, fand vieles ‚lehrreich‘, ‚nützlich für Lehrer‘ u.s.f. Plötzlich stutzte er, als ich die Überschrift las: ‚V o m A c c e n t b e i T a k t - C o n f u s i o n‘.

»Was ist Takt-Confusion? – ich kenne sie nicht.«

Bei dem Schumann behandelnden § ward er ärgerlich und bei der Bemerkung: daß die Taktart zuweilen bei Schumann „fingirt“ und „unzutreffend“ sei, wie z. B. bei seinem Stück „Des Abends“, das er in $^2/_8$ notirt habe, während der Takt $^3/_8$ sei, und Schumann durch seine falsche Calculation die Spieler nur unnütz quäle, brauste Liszt auf:

»Beweise! Haben Sie das Stück zur Hand? Notiren Sie es in Germer'sche Schreibweise.« Ich that, wie er geheißen.

Schumann's Notirung:

Schreibweise nach H. Germer:

Sofort setzte er sich an den Flügel und spielte nach beiden Notirungen. In der That, welch' ein Unterschied! Der $^3/_8$ Takt klang gleich einer vollständigen Vernüchterung des romantisch-poetischen Stücks – Mittagsprosa und Abenddichtung.

»Ist das gleich?!« rief der Meister ein über das andere Mal. »Wollen denn die Herren Musikprofessoren alles mit Prosa nivelliren?! Schreiben Sie unter Schumann's Notirung: Ritter vom Geist – unter die des Herrn Verbesserers: Ritter ohne Geist.« –

Indem ich dieses schreibe, tritt mir eine bei Liszt in der Hofgärtnerei gegen Ende der 1870er Jahre erlebte, verwandte „Confusion“ in Erinnerung. Viele junge Virtuosen, unter ihnen bereits mehrere, die ihre Künstlersporen in der Öffentlichkeit sich errungen hatten, wie: Zarembski, Xaver Scharwenka

u. A. waren zur „Stunde" dort. Einer der Pianisten spielte das Rondo von Beethoven's *Es dur*-Concert. Er hatte kaum angefangen, als der Meister aufschrie:

»Das ist falsch!« Der Spieler fing nochmals an, und noch energischer rief jener: »Das ist falsch!« Und als er zum dritten Mal begonnen, wiederholte sich Liszt's: »Das ist falsch!«

Er setzte sich nun selbst an den Flügel, spielte die Stelle, und sagte mit einem Jupiterausdruck im Gesicht:

»Hören Sie nicht? Der Sopran hat dreitheilige Rhythmen, die Begleitung zweitheilige – Sie spielten beide Parthien zweitheilig: Beethoven notirte $^3/_4$ gegen $^6/_8$!« –:

Die jungen Künstler umdrängten den Flügel und Liszt spielte den Takt mehrmals nach Beethoven's Notirung und alsdann mit dem falschen zweitheiligen Accent:

Und sonderbar! Vielleicht bestürzt von der Aufregung des Meisters: keiner wollte einen Unterschied der Accente wahrnehmen – –

Nun ging es zu Tisch. Wir hatten ein in unserer Küche neues Entrée: Paprika-Huhn nach einem Recept, das wir uns aus Pest hatten schicken lassen; der Paprika war auch von dort. Liszt freute sich dieses nationalen Anklangs und ließ es sich trefflich schmecken. Der Marsala behagte ihm auch und er war nach Tisch kaum ins „Rothe Roß" zum Ruhen gegangen, als auch schon der Kammerdiener kam und um eine Flasche für ihn bat.

Er kam erst gegen fünf Uhr wieder. »Ihr Marsala that mir gute Dienste – ich darf kein Bier trinken – muß ‚vernünftig' sein. *A propos* wegen des Bieres, das Sie mir nach Weimar besorgten! –: Sie hatten Auslagen für mich –«

„Lieber Meister", fiel ihm Ida ins Wort – „ich weiß nichts von solchen."
»Das Tucher-Bier ist vortrefflich. Kommen Sie, Wanderprofessor, das machen wir mit einander ab« – dabei zog er Ida in eine Ecke und flüsterte mit ihr. »Also abgemacht – Wein gegen Bier!«

»Nun lesen Sie mir aus der ‚Zeitschrift'[80] das Referat von Gottschalg über die Bachfeier in Eisenach vor!« Wir saßen wieder am Lesetisch, Liszt rauchte einen der „Rattenschwänze", die ich in Jenbach für ihn gekauft, Ida las, fast bei jedem Satz von ihm unterbrochen, indem er Bemerkungen einstreute, die sich auf die Aufführung bezogen – über das Monument selbst, das ihm gefiel, über die Direktion der „Matthäus-Passion" seitens Joachim's, von der er äußerte: daß »er sie nicht verdorben«, daß er »Sinn für Bach« habe, über das Werk selbst, welches er das »erstaunlichste Wunder der Eingebung des naiv-musikalischen Calcüls« nannte, das »keine Zeit wiederholen und keine Zeit übertreffen« könne.

So war ein Stündchen schnell dahin – er sah müde aus. „Ein Spielchen, Meister?" fragte ich ihn.

»Whist? Ah, das ist gut! *Allons*, Wandervogel, zum Whisttisch! – Übrigens, liebe Freundin« – wandte er sich an mich – »wenn Sie mir heute Abend etwas Gutes thun wollen – : Kartoffel in der Schale und Häring –«

Nun ging es zum Whisttisch – dann gab es Kartoffel in der Schale und Salzhäring – alle andern Speisen ließ er unberührt, doch fing er an, sich von der Reisestrapaze zu erholen, ward heiter, erzählte Anekdoten, zankte sich mit Ida über d'Albert, nannte sie, als sie den großen Sebastian im Hinweis auf seine Suiten „Suitier" genannt, einen »geborenen Suitier«, erzählte von Siloti und Friedheim, von dem »tollen« Vorhaben des letzteren in Berlin, seine sechs Paganini-Etüden und Chopin's 24 Präludien an einem Abend spielen zu wollen, rühmte die formelle Klarheit seines Spiels, sprach aber die Befürchtung aus, daß er als Künstler seiner »russischen Gewohnheit« zum Opfer fallen werde, u. dgl. m.

Es wurde wieder Whist gespielt. Ina Löhner hatte den vierten Platz – die „schwarze Gindel" (Lehrerin Breslauer) durfte zusehen. Wir hatten seit Weimar keine Karte angerührt und keine von uns kennt auch nur die Grundregeln des Spiels – es ging in Folge dessen närrisch genug zu. Schließlich kamen wir alle so in's Lachen, daß Liszt die Thränen aus den Augen fielen. »Ich habe den ganzen Sommer nicht gelacht«, sagte er – »aber das hat wohl gethan! Und nun gute Nacht, Ihr lieben Leute. Morgen, *suitier* Wanderer, ist ‚Schule' – also auf morgen Nachmittag – gute Nacht!«

Der Kammerdiener war gekommen, aber Ida führte Liszt nach Hause, begleitet von den andern Beiden.

[80] „N. Zeitschr. f. Musik"; 1884, No. 42 u. f.

Am andern Morgen machte ich dem Meister einen Besuch. Diesmal war er nicht im großen Erkersalon, den er so gern hat; er domicilirte in einem der hinteren Zimmer, geräumig, behaglich, in der Mitte durch eine Portière getheilt.

»Kommen Sie nur!«, rief er hinter dem Vorhang hervor, nachdem Mihály mich gemeldet hatte, – »nur noch einige Zeilen! Sie setzen sich neben mich – so schreibt es sich besser. Sehen Sie nur«, dabei wies er auf ein Bündel Briefe – »darf ich Ihnen wieder einige zur Beantwortung übergeben?« – –

Bald schob er die Schreiberei weg und wir promenirten in der andern Hälfte des Zimmers. »Was haben Sie gearbeitet? – Verstand ich recht?« fuhr er fort, als ich ihm meine gegenwärtige Arbeit genannt – : »ein Kapitel ‚Franz Liszt als Psalmensänger'?«

„Angefangen", schaltete ich ein.

»Ei! – das lesen Sie mir heute. Und Ihr technisches Werk – wie weit ist das gediehen?«

„Die Elementarschule fix und fertig. Die andern beiden Schulen sollen allmählich daran kommen. Den ersten Band jedoch möchte ich schon jetzt Breitkopf & Härtel vorlegen. Darf ich dabei auf den von Ihnen gütigst verheißenen Geleitbrief rechnen?"

»Ja, –« machte er gedehnt – »wenn das Ganze fertig ist. Schießen Sie erst den Bären!«

„Der erste Theil ist mit Vorwort, Lehr- und Zeittabellen fertig, ein in sich abgeschlossenes Ganze" –

»Schießen Sie erst den Bären«, betonte er abermals. »Andere«, fügte er hinzu, als er sah, wie ich über sein Wort verblüfft war – »würden überhaupt keine Zeile von mir bekommen – Ihnen schreibe ich etwas – aber verstanden – : erst schießen Sie –«

„Gut, ich werde den Bären schießen", vollendete ich den Satz, innerlich entschlossen, alle andere Arbeit liegen zu lassen und die Mittel- und Virtuositätsschule vorzunehmen.

Nun plauderten wir über Harmoniesysteme. Liszt wiederholte mir seine schon früher ausgesprochene Ansicht: daß ein neues Tonsystem sich gestalten müsse, denn die occidentalen Systeme, nebst der Diatonik und Enharmonik seien erschöpft: das neue würde ein Viertelton-System sein. Ich brachte die ungarische Tonleiter:

aufs Tapet, ebenso die Kurzsichtigkeit der Theoretiker und der Aesthetiker, sie in den Lehrbüchern unberücksichtigt zu lassen, da – wie seine Werke bewiesen – ihr für die Praxis ein weites, noch keineswegs erschöpftes Gebiet angehöre. Ich nahm Papier und Bleistift und zog in der Kürze eine Fülle harmonischer Konsequenzen, welche – nur um das eine zu erwähnen – der Verworrenheit in der Erklärung der übermäßigen Sextakkorde ein Ende macht; denn den Dreiklängen der ungarischen Skala sind sie naturgemäß eingebildet:

Weitere Folgen ergeben sich aus den Septimen- und Nonen-Akkorden.

„Sie ist harmonisch der vollberechtigte Gegensatz zu den Consonanzen des Durgeschlechtes“, sagte ich – „desgleichen ästhetisch, indem sie Seelenzustände zum Ausdruck bringt, welche dem Dur und dem Moll nicht innewohnen –: ein Dissonanzgeschlecht ächtester Rasse.“

„Sie fassen in Worte, was ich musikalisch erbrachte«, entgegnete der Meister. »Die Herren der Theorie aber wissen es besser.« – »Wozu sind wir denn da?!« fügte er bitter hinzu, Worte, die er früher schon gegen mich gebraucht, damals aber mit dem Ausdruck heftigster Leidenschaft. Dann: »Die Weitzmanne sind selten – haben Sie keinen Schüler, der in diesem Fache arbeiten könnte?«

„Leider, nein.“

Nach einiger Zeit kam er wieder auf Harmonielehre zurück, diesmal betraf es die Lehrmethode. Er rügte heftig, daß der kleinste Theil der Pianisten und Pianistinnen, selbst solche, die zu ihm von Conservatorien und Hochschulen kämen, harmonische Kenntnisse besäßen. Als große Ausnahmen bezeichnete er Pauline Fichtner-Erdmannsdörfer und Auguste Rennebaum. »Ihr *enfant spirituel*« – bemerkte er bezüglich letzterer – »hatte keine Virtuosenfinger, doch ihre Kenntnisse waren vortrefflich und Ihre Lehren in ihr lebendig.«

Er pflichtete mir bei, daß sich mit den gegenwärtigen Lehrbüchern nicht weiterkommen läßt, daß wir solche brauchen, welche den modernen Harmonien, wie sie Berlioz-Liszt-Wagner entwickelt, schon auf dem Elementargebiet gewissermaßen Rechnung tragen. Mein System, mit den Dreiklängen gleich Vorhalte zu verbinden, und hieraus die Umkehrungsformen resultiren zu lassen, womit der inneren Gestaltung, dem „Wesen der Sache“, der Blick geöffnet wird, anstatt mechanisch Formeln zu üben etc. etc., gefiel ihm sehr. Auch hier nahm ich Papier und Stift zur Hand und erläuterte die Sache praktisch.

»Ich bin kein Schulmeister – daß Sie aber richtige Ideen verfolgen, sehe ich deutlich: weil ich kein Schulmeister bin. Vor Jahren besprach ich ähnliche Materien des öftern mit Weitzmann, auch mit Dehn. Mit meiner Übersiedelung nach Rom war alles abgebrochen. Später, als man mir die Ehre der Präsidentschaft der Ungarischen Landesakademie erwies, fehlte für die Reformen, deren Nothwendigkeit ich in Weimar stark betont hatte, der nöthige Hintergrund: gute Finanzen. Wie soll man befähigte Künstler gewinnen können, wenn sich ihnen keine Existenz bieten läßt! Mein Wunsch war, Bülow und Witt als Mitarbeiter zu gewinnen.« –

„Wissen Sie auch, lieber Meister", fiel ich ein, – „daß die Fürstin 1876 und dann noch brieflich, mir mit Hülfe ihrer östreichischen Freunde einen Lehrstuhl zur Heranbildung von Musiklehrern an der Akademie zu creiren gedachte?"

»Ich weiß es, wünschte und hoffte es, wie ich es jener Zeit in Pest auch mehreren Personen aussprach, allein –«

„Allein", ergänzte ich – „mein dummes Lungenemphysem verbot mir das Sprechen, so daß ich es für das ‚vernünftigste' hielt, die Fürstin zu bitten, jeden Schritt zu unterlassen. Aber schön wäre es doch gewesen!" – –

Ich schlug ein anderes Thema an: „Wie geht es Ihrer Enkelin Daniela? Sie mußte eine trübe Erfahrung machen" –[81]

»Bah!« machte er – »da stirbt man nicht daran.«

„Und Ihrer Frau Tochter? Sie hatten die Freude, sie wiederzusehen –"

»Nein« – sagte er ruhig, beinahe feierlich.

„Ich glaubte gelesen zu haben, daß sie von einer Loge aus den Parsifal-Aufführungen gefolgt sei?"

»Nein« – sagte er nochmals und fügte hinzu: »ich sah sie nicht.« Mir schien, als bebte seine Stimme und ich wagte nicht ihn anzusehen. So saßen wir einige Minuten schweigend. Da trat Ida in's Zimmer – –

»Geht mit einander – ich komme Euch bald nach –«

Als er eine halbe Stunde später zum Dürerplatz heraufkam, eilte ihm Ida bis an die Hausthür wie gewohnt entgegen – heute stieg er aber die Treppen wieder leichter herauf. – Es war noch eine Stunde bis zur Speisezeit.

»Nun die Lektüre Ihrer Psalmenarbeit!« – rief Liszt plötzlich. Er war ungemein frisch und angeregt. Als ich lesen wollte, nahm er mir das *Ms* aus der Hand. »Sie nicht – der Wanderer soll lesen – Sie müssen sich schonen.« Ich las aber doch, weil Ida nicht gut *Ms* liest. Liszt saß gespannt da. Was ich geschrieben (die Exposition) interessirte und gefiel ihm – dazwischen warf er Bemerkungen ein, zustimmend wie corrigirend. Daß bei dem Psalm in der Unmittelbarkeit des Gottgefühls und dem Persönlichen desselben

[81] Ihre zurückgegangene Verlobung mit Fritz Brandt, dem genialen Maschinentechniker der Wagner-Bühne.

die Hauptkraft seines Wesens und seiner Eigenart liege, schien ihm sehr genehm. Bei der Stelle „daß das Persönliche des Psalms und das Unpersönliche der griechischen Schönheitslinie sich gegenseitig ausschlössen", war ihm deutlich abzumerken, wie wenig Sympathie er für die formelle Musik – die Repräsentantin der antiken Schönheitslinie – hegt. »Die Musik ist subjektive Sprache«, fiel er ein, »ihr Wesen kann nicht mit Griechenland operiren.«

»Was brachte Sie auf den Gedanken«, fragte er jetzt – »dem hebräischen Psalm Griechenland gegenüber zu stellen?«

„Was brachte Sie auf den Gedanken", replicirte ich vergnügt – „die Zigeuner mit den Israeliten zu wägen?"

Er lachte und meinte: jedenfalls würden mich die Griechen nicht dafür hernehmen, wie die Israeliten ihn.

„Ich glaubte damit auszusprechen", beantwortete ich nun seine Frage – „daß die Unmittelbarkeit des Gefühls nicht im Contrapunkt liege und die musikalische Conception der Psalmen andere Ausgangspunkte bedinge, falls sie nicht im Widerspruch –"

»Bravo! So fühle ich es auch. – Was veranlaßte aber Ihre Arbeit?«

„Die große Septime Ihres Bußpsalms, Meister." Er sah mich wie erstaunt an und schwieg – zustimmend neigte er dann langsam den Kopf und blieb geraume Zeit in sich versunken. Dann setzte er sich an den Flügel und phantasirte. Er fing mit der großen Septime an und variirte den Bußpsalm in ergreifender Weise.

Nachmittags war also „Schule". Ida's Schülerinnen: die Breslauer, Paula v. Annß, Sophie Beeg, Marie Helbing, Dorinka Krieg durften ihm vorspielen. Während dessen standen in meinem Zimmer hinter der Thüre viele Andere, um zuzuhören, zuzusehen und durch die Thürspalte zu lugen. Es wurden gespielt: Liszt's „*Au bord d'une source*", seine Übertragungen der „5 Ungarischen Volkslieder", einige seiner Beethoven-Lieder, Präludien und Fugen *c moll* und *D dur* von J. S. Bach. Der Meister war ungemein gütig und heiter – ließ sich manches zweimal vorspielen, zeigte, wie dieses und jenes zu machen, gab Zusätze und Veränderungen[82], spielte selbst die *c moll* und *D dur*-Fugen aus dem „Wohltemperirten Klavier" und schloß mit einigen Nummern seines „Weihnachtsbaum".

Als die „Schule" aus war, gingen wir zum Whist, auch nach dem Abendbrod. Ina Löhner und einige andere durften wieder bleiben. Während des Spielens erzählte Liszt Anekdoten und Witze, insbesondere aus seiner Virtuosenperiode, darunter eine kleine Episode aus seinem Berliner Concertleben 1842. Schon vordem begegnete er mehrfach einem Baron Rosenberg,

[82] Anmerkung: Dieselben gingen später in L. Ramann's „Liszt-Pädagogium" über.

der s. Z. mit Einrichtung der Brieftauben-Stationen beschäftigt war und in der feineren Gesellschaft verkehrte. Er galt da als glücklicher Spieler. Auf einmal machte die Notiz: „Rosenberg habe Liszt ruinirt" die Runde und kam auch in die Presse. Dieser selbst wußte nichts davon. Da, eines Abends wurde er, wie öfter, in das Palais der Prinzessin Wilhelm befohlen. Er glaubte zum Vorspielen. Als er zur bestimmten Zeit hinkam, befremdete es ihn, daß keine Lakaien zu sehen waren. Die Corridore waren nicht beleuchtet – alles still. Im Vorzimmer der Prinzessin, wurde er in ihr Wohngemach geführt – sie saß bei einer Lampe und las, das Zimmer matt erleuchtet. Die Prinzessin begrüßte ihn freundlich, fragte nach seinem Befinden, freute sich, ihn wohl zu sehen, erkundigte sich aber immer dringlicher „ob ihm wirklich nichts mangele", ob er nicht „Freunde bedürfe"? „Verluste" gehabt? Liszt sann – er hatte eben erst gute Nachrichten von seiner Mutter empfangen – es war ihm kein ihn angehender Todesfall bekannt.

»Nein«, entgegnete er bei jeder Frage, immer erstaunter. Da sagte die Prinzessin plötzlich ohngefähr wie folgt: „Ich weiß schon, lieber Herr Liszt, Ihr Stolz läßt es nicht zu, darüber zu reden. Allein mein Bruder hat mir den Auftrag gegeben – Sie wissen, wie er und meine Mutter Sie schätzen! – Ihnen dieses Portefeuille einzuhändigen. Es wird Sie von Ihrer Verlegenheit und von Rosenberg befreien!" Dabei reichte sie ihm das Portefeuille hin, welches 20,000 Thaler enthielt. Nun klärte sich auf, daß das Gerücht eine Finte war. Liszt spielte, getreu einem Gelübde, nie um Geld. –

Schon um 10 Uhr brach er bei uns auf – mit dem Frühzug 4 Uhr wollte er reisen. Der Abschied war heiter, Liszt unbeschreiblich innig.

Er reiste nach Pest.

1. November 84.

Schon heute erhielt ich Nachricht von dem Meister:

(47.)

Verehrtester, liebster aller Biographen,

Der château Paluguay gilt rechtmässig für einen vorzüglichen, tonischen Wein. Davon ein Probekistchen: wenn ihre Approbation erfolgt, wird Fortsetzung der Sendungen weiterhin folgen.

Gestern, bei der Vorstellung der „Meistersinger" ward mir in idealster Prägnanz Nürnberg zugegen.

Dem Wanderprofessor sagen Sie meine herzlichen Grüsse, und den zwei Whistpartnerinen alles Schöne.

Ihr getreu dankbarer
F. Liszt

30ten October 84 –
Pressburg.

Für Monath November, meine Adresse: Budapest (Ungarn): von wo aus, man mir die Briefe nachsenden wird in den ungarischen Ländereien meiner Freunde Geza Zichy und Alexander Teleki.

Ende November ist in Budapest ein Concert Bülow's mit seiner Meininger Capelle angezeigt. Als Zuhörer werde ich dabei sein; gleich darauf nach Rom reisen, und Mitte Januar wieder in Budapest eintreffen.

An Liszt.

Innigliebe Meister – :

Der Château Paluguay ist angekommen. Der Wein ist vorzüglich – ein ächter Sohn Ihres Landes. Feurig und stimmungsreich. Auch die Partitur, nebst Klavierauszüge Ihres „*Salve Polonia*" ist in meinen Händen. Die Stelle, die wie verklärte Trauerweiden, deren Silberzweige über ein Völkergrab sanft dahinfließen, klingt:

ist meine Lieblingsstelle.

Wir – ich und meine Freundin – freuen uns Ihrer Gaben und danken Ihnen herzlich.

Der Whisttisch bei uns steht einsam, aber wir wollen anfangen, ihn zu cultiviren. Unser kleiner Kreis ist stolz auf Ihre Grüße und empfiehlt sich Ihnen demuths- und verehrungsvoll – ich aber sende Ihnen, lieber theurer Meister gute Wünsche.

Immerdar Ihre getreue
Nürnberg, 15. Nov./84. L Ramann

(48.)

Verehrteste Freundin,

Augusta Rennebaum versichert mich dass Ihnen die kleinen pester Vorkomnisse, bezüglich auf meine Wenigkeit, nicht gleichgiltig bleiben.

Anbei die heutige Notiz, des Budapester Tageblatt, von den gestrigen Claviervorträgen, bei Ihrem

herzlich ergebensten

6ten Dec: 84 – FL

Budapest.

Nächsten Mittwoch bin ich wieder in Rom: und Mitte Januar hier zurück.

Der Zeitungsausschnitt vom 6. Dec. 84 (Budapester Tageblatt) berichtet über den Besuch der Erzherzogin Valerie und ihrer Cousine, der Prinzessin Amélie von Bayern, nebst Gefolge bei Liszt – das erste Mal, wie es heißt, daß ein Mitglied des Königl. Hauses einen ungarischen Künstler mit einem Besuch ausgezeichnet hat.

Auguste Rennebaum berichtete mir unmittelbar nach letzterem, und folgte dabei der Erzählung eines Augen- und Ohrenzeugen:

„Der Meister empfing die Herrschaften in seinem Hauskleide, er war in ‚königlicher' Stimmung. Nach den Begrüßungen etc. etc. sprach die Gräfin Kornis die ‚Sehnsucht und den Wunsch' der Erzherzogin Valerie aus: den Meister ein Mal spielen zu hören. Dieser erhob sich, machte, wie so oft, die entsprechende Munito-Bewegung mit beiden Händen, sagte verbindlich: »Ich werde aufwarten – so gut der alte Pudel noch kann« und spielte die *Des dur*-Concert-Etüde. Nach dem hörte er lächelnd die entzückten Ausrufe der Anwesenden an und hielt einige Zeit Cercle. Die Gräfin Kornis machte dann die Bemerkung, ein längeres Bleiben könne vielleicht den Meister stören, worauf er erwiderte: »Mich stören Sie nicht – wenn es Sie nicht langweilt, spiele ich Ihnen etwas aus meiner Heimat.« Die Hand auf der Brust, rief er in mehrmals verändertem Ausdruck: »Ich bin der klassische Zigeuner.«

Voll Bewunderung hörten die Lauschenden die XIII. Rhapsodie, die er ganz spielte. Beim Schluß sagte er nochmals halblaut, wie zu sich selbst: »Ja – der klassische Zigeuner.« – Die Erzherzogin war ganz begeistert, und als der Meister einige Minuten mit ihr conversirt, neigte er sich graziös und fragte lächelnd: »Noch ein kleines *Souvenir de Vienne?*« und ließ die 6. Soirée de Vienne in der neuen Bearbeitung hören. – –

Seine Eintheilung: zuerst die Etude, um das Können und, wie er sagte, das »aufwarten« zu bezeichnen, dann das Bild seiner Heimat, Ungarn – und schließlich das Compliment für Wien, waren, obwohl momentane Eingebung, doch bewußt. Denn über dem allen leuchtete die Liszt'sche Ironie! Er selbst freute sich dieser Stufenfolge.

So erzählte man mir.

Ich aber finde, daß diese Art Liszt's wieder eine Feinheit, Noblesse und künstlerischen Stolz kundgiebt, die nur ihm gleicht! Oder täusche ich mich, daß dieser Besuch bei Liszt und sein Verhalten ihn wieder sehr charakterisirt? besonders seine Güte am Schluß? Denn, wie ich Ihnen schon schrieb, war er ziemlich genirt durch diese »hohe Aussicht«. Eine halbe Stunde vorher war ich bei ihm, und er war da schon ‚königlich'." –

An Liszt in Rom.

Theuerster Meister –:

Soeben – Montag Früh 8 Uhr – erhielt ich Ihre Zeilen nebst Beischluß. Nun ist die ganze Woche geweiht – eine ächte Liszt-Woche.

Gott schütze Sie auf Ihrer Reise und erhalte Sie uns so kräftig und hoch, uns immer ein Vorbild!

Mit dem „Wanderprofessor"
Ihnen innigst ergeben
Nbg. 8/XII/84. LR

1885

Wir in Weimar (8. – 12. Sept.) Gottschalg's Überfall. In der Hofgärtnerei. Mein „Grundriß der Technik etc. etc." Schüler-Nachmittag. Gille's Küchenargumente. Abermals Hüter der Künstlerehre! Die Palestrina-Ausgabe. Tisch-Plaudereien. „Genievoll". Ein Protest betreffs Franciscus-Legende. Geleitbrief zum „Grundriß". Unstörbar. Allerlei Personalia. Klatsch. Adieu. Palestrina-Bezügliches.

An Liszt in Pest.

Innig verehrter Meister –:

Nach den Nachrichten der Presse sind Sie wohlbehalten wieder in Pest angekommen. Meiner Freude hierüber Ausdruck gebend, füge ich derselben – erschrecken Sie nicht! – einen besonderen „süßen Gruß“ bei: in Form von Nürnberger Lebkuchen, wie sie nur zur Weihnachtszeit als Hausgebäck existiren und dem großen Welthandel abhold sind. Sie sind extra für Sie gebacken – vielleicht erwirken sie sich Ihre Gunst.

Von Frl. Rennebaum erwarten wir nähere Nachricht über Ihr Wohlbefinden.

Unter Grüßen der Liebe und Verehrung, mit dem „Wanderer“

Ihre

Nürnberg, 9. Febr./85 LR

An Liszt.

Innigverehrter Meister –:

Wenn die „Hofgärtnerei“ während der ersten Hälfte des Septembers nicht vereinsamt ist, gedenke ich mit meiner Freundin V. auf einige Tage nach Weimar zu reisen, Sie, theurer Meister, zu begrüßen.

Diese Zeilen sende ich Ihnen aus dem Schwarzwald, wo ich eine beinahe zweimonatliche „kalte Behandlung“ zu vergessen suche.

Mich dem freudigen Gefühl hingebend, Sie, lieber Meister, bald und recht wohl zu sehen, Ihrer gütigen Rückäußerung gewärtig, immerdar

„Villa Kleinertz“ Ihre
Herrenalb i/Schwarzw. L Ramann
23./VIII./85

Von Liszt.

(49.)

Hochverehrte liebe Freundin,

Herzlich erfreut Sie und ihren ad latus Volkmann, bald wieder in der Hofgärtnerei zu sehen, verbleibt Ihnen stets dankbar ergebenst

F. Liszt

25 August 85 – Weimar – wo ich bis Ende September fortdauere.

Weimar, am 8. Sept. Abends.

Die Schwestern Batsch konnten uns Wohnung geben – freundlichste und beste Aufnahme. Angekommen, im Begriff aus der Arche Noäh, der vorsündfluthlichen Thurn- und Taxisschen Postkutsche zu steigen, schallte es mir entgegen: „Ah, meine Gnädigste – das nenne ich Glück! – wir haben Sie erwartet – habe die berühmte und gelehrte Lisztbiographin schon in unserer Sonntagsnummer angekündigt – werde Sie sofort beim Meister melden –"

„Herr Hoforganist, das ist ja –"

„Meine Verehrteste, Sie schreiben mir doch für meinen ‚Chorgesang' einen Aufsatz zu Liszt's Geburtstag – ich muß Ihren berühmten Namen haben" – so drängte er weiter und in der Ecke der Hausflur, ohne noch kaum zu wissen, um was es sich handele, versprach ich Gottschalg, die Arbeit zu übernehmen.

„Melde Sie sogleich –" und somit verschwand er.

Kaum eine Stunde später – gegen 5 Uhr – traten wir bei Liszt ein. Er saß am Whisttisch, von dem er sich schnell, fast elastisch erhob. Seine Begrüßung war die herzlichste. Ich fand sein Aussehen gegen vorigen Herbst, wo er bei uns war, ganz vorzüglich, seinen Gesichtsausdruck voll Frische, aus der die alte Kraft hervorleuchtete, wieder den Blitz im Auge, die stolze Haupthaltung: ein königlicher Künstler-Greis. Froh athmete ich auf. Die Gerüchte über seine zurückgegangene Natur, sein völliges Greisenthum, seine Körperschwäche etc. hatten mich sehr beunruhigt. Alles eitel Fabel! – und doch auch keine Fabel. Kann auch eine Götternatur wie diese nie aufhören, eine solche zu sein –: dem allgemeinen Menschenlauf bleibt auch sie unterworfen ....

»Treten Sie in unsere Parthie ein – Sie erlauben, daß bei diesem Spiel mein bisheriger Partner bleibt«, sagte Liszt. Ihm gegenüber saß die reizende Senkrah, deren rosiges Gesicht jugendfrisch wie eine aufgehende Aurora mir zunickte und den Meister anlachte. Hinter seinem Stuhl saß in Sammet-Toilette Mrs. Harknes, die verständige Mutter der „Geigenfee" (der Künstler-Name Arma's die Umkehrung jenes Familiennamens).

„Und mein ‚Geheimrath'?" fragte ich.

»Göllerich – natürlich! Er spielt Ihnen dafür einige seiner ‚Leichenverbrennungsstücke'«, lachte der Meister. Jener zählte seit einem Jahr zu seinen Schülern, ist übrigens kein Südrusse, sondern ein Oberösterreicher.

Mein *vis-à-vis* war Ida, einen jungen Ungarn, Stephan Thomán, als „Stütze" zur Seite. Im Hintergrund des Salon befand sich der junge Komponist Goepfart, Gottschalg, Friedheim u.A. Am Spieltisch regierte

Humor, Heiterkeit, Grazie. »Kennen Sie auch unser neuestes geflügeltes Wort? staunen Sie –«

„Mit *avec*!", unterbrach den Meister lustig die Sopranstimme seiner Partnerin, die ihr Spiel anzusagen hatte.

»*Sans* ohne« antwortete im Baßton ihr Gegenüber.

„Muß in den *Büchmann* kommen!" ironisirte ich, „aber: ‚mit *Avec*' und ‚*sans* Ohne'." Alle lachten, und die Geigenfee flüsterte mir zu: „Steht schon im *Tonger*, doch mit ohne Witz." Das Wortgeplänkel begleitete jeden Stich, der Meister lächelte erheitert dazu, bewahrte es aber auch, wozu die Jugend geneigt, vor dem Läppischen. Er erzählte mir von den Liszt-Concerten in Karlsruhe, Antwerpen, Straßburg etc., denen er im Frühjahr durch seine Gegenwart besondere Ehre erwiesen. Nach Straßburg zu reisen, sei gar nicht seine Absicht gewesen.

»Ich bin nicht reisebedürftig«, sagte er; »da kamen zwei Herren zu mir und überreichten mir ein Buch – dort liegt es«, dabei deutete er auf eine kostbar gebundene Bücherschale, die unter einem Zeitungshaufen auf seinem Lesetisch hervorsah –: »das Fest-Programm auf weißem Atlas, meine Annahme schon darauf gedruckt – ich konnte doch die Herren nicht blamiren.« Über Hilpert's Direktion sprach er sehr günstiges.

Ernste Dinge kamen auch zur Sprache: Lassen's plötzliche Erkrankung in Brüssel. Herr v. Milde brachte Nachricht von Frl. v. Schorn, die ihn dort pflegt. »Ich habe an Mme Tardieu geschrieben – sie wird korrekte Nachricht geben – ohne *échauffement*«, entgegnete ihm Liszt, Milde's Nachrichten gleichsam zurückweisend, woraus ich entnehme, daß er auf Fräulein v. Schorn noch nicht gut zu sprechen ist.

Als er das Spiel aufgehoben, und wir allein waren, fragte er, ob ich etwas mitgebracht hätte?

„Ja, lieber Meister – wann darf ich Ihnen vorlesen?"

»Morgen Früh um 10 Uhr.«

Liszt hatte eine Einladung zu einer Schwägerin der Schwestern Stahr angenommen; der morgende Tag ist ebenfalls zu einem Diner im „Elefanten" belegt. Daß er uns darum nicht bei sich zu Tisch haben konnte, war ihm unbehaglich. Nur zu sehr in die allgemeinen Verpflegungszustände in Weimar eingeweiht, fragte er mehrmals besorgt: »Sind Sie wirklich gut aufgehoben? Ja? Gut denn – übermorgen eßt Ihr bei mir – habe schon Beefsteak bestellt.« –

„Keine Arbeit für mich? keine Briefe, lieber Meister? – der ganze Abend liegt vor mir" – fragte ich noch, als wir uns verabschiedeten.

»Ja – wenn Sie wollen: lesen Sie diese Gedichte von Alberta v. Puttkamer und bezeichnen Sie mir die besten. Ich wohnte in Straßburg bei Puttkamers und muß der Dichterin einige Worte schreiben – – meine Augen wollen nicht mehr!«

Wie traurig das klang ....

9. Sept. Nachmittags.

Bepackt mit den in Herrenalb durchgearbeiteten Correkturheftchen meines „Grundrisses der Technik" und den *Mss* meiner Psalmenarbeit machten wir uns nach 9 Uhr auf den Weg zur Hofgärtnerei, promenirten im Park und traten pünktlich 10 Uhr daselbst ein. Mihály schnarchte im Vorzimmer, wir wollten ihn wecken, uns zu melden, als noch ehe es ausgeführt war, Liszt hinter uns stand.

»Lassen Sie den Kerl schlafen – sein Dienst ist sehr schwer bei mir«, ironisirte er. Dann donnerte er doch plötzlich laut: »Mihály!«, daß dieser erschrocken auffuhr und eine Entschuldigung stotterte.

„– Ist nicht so schlimm, lieber Meister, wie Miska selig in Pest" – lachte ich und er lachte mit und wir alle lachten. Damals nämlich ereignete sich eine für Liszt's Dienerschaft, wie für ihn selbst, charakteristische kuriose Begebenheit. Sein damaliger Diener Miska liebte die Freizügigkeit im Tageswerk. Da kamen hohe Herrschaften, Herren und Damen; der Meister wünschte ihnen Erfrischungen zu bieten: Miska war nirgends zu finden – jedenfalls in einem Weinlokal. Der Besuch war längst fort – der pflichtvergessene Diener noch immer nicht zu Hause. Endlich glaubte Liszt ihn zu hören und rief zornig:

»Miska!« Keine Antwort. Wieder, noch lauter:

»Miska! Miska!« Da hörte er dessen Stimme gedämpft:

„Ja, Ew. Gnaden –"

»Kerl, wo steckt Ihr denn?!«

„Da, Ew. Gnaden –" lautete die Stimme kläglich von einem verpönten Orte her.

»Kerl, da gehörst du auch hin!« schrie nun wuthentbrannt der Meister und drehte den Schlüssel zur Thür um. Unerbittlich ließ er ihn hier eine Stunde sitzen.

Der vorige Kammerdiener, Achille, liebte den Wein, der jetzige – den Schlaf. Irgend etwas „lieben" sie ja immer, diese dienstbaren Geister.

»Und was haben Sie da?« fragte Liszt jetzt neugierig und deutete auf den Pack Noten, den Ida trug.

„Was das ist?" erwidere ich und reckte mich in die Höhe – „das ist der Bär, den zu schießen Sie mir befohlen –: er entpuppt sich als ein veritables Liszt-Schulbuch."

Ich setzte ihm nun das Werk auseinander, zeigte ihm die Fußnoten, den Hinweis auf seine Kompositionen – er sah eigenthümlich verdutzt drein, was ich nicht recht verstand.

»Und was haben Sie dort noch?« Ich reichte ihm meine kleine Mappe, auf die er gedeutet, und er las: „Franz Liszt als Psalmensänger“ etc. – Er nickte wie träumend, und ein heller Schein flog über sein Gesicht; doch griff er sogleich wieder nach den Noten und sagte schnell und gedämpft:

»Sie haben meine technischen Studien gesehen – Mihály! bringen Sie das Packet, auf dem ‚Klavierschule‘ steht, zur Stelle. Nicht wahr, – Sie haben sie gesehen?« fragte er gespannt, fast ängstlich. Nun verstand ich seine erstaunte Miene von vorhin und entgegnete ruhig und ehrlich:

»Nein, lieber Meister. Ich war dazumal Zeuge der unangenehmen Briefe und Scenen seitens der Geschäftserben Julius Schuberth's – ich sah das Packet versiegelt, doch nie seinen Inhalt. Sie hatten es mir nach Nürnberg bringen wollen“ –

»Gut«, sagte er erleichtert – »nehmen Sie alles mit und sehen Sie es genau durch. Sie können mir auch den Fingersatz und den Text hinschreiben – später«, fügte er noch hinzu. Daß schon vor Jahren (1876) hiervon die Rede war, ist seinem Gedächtnis offenbar ganz entschwunden.

„Vielen Dank, Meister“, entgegnete ich ihm, ohne weiter daran zu rühren – „ich werde an Ihrem Werk ersehen, was mir entgangen ist. Meine Arbeit ist gestochen – *ergo* kann ich Ihre ohne Verlockung zum Diebstahl mitnehmen.“

»Ihre ist fertig, meine soll noch warten. Sie gehen anders ins Zeug – ich bin kein Schulmeister.«

Beruhigt, daß die Übereinstimmung im Prinzip der beiden Arbeiten meinerseits aus dem Verständnis seines Genies, d.i. aus dem Durchforschen seiner Werke hervorgegangen und nicht abgeschrieben war, gab er sich nun unbeengt der Freude über das Werk hin. – Die Einführung der Ungarischen Tonleiter, die Theilung des Stoffes nach dem geschichtlichen Prinzip, Gruppirung, Rhythmik, Pedalnotirung – nichts entging ihm. Mir gehörte diese Vormittagsstunde zu den glücklichsten, unvergeßlichen. Nur ein Mal war es mir begegnet, ihn so angeregt, so voll von einer Sache gesehen zu haben: damals (1877), als er meinen Aufsatz über seine „Elegie“ gelesen und er einmal über das andere ausrief: »Ich werde Ihnen ein Heft Elegien komponiren –« etc.

Er hatte das Tonleiterheft der Virtuositätsschule in der Hand und las sehr aufmerksam darin.

»Warum«, fragte er – »geben Sie der Anfangsnote Druck und nicht Accent wie beim Zurückgehen?« 

„Der Anfangsaccent, wie ihn so Viele machen und lehren, geht mir gegen die Natur – ich sträube mich gegen das unästhetische ‚Anhacken' der Einsätze, und wollte es nicht auch cultiviren: der gedehnte Druck steht der Klarheit und der Schönheit näher."

»Pädagogisch und musikalisch gedacht! Ja, ja – heutigentags spielt man nicht Klavier: man prügelt Klavier. Dann heißt es: Liszt – Liszt – seine Schule. Ich« – fuhr er fort, wobei er seinen Kopf hob und seine Stimme den ironischen Klang verlor – »ich habe mein Klavier immer geliebt.«

„Wenn diese Schulen von den jungen Pianisten durchgearbeitet werden" – bemerkte Ida – „wird man Ihre Musik besser spielen."

»Wir können es gebrauchen«, sagte er lakonisch, fast wehmütig. –

Ich wollte zu anderem übergehen, befürchtend ihn zu ermüden. Allein er legte die Hefte nicht aus der Hand. Die Glissandi-Gruppe, desgleichen die Tremoli ergötzten ihn ganz besonders, und auf dem Tisch fingerirend verfolgte er die systematisch Note um Note, Finger um Finger sich entwickelnde Folge der technischen Formen. »Columbus«, neckte er. Das Modulationsschema der Akkord-Übungen etc. hob er auch lobend hervor. Doch meinte er: es sei noch besser, beide Hände verschieden arbeiten zu lassen und ein solches Schema kompositorisch zu erweitern.

„Daran dachte ich auch, Meister – glaubte aber damit die Gränze eines technischen Grundrisses zu überschreiten und in das Gebiet der Etüde einzufallen –"

»Sie faßten die Principienfrage, die eine Gränzfrage ist. Ich pflichte auch hierin bei – – ich bin kein Schulmeister, wie Sie sehen.« –

Hofrath Dr. Carl Gille aus Jena war inzwischen eingetreten. Liszt zog ihn sogleich ans Klavier und zeigte ihm das neue „Lisztbuch", auch das *Ms.*

»Das verdient den *Doctor* – Ihr in Jena dürftet das wohl besorgen«, sagte er ihm bedeutungsvoll.

„Daraus wird nichts, lieber Meister", fiel ich ein – : „in Jena herrscht das materielle Schwergewicht des Gehirns." Ich kannte die Paragraphen der Universität Jena; ebenso wußte ich, daß Liszt schon mehrmals für meine Dr.-Creirung vergeblich gebohrt hatte.

»Aber Mihály – Wein! griechischen, andern, verschiedene Sorten – auch Cervelatwurst und Brödchen! Der Hofrath vergeht sonst bis zum Diner«, stichelte er auf dessen immer höchst respektablen Appetit, der vielfach die Zielscheibe seines Witzes, manchmal auch der Sündenbock seines Ärgers ist.

Bis 12 Uhr blieben wir so zusammen, ausschließlich mit Grundsätzen und Methode des neuen Werkes beschäftigt. Dazwischen nippten wir von dem herrlichen griechischen Wein, den Liszt zur Zeit im Keller hat.

»Nun müßt Ihr fort, Kinder – muß noch der Baronin meine Aufwartung machen. Sie, liebe Freundin, erhalten von mir einen Geleitbrief zu Ihrem

Werk. Schulen, Klavierschulen gebe ich sonst keinen – verstanden? – einmal that ich es: den Stuttgartern; und jetzt Ihnen – ‚mit Überzeugung'« fügte er nachdruckvoll hinzu. »Machen Sie mir aber ein Schema – es will nicht mehr so recht mit dem schreiben vorwärts. – Heute Nachmittag kommt Ihr wieder: Dr. Ramann und Volckmännchen! Und von morgen an eßt Ihr bei mir.«

Abends.

Gegen 4 Uhr befanden wir uns wieder in der Hofgärtnerei. Es wimmelte bereits von Pianisten und Pianistinnen; eine große Parthie war schon abgereist. Es sollen gegen 60 den Sommer über sich allwöchentlich drei Mal im Liszt'schen Salon versammelt haben! Jetzt waren anwesend: Lomba, Lamond, Stavenhagen, Thomán, Friedheim, Ansorge, Göllerich, Goepfart, Mr. Hatsh, Dayas, die Damen Mildner, v. Jagowitz, M. Remmert, Koch, Mettler, Bregenzer, Sontag, Schnobel, Senkrah, Vocke, die Stahr-Schwestern u. A.

Die meisten hatten das „Elefanten-Diner" mitgemacht und stürmten jetzt wegen meines technischen Werkes auf mich ein – „Liszt habe von nichts anderem gesprochen", sagte man mir. Auch Fräulein v. Jagowitz (von ihm bald »Ohnewitz«, bald »Plagewitz« genannt) fragte wichtig: „Nach welchem Princip? Ich meine, nach der Wiener Schule oder nach der Stuttgarter? Sie müssen doch ein Vorbild gehabt haben!" sagte sie ärgerlichen Tones, als ich noch schwieg.

»Das Ramann'sche«, fiel der Meister ein, der unbemerkt zugehört hatte. –

Am Klavier gab es unglaubliche Dinge zu hören. Liszt war meistens geduldig – dazwischen sarkastische Bemerkungen. Bei sehr rumpelnden Tonleiterläufen, sagte er: »Nicht den Mund ausspülen« und machte täuschend ähnlich die entsprechende geräuschvolle Mundbewegung. Dann, als eine Pianistin abwechselnd *piano* und *forte* spielte ohne Rücksicht auf den Inhalt der betreffenden Komposition: »So ist's recht – macht es nur wie ein Debrecener Professor: (*p*) weich wie Butter – (*f*) haut'n wie 'n Hund!«

Nach mehreren äußerst dilettantischen Leistungen setzte sich die Jagowitz an den Flügel und bemerkte prätentiös: „Die Variationen von Rameau – die Essipoff spielt sie." Liszt wurde sehr ungeduldig, unterbrach sie bereits nach einigen Takten und zeigte ihr, wie sie das zu spielen habe – nochmals und nochmals – sie aber verharrte steril in ihrer Art. »Lassen Sie das die Essipoff spielen – bringen Sie nächstes Mal etwas anderes« – unterbrach er sie wieder und schob sie vom Klavier.

Fräulein Stahr, die ältere, setzte sich zu mir. Meine beiden Hände ergreifend, sprach sie in höchster Extase: „Liebes Fräulein, – wie bin ich glücklich, Sie zu sehen – Ihr herrliches Werk – der Meister –"

„– ist sehr gütig", vollendete ich ihren Satz. „Lassen Sie uns doch von Anderem als von mir sprechen. Ich habe eine Bitte –"

„Sie machen mich glücklich, sprechen Sie! Vielleicht", fragte sie schmelzend: „meine Photographie?"

„Nein", lachte ich erschrocken – „so hoch fliegen meine Gedanken nicht. Meine Bitte geht dahin, mir zu gewähren: für den II. Band meiner Lisztbiographie das in Ihrem Besitz sich befindende Bild der Gräfin d'Agoult photographieren zu lassen."

„Unmöglich!" schrie sie jetzt entsetzt, starren Auges; „unmöglich – das Bild hängt fest an der Wand, es ist nicht abzunehmen."

„Auch nicht zu dem genannten Zweck?" fragte ich mit zorniger Regung die Liszt-Enthusiastin.

„Unmöglich", kreischte die eine – „unmöglich", schnarrte die andere – „bedenken Sie die Kosten!"

„Ich stehe für alles aus meiner Tasche." Nun sahen mich Beide noch entsetzter an – ich aber ließ sie stehen und wandte mich zu Liszt, der uns neugierig betrachtet hatte. Doch hierüber schwieg ich gegen ihn.

Als die Masse fort und nur der engere Schülerkreis noch da war, forderte er Göllerich auf, eines der »Leichenverbrennungs-Stücke« vorzuspielen. So benannte der Meister seine Stücke schmerzlichsten Inhalts, wie die Funeralien, die Thrénodien und ähnliche. Göllerich spielt letztere besonders gut und mit Vorliebe. Er schloß mit dem *Sursum corda*. Liszt saß währenddessen hinter dem Spieler, rechts die Senkrah, links die Koch. Sein Antlitz war bleicher geworden – die ganze Thrénodie war hineingeschrieben. – –

Dann Whist, doch nur kurze Zeit. Er müsse noch arbeiten, sagte er. »Morgen Vormittags 11 Uhr lesen Sie mir vor, liebe Freundin.«

Noch eine kleine drollige Scene gab es. Mihály berichtete, daß irgend Wer einen Hasen geschickt: was damit geschehen solle? »Er wird morgen gebraten«, bestimmte Liszt. Mihály wandte leise ein: das Menü sei schon fertig. Gille meinte dringend: „Laß ihn noch einige Tage hängen – Du bringst zuviel auf den Tisch!" Liszt dagegen entschied: »Er wird gebraten!« Nun schwieg Gille, aber raunte mir ärgerlich hinter Liszt's Rücken zu: „Gestern Hasenbraten – heute Hasenbraten, morgen auch – das wird mir doch zuwider."

10. September.

Von Früh 11 bis Abend 7 Uhr bei Liszt. Las ihm aus meinem *Ms* vor.

»Psalmen – das ist mein Fach«, äußerte er. Die Einleitungsworte gefielen ihm. »Merkwürdig, die Frauen!« Mit diesen Worten stand er auf und holte ein Buch. »Nehmen Sie das mit und lesen Sie diese Seite« – er kniff die Ecken ein – »auch von einer Frau. Das Buch begleitet mich seit Jahren.« Es war Mme de Barberey's „*Offices de L'Eglise*" die mir bezeichnete Stelle Seite 146. Nun las ich weiter, nur die Pointen, um ihm, wie er wünschte, einen Gesammteinblick zu geben. Bei der Stelle, die Joh. Seb. Bach als Vorgänger des Leitmotiv-Princips Wagner's und Liszt's nachweist, lachte er vergnügt: »Nicht übel.« – Die Bemerkung über die katholische und protestantische Fort- und Nichtfortentwickelung der kirchlichen Tonkunst fand er »wahr und richtig. Nur wird man Ihnen die Wahrheit bestreiten«, meinte er. Gille trat ein und hörte mit zu. Der Schluß spannte die ganze Aufmerksamkeit des Meisters – ernst und nachdenkend nickte er mehrmals mit dem Kopfe. »Ich danke Ihnen«, sagte er wie mechanisch und zog sich in sein Schlafkabinett zurück – ich glaube, er betete.

Als er wieder erschien, schob ich meinen Arm in den seinen – Intimitäten, die er von Vertrauten liebt – und zog ihn in eine Ecke. „Ich möchte Ihren Rath, lieber Meister –: darf ich wohl wagen, der Fürstin die Arbeit zu widmen?"

»Ja, thun Sie das – ich vertrete Sie«, sagte er erfreut. »Wie stehen Sie jetzt mit ihr?«

„Nicht so und nicht so. In Sache Bülow's wechselte ich zuletzt einige Briefe mit ihr. Ich hatte seither keine Ursache ihr zu schreiben. Brouillirt sind wir nicht, nur schweigsam." Wir besprachen nun die Widmung.

»Vergessen Sie nicht das Y in Carolyne – sie hält darauf, wie Sie wissen«, erinnerte er und schrieb mir, um nichts zu übersehen, den Vornamen noch auf. – Frau Merian trat ein und fragte nach Nachrichten bezüglich Lassen's. Liszt hatte solche von Mme Tardieu erhalten – die Ärzte constatiren eine Nicotinvergiftung und Rückenmarkleiden. Lassen selbst ahnt es kaum, er geht aus, Fräulein v. Schorn begleitet ihn etc etc; er soll nach Cassel (Wilhelmshöhe).

Ich erzählte Frau Merian, daß ich in Herrenalb eine Begegnung mit dem Prälat v. Gerok gehabt und er mir sein Vergnügen über Lassen's musikalische Interpretation einiger seiner „Palmblätter" ausgedrückt, die – wie er sagte – für Musik allerdings wenig geeignet seien, ihrer Länge wegen. Eine Dame habe sie für Lassen gekürzt.

„Das war ich", ergänzte sie.

Beim Diner waren außer uns: Hofrath Gille, der *legendarische Cantor* und Göllerich. Letzterer ist ein enthusiastischer, ja fanatischer Lisztianer, ich halte ihn für stichhaltig trotz seinen vier Kulten (derentwegen er in diesem Moment von den alten Herren sehr bewitzelt wurde): als Jägerianer, als

Vegetarianer, als Wagner- und als Lisztianer, – ein wunderlicher Vierklee, nicht für alle verdaulich – sieht beständig aus wie gekreuzigt, und man sucht unwillkürlich nach den Nägelmalen. Für nächsten Winter gab ihm Liszt die Erlaubnis, ihn nach Rom, dann nach Pest als Schüler zu begleiten. Ich engagirte ihn als Berichterstatter über des Meisters Befinden. –

Die beiden älteren Herren (Gottschalg und Gille) entwickelten, namentlich Gille, eine nicht mehr zu beneidende Eßluft – Liszt spottete viel. Als eine Schüssel Tomaten-Gemüse auf den Tisch kam und Gille gleich darnach langte, enthielt sie ihm Liszt, dem Derartiges gegen die ästhetische Natur geht, ärgerlich vor:

»Du wirst warten können.«

„Es war nicht bös gemeint", entschuldigte sich dieser fast schüchtern. Liszt wartete wirklich noch zwei Gerichte ab, ehe er dem Diener befahl, die Schüssel herumzureichen – : »Den Damen zuerst!« Es ist oft amüsant, die Beiden – beide zählen 74 Jahre – mit einander verkehren zu sehen. Zum Ruhme Gille's muß man sagen, daß er Liszt wie einen Souverain ehrt und ruhig alles hinnimmt, manchmal allerdings auch mit der Miene, die da sagt: der Klügere schweigt.

Das Menü war überaus reich – jeder Gang doppelt besetzt. Liszt (wir saßen ihm rechts und links) legte uns die Speisen vor nach englischer Sitte, die er als mustergültig betrachtet. Er rühmt stets die manierliche Art bei Tisch seitens der Engländer, was er besonders hervorhebt, wenn Jemand schmatzt oder schlürft oder sich auf die Ellenbogen legt. Das Unbehagen über solche Unarten – »Flegeleien« nennt er sie – ist ihm sofort anzumerken. Gestern sogar war er widerwärtig gegen .... gestimmt, der allerdings sich sehr bequem auf seinem Sessel zu fühlen schien. »Solche Flegeleien!« – ich brauchte geraume Zeit, es ihm vergessen zu machen. In Derartigem tritt hin und wieder überraschend der „Greis" hervor – früher ignorirte er dergleichen großzügig.

Während sich der Meister zurückzog, ruhten wir im Salon – ich auf Liszt's Divan, Gille in einem Lehnstuhl, Ida und Gottschalg lasen. Der junge Göllerich hatte sich schleunigst entfernt, den Eisenbahnzug noch zu erreichen, den er benutzen wollte.

Liszt's *siesta* war von kurzer Dauer, bald auch war der Salon mit dem Whisttisch besetzt; doch hielt er heute nur ganz kurz aus: er forderte Goepfart auf, aus dem *Ms* seiner Oper „Marianne" (?) [„Camilla"?] zu spielen. Es wurde die Partitur am Klavier durchgesprochen, Winke über die Instrumentation gegeben – Goepfart spielte, sang – ein ganzer Akt wurde durchgenommen.

Abends sah ich mit Ida die viel besprochene Klavierschule Liszt's durch – es hat mich sehr frappirt zu sehen, in welch hohem Grad ich seine

Intentionen errathen habe, eigentlich: wie richtig meine Folgerungen bezüglich seiner technischen Neuerungen, Erweiterungen, Erfindungen sind, – dafür bin ich auch der „Schulmeister". Die Ideen beider Werke sind eng dieselben, wenn sich auch bei mir alles anders gestalten mußte. Obwohl die Voraussetzungen beider verschieden sind, treffen sie sich vollkommen in ihren Zielen. Mein „Grundriß" ist ein systematisch geordnetes Schul- und Reformwerk vom Elementarfach bis zur höchsten Stufe der Technik – Liszt's Werk sind Übungen (nur einzelne Formen), die sich an den Virtuosen wenden und ihn – den Virtuosen – bereits zu ihrer Voraussetzung haben. Die Fortführung der Übungen Liszt's ist mehr kompositorisch, etüdenhaft; die Fortführung meiner Übungen geht egal chromatisch durch alle Tonarten.

So einheitlich sich beide Tonwerke in ihren Höhen berühren, werden sie, jedes für sich, bestehen können. –[83]

*

Unsere einstige Schülerin Hedwig Schneider, gegenwärtig eine bewährte Lehrkraft an der Fürstl. Musikschule zu Sondershausen, kam von da uns zu begrüßen. Seit Jahren hatten wir uns nicht gesehen – ein prächtiger treuer Mensch, persönlich und sachlich.

Wir hatten ihres Hierseins gegen Liszt erwähnt. »Bringen Sie sie nur zu Tisch mit«, gestattete er.

Ich war schon gegen 10 Uhr in der Hofgärtnerei, hatte noch mancherlei mit ihm zu besprechen. Am Schreibtisch sitzend rief er mir bei meinem Eintreten zu: »Lesen Sie diesen Brief – diesen elenden Kerlen muß man auf anständige Beine helfen.« Zu meinem Erstaunen las ich einen Brief an Leßmann[84], – abermals die Kullak-Affaire betreffend.

[83] Nachtrag: Liszt's Werk erschien später unter dem Titel: „Technische Studien für Pianoforte" – J. Schuberth & Co., Leipzig. Fingersatz, textliche und äußerliche Anordnungen sind von Alexander Winterberger.

[84] Der Brief lautete:

Geehrter Herr Redakteur,

Mit Bedauern und fester Überzeugung wiederhole ich Ihnen brieflich: das Vergessen Theodor Kullak's ist von seinen Erben wieder gut zu machen. Anders müßte man es scharf rügen, als Veruntreuung dem Künstlerstand gegenüber. Eine Hinterlassenschaft von mehreren Millionen, durch Musikunterricht erworben, darf nicht ohne Berücksichtigung der Musikbeflissenen eingescharrt verbleiben. Wenn es die Erben nicht verstehen, [nicht] vorziehen eine Kullak-Stiftung zu gründen, so halte ich es für ihre Pflicht und Schuldigkeit, die besonderen 4 Musik-Stiftungen – Namens Mozart, Mendelssohn, Meyerbeer, Beethoven – jede mit 30000 Mark – total 120000 Mark, zu dotiren.

In bekannter Gesinnung, der Ehre des Künstlerstandes eingedenk und ergebenst

5ten September 85 – Weimar F. Liszt

»Dieser Brief muß jetzt gedruckt werden«, sprach er gebieterisch. »Man sackt als Künstler nicht eine Million ein, ohne auf den Altar der Kunst zu opfern.« Eine Ehrfurcht gebietende Hoheit lag bei diesen Worten in seinen Zügen. Mild fuhr er fort: »Sie hätten das nicht gethan – ich habe es auch nicht.« Ich dachte an die hundert Tausende, ja Millionen, die er während seiner Virtuosenlaufbahn als Besitzloser in Sachen der Kunst, der Unterstützung großer Ideen, humaner Ziele, der Armen, Wittwen und Waisen den Kassen aller europäischen Länder überwiesen hat – ich dachte auch an die Villen unserer modernen Virtuosen, an den verächtlichen „musikalischen Handel ohne Musik". – Mein Gott, das ächte Priesterthum sammelt nicht Schätze, die Motten und Rost fressen – : und doch bedarf das Leben, um zu leben, so viel...... Da liegen wieder diese tragischen Conflikte zwischen Idealität und den gemeinen Lebensforderungen. Darin aber muß ich Liszt beipflichten, daß dem „Kunstwucher" unter allen Umständen entgegen zu treten ist. – Ein dankbarer oder auch undankbarer Vorwurf zu einem Aufsatz. –

Goepfart kam. Wir hatten verabredet, Liszt's Musikalien zu ordnen – es war nicht mehr durchzufinden. In früheren Jahren hatte Bülow diesen Samariterdienst des öftern geübt; dann war Liszt immer ängstlich bemüht, die Ordnung zu erhalten. »Legen Sie das auf jenen Stoß dorthin – so –, Bülow hat sie geordnet, er ist sehr exakt«, hörte ich mehrmals von ihm, wenn dieser gerade in Weimar war. Jetzt ordnete er an:

»Kirchensachen auf einen Stoß! – meine auf einen andern, alles zusammen! – nur immer nach der Art! – Sie können sich nehmen, was sie wollen.« Dieser Zusatz erklärte mir hinreichend, warum die Musikalienschätze seines Salons so „mitgenommen" aussahen.

»Nehmen Sie, was Sie wollen«, sagte er nochmals – »nur nicht den *Palestrina* von Wagner: das ist ein Schatz, ein Vorbild für neue Ausgaben altkirchlicher Musik« – ein Ausspruch, den er mehrmals wiederholte. »Was sollen die neuen Ausgaben, wie Breitkopf & Härtel sie gegenwärtig veranstalten? – sie sind nicht zu gebrauchen. Wagner hat gezeigt, wie man es machen muß! Warum lernt man nicht? – glaubt man es besser zu verstehen als das Genie?«

„Leider", führte ich das Gespräch fort, „daß das gute Beispiel oft verkannt wird. Halten Sie aber nicht auch dafür, daß, nachdem die römischen Archive erst seit so wenigen Jahren geöffnet sind und ihre musikalischen Funde Gemeingut werden dürfen, zuerst Gesammtausgaben sein müssen, welche der Zeit des Komponisten entsprechen, ehe Ausgaben mit Vortragsbezeichnungen nach Wagner am Platze sind? Der Exegese muß der Urtext doch vorausgehen."

»Das trifft zu – allein: was nützen uns diese Ausgaben, die kein Chordirektor gebrauchen kann ohne eine Menge von Vorstudien, für die er nicht immer die Zeit und nicht immer das Zeug hat? Nun liegen sie da, ein todtes Kapital und dem Künstler und der Praxis nichts nütze. Und die Forschung? – hat auch so gut wie nichts davon: sie ist fertig mit Palestrina, sie kann nur noch Staub aufwirbeln – – praktisch, praktisch muß alles sein!«

Wir waren bis zum Diner mit dem Ordnen der Noten beschäftigt. Der Meister war ausgegangen, hatte aber vordem noch befohlen:

»Die Canons von Weitzmann legen Sie auch *à part,* die müssen mir immer zu Händen sein – Weitzmann und Wagner's *Palestrina.*« Während Goepfart und ich noch mit Staubtüchern handtirten, kamen Hedwig Schneider nebst Ida, dazwischen alle möglichen Menschen, die ein- und ausgingen wie in einem öffentlichen Lokal. Manche trugen Notenpakete unter dem Arm, als sie gingen, auch der Teller mit Albert-Cakes gefüllt, im Eßzimmer, war geleert – – – –

Nun kam auch der alte Posaunist Professor Grosse. „Gehen Sie nur heute nicht in den ‚Fliegenden Holländer'", raunte er mir zu – „Sie würden ihn nicht wieder erkennen." Grosse hatte ihn in den 50er Jahren unter Liszt's Leitung mitgemacht und bekreuzte sich vor der musikalischen Gegenwart Weimar's. »Nur darum«, lachte Liszt, als ich ihm hievon bei Tisch erzählte, »weil er nicht mehr mitblasen kann.« – Wir fuhren in unserem Reinigungsakt fort. Außer Weitzmann und Palestrina-Wagner legten wir auch den »Beefsteak-Klopfer«, wie Liszt die von russischen Komponisten herausgegebenen sehr interessanten „*Paraphrases et 24 Variations*" (von Borodin, Cui, Liadow u.A.) nannte, auf sein Geheiß bei Seite. Der witzige Beefsteak-Klopfer erfreute sich besonderer Gunst bei ihm; er gehörte zu seinen Erheiterungsmitteln. Die Anwesenden mußten heute der Reihe nach daraus spielen, auch Ida, die Schneider, ein Musikdirektor aus Dorpat u.A. Die Baronin Meyendorff war ebenfalls zugegen. Ihr früherer Groll gegen mich scheint etwas gemindert – wir plauderten geraume Zeit miteinander.

Zum Diner waren außer uns und Hedwiga noch der junge Ungar Thomán, der Tomatenspender, in Revanche für seine Aufmerksamkeit eingeladen. Die Tafel war wieder überreich besetzt – wir hatten schon in der Küche Einwendungen erhoben, Mihály aber behauptete: der Meister wolle es so, wenn Fräulein Ramann da sei, in Nürnberg bewirthe Frl. R. den Meister gleichermaßen – was übrigens nicht ganz zutrifft; wir suchen es ihm nur so behaglich und bekömmlich als möglich zu machen, doch ohne solchen Aufwand.

Es gab wieder Suppe, obwohl er keine ißt. Ich amüsirte ihn mit Beschreibung der Suppencalamitäten, die wir seinethalben in früheren

Jahren durchgemacht, da wir uns, trotzdem wir wußten, daß er nur eine Suppe: Borscht, aß, die wir nicht herstellen konnten, vom deutschen Dinerstyl mit Suppe am Eingang nicht frei zu machen wagten. So hatte ich ihm eines Abends ächte *turtle*-Suppe in Vorschlag gebracht und er hatte zugestimmt. Es war jener Tag, an welchem zum Whist ganz ausnahmsweise, wegen der nahen Verwandtschaft mit Fräulein v. Schorn, auch Herr v. Schorn nebst Frau auf Liszt's besonderen Wunsch mit eingeladen worden waren. Gegen Abend hatte mich damals der Meister plötzlich bei Seite genommen und leise, wie hausväterlich gefragt: »Liebe Freundin – werden Sie auch mit Ihrer *turtle*-Suppe reichen, wenn Sie Gäste haben?« Der Größe meiner Conservendose sicher, erwiderte ich: „Ei, gewiß!" Als die Suppe auf den Tisch kam, war sie – o Scham der Hausfrau! – ein dünner Schlemper. – Der Meister ließ sie stehen. Als ich nun später die Köchin frug: „Käthe, was ist denn nur mit der Suppe passirt?" entgegnete sie triumphirend mit pfiffigem Küchenstolz: „Ich hab' sie gut eingetheilt – wir können noch einmal davon essen." – – Das war unser letzter Suppenversuch gewesen.

»Genievoll!« lachte erheitert Liszt, »genievoll – das ist nämlich ein neues Wort der Miß Fay, bei der ich diesen Sommer in Ungnade fiel.«

„Wie so?" frugen wir einstimmig.

Er erzählte nun, begleitet von seiner mehr als Worte verrathenden Mimik, daß sie ihm eine kleine Komposition, *Ms*, gebracht „von einem Freunde" (doch wahrscheinlich von ihr selbst komponirt). Sie sprach ganz enthusiasmirt von ihr. Nach Durchsicht des *Ms* gab es ihr Liszt mit dem Bemerken zurück: er könne nichts daran finden. Miß Fay demonstrirte, setzte sich an den Flügel und spielte es, worauf Liszt sein Urtheil wiederholte. „Aber es ist genievoll", behauptete sie mehrmals.

»Wenn Sie so befehlen – ich finde nichts daran –«

„Und es ist doch genievoll!" rief sie empört, nahm ihr *Ms* und verließ den Salon, um ihn nicht wieder zu betreten.[85] »Diesmal«, schloß Liszt amüsirt, »wird sie mich nicht so gut behandeln, wie in ihrem vorigen Buch.« –

Wir erzählten ihm von dem neuen Frankfurter Theater, das wir auf der Reise nach Weimar sahen, von seiner Größe und Schönheit.

»Ich kenne es« – sagte er. »Mein Ideal eines Opernhauses bezüglich der Größe war das frühere Dresdner Hoftheater. Jetzt baut man übertrieben – die Sänger wirken brutal – das Kunstwerk verliert an Noblesse – es geht

[85] Nachtrag: Wie mir Göllerich später erzählte, gedachte der Meister in seiner namenlosen Güte, ihr andern Tags einen Besuch zu machen. So schwer ihm das Gehen wurde, ließ er sich nicht davon abbringen. Er wußte nur die Straße, in der sie wohnte, nicht das Haus, dachte jedoch sie leicht zu finden. Göllerich und Stradal begleiteten ihn – man wanderte von Haus zu Haus, in jedem hieß es: diese Dame wohne nicht hier. Erschöpft kam der greise Meister nach Hause. Miß Fay aber hatte ihn wohl bemerkt und, boshaft, sich seiner vergeblichen Mühe gefreut!

alles ins Massige.« Eine Bemerkung, die mit wenigen Worten unsern gegenwärtigen Kunstzustand charakterisirt.

Nachmittags kamen wieder sämmtliche Schüler zusammen, obgleich die hervorragenden nicht spielten. Die Musik war nicht besser, mit Ausnahme der: *„Les Adieux, l'Absence et le Retour"*, welche ein junger Künstler, Schüler Bülow's, Frederick Lamond, spielte.

Ich sah Liszt an – er war ganz in sich versunken, blaß, durchgeistigt, wie ich ihn niemals gesehen. Und langsam, langsam flossen zwei Thränen über seine Wangen. Dann erhob er sich mit einem tiefen Seufzer.....

Er entließ bald die Anwesenden – er schien müde, abwesend und selbst eine Whistparthie konnte ihn nicht dieser Stimmung entreißen. Gegen 6 Uhr ging er, von der Senkrah und ihrer Mutter begleitet, zum „Fliegenden Holländer".

»Und Sie – Sie wollen nicht ins Theater?« wandte er sich an mich. »Gut, bleiben Sie hier und halten Sie Salon – Goepfart spielt Ihnen aus seiner Oper vor.«

„Morgen, lieber Meister, reisen wir – dürfen wir uns im Laufe des Vormittags noch verabschieden?"

»Jedenfalls erwarte ich Sie – auch zu Tisch! Keine Einwendungen! – bestellen Sie Ihren Wagen hierher, er kann Sie von da zur Bahn bringen.«

Goepfart spielte uns nun eine Scene, ein *Ave Maria*, vor und sang dazu. Liebenswürdige Musik, einfach und anspruchslos, ganz dazu geschaffen musikalisch zu stimmen, ohne zu verstimmen.

Eine pianistisch werthvolle Correktur Liszt's habe ich noch nachzutragen. – Die jungen Künstler sprachen von der „Franciscus-Legende", speciell von der Passage für die linke Hand:

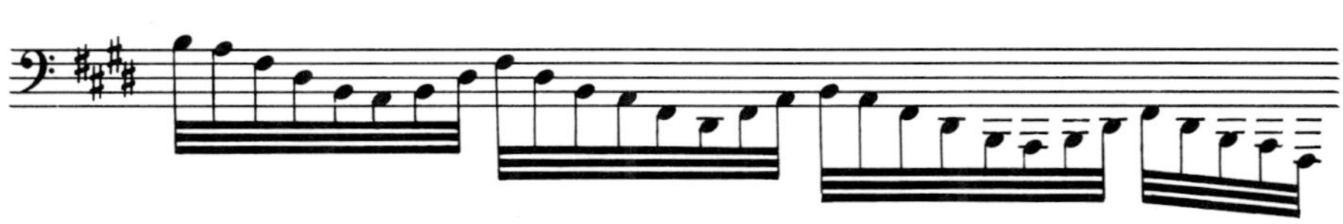

deren Ausführung eine physische Kraft der Finger verlangt, über die nur vereinzelte Virtuosen gebieten. Stavenhagen, der diese Kraft noch nicht besitzt, capricirt sich darauf, die Legende dennoch zu spielen – er meinte: „Da kann man sich helfen –: ich verdoppele sie mit der rechten Hand."

Der Meister wies dieses Auskunftsmittel mit Entschiedenheit zurück: es störe die Linie und die Idee des Bildes – die machtvoll dahin rauschenden Wogen, über die erhaben der Heilige schreite, seien nicht in »Salonstyl« zu übersetzen. »Kraft und Erhabenheit sollen Kraft und Erhabenheit bleiben« – lautete sein energischer Protest.

*

Nach dem Thee bei Batsch las ich den Damen, deren Bruder, dem Admiral Batsch, und Fräulein Schneider, die bei uns war, einiges noch aus meinem Tagebuch vor.

Eisenach.

Seit gestern hier, um die Weimar-Tage innerlich zu verarbeiten und vor dem Ferienschluß noch etwas ungestörte Ruhe, deren ich sehr bedarf, zu haben, trage ich noch unsern gestrigen letzten Besuch in der Hofgärtnerei nach.

Als wir zur gewohnten Frühstunde eintraten, saß er am Schreibtisch – er zeigte mir den „Geleitbrief". Ich hatte schon tags vordem mein Schema mit Correkturstrichen dort liegen sehen, und war begierig darauf. Nun las er ihn mir vor.

»Ihr ‚das' und ‚daß' änderte ich – es klingt schlecht« – dabei verzog er sein Gesicht, als höre er einen Mißton. »Und dann«, fuhr er fort – »den Fingersatz betonen Sie: ich habe ihn stets empfohlen.«

Über diese sprachliche Feinheit und Gedankenschärfe war ich in der That frappirt – so fein fühlen und denken kann nur das Musikerohr und das Genie!

Ich lege hier mein Schema und Liszt's Correktur im Original bei[85a]. Auch bezüglich dieses Originals zeigte sich eine der Charakterseiten des Meisters. Es lag auf dem Schreibtisch, Liszt's Brief hatte der Kammerdiener bereits sorgfältig zwischen Pappschalen gelegt und verpackt – der Meister hatte sich zurückgezogen zum Toilettiren. „Dort – den *brouillon* möchte ich mitnehmen", sagte ich zu Ida. Die aber entschied: „nicht, ohne ihn vorher gefragt zu haben." Als hätte der Meister meinen Wunsch errathen, zeigte er, wieder eingetreten, auf denselben hin: »Wenn Sie ihn wollen« –

„Ich danke herzlich!" rief ich erfreut – „ich sah es liegen und wollte – – – Doch mein *adlatus* verbot mir, es von Ihrem Schreibtisch ohne Ihre Genehmigung zu nehmen."

»Daran haben Sie Recht gethan«, sagte er fast überernst, wie mit sittlicher Genugthung zu Ida.

Wir waren im Begriff, noch ein *Ms* durchzusehen – eine Instrumentirung der II., der Ramann-Elegie – da kam Mihály mit einer Visitenkarte von Arthur Hahn [Edmund Hahn]. »Bin nicht zu sprechen – immer ‚Pudel, wart' auf!'« ironisirte er. Jener aber plaidirte: „Die Dame ist vorgefahren."

[85a] Die Vorlagen sind leider verschollen (F. S.).

»Nun, wenn sie sich Kosten gemacht hat – dann laß sie kommen, damit sie nicht ‚vergeblich' sind.«

Die Dame trat ein mit Empfehlungen von Leßmann. Liszt war höflich, aber es grollte in ihm über die fortwährende Zudringlichkeit, die ihn von seinen Arbeiten abhält. Als sie nach der Vorstellung mit der landläufigen Phrase kam: „Ich hoffe nicht zu stören" – erwiderte er mit seiner Miene *à la Grand seigneur:*

»Ich bin unstörbar – habe nur von Früh bis Abend keine ruhige Minute.« Was diese Worte bargen, verstand die Besucherin nicht und sah noch erstaunter auf, als er zu mir sich wandte: »Sie sind auch unstörbar« und seinen Blick auf mein *Ms* richtete, das auf seinem Tisch lag. –

Nun kam die Senkrah, ihre Violine in der Hand. Der Meister spielte zum Abschied seine I. und darauf die mir gewidmete II. Elegie zwei Mal mit ihr. Ein wunderbarer Genuß, ihn wieder zu hören! Die Senkrah hielt sich; ihr Spiel störte nicht: das höchste Lob, das sich einem mit Liszt musicirenden jungen Menschen zollen läßt. –

Um 1 Uhr speisten wir zum letzten Mal zusammen. »Wir sind allein«, sagte er, »mir paßt heute Niemand.«

Alles Mögliche wurde noch im Flug geplaudert, meistens Persönliches. Über Gille, von dem das Gerücht geht, daß er die Pianistin Spiering, die bei ihm wohnt, heirathen werde. „Bestätigt sich das Gerücht bezüglich Gille's? Ich wagte nicht, ihm zu gratuliren – es ist so absurd – doch, Sie kennen das Sprüchwort –"

»Alter schützt vor Thorheit nicht«, recitirte Liszt und deutete auf sich selbst. »Es ist nichts unmöglich auf der Welt«, fügte er nach einer Pause bedenklich hinzu – »aber eine Dummheit wäre es von Gille doch.«

Währenddessen hatte ich mein Brödchen geschnitten, dessen Rinde so hart war, daß ich es nicht brechen konnte. »Liebe Freundin«, belehrte er väterlich – »in England dürften Sie das nicht thun –«

Über Fräulein v. Schorn ist er innerlich so erzürnt, daß die jahrelang feststehende Redensart beim Whist: »Adelheid läßt grüßen«, nicht ein Mal, trotz vieler Gelegenheit, von ihm zu hören war und er sogar, als ich sie vorbrachte, widerwillig sie zurückwies. Ich hätte so gerne vermittelt und plaidirte für sie. »Sie muß das Klatschen lassen – sie hat mir zwei böse Sachen gemacht. Und das Dominiren! – die Frauen sollen herrschen, nur feiner.«

Ich kannte beide Fälle, fand es aber richtiger, zu schweigen, da ein kurzer vorübergehender Besuch sich nicht dazu eignet, hochgehende Wogen zu besänftigen. Im Grunde kann ich ihm auch nicht Unrecht geben. Denn leider! passirt es Frl. v. Schorn, über Dinge laut zu sprechen, die sie nicht ganz überschaut und die besser todt zu schweigen wären. Durch und durch treu

Liszt und Arma Senkrah
Weimar, 31. Juli 1885

und wahr, wird gerade ihr etwas vorlautes Wahrheitsgefühl die Quelle der Liszt so tief verletzenden Dinge. Dennoch ist sie wieder nicht ganz im Unrecht, wenn sie bei Ungehörigkeiten, die in die Hofgärtnerei hineinspielen, einzugreifen sucht, was er mit »Dominiren« bezeichnet: »die Frauen sollen herrschen – nur feiner«. Wie die Dinge auch liegen: das Zerwürfnis ist und bleibt zu beklagen; gerade jetzt, wo das Alter mit Macht bei ihm hereinbricht und er mehr als je der liebevollen Fürsorge, auch des Schutzes vor Übergriffen bedarf. – –

Die junge Künstler-Schar, die ihn gegenwärtig umgiebt, gerirt sich glücklicherweise nicht so zügellos und struppig wie andere zu früheren Zeiten. Kommt es auch vor, daß Einige von ihm als von ‚dem Alten' sprechen, so hängen die Blicke doch gespannt und verehrungsvoll an ihm, ein wohlthuender Ton herrscht. Und doch, ich kann an die vor uns liegende Zeit nur mit großer Sorge denken – der Meister zählt jetzt 74 Jahre, und kein Mensch, ihm vertraut, der uneigennützig ihm ergeben zur Seite stünde ... Sein Gesichtsausdruck, als er vorgestern *„Les Adieux"* anhörte, verwebt sich mir mit den Tönen Beethoven's:

beide schweben sie in einander, lösen sich in Eins auf – sie begleiten mich *wie tönende Schatten....*

Wir saßen beim Dessert. Der Wagen fuhr vor. „Eine Dame holt die Damen ab", meldete Mihály.

„Fräulein Batsch", erklärten wir.

»Aussteigen – nicht in den Salon! – hierher!« befahl Liszt. Wir ließen noch die Gläser klingen: »Auf baldiges Wiedersehen!«

„In Nürnberg!"

»Ja, in drei Wochen in Nürnberg« –

Ohne Kopfbedeckung begleitete er uns noch an den Wagen – so fuhren wir ab.

Nürnberg, Ende Sept./85.

Nach meiner Rückkunft aus Weimar schrieb ich an Liszt und bat ihn um einige bei ihm vacant liegende Bände der Palestrina-Ausgabe, welche ich heute nebst folgendem Brief erhielt, der ein früheres Gespräch gleichsam rekapitulirt:

(50.)

27ten Sept: 85

Sogleich sende ich Ihnen, Verehrte liebste Freundin die bei mir, in Weimar vorhandenen Palestrina Bände. Die hochgerühmte – Missa Papae Marcelli ist nicht dabei, aber leicht aufzufinden: deren letzte Ausgabe, von Amelli, Mailand, Chef Redacteur der dortigen Kirchen Musik-Zeitung. Ich veranlasste Ihn, einige Vortrags Bezeichnungen beizufügen, weil meines Bedünkens, ohne solche, fernere Ausgaben von Palestrina und Lassus, – die beiden grossen Cardinäle der alten catholischen Kirchen Musik – nur für das Lesen, nicht für die wirklichen Aufführungen dienen. Gewiss kann Niemand für Palestrina und Lassus absolut giltige Signaturen bestimmen: doch gibt es Anhaltspunkte woran man sich richtet.

Das allerbeste Modell ist und bleibt Wagner's Einrichtung von Palestrina's „Stabat Mater" – mit Vortrags Bezeichnungen, und Angabe der Vertheilung der Singstimmen – halber Chor, Soli, ganzer Chor.

Zur Zeit seiner Kapellmeisterschaft in Dresden, fertigte Wagner diese Musterhafte Bearbeitung an. Sie erschien 15 Jahre später in Kahnt's Verlag. Hoffentlich wird man sich allmälig danach reguliren, mit Vernunft – und Weile

getreu ergebenst
F. Liszt

18. Oktober/85.

Ich hatte in Weimar bei Liszt einen sehr praktischen Klavierstuhl gesehen, der von seinem Erfinder dem Meister vor kurzem verehrt worden war; » – wäre auch praktisch für Sie«, äußerte er, als er ihn mir zeigte. Heute nun, zu unserer Überraschung, kommt in seinem Auftrag ein solcher Stuhl aus der Fabrik für uns an. In dieser Form pflegt er Propagandist zu sein und für ihm gewordene Aufmerksamkeiten sich zu revanchiren.

Er selbst aber besuchte uns betrüblicherweise nicht, wie verabredet – er reiste direkt nach Rom.

An Liszt.

Lieber theurer Meister –:

Sie haben sich meinem Dank, den ich mit Sicherheit gehofft Ihnen persönlich in Nürnberg aussprechen zu dürfen, entzogen – nun muß er nach Rom wandern!

Ihr Palestrina soll meinen Studien sehr zu statten kommen, der vorzügliche Klavierstuhl aber wird nicht wenig dazu beitragen, daß unsere Liszt spielenden Schüler sich „*bien assis*“ fühlen werden. Haben Sie für alles vielen und warmen Dank!

Mit diesen Zeilen erlaube ich mir Ihnen ein Exemplar meines neuen, so eben im Stich fertig gewordenen „Lisztbuches“ zu überreichen. Es ist das erste Liszt-Schulwerk, begleitet von dem ihm gewordenen werthvollen Zustimmungsbrief. Nun erbitte ich mir noch von Ihnen, theurer Meister, die Gunst: daß es in Ihrer Nähe, in Ihrem Musiksalon bleiben darf – sein bester Schutz und seine höchste Empfehlung!

Die „Immatrikulation“ der Ungarischen Tonleiter fängt bereits an zu wirken. Von Berlin aus (Tappert) wurde mir der Vorschlag: sie bei künftiger Tonkünstler-Versammlung zu diskutiren. Darüber hoffe ich nächstes Frühjahr mit Ihnen plaudern zu dürfen – woraus Sie ersehen, wie ich in dem Gedanken lebe, daß Sie bei Ihrer Rückkunft nach Deutschland bei uns einkehren werden.

Mit den verehrungsvollsten Grüßen von meiner Freundin und den besten Wünschen für Sie

Nürnberg,
den 21. Okt. 1885

Ihre getreue
L Ramann.

1886

„Liszt als Psalmensänger“. Wir in Weimar (29. Mai – 3. Juni). In der Hofgärtnerei. Besorgnis erregender Zustand des Meisters. Die Liszt-Elisabeth-Decke. Halbblind! Tischgeplauder. Virtuosen-Nachmittag. Mißhelliges. Wieder die Ungarische Tonleiter. „Ich bin Christ“. Munkácsy's ungünstiger Einfluß auf Liszt's Gesundheit. Der künstlerische Christus-Typus. Personalia. Freiwillige Blindheit. – „Stanislaus“. Göllerich und Stradal. G. Rohlfs. Der greise Meister am Klavier. Liszt bei Prof. Volkmann. Müller-Hartung. Schlechte Botschaft. Ein stiller Abend. Zusammensein in Sondershausen (3. – 7. Juni). Heitere Fahrt. Nachträgliches. Im Hotel. „Todtentanz“. I. Matinée. *One, two, three – Table d'hôte.* Ernstes und Komisches. Reiseprojekte. Der Liszt-Verein; mangelhafte Fassung seines Statuts. Specifisch christliche Kunststoffe. Diskussionen: Sachs und Riemann. Die „Christus“-Aufführung. Apostaten. Weinprobe. In Sondershausen 1862. Theaterconcert. Aufregung über Aufregung. Am Bahnhof. – Aufsatz für Leßmann. Nachrichten von Liszt – seine Bemerkungen zu meinem Aufsatz.

Schlimme Botschaft.

†

Februar 1886.

Auguste Rennebaum schrieb mir aus Budapest, daß unser theurer Meister darauf beharre, den Einladungen nach Paris und London Folge zu leisten. Er sei soweit wohl, aber oft traurig und bei seinem Hang zu Übersinnlichem, der den Meisten als Aberglaube erscheint, voll trüber Ahnungen. Zu Anfang des Jahres habe er immer gesagt: es sei keine gute Vorbedeutung, daß dieses Jahr mit einem Freitag beginne mit einem Freitag ende. Des Meisters Scheu vor diesem Tag liegt so fest in ihm, daß er an solchem nichts neues unternimmt, auch keine Reise antritt.

Ich fürchte dieses Jahr auch, wenn auch nicht wegen des Freitags ....

An Liszt.

Lieber, theurer Meister –:

Endlich habe ich die Freude, ein gedrucktes Exemplar meiner Ihnen schon theilweise bekannten kleinen Arbeit in Ihre Hände legen zu können. Nehmen Sie diesen Versuch: Ihren herrlichen Psalmen-Dichtungen die historische Stellung zu finden und durch das Wort Andern näher legen zu wollen, gütig auf. Wenn es stets wahr bleibt, daß „was vom Herzen kommt, zum Herzen dringt", wird derselbe seinen Zweck erfüllen, trotzdem das, was der Genius im Kunstwerk verkörpert, doch nur matt von der Sprache des Gedankens reflektirt werden kann.

Ob mein Schlußwort mit seinen Bedenken über den Parsifal-Christus und seinem Hinblick auf eine Erneuerung der kirchlichen Tonkunst (protestantischerseits) Ihre Zustimmung finden wird? Lassen Sie mich das hoffen! –

Bei den großen Reisen, welche Sie demnächst zu unternehmen gedenken, werde ich Sie im Geiste begleiten. Gott schütze Sie, und erhalte Sie uns noch lange in Ihrem Göttermuth und Ihrer Götterkraft.

Im Frühjahr hoffe ich mit meiner Freundin Volckmann, die Ihnen ihre verehrungsvollsten Grüße sendet, in Weimar und Sondershausen Sie begrüßen zu dürfen.

Sie von Herzen liebend und verehrend

Ihre

Nürnberg, 2. März/86. LR

An die Frau Fürstin Wittgenstein.

– – – – –

„Die kleine Schrift behandelt die musikalische Wiedergeburt der hebräischen Psalmenpoesie auf christlichem Boden – einen Stoff,

den Liszt's Psalmen-Dichtungen mir ‚unabweisbar' nahe gelegt haben.
– – –

2./III./86.

An Liszt, d.Z. in London.

Lieber, innigst verehrter Meister –:

Diese Zeilen suchen Sie in London auf, um Ihnen, tiefbewegt von Ihrer Güte, mit der sie meinem „Grundriß" den Weg bereiten, zu danken.

Graf Zichy theilte mir mit, das Werk sei am Budapester National-Conservatorium eingeführt. – Prof. Zellner aus Wien schrieb mir in gleicher Angelegenheit und hoffe ich auch da durch Ihre Befürwortung vorzudringen. Für alles Dank, tausend Dank! –

Dort in der großen Metropole, wo Sie jetzt weilen, wird Ihre Gegenwart der gerechten Sache Ihrer Verehrer die Weihen geben und ihr einen schönen Sieg bereiten, dem ich im Geiste beiwohne. Froh werde ich aber doch sein, wenn Sie erst wieder bei uns in Deutschland sind!

Mit meiner Freundin grüßt Sie in innigster Liebe und Verehrung

Ihre

Nürnberg, 31./III./86. LR

Weimar – „Elefant", 30. Mai 86.

Ehe wir zur Tonkünstler-Versammlung nach Sondershausen reisten, wo unter anderm zur Vorfeier des 75. Geburtstags des Meisters zwei große Liszt-Concerte gegeben werden sollten, zog es uns nach Weimar. Es drängte uns, ihn vordem auf deutschem Boden zu begrüßen und uns zu überzeugen, daß die Berichte der Presse über sein Befinden bei der Wahrheit geblieben und er wirklich, trotz all der übermenschlichen Anforderungen, welche die Festivitäten in Paris, London und wieder Paris an seine Kraft gestellt, so wohl und rüstig sei. Ich hatte zuvor bei Liszt angefragt, ob ihm unser Besuch genehm. Sofort erhielt ich seine Rückäußerung:

(51.)

Herzlich erwartet Sie hier, liebste Freundin, am 29 – 30ten dieses Monathes.

Vom 2ten bis 9ten Juni bin ich bei der Tonkünstler Versammlung in Sondershausen.

Nachher, bis Ende Juni wieder hier.

Ihr dankbar
ergebenster
F. Liszt

23ter Mai, 86
Weimar.

*

Wir kamen gestern gegen 8 Uhr Abends in unserm Hôtel an – ein heftiges Gewitter war im Entladen. In Folge dessen, auch müde, verschoben wir unsern Besuch der Hofgärtnerei bis zum andern Morgen. Zwischen 11 und 12 Uhr betraten wir das Häuschen – hinter der kleinen Hofthür stand Pauline und rupfte eben ein Huhn. „Nu Gott, da sind Sie ja! – das Huhn ist für Sie zu Mittag – der Herr Dr. hat Sie schon gestern Abend erwartet – Frau Menter war auch da – ist eine so liebe Dame – der Herr Dr. war recht heiter – sie ist aber schon wieder abgereist –"

„Wie geht es dem Meister?"

„Ach Gott! ach Gott, Fräulein Ramann! – wenn Sie gesehen hätten, wie er von Paris ankam! Zu Vieren[86] konnten sie ihn kaum aus dem Wagen bringen – so schwach und krank – und die Beine so geschwollen! Dann kam gleich die Frau Wagner – zuerst eine Depesche aus Bayreuth – anderntags sie – es hat den Herrn Dr. doch recht gefreut – sie war auch recht lieb zu ihm – aber viel geweint haben sie miteinander. Zwei Tage blieb sie bei ihm – so lange durfte auch Niemand zu ihm – erst als sie fort war, durften die Schüler wieder kommen. Allmählich ging es ihm besser – heute ließ er sich nicht halten – er ging in die Kirche – Mihály führt ihn – er muß bald kommen."

Wir gingen hinauf in den Salon. Wie das anheimelte! Doch Angstbeklommen harrten wir seiner. Endlich sahen wir ihn daher schleichen, geführt von dem Posaunisten Grosse, das stolze Haupt gebeugt. Pauline rief ihm zu: „Die Damen sind oben!" – »Ah!« hörten wir ihn mit schwacher Stimme rufen, und zugleich seine Schritte beschleunigend keuchte er zur Treppe herauf. Wir eilten ihm entgegen und kamen rechtzeitig, ihn zu stützen und ihm einen Stuhl unterzuschieben. Es gebrauchte einiger Minuten, bis er sich erholt und uns begrüßen konnte.

»Sie treffen mich in einem schlechten Zustand, doch es geht schon wieder besser – viel besser.« Nach einer kleinen Pause neigte er sich zu mir und sprach mit gedämpfter Stimme:

[86] Mihály, Göllerich, Goepfart und Stradal.

»Meine Tochter war bei mir – sogleich nach meiner Ankunft.«

„Ich habe es gelesen."

»Kommt auch so etwas in die Zeitungen?« entgegnete er mit einem Gemisch von Ärger und Verwunderung. Ich fühlte ihm die Genugthuung ab, endlich den Bann gelöst zu sehen, der so unnatürlich Vater und Tochter getrennt. »Nun muß ich doch nach Bayreuth«, fuhr er fort. »Ich wollte in diesem Jahr nicht – und nun muß ich zwei Mal hin: zur Vermählung[87] Daniela's vor den Festspielen. Es freut mich, daß sie sich endlich fest bindet – für sie ist die Heirath ein difficiler Punkt – sie ist ein zu starkes Gemisch von Vater und Mutter. Prof. Thode hat mir geschrieben – hier, lesen Sie.« Er reichte mir den Brief (den dieser an den Großvater seiner Verlobten gerichtet), der ihn anscheinend sehr erfreute, und plauderte weiter, während ich las. – : »Er hat ein Werk über den hl. Franz von Assisi verfaßt. Göllerich liest es mir vor – es ist nicht ohne Idee.«

Der Diener brachte den Carton mit einer von mir letzten Herbst in Eisenach bei Neuhaus & Söhne angeregten „Liszt-Elisabeth-Decke", die ich ihm zu überreichen übernommen.

»Was haben Sie da?« fragte er sogleich.

Ich breitete die neue Wartburg-Decke vor ihm aus – er betrachtete sie eifrig und hatte eine herzliche Befriedigung an dieser Idee.

»Das ist ja ein Gobelin!« meinte er – »soll an die Wand – dort, über dem Divan soll er hängen. Mir ein Geschenk von einem Leinweber«, betonte er langsam jedes Wort – »curios! Göllerich, schreiben Sie doch gleich den Namen auf! Das ist sehr apart; denn in Thüringen«, fügte er launig hinzu – »war man zu keiner Zeit freigebig gegen mich.«

Allen Besuchenden wurde die zum „Gobelin" erhobene Decke gezeigt. Nachdem er gewiß ein Dutzend Mal vergnügt schmunzelnd mit einer Art Stolz wiederholt: »Von einem Leinweber eine Liszt-Decke«, auch mehrmals hinzugefügt: »die Ramann hat es angezettelt«, fragte er mich:

»Was ist mit dem Motiv unter dem Bild[88]? – meine Augen sehen nichts mehr.« Mit Schrecken wurde ich jetzt erst gewahr, daß er so ziemlich erblindet ist. Ich mußte mich zusammennehmen, damit er nicht merke, wie es mich ergriff. Doch mochte er es an meiner Stimme hören; denn er seufzte tief und sah so todtbetrübt aus, traurig wie ersterbende Musik ... Ich weiß nicht, woher ich den Muth nahm – ich ergriff seine Hand und zuversichtlich sprach ich:

„Meister, es wird wieder besser werden!"

[87] Das Wort „Hochzeit" verschmäht er bei Standesheirathen zu gebrauchen – es scheint ihm untergeordnet.

[88] Ich hatte das Elisabeth-Motiv aus Liszt's „Legende von der hl. Elisabeth", als Motto zur Decke, einsticken lassen.

»Meinen Sie?« klang es heller zurück – – »Nun müssen wir auch etwas essen!«

Mich rechts, Ida links führend, ging er mit uns zu Tisch, sein Antlitz aber konnte den heitern Ausdruck nicht festhalten. Das war ein anderes Mahl als zu früheren Zeiten! Er versuchte uns vorzulegen, allein er legte die Speisen neben den Teller und es gelang uns nicht sogleich, es ihm unbemerkt zu machen. Endlich wußte Ida scherzend ihm das Vorlegeamt zu entwinden und reichte und gab ihm die Speisen, wobei er wie erleichtert aufathmete und in den scherzenden Ton einfiel – die frühere Künstlertafel hatte sich in eine gemüthliche Familientafel verwandelt.

Wir saßen lange bei Tisch; früher wurde schnell servirt, um keine Zeit zu verlieren. Die Gespräche waren nicht mehr so lebendig, aber immer noch reichhaltig und farbenreich. Wir berührten seinen Besuch in Frankreich, in England und die ihm dargebrachten Ovationen – er ging leicht darüber hinweg, wie über etwas, das sich von selbst versteht und worauf man kein Gewicht legt.

„Wie beurtheilen Sie die Berliner Saint-Saëns-Affaire?“ fragte ich.

»Saint-Saëns ist im Recht«, sagte Liszt ruhig und bestimmt. Auf unser erstauntes: „Ah!“ erläuterte er: »Das Theater, um welches es sich bei der Wagner-Aufführung handelte, ist ein vom Staat subventionirtes. Es liegt auf der Hand, daß sich eine Gegenstimme erheben mußte und es gereicht Saint-Saëns zur Ehre, daß er protestirt hat. Darum muß man in Berlin nicht lümmelhaft sein.«

Ich erinnerte mich, daß Xaver Scharwenka gelegentlich seines Besuchs bei mir im Februar sich ähnlich äußerte, daß auch Klindworth, Langhans u. A. sich gegen Leßmann's Vorgehen aussprachen. „Aber“ – schob ich ein – „ist es nicht zeitweise luftreinigend, wenn es donnert? – Haben Bülow's Reden nicht ganze Situationen erhellt? Und dann – erinnern Sie sich noch des Briefes von Meinardus an Brendel und dessen Antwort zur Zeit der Weimar-Kämpfe?“

»Sie meinen: der Zweck heiligt das Mittel? – dem läßt sich zeitweise zustimmen. Doch hier bleibt die Sache einfach ein Skandal.«

Meine Gedanken mußten Liszt beipflichten. Im Hintergrund meines deutschen Herzens jedoch merkte ich, daß sie der Lektion, die Saint-Saëns in Berlin erhalten hat, zustimmten, aber eine vornehmere Form ihr gewünscht hätten.

Nachdem der Meister geruht, füllte sich der Salon – Friedheim, Stradal, Lassen, Senkrah u. A. traten ein – der Whisttisch wurde wieder arrangirt.

»Nur auf kurz« – bemerkte Liszt, »Urspruch will uns ein Quartett im *Ms* vorführen. Vordem aber kann Ihnen«, er wandte sich zu mir, »die Aus der Ohe die Polonaise von Zarembski spielen – sie spielt sie sehr gut.«

In der That, ich fand das Spiel der Pianistin, das ich seit 1877 (?) nicht mehr gehört hatte, außerordentlich zu ihrem Vortheil verändert – große Routine, sehr schöner Anschlag. Ich erinnerte sie daran, wie sie damals direkt von Theodor Kullak kommend „Waldesrauschen“ in einer Matinée gespielt. „Kullak!“ Obwohl Liszt ferne von uns stand, hatte sein alles hörendes Ohr den Namen leider aufgefangen. Mit lauter Stimme grollte er plötzlich:

»Kullak! – noch immer keine Stiftung – es ist eine Infamie!«

Man sah sich bestürzt an. Das Klavierstück, welches gerade gespielt wurde, verschlang zum Glück alles weitere. Adele Aus der Ohe aber sekundirte indignirt des Meisters Ausruf mit: „Es ist abscheulich! Wer hätte das gedacht! – ganz abscheulich!“ Als Liszt sich dem Klavier zugewandt, flüsterte sie eiligst dem ihr nächst stehenden Dr. Otto Neitzel neugierig zu: „Was ist es mit Kullak?“

„Hm“ – machte dieser mit wichtiger Zurückhaltung – „eine Verlagsangelegenheit.“ – Ich staunte ob dieser Salonroutine.

Nun kamen Anton Urspruch und die Quartettisten, Halir und Grützmacher an der Spitze. Seit 10–12 Jahren hatte ich von Urspruch nichts mehr gesehen und gehört. Damals war seine Art nicht sehr sympathisch; neugierig betrachtete ich ihn.

„Er wohnt jetzt in Hamburg?“ wandte ich mich an Liszt.

»Ja – er hat Cranz' Tochter geheiratet – eine sehr praktische Verbindung.«

Das Quartett von Urspruch trägt noch denselben Charakter wie seine Sonate *opus* 1 (?) *à* 4 *ms.*, nur ist jetzt alles glänzend und erfahren! „Gebabbel im Wagnersinn“, sagte Jemand hinter uns. Liszt verzog sein Gesicht und in seinen Schultern zuckte es. Er neigte fragend sein Ohr mir zu. „Man meint das Judenthum in der Musik“, erläuterte ich leise.

»Das Antisemitenthum ist nicht immer zu verargen«, flüsterte er zurück. Mit einer graciösen Kopfbewegung fügte er bei: »Ich bin kein Antisemit – jeden ordentlichen Kerl respektire ich.«

Das Scherzo schien mir der beste Satz des Quartetts. –

Unter den Anwesenden war also auch Lassen – er sieht sehr gut aus, dem Anscheine nach wieder ganz gesund. Man befürchtet aber eine Gehirnerweichung. –

Wir blieben bis gegen 8 Uhr beim Meister. Die Abende verbringt er, seitdem er unwohl ist, zu Hause. Frau v. Meyendorff läßt ihr Abendessen herüber zu ihm tragen und leistet ihm Gesellschaft. Alle die Jahre her war es umgekehrt. Liszt ließ sein Essen – meistens ein Stückchen kalten Braten, Häring und Kartoffeln – zur Baronin bringen.

Wenn ich den heutigen Tag überblicke und mir vergegenwärtige, welche Summe von geistiger Regsamkeit und Kraft dem Dahinschwindenden noch innewohnt, überkommt es mich wie tiefste Andacht vor solcher Schöpfung der Natur. Über seinem Wesen breitet sich geheimnisvoll der Schleier der Melancholie, und darunter zittert und rauscht es wie Orakel aus geheiligten Hainen .....

Montag.

Wir gingen schon frühzeitig zu Liszt. „Wie geht es dem Meister?" fragte ich Pauline, die uns auf der Treppe begegnete.

„Er hat wenig geschlafen. Göllerich hat ihm schon Früh 5 Uhr vorgelesen." –

„So bald?!"

„Nu ja – der kommt jeden Morgen um diese Zeit und liest dem Herrn Dr. seine Gebete vor oder schreibt für ihn – – er kann eben kaum mehr sehen!" –

Bei unserm Eintritt ins Zimmer saß der Meister am Schreibtisch. Darauf lagen von seiner Hand wenigstens 6–8 Briefe geschrieben, sehr große Schrift. So versucht er auch jetzt, trotz aller Hindernisse, seinen Pflichten zu genügen.

»Lesen Sie mir, bitte, diesen Brief von Cardinal Haynald.«

Es war ein Aktenstück, die Haynald'sche Liszt-Stiftung in Pest betreffend. Mit voller Geistesschärfe und regster Aufmerksamkeit folgte er jedem Wort, selbst juridischen Ausdrücken und Wendungen, überlegte laut denkend jeden Vorschlag mit seinen Consequenzen für weitere Zeiten hinaus. »Die Antwort muß Gille schreiben«, damit wurde diese Sache bei Seite gelegt.

»Von Frau Fürstin habe ich auch Nachricht.« Diese Briefe trägt Liszt stets in seiner Rocktasche und liest sie mit größter Anstrengung selbst, dann verbrennt er sie. »Ich soll mit Adelheid v. Schorn mich aussöhnen, soll vergessen. Da ich nicht ganz wohl bin, wäre es besser, einen Menschen in der Nähe zu wissen, der mich kennt und zuverlässig sei.«

„Ich pflichte der Fürstin in jeder Hinsicht bei –: vergessen Sie!"

Er ward nachdenklich. »Bah!«, machte er endlich – »es geht keinenfalls, denn die Baronin kann sie nicht ausstehen.«

Da war nichts zu machen, doch gebe ich es noch nicht auf ihn besser zu stimmen.

Wir sprachen wieder einmal von der Ungarischen Tonleiter. Ich theilte ihm Tappert's mir brieflich ausgesprochene Ansicht mit, daß sie nicht indischen Ursprungs sei, indem die indische Tonleiter aus zwei gleich gebildeten Hälften bestehe: z.B. C-indisch –

c – des – e – f | *g – as – h – c.*

Liszt ward zornig. »Wo steht das geschrieben?« donnerte er, ganz der Löwe von ehemals. »Steht bei den Herren von der Theorie der archäologische Staub immer höher, als das wirkliche Leben? werden die nie klug? Lasse man sie doch aus der Praxis nachweisen! Sie können es nicht – können nicht. Die ungarische Tonleiter ist indischen Ursprungs.«

»Übrigens« – fuhr er ruhiger fort – »lassen wir die ungarische – auch sie wird bald erschöpft sein. Mit den abendländischen Systemen ist nicht mehr zu rechnen. Ich bin überzeugt, daß der Viertelton an die Reihe kommt – ein Vierteltonsystem – verlassen Sie sich darauf!«

Das alles sprach er sehr ernst und bestimmt. Er hatte hiemit einen mir schon mehrmals bezeichneten Zukunftsgang der Harmonie wieder und wieder berührt – sein Geist erschaut ihn schon wie besiegelt.

„Meister – haben Sie den Schluß meiner Psalmenarbeit gelesen und – – stimmen Sie mir bei?"

Den Kern meiner Frage sogleich fassend, sagte er mit wunderbar natürlicher Einfachheit:

»Ich bin Christ und sterbe, wie ich geboren –: Wagner gegenüber bleibe ich mir getreu.«

– –

Mihály brachte ein Fläschchen mit flüssiger Essenz: »Von Frau v. Munkácsy, die Füße damit einzureiben« – erläuterte er, an mich hin, den Vorgang.

„Lieber Meister", bat ich, „möchten Sie nicht erst Ihren Arzt wegen des Gebrauchs der Essenz fragen? Sie könnte Ihrem Zustand contraire sein" –

»Bewahren Sie sie sorgfältigst, Mihály«, beantwortete er gegen diesen meinen Einwurf, aber seine Stimme war ängstlich, als könnte ihm etwas Kostbares entrissen werden. Ähnliches – den poetischen Glauben an Geheimmittel – beobachtete ich mehrmals an ihm. Weiß er nicht, daß seine geschwollenen Füße die Folge der Wassersucht sind?! Mir scheint, er hält sie für rheumatisch. Dieser Irrthum hat schon in Paris Unheil gestiftet.

Er war von London aus zum zweiten Mal nach Paris gereist und domicilirte diesmal bei seinen großen Kompatrioten. Mihály berichtete mir, er habe England vollkommen wohl verlassen. Bis da hatte er nach der Vorschrift seines Arztes dem Cognac entsagt – seine Verehrer, an der Spitze Walter Bache, behüteten seine Gesundheit mit jeder denkbaren Sorgfalt, und als er einstmal ermüdet von seinem Diener Cognac verlangte, wurde bedauert, daß kein Tropfen im Hause sei. In Paris scheint es, vergaß man über der Feier seiner Person, Gesundheit und Alter des Greises. Er drohte der Übermüdung zu erliegen, und wollte doch auch aus Rücksicht für Munkácsy's keine ihrer seinetwegen getroffenen Anordnungen stören; einer leichten Erkältung achtete er ebenfalls nicht – da gedachte er des altbewährten Rettungsmittels und verlangte von Mihály Cognac. Eingedenk dessen, was der Arzt und die Fürstin ihm geboten, versuchte dieser ihn abzuhalten. Frau Munkácsy legte sich ins Mittel; sie huldigte der Ansicht, daß es dem Körper schädlich sei, ihm eine Gewohnheit zu entziehen. Nun befahl Liszt seinem Diener. Vorsichtig mischte dieser hinter seinem Rücken Wasser unter den Cognac. Frau Munkácsy, entrüstet hierüber, theilte Liszt mit: sein Diener betrüge ihn. Mihály hatte eine böse Stunde. Voll Trotz und Ingrimm, und in dem Verlangen, aus seinem Zustand hinauszukommen, consumirte er von dem Getränk ohne Rücksicht auf die Warnung seines Arztes. Die Folgen blieben nicht aus – die Wassersucht nahm zu, seine Beine schwollen mehr und mehr. In diesem Zustand kam er nach Weimar. Und jetzt sollten Essenzen, vielleicht Wunderbalsam, helfen? –

Mihály hatte sie weggetragen, kam aber gleich wieder mit einer andern Aufmerksamkeit Munkácsy's: mit einer großen prachtvollen Photographie des „Christus vor Pilatus". Liszt ließ sie sorgfältigst bei Seite legen – er sieht ja so wenig – – Ich sprach ihm davon, daß ich das Original in Amsterdam gesehen, daß mich aber die Darstellung Christi befremdet habe durch ihr vollständiges Abweichen von dem historischen Christustypus und eine Wiedergabe, die Christus mehr als eifernden Fanatiker und Asketen schildern, denn als den freien, hohen Prediger der Liebe. Wogegen er äußerte: daß die Bestrebungen der Maler, ihre Darstellung der Person Christi mit der Auffassung der Jetztzeit in Übereinstimmung zu bringen, berechtigt sei.

»Nach meiner unmaßgeblichen Ansicht«, fügte er noch hinzu – »konnte nur ein Mal ein Typus geschaffen werden – er wird ausdauern. Die Kunst wird Christus nur aus dem Glauben zum Ausdruck bringen können.« – – –

Nun kamen wir auf Personalien, zunächst auf eine verunglimpfte Schülerin. »Lesen Sie!« Liszt hielt mir eine halb geschriebene, halb gedruckte Karte hin: eine Einladung für sie zu einer Soirée bei der Fürstin Reuß. Mit Ostentation zeigte er sie Jedem, der kam, und stichelte: »Wer solche Einladungen empfängt, stiehlt nicht 80 Pfennig!«

Diese unglückselige Geschichte! So begreiflich sie objektiv-sehenden Menschen auch sein muß, die Liszt und seine überwiegend aus einer mit Phantastereien durchsetzten „Neidhammelei" unausgegorener Künstlerjugend bestehende Umgebung kennen: die Welt versteht sie nicht und kann sie nicht verstehen. Es ist ihr auch nicht zu verargen, wenn sie Ärgernis daran nimmt. Die Schmalhausen ist jung, unerzogen, elementar, alles durcheinander, ohne eines und anderes auseinanderhalten zu können. Sie wurde verleumdet, abscheulich verleumdet – er, der Meister, ist dem gegenüber der edle, ritterliche Mann, der die »Unterdrückte und Verleumdete« (wie er sagt) kraft seines persönlichen Schutzes und Eintretens für sie in der öffentlichen Meinung rehabilitiren und heben will, wozu er sich noch besonders verpflichtet fühlt, weil sie eine Protégée der Kaiserin Augusta, von dieser ihm empfohlen, ist.

»Sie war einige Jahre meine Schülerin«, erläuterte er mir – »ohne daß ich sie bemerkte. Als aber der ‚Klatsch' anfing und man sie der Unehrenhaftigkeit bezichtigte, sagte ich: ‚Gut, nun nehme ich mich ihrer an!'«

„Ich glaube auch nicht daran", wandte ich mich der andern Seite des Klatsches zu, indem ich bemerkte: „Ich begreife vollständig, daß Sie Jemand um sich haben mögen, der nur an Ihr Wohlbefinden denkt, Ihnen vorliest. Ihnen Schreibereien besorgt und Ihrer Bequemlichkeit lebt – "

»Die Lina?« unterbrach er mich mit ganz verblüfftem Gesicht. »Oh nein – ich bin ihr zu nichts verpflichtet«, schloß er abweisend und stolz. Hatte er mich mißverstanden?!

Überall – auch in Pest – herrscht gegen sie eine große Erbitterung, die nach meiner Anschauung sich nicht rechtfertigen läßt.

Auguste R. schrieb mir von dort: sie sei froh, wenn Lina Schmalhausen bei ihm wäre: „denn sie pflegt ihn jedenfalls am besten und erheitert ihn: ich halte sie für rechtschaffen und glaube, darum ist Liszt ihr so treu, weil sie sich ihm gegenüber nichts hat zuschulden kommen lassen. Andere lachen mich über diese Ansicht aus. Aber Thatsache ist: daß sie der Meister in rein menschlicher Sympathie achtet" – Und Thatsache ist, setze ich hinzu, daß das ganze Mißverhältnis in andern Mißverhältnissen liegt –: alt, allein und Menschenbedürftig. – –

Die Geschichte der „III. Elegie" klärte sich mir nun auch auf. Stradal erzählte mir nämlich, daß er diese vorigen Herbst (1885) zu München in einem Packet *Mss* von Liszt's Hand, das sein Schützling aufbewahrte, entdeckt und ihm triumphirend gebracht habe. Sie selbst besaß keine Ahnung davon, ob die Komposition edirt war oder nicht. Der Meister sandte die „Trauergondel" sofort an den Verleger Fritzsch, hatte demnach meine Rechte auf sie ganz vergessen! –

Armer Meister! – Wie tief beklage ich seine zur Schwäche gewordene unbegrenzte Güte, die unzählige Male schon zu Mißbräuchen geführt hat. Sein grenzenloses Vertrauen ahnt nicht solche Möglichkeit; in diesem Punkt ist er wie ein Kind. Und wer dürfte wagen, ihn zu enttäuschen! „Wie ein Kind", sage ich? Nein – nicht immer. Wohl kommt es auch vor, daß er nicht sehen will, daß er zu groß und zu stolz denkt, wie im Sommer 1884. Er vermißte damals Geld: ein oder mehrere 20-Markstücke, von denen er mit Sicherheit wußte, sie in seinen Schreibtisch gelegt zu haben. Da, in diesen kritischen Tagen, sah seine Dienerin Pauline, wie ein Freund ....., der häufig bei ihm einzukehren pflegte, den Schreibtisch öffnete und Geld entnahm. Eine furchtbare Gewitterentladung erfolgte – Pauline sollte gegen Jedermann schweigen, sie schwieg aber nicht, was viel Gerede zur Folge hatte und einen Zusammenstoß mit ..... herbeiführte – keinen Bruch: die Handlung war in seinen Augen zufällig, ein Akt des Vertrauens auf seine Freundschaft. Basta!

*

Zu Tisch war Göllerich mit eingeladen, der mir vorher gar mancherlei aus Rom, und wie der Winter dort verflossen, erzählte. – Jetzt plauderten wir über den Vegetarismus, über Pasteur, über Ludwig II. von Bayern.

»Seine Krankheit« – sagte Liszt in Bezug auf letzteren – »ist nur eine Hofintrigue – Sie werden sehen!« Zum ersten Mal hegte ich entschieden Zweifel an seiner korrekten Beurtheilung der gegenwärtigen bayerischen Krisis gegenüber dem König, zu dessen Gunsten ja alle Musiker eingenommen sind. »Er ist excentrisch, hat gewisse Ideen, die er verfolgt – die lumpigen Millionen, um die es sich handelt, hätte das Volk bezahlen müssen.«

Er erzählte (von seiner Tochter ihm mitgetheilt), daß der König seinen persönlichen Antipathien ebenso stark Ausdruck zu geben liebe, wie seinen Sympathien. Als ein Adjutant in seine Ungnade fiel, sandte er einen Lakaien zu ihm, der ihm wörtlich zu überbringen hatte: „Se. Majestät der König, läßt Ihnen Seinen Allerhöchsten Abscheu ausdrücken."

»Morgen«, sagte Liszt zu mir, »kann ich Euch nicht zu Mittag haben – morgen reise ich mit Frau Baronin nach Halle, um Volkmann und Gräfe zu consultiren. Was habt Ihr vor?«

„Wir gedenken nach Sondershausen zu reisen. Ich kann mich dann vor dem Beginn der Concerte noch akklimatisiren. Die Luftveränderung –"

»Luft! Sie reisen Mittwoch mit mir«, sagte er so entschieden, daß jeder Einwand wegfallen mußte.

„Uns wäre es so am angenehmsten – wenn es Sie nicht genirt –"

„Genirt" verstand er sofort. »Frau Baronin kommt erst zur ‚Christus'-Aufführung hinüber.«

Nun hatten wir keine Bedenken mehr.

„Und der Stanislaus?" fragte ich ihn bei einer passenden Gelegenheit.

»Ewig dieser ‚Stanislaus'!« rief er gereizt und ingrimmig, »laßt mich doch in Ruhe!« Sogleich aber fügte er ruhiger hinzu: »Das gilt nicht Ihnen – sondern das gilt den vielen Neugierigen, den Schnüfflern –«

„Müller-Hartung hat mich dann falsch berichtet", unterbrach ich ihn. „Er schrieb mir, daß er im Frühjahr das Werk einstudire."

»Ist ganz unmöglich. Ich kann ja keine Note schreiben.« In seiner Stimme lag die ganze Herbheit seines Geschicks, die ganze Trauer darüber. »Gräfe hilft mir vielleicht.«

Ergriffen, schwieg ich. Nach einer Pause nahm er den Gegenstand wieder auf:

»Den Psalm daraus habe ich beendet, auch den Schlußchor. Es sind curiose Sachen darin – wir mußten doch zeigen, daß wir auch etwas gelernt haben.« Nun breitete er sich über den Schluß des Werkes aus, summte die Worte des Chores dazwischen »*Salve Polonia! Salve Polonia*« – sein Gesicht, seine Bewegungen sprachen mit – mir war, als wäre ich in einem Kloster, als hörte ich Mönche die Kreuzgänge durchschreiten, ihre eintönigen Gebete summen und murmeln, ich fühlte mich hineingezogen in diesen letzten Akt des „Stanislaus".[89]

Nachmittags kam des Meisters »Künstler-Kolonie«, wie er jetzt seine Schüler im Gegensatz zu der seit Jahren in Weimar gebräuchlichen Bezeichnung: „die Bande" oder auch: „die Liszt-Bande" nennt. Es gab wieder trostlose Produktionen und in ihrer Naivität unbegreifliche Menschen.

Nachdem die Masse entlassen, forderte Liszt seine Schüler Göllerich und Stradal auf, uns einige »Todtenkammerstücke«, die „Variationen über Weinen, Klagen", desgl. die „Funeralien" zu spielen. Es waren zwei vorzügliche Leistungen, die Kompositionen mit Kraft und Tiefe erfaßt – technisch und an Tiefe die Funeralien besser als die Variationen, diese dagegen (Göllerich) von überraschender Unmittelbarkeit des Gefühls. Bei Stradal fiel mir der große, runde Ton auf und eine brütende Ruhe – etwas, wie eine klingende Hamlet-Saite.

»Beide, Göllerich und Stradal, haben eine Vorliebe für diese Marterstükke«, wandte sich der Meister wieder an mich – »weiß nicht, was sie daran haben. Glück werden sie n i c h t damit machen.«

[89] Nachtrag, 1894 geschrieben: Nach der Veröffentlichung des Schlußbandes meiner Liszt-Biographie, theilte mir anläßlich des von mir daselbst Seite 459 u. f. Niedergelegten Frau Fürstin Marie v. Hohenlohe folgendes mit:

„Der ursprüngliche Text zum Hl. Stanislaus ist von einem bekannten Polnischen Dichter, den meine Mutter von Cornelius in holperiges Deutsch übertragen ließ. Liszt konnte ihn so nicht brauchen und durch meine Vermittlung entstand der Dingelstedt'sche, der Liszt anfangs sehr befriedigte. Doch meine Mutter wies ihn mit Empfindsamkeit zurück und redete ihn Liszt aus. Zuletzt führte der Erzieher meiner Söhne, Schriftsteller Edler, Liszt's Intentionen unter meiner Anleitung aus. Der Meister hielt diesen Text für höchst gelungen – doch waren die Besprechungen mit meiner Mutter über ‚Stanislaus' schon so verfahren, daß er mir ihr gegenüber strenges Schweigen auferlegte. Er wollte sich nicht mehr durch ihre Einwendungen irre machen lassen, und sie mit dem fertigen Werk überraschen. Reisen, Kränklichkeit, vielleicht der Druck des Geheimnisses, ließen keine Stimmung zum Componiren aufkommen. Der Text ist in meinen Händen und ich beabsichtige ihn nächstens dem Liszt-Museum zu übergeben."

Wir standen allein am Fenster. Ich fragte Liszt über Göllerich, der meistens wie gekreuzigt aussehe und dessen Gesicht, ja Figur, beim Vortrag des „Weinen, Klagen“ einen förmlich passionsmäßigen schmerzzerrissenen Ausdruck annahm.

»Ein sonderbarer Mensch – er schreibt mir Noten ab, liest mir vor – denken Sie! Früh 4 Uhr, 5 Uhr, zu jeder Zeit – stehe ich auf, wartet er bereits auf mich – er ist Katholik und es scheint ihm zu gefallen, mir das Brevier zu lesen. Übrigens: er ist auch musikalisch, ein guter Notenleser – zum Virtuosen allerdings zu spät« –

„Zum Virtuosen großen Styls, meinen Sie?“ fiel ich ein.

»Ja, großen Styls, meine ich. Was sagen Sie zu den Variationen?«

„Im Ausdruck lebendig, vor allem unmittelbar, wie Ihre Kompositionen erfaßt sein müssen. Stradal ist objektiver, auch künstlerisch ernster.“

»Mir scheint es auch so – ich habe kein Urtheil mehr über Klavierspiel«, bemerkte er müde.

Der Whisttisch ward inzwischen geordnet. Goepfart – mir schien er seit letztem Herbst sehr verändert, schlaff – war mein ‚Geheimrath‘. Er spielte zerstreut, Liszt wurde ärgerlich – kurz, es kam kein Spiel zusammen. Der Meister erhob sich und wir schickten uns zum Gehen an.

»Bleiben Sie noch«, bat er – »Rohlfs kommt mit Frau und einer Dame aus Hamburg, die mir äußerte: ‚In Weimar gewesen zu sein, ohne Liszt gehört zu haben, ist so viel wie vor Rom umgekehrt zu sein‘. – Ich bin mit Rohlfs befreundet – ich werde also ‚aufwarten‘ –«

In diesem Moment trat Gerhard Rohlfs nebst Frau und Besuch schon ein. Wir begrüßten uns freundlichst. Ich habe viel Symphathie für Rohlfs. Er kommt mir immer wie ein civilisirter Fürst der Wildnis vor – so viel Einfachheit und Naturwahrheit, daneben Freimuth und Entschlossenheit.

Ohne viele Worte setzte sich der Meister an den Flügel, präludirte und erging sich bald in freier Phantasie über die Melodien seines Liedes „Hohe Liebe“ und Chopin's „Ringlein“. Beide verwob er allmählich auf das Wunderbarste. Wie Träume zogen Melodien, Arabesken und einzelne Töne dahin – eine Sprache aus der Ferne, aus weiter Ferne – die harmonischen Verbindungen so seltsam – deutlich sah ich lichte Streifen geheimnisvoll auftauchen wie weitliegendes und doch nahes Morgenroth – der Meister selbst sah so geisterbleich, den Blick so fern von uns – – –[90]

Als er sich erhob, noch immer wie abwesend, entfernten sich die Anwesenden geräuschlos. Ich trat leise zu ihm und küßte seine Hand. Mit einer Stimme, in der noch der ganze so eben gespielte Traum lag, sagte er:

[90] Eine Photographie Held's in Weimar (jener Zeit angehörend) entspricht vollständig dem Ausdruck des Meisters und diesem Moment. (Siehe Photographische Beilage [als Titelbild].) Der an die Tasten geschriebene Namenszug war eine uns gegebene Widmung.

»Gute Nacht – erwarten Sie mich morgen Abend, wenn ich von Halle zurück komme, und soupiren Sie mit mir.«

„Werden Sie nicht zu sehr ermüdet sein?“ frug Ida besorgt.

»Sie erwarten mich und soupiren mit mir«, wiederholte er accentuirt. Somit gingen wir, schwer bedrückten Herzens.

Dienstag, Nachmittag.

Ich benutzte den freien Vormittag, um Frau Pickel, die gerade hier ist und mich im Hôtel aufsuchte, von Neuem anzugehen, jedes Möbel, das in Liszt's Arbeitszimmer auf der Altenburg stand, für mich zeichnen zu lassen. Sie versprach es mir fest. So hoffe ich denn doch noch mein Ziel zu erreichen und ein Bild dieses historischen Zimmers herstellen lassen zu können.

Dann ging ich mit Ida ins neue „Archiv“. Dr. Burkhardt führte uns herum. Bau, Einrichtung – alles außerordentlich praktisch, mit großer Umsicht von ihm eingerichtet, geordnet und geleitet. Er hat sich damit Verdienste erworben und von der Regierung zum Dank – – heute eine große Nase erhalten! Die Wasserleitung hätte er sparen können – es handelt sich dabei um einige Hundert Mark. Die Herren dort scheinen auch die Spritzen erst nach dem Brand zu probiren!

Bemerkenswerth Neues gab es diesmal nicht zu holen. Nur die Abschrift eines Pasquills auf Liszt von 1840 – jedenfalls vom alten Wieck geschrieben, den Liszt nach seinem Verhalten gegen Schumann ignorirte, während er vordem in Wien freundlich mit ihm verkehrt hatte. „Der jüdische Liszt“ etc heißt es nun darin! –

Die Orchester-Schule resp. Müller-Hartung suchten wir auch auf – waren gegen zwei Stunden da. Müller-Hartung führte uns in die verschiedensten Klassen: Klavier, Harfe, Orgel, Bläser etc. Besonders gut finde ich die humanitären Einrichtungen. Die unbemittelten Schüler finden hier Zimmer und Instrumente für ihre Übungen, sogar für 20 Pfennig einen nahrhaften Mittagstisch. Müller-Hartung wird meinen „Grundriß“ dort einführen – wir sprachen viel darüber.

Das warme Interesse, das wir für seine Schuleinrichtungen äußerten, machte ihn ebenfalls warm und gesprächig. Er erzählte von seinem Harmonie- und Geschichtsunterricht. Und im Handumdrehen hielt er uns eine Abhandlung über Musik von Bach bis herauf zu Liszt. Müller-Hartung bewundert Liszt – aber versteht ihn nicht. Ihm ist er, obwohl „incarnirte Musik“, doch nur „geistvollster Illustrateur“.

„Weiter nichts?“ warf ich ein.

„Nein – mehr nicht.“ –

Ich schwieg. Zum Debattiren war ja keine Zeit. Zur Gewißheit war es mir aber auch geworden, daß Müller-Hartung, von seiner eigenen Wärme fortgerissen, die Beherrschung des Gedankens verliert. Daß der Begriff „Illustrateur“ ihm vollständig aufgegangen ist, bezweifele ich. Wohlthuend war es mir, den Mann in seiner Herzens-Wärme für seine Sache (seine Schule) aufgehen zu sehen. Hingebend und uneigennützig – das sind heutigentags seltene Eigenschaften!

„Ich habe heute viel von Ihnen gelernt“, sagte ich, indem ich ihm die Hand zum Abschied reichte.

„Nein, ich bin Ihnen zum Dank verbunden, Sie gaben mir manche Anregung“, entgegnete er liebenswürdig. „Und wenn Sie erlauben, begleite ich Sie an Ihr Hôtel.“

Hier trennten wir uns als gute „Collegen“. –

Wir speisten im Hôtel, ruhten, dann schrieb ich Obiges. Soeben wird Frau Harknes mit Tochter Arma gemeldet. Arme Senkrah! sieht nicht mehr so strahlend aus wie die „Geigenfee“ vom letzten Herbst – mußte letzten Winter mit ihren Concerten manche Erfahrung machen. – – –

Nun mit Burkhardt's in die „Erholung“, Luft zu schöpfen – um 8 Uhr in die Hofgärtnerei!

Mittwoch Früh.

Hier einiges über den gestrigen Abend.

Wir hatten schon geraume Zeit in Liszt's Salon gewartet, es fing an zu dunkeln. Nun knarrte der Wagen auf dem Kies. Er hielt. Langsam, sehr langsam stieg der Meister aus, Ida eilte ihrer Gewohnheit gemäß zur Treppe, ihm entgegen. Noch nicht oben, erklang schon seine Stimme matt und traurig herauf:

»Ich bringe schlechte Botschaft« –

Auf Ida gestützt, stieg er schwer hinan. Oben fügte er hinzu, noch trauriger, wie überwältigt von dem Auszusprechenden, und doch ergebungsvoll:

»Ich habe Wasser« –

Wir kannten sein Grauen gerade vor dieser Krankheit – ein Grausen, das auch jetzt sein Gesichtsausdruck verrieth. Er, auf einem Stuhl sitzend, wir neben ihm. Jede von uns eine seiner Hände haltend, so blieben wir eine geraume Zeit lautlos. Endlich fuhr er fort:

»Volkmann sagte es – ich muß anders leben – mehr Ruhe – keine Reisen. – Doch eine muß ich noch machen«, fügte er schnell hinzu – »eine weite Reise, ich habe es versprochen – nach Luxemburg. Dann eine

Operation – eine Kur, wohin? ist noch nicht bestimmt – eine ganz andere Lebensweise – gar keinen Cognac – das ist mir schwer – – ich werde aber zeigen, daß ich auch vernünftig sein kann.«

Wir sprachen ihm Muth zu, soweit sich einem Menschen, der so tief und so ferne sehend, wie er, Muth zusprechen läßt, ohne durch das Betreten des Alltagsbodens mit seinen blöden Trostsprüchen zu belästigen, und so weit wir es vor innerer Bewegung konnten. Ida liebkoste ihn – ich brachte endlich hervor:

„An Thatsachen, Meister, läßt sich nichts ändern. Es wird darauf ankommen, das Unvermeidliche so wenig schwer als möglich zu machen – eine Kur, eine Operation ist noch nicht das Schlimmste – wir alle stehen zu Ihnen – wenn Sie mich gebrauchen können: ich komme – ich leiste Ihnen Gesellschaft." –

Sein Gesicht ward überlegend. »Ja, ja« – sagte er langsam bedächtig – »ich weise es nicht zurück – ich nehme es auch noch nicht an – – wir wollen sehen.«

Inzwischen hatte der Kammerdiener ihm den Rock gewechselt und es ihm bequem gemacht. »Nun laßt uns zu Tisch! Ida ist Hausfrau.«

»Und –: wie verbrachten Sie den Tag?« hub er an, als wir saßen. Mit größter Aufmerksamkeit, als läge nicht einer der schwersten Tage seines Lebens, der Tag, der ihm den Vorhang vor dem Ende gelüftet, hinter ihm, folgte er meiner Beschreibung des neuen Archivs. Desgleichen unseres Besuchs bei Müller-Hartung. Wie hellte sich sein Gesicht auf, als ich ihm von dessen schönen und humanen Einrichtungen erzählte! Wie fragte er theilnehmend! Es war die wohlthuende „Ablenkung". Aber seine Stimme blieb voll Wehmuth und selbst die Anordnungen, die er seinem Kammerdiener gab, klangen gedämpft.

Wir erhoben uns bald und gingen in den Salon zurück.

»Bleibt noch ein wenig bei mir«, bat er sanft. Er legte sich auf den Divan, Ida breitete seine Decken über ihn, der Kammerdiener stellte die Lampe auf den Tisch.

»Lesen Sie mir die angekommene Post vor.« Ich holte die Briefe und begann zu lesen. Den Kopf gerade nach hinten auf die Lehne gelegt, schloß er die Augen – das Licht that ihm weh. Ida ging nach einem Lampenschirm – es war keiner vorhanden, trotz seines Augenleidens! Endlich trieb sie einen bei der Gärtnerfamilie parterre auf. Nun herrschte Halbdunkel im Zimmer. Man hätte es ein trauliches Familienbild nennen können – er dem Anscheine nach behaglich auf dem Sopha hingestreckt, ich lesend. Ida bestrebt ihm die Wünsche vom Antlitz zu lesen: und wie war es anders! –: durchschauert von der Ahnung des Scheidens, die stumm und bleich uns umschwebte – nach Außen keine Klage, dabei das Herz schwer voll Weh, geheiligt durch demuthsvolle Ergebung in das Unabänderliche ......

Ich las – er lag still, die Augen geschlossen. Manchmal murmelte er unverständliche Worte – endlich merkten wir: er schlief. Ich las leiser und leiser und allmählich hörte ich ganz auf. »Lesen Sie nur, ich höre.« Das dauerte so fort bis nach zehn Uhr – da stand ich auf: „Meister, Sie müssen nun endlich zur Ruhe."

»Schon zehn – Sie haben Recht. Mihály muß Sie zuvor noch in Ihr Hôtel bringen«, was wir aber nicht zuließen. Mit gedämpfter Stimme bot er uns Gute Nacht.

Verklärte Trauer breitete sich über den ganzen Abend – – das Mysterium des Sterbens war an uns herangetreten. ......

Sondershausen, Mittwoch Abend.

Der Weg hierher verging schnell. Am Bahnhof in Weimar erwarteten ihn bereits Stradal, Siloti, Göllerich u.a. Mitglieder der „Kolonie". Als in Eisenach der Kasseler Zug bestiegen werden sollte und der Bahn-Direktor Liszt unter den Passagieren bemerkte, öffnete er auf das ehrerbietigste einen Salon-Wagen I. Klasse (Liszt reist stets II. Kl.) für ihn und seine Begleitung. Sogar Erfrischungen ließ er bringen. –

Den Vormittag hatten wir noch in der Hofgärtnerei verbracht. Vordem hatte ich für Liszt den Brief eines Musikers, der in Noth sich an ihn gewandt, zu beantworten. Als ich ihm gestern das Bittschreiben vorlas, sagte er: »Armer Teufel – thut mir leid, ich kann gegenwärtig nicht helfen. Schreiben Sie ihm das, auch: daß es mir leid thut.«

Die Antwort wollte ich Liszt noch vorlesen. Noch im Vorzimmer sagte mir Mihály: „Meister hat schon nach München fünfzig Mark geschickt."

Wir trafen ihn heiterer. Müller-Hartung hatte ihm mit den Zöglingen seiner Orchester-Schule (40 junge Männer) eine Morgenmusik mit Liszt's „Goethe-Marsch" und einer Fest-Polonaise (*Ms*) gebracht – worauf ihm Liszt sogleich erzählte, was ich ihm gestern über die Orchester-Schule geäußert.

Heute endlich gab er mir das Daguerre-Bild der Fürstin. Er saß vor dem Schreibtisch, ich hinter demselben ihm gegenüber – ich nahm das Bild in die Hand, betrachtete es und sagte dabei: „Es gehört gewiß zu den besten der Fürstin – vielleicht das beste aus jener Zeit" (es stammt aus dem Jahr 1847, aus Odessa) –

»Nein, das beste ist ein großes ‚Ölbild'.«

„Jedenfalls aber ist dieses das naturgetreueste", fuhr ich fort. „Wie schade, sollte es der Nachwelt nicht erhalten bleiben – es ist bereits verfleckt. Wollen Sie es mir nicht anvertrauen, um es reproduciren zu lassen? So gerne hätte ich es für den II. Band Ihrer Biographie" – –

Überlegend sagte er endlich: »Gut – nehmen Sie es«, und fügte nach einer Pause hinzu: »Sie können es mir später wiedergeben.« Nach einer abermaligen Pause hub er an, mehr flüsternd als sprechend: »Und – – wenn etwas eintreten sollte – nur Ihnen – Sie verstehen« – –

„Mir ist das Bild ein Heiligthum", entgegnete ich. Dabei war mir's, als umwehe mich testamentarische Luft.[91]

Am Bahnhof zu Sondershausen wartete des Meisters bereits eine Künstlerdeputation. Wir fanden vor: Ina Löhner und Collegin Hedwig Schneider, die uns in unser Hôtel geleiteten. Liszt's Zimmer und unseres sind nur durch ein Vorzimmer getrennt. Es machte ihm Spaß, herüber und hinüber zu gehen, dazwischen bei uns einzugucken und zu fragen: ob wir noch nicht zu ihm kämen? Bald saßen wir traulich bei ihm, Besuche wurden nicht angenommen. Göllerich las aus der soeben erschienenen 8ten Lieferung der Musikgeschichte von Wilh. Langhans vor, welche Liszt behandelt. Der Meister glossirte nahezu jeden Satz, so daß Göllerich kaum über die ersten Seiten hinaus kam.

Da ich das Heft alsdann durchblätterte, mußte ich bemerken, daß Langhans nicht alle Notizen, die ich ihm gegeben, verwerthet hat. Die Ungarische Tonleiter als Ingredienz der Liszt'schen Kompositionen, die zu deren hervorstechendster Eigenart gehört und von dem Historiker jüngsten Datums nicht umgangen werden durfte, hat er unerwähnt gelassen, trotzdem ich ihn besonders auf diese Verpflichtung aufmerksam gemacht hatte. Ich sprach mit dem Meister darüber.

»Was wollen Sie«, spöttelte er – »Nachfolger von Ambros gebrauchen Vorsicht und wieder Vorsicht! Sie würden der Geschichte vorgreifen, wollten sie sich ans Kunstwerk halten und nicht an die Theorie. Die Herren Theoretiker haben bis jetzt die ungarische Tonleiter ignorirt, *ergo* – – Wenige«, scherzte er und fuhr mit seinem Zeigefinger über meine Stirn – »sind kühn, wie mein Biograph. Was Sie in Ihrem Psalmenbuch darüber sagten, ist zutreffend – bleiben Sie auch in der Biographie dabei«, setzte er ernsthaft hinzu.

Göllerich las weiter über Liszt's erstes Auftreten als Virtuos in Wien 1838. Wieder unterbrach der Meister und erzählte von seinen Besuchen bei Fürst Metternich, die seitens der Fürstin nur geduldet waren. Sein nicht ganz frischer Anzug, sein wenig höfisches Wesen, sagten ihr nicht zu, und nur auf des Fürsten Wunsch wies sie ihn nicht ab. Er schilderte sie als eine Frau von

[91] Anmerkung, im Jahr 1894: Das Bild der Fürstin wurde in Heliogravüre dem Schlußband meiner Liszt-Biographie einverleibt. Das Originalbild steht auf meinem Schreibtisch und soll später dem Liszt-Museum zu Weimar zufallen. [Ist geschehen. – Anmerkung des Herausgebers.]

Fürstin Carolyne von Sayn-Wittgenstein
Daguerrotypie, Odessa 1847

einem Hochmuth, der sich über jede Klugheit hinwegsetzte. Thalberg war ihr Abgott, Liszt ihr ein Dorn im Auge. Nach Liszt's erstem großen Erfolg in Wien, den sie vollständig ignorirte, bemerkte sie im Beisein Anderer bedauerlichen Tones gegen ihn: „Sie sind gewiß sehr eifersüchtig auf Thalberg?"

»Ja, Durchlaucht – schon seit zehn Jahren! Thalberg«, seufzte der Schalk treuherzig mit betrübter Miene zu der aufhorchenden Dame – »Thalberg hat einen so schönen weißen Teint, wie Milch und Blut – meiner ist immer so gelb, *d'ivoire*.«

Im Metternich'schen Hause war niemand musikalisch. Man besuchte auch keine Concerte. Als nun der Liszt-Spektakel immer lauter wurde und selbst der Hof seine Concerte besuchte, glaubte der Fürst, als ehemaliger Protektor des Knaben Liszt, sich nicht ausschließen zu dürfen. Als der Virtuos gespielt und der Beifallssturm sich nicht legen wollte, applaudirte auch der Fürst, trat mit wohlwollender Miene auf ihn zu und sprach das große Wort: „Liszt, Sie haben wirklich nette Fortschritte gemacht." –

„Für die Liebenswürdigkeiten der Fürstin", schaltete ich ein – „hatten Sie gleiche Münze."

»Wie so?« fragte er, worauf ich ihn an jene Begegnung mit der Fürstin Metternich erinnerte, welche lange bei der Wiener Aristokratie nachspielte. Liszt hatte 1839/40 wieder in Wien mit unerhörtem Erfolg concertirt. Als er der Fürstin seine Aufwartung machte, fragte sie boshaft: „*Avez-vous fait de bonnes affaires?*" –, worauf er noch boshafter, ihr deutsch-französisch corrigirend, entgegnete: »*Il n'y a que les diplomates et les banquiers qui font des affaires – moi, je fais de la musique.*«

Liszt war sehr erheitert und erzählte hierauf noch manche Anekdote aus jener Zeit, immer mit der ihm eigenen fesselnd feinen Pointirung.

Donnerstag.

Früh 7 Uhr sollte eine Probe sein. Als ich zu dieser Zeit den Meister abholen wollte, war er schon fortgefahren. Ich ging zu Fuß zum Theater. Zu meinem Erstaunen war er – – der erste auf dem Platz. Mit seinen blinden Augen und seinen geschwollenen Füßen forschte und schlorchte er im dunkeln Orchesterraum umher, mit den allmählich sich einfindenden Musikern sprechend – kein Diener da, niemand sorgte für ihn! Es ist empörend – alles drängt sich zu ihm, niemand nimmt Rücksicht auf seinen Gesundheitszustand. Mit Mühe trieb ich einen Block auf, seine Füße darauf zu legen – keine Decke war da, sie einzuwickeln. Ich nahm meinen Mantel ab und breitete ihn auf seine Kniee – er nahm es so dankbar auf! Endlich kam auch Ida, und so konnten wir uns darein theilen, ohne ihn zu belästigen. Doch hielt er nie lang im Sitzen aus – man hat seine Noth mit ihm – seine lebendige Theilnahme an allem, was vorgeht, läßt ihn für den Moment seinen Zustand vergessen. Bald war er oben auf dem Podium, bald unten im Orchesterraum – wir hatten vollauf zu thun, ihn vor Anstoßen zu behüten. –

Marianne Brandt probte seine Lieder, ein bekannter Pianist alter Schule begleitete sie. „Wer nie sein Brod mit Thränen aß", erklang es mit mächtig dramatischem Ausdruck, wie ich nie ähnliches gehört – Mark und Bein erschütternd: „der kennt euch nicht, ihr himmlischen Mächte". Im Moment konnte man über die unmittelbare Gewalt des Ausdrucks vergessen, daß ihre stimmliche Blüthezeit hinter ihr liegt. Der Meister aber flüsterte mir niedergeschlagen zu: »Leider werde ich immer von Sängern gesungen, die keine Stimme mehr haben.« – Die Klavierbegleitung war so trocken – Liszt begleitete nun einige Strophen. Wie anders das klang – jeder Ton gefüllter Inhalt, schmerzgetränkte Farbe! Daß so Wenige, und selbst gute Klavierspieler, diese Töne in sich tragen, es bleibt mir immer unbegreiflich.

Leßmann war inzwischen gekommen – mit ritterlicher Verbeugung überreichte er mir die Festnummer seiner „Allg. D. Musikzeitung". Zu meiner Überraschung enthält sie facsimilirt den Geleitbrief Liszt's zu meinem „Grundriß". Und nun sah ich den Brief in den Händen aller Anwesenden. Das war fein propagandirt, und herzlichst dankte ich ihm. –

Siloti probte den „Todtentanz" – wird ihn heute im 2ten Concert spielen. Ich saß wieder neben Liszt. Seine Bemerkungen machten mir das Werk viel deutlicher. Das Programm (von R. Pohl) nennt Holbein als Ausgangspunkt.

„Wie kamen Sie auf Holbein? In Chur?" fragte ich.

»Gar nicht! – Pisa –«, antwortete er lakonisch – »weiß nicht, wie Pohl zu seiner Idee kommt. In Italien sah ich mehrere solcher Bilder. Eins in Pisa fesselte mich – *Dies irae* lag mir immer nah.«

„Freiburger Dom 1836", fiel ich ein.

»Da phantasirte ich über das Thema auf der Orgel« – »Sehen Sie diese Amoretten?« – hub er plötzlich an – (Siloti spielte mit wunderbarer Grazie die I. Variation), »die finden Sie in Pisa bei Orcagna.«

Übrigens hat Liszt manche neue Wendung Siloti ins Heft geschrieben, auch Jagdfanfaren, die nicht in der gedruckten Ausgabe stehen.

Als wir nach der Probe vor dem Portikus standen, wo der Wagen wartete, war hellster Sonnenschein, und ein buntes Wogen der vielen inzwischen angekommenen Künstler bot sich dem Auge – die vielen interessanten Köpfe – die Begrüßungen – ein lebendiges Bild.

Der Wagen fuhr uns vor „Münch's Hôtel" – zur ersten Matinée. Liszt stieg an meinem Arm die Treppe hinan – alles machte Platz, alles blieb stehen, bis wir oben waren – er schien die Blicke zu fühlen, die auf ihn gerichtet waren – das jetzt meist gesenkte Haupt hob sich stolz, aber schwerer stützte er sich auf mich. Ich hatte Mühe nicht zu keuchen. Als ich ihn zu seinem Platz geleitet, wollte ich meine Sitz-Nummer aufsuchen. »Sie bleiben während der ganzen Versammlung mir zur Seite«, gebot er, »nur Freitag bin ich nicht zu haben[92]. Wo ist Ida? – sie soll a u c h bei mir sitzen.« Nun wurde sie gesucht und geholt.

Das Concert begann mit einem Streichquartett von Richard Metzdorff. Der Meister schloß seine Augen – er schien zu schlummern, hörte aber doch alles. Beim Scherzo flüsterte er mir zu: »Ich fühle immer anders – ich zähle (nun taktirte er $^4/_4$):

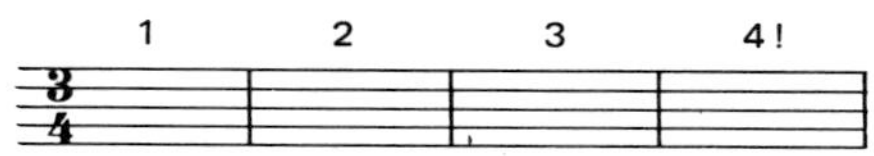

«

Die Musiker dagegen accentuirten:

„Solche Fingerzeige", raunte ich ihm zu und folgte dem Taktschlage seiner Hand, „sollten in allen Lehrbüchern stehen –: wie schnell würde der Gedanke, die Periode, an Stelle der Taktklapperei herrschen!"

»Ja – so meine ich's«, entgegnete er, befriedigt verstanden zu sein, und taktirte abermals bei einigen schwierigen Stellen – einmal eine Steigerung, die er zweitaktig auffaßte, von wohl zwölf Takten, was nach i h m zu geben wäre:

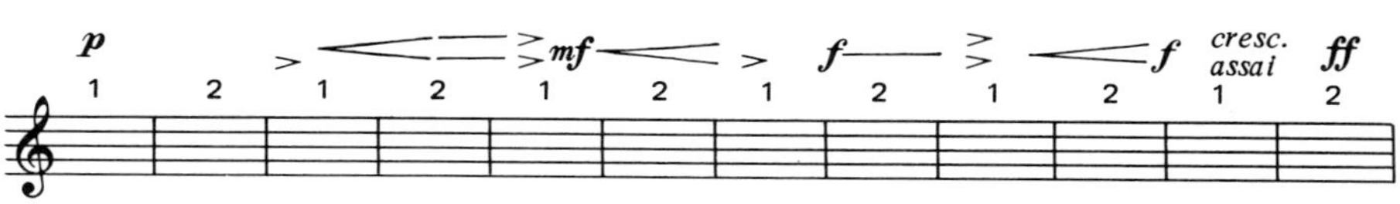

während die Musiker Taktaccente machten und ein a l l g e m e i n e s *Crescendo* ausführten:

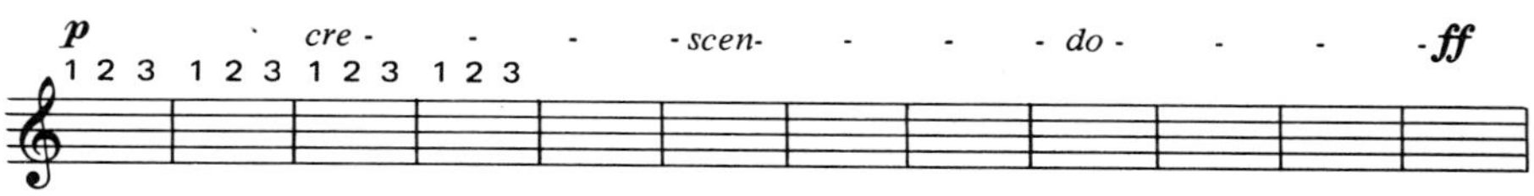

[92] An diesem Tage wollte die Baronin Meyendorff den „Christus" hören.

Die Matinée war größtentheils unter mittelmäßig, Programm und Ausführung. Liszt wurde ärgerlich. Als das Trio *opus* 6 von Woldemar Bargiel gemacht wurde, platzte er los:

»Wozu setzt man mir solches Zeug vor? reisen die Musiker darum zusammen, um solche Anfangsstudien zu hören?!«

Wie wahr! Solche Programme gehören gar nicht in den Rahmen einer Tonkünstler-Versammlung. Man sagt Riedel nach, daß er – – zu rücksichtsvoll sei.

Ein Gewitter war heraufgezogen, es donnerte in die Musik hinein, als wäre selbst der Himmel hierüber erzürnt; eine Dunkelheit herrschte momentan und steigerte das Unbehagen. Endlich war die Matinée aus und Liszt voll Hast, in den Wagen zu kommen. Ich fürchtete die Treppe! Da kam ich auf den guten Gedanken, taktmäßig die Stufen beim Abwärtsschreiten laut zu zählen: „*one, two* –"

»*Three, four*«, fiel er ein und so fort, bis wir unten waren – Gott sei Dank: ohne Unfall!

Beim Diner saß an der einen Seite Liszt's sein „Biograph", an der anderen Marianne Brandt, die zu denen zählt, die treu und lauter ihm anhängen und es sich wirklich angelegen sein lassen, für seine Musik persönlich einzutreten – gegenwärtig, ihn zu erheitern mit allerlei Theaterscherz. Dazwischen parodirte sie Gedichtstellen. Sofort verwies es Liszt: »Das Schöne muß man rein halten – nicht karrikiren.«

Mir gegenüber saßen Riedel und Gille. Als letzterer ein wenig verspätet Platz nahm, frug Liszt:

»Keine Nachricht von d'Albert?« Gille griff in seine Brusttasche und reichte ihm eine schwarz beränderte Anzeige: „Die Todesanzeige seines Vaters", sagte er. Liszt's Gesicht verzog sich – er rührte sie nicht an.

»Mir das zu geben«, sagte er herb, »könntest Du auch eine bessere Gelegenheit wählen, als bei Tisch« – –

„Nu, nu", brummte Gille, „es war nicht bös gemeint."

»Und d'Albert?« – frug Liszt weiter.

„Wir müssen abwarten – er wird schwerlich kommen."

»Nicht kommen? Der Tod seines Vaters ist kein Grund wegzubleiben. Seine Pflicht als Künstler ist hier zu spielen – man telegraphire ihm!«

Das war ganz wie er – was er unternommen und zugesagt, galt ihm als unwiderruflich. Dieser große, heroische Zug des Pflichtgefühls, der nur in den Dienst der Sache sich stellt und das Persönliche überwindet, ging wie ein Gesetz durch sein ganzes Leben. Ich dachte an den Moment, da er in Budapest unerwartet die Nachricht vom Tode Richard Wagners empfing. »Sterben ist leichter als leben – Wagner war vorbereitet – ich bin es auch«, hatte er damals gesagt [und weiter seine nächsten Pflichten gewissenhaft erfüllt].

d'Albert hatte zugesagt, das *B dur*-Concert von Brahms zu spielen, und abtelegraphirt. Liszt's Antipathie gegen Brahms, sein von d'Alberts Brahms-Kultus verletztes Gefühl, mochte ihn noch strenger an der Forderung: daß er unter allen Umständen das Concert zu spielen habe, festhalten lassen. – –

Da Riedel mir gegenüber saß, nahm ich die Gelegenheit wahr, ihn nach Liszt's Briefen an Brendel zu fragen, die mir biographisch wichtig sind und welche, seit Riedel den schriftlichen Nachlaß Brendel's geordnet hat, in s e i n e n Händen sich befinden [oder doch ihrem Verbleibe nach ihm bekannt sein mußten]. Ich bat ihn um Einsicht in dieselben – Riedel wurde sehr verlegen, was mir unverständlich ist, versprach sie mir aber für den Herbst. Insbesondere wünschte ich den wichtigen Brief Liszt's vom Mai 1865, der Brendel die Mittheilung gemacht (wie mir aus jener Zeit noch deutlich erinnerlich ist), daß er die unteren Weihen genommen.

Wir fuhren dann mit dem Meister zum Hoftheater-Concert. Unsere Plätze waren im Parket, er wünschte uns wieder bei sich in der Loge. Eben wollten wir hinauf, als einer der Comité-Herren Liszt entgegen kam und ihm eine Mittheilung machte. Er war ganz perplex – »Nicht übel«, sagte er ärgerlich und zu uns gewandt: »‚Auf allerhöchsten Befehl' dürfen keine Damen in die Loge – setzt Euch also hinunter – sprecht nicht davon« – er war offenbar sehr verdrießlich.

Was war der Grund? Hofetiquette? Nein – ganz etwas anderes –: die Gemahlin des regierenden Herrn, eine sehr fromme Dame, befürchtete, es könnten, *horribile dictu,* „anrüchige" Künstlerinnen die Loge, die eine fürstliche Seitenloge ist, betreten. Diesem Übel zu entgehen, wurde obiger Radikalschutz erlassen. –

Leßmann ersuchte mich, ihm ein Referat über die „Christus"-Aufführung für sein Blatt zu schreiben – ich mußte wohl oder übel zusagen – wie es zu ermöglichen, ist mir noch nicht ersichtlich. Meine Kräfte sind durch Liszt ganz beansprucht – habe vollauf zu thun, ihn zu behüten und es ihm, so weit als möglich, zu erleichtern.

Freitag, 4. Juni.

Schon bald nach 7 Uhr früh, war ich drüben bei ihm. Wir waren anfangs allein. Er sprach von seiner bevorstehenden Kur – ihm bangt davor. „Ich würde glücklich sein, lieber Meister, wollten Sie mir erlauben, Ihnen Gesellschaft zu leisten", sagte ich herzlich. Er sah mich an – ein wundervoller Ausdruck lag auf seinem Gesicht – ich fühlte ihm ab, wie wohl ihm meine Worte thaten. »Wird es Sie geniren?« fragte er endlich zögernd – jedenfalls dachte er bei dieser Frage nicht allein an meine projektirte Luftkur in Herrenalb, auch an die Finanzen. „Was nicht gleich geht, richtet man ein!" entgegnete ich bestimmten Tones – „und ich kann es einrichten – darf ich also mit Ihnen?"

»Es hängt von der Kur der Baronin ab –«

„Ich verstehe", entgegnete ich ihm – „wie es auch sein wird: Sie können auf mich zählen." –

Nun versuchte ich ihn von seiner Reise nach Bayreuth und nach Luxemburg[93] abzubringen – Reisen, die bei dem jetzigen Zustand sehr bös einwirken können und mich mit Besorgnis erfüllen – mir ahnt nichts Gutes. Da aber ließ sich nichts machen.

»Ich habe es versprochen – ich muß.«

„Aber Meister, das hat keinen Sinn" – wagte ich einzuwerfen, „Sie waren ja doch erst bei Munkácsy's!« –

»Er wünscht mich zu malen – ich versprach ihm zu sitzen. Sie sehen, daran läßt sich nichts ändern: ich habe es zugesagt und – ich genoß ihre Gastfreundschaft – stehe unter Verbindlichkeiten – – eines kann ich Ihnen zugeben: daß ich nur wenige Tage in Bayreuth verbleibe.« –

Liszt hatte befohlen, keine Besuche anzunehmen – Mihály wies ab, brachte aber eine Karte. „Schulz-Beuthen", las ich.

»Nun ja, der arme Schulz-Beuthen – lassen Sie ihn ein auf einige Augenblicke.« Ich ging und holte ihn zurück – er war mit seiner Frau. Sie beide begrüßend, erinnerte ich ihn daran, daß ich 1865 in Dessau seinen 29. Psalm gehört, den ich nie vergessen konnte. Ein mattes Lächeln trat auf sein Gesicht – sein Wesen schien so bedrückt. Als er fort war, frug ich den Meister, was denn mit ihm sei?

»Der arme Teufel – im französischen Krieg ward er fahnenflüchtig – Deserteur – fürchtete sich – wurde vor das Kriegsgericht gestellt – sollte erschossen werden. Ich nahm mich seiner an und schrieb an den Kaiser: ‚Schulz-Beuthen ist ein schlechter Soldat, aber ein guter Musiker' – – und der Kaiser begnadigte ihn. Die Sache hängt ihm nach.«

Also das war's!

Martin Krause, Vorstand des neubegründeten Leipziger „Liszt-Vereins", stellte sich mir vor mit den Worten: „Ich habe mich eben an dem II. Band Ihrer herrlichen Liszt-Biographie enthusiasmirt." – War das Ironie oder Irrthum? Ich dachte dabei: wäre er doch schon gedruckt!

Dann bat er mich, mein Interesse seinem Verein zuwenden zu wollen etc. Mit dem Prospekt des Vereins, der im „Musikal. Wochenblatt" veröffent-

[93] Nach Colpach in Luxemburg, wo Munkácsy ein Schloß besitzt und den Sommer verbringt.

licht ist, konnte ich mich nicht einverstanden erklären – seine Fassung scheint mir stumpf und zweckwidrig. Ich schlug Krause eine Umänderung vor:

1) Zweck des Vereins: in erster Linie die Werke Liszt's und seiner Schule zu fördern a) durch Concert-Aufführungen und b) durch literarische Propaganda – in zweiter Linie anderen bedeutenden Werken das Wort zu reden.

Den ersten Punkt erwähnt der Prospekt gar nicht! – Weiter forderte ich

2) Wander-Concerte mit Liszt-Programmen,

3) ein literarisches Liszt-Organ, wie Emerich Kastner's Wagner-Organ „Parsifal“ u.s.f.

Krause versprach mir einen neuen Prospekt und Erwägung meiner Forderungen.

Ich sprach mit Liszt darüber – er lächelte fein, als wolle er sagen: Die Kerle sind „gute Leute, aber schlechte Musikanten“. Meine Idee nannte er »vorzüglich«, »logisch« und – was die Hauptsache ist, – »nicht unausführbar«. Meine Wander-Concert-Idee ist ihm seit Jahren bekannt. Ich erzählte ihm jetzt, daß ich Bülow mehrmals den Vorschlag gemacht, mit den Meiningern die Symphonischen Dichtungen aufzuführen, er mir aber stets geantwortet: „Es ist noch zu früh – wir haben nicht die Mittel – wie sollen wir z.B. den ‚Mazeppa‘ besetzen können?“

»Bülow ist nicht so ganz im Unrecht – ich muß ihm beistimmen«, erwiderte er mir und fügte noch bezüglich der Symphonischen Dichtungen, nicht ohne Bitterkeit, hinzu: »Sie liegen ruhig – ich kann warten.« – –

Dann fuhren wir zusammen zur Probe im Theater. Auf der Hinfarth sprachen wir über seine „Ungarischen Portraits“, ein Titel, mit dem er gar nicht zufrieden ist.

»Er paßt nicht – aber es wollte mir nichts einfallen – vielleicht haben Sie einen Gedanken?«

„Mir wollen sie wie ein Stück ungarischer Zeitgeschichte erscheinen – ließen sie sich nicht betiteln: ‚Bildnisse. Ein Beitrag zur ungarischen Nationalgeschichte‘? Ich habe immer das Gefühl, als habe auch die Musik ein Recht, Geschichte zu schreiben.“

Dieser letzte Gedanke gefiel ihm ungemein und er meinte sich den Titel noch zu überlegen. – Dazu bemerkte er: der Grundzug der von ihm Verewigten sei heroisch gewesen.

An dieses Wort anknüpfend, warf ich hin:

„Halten Sie dafür, daß die Musik auch anderen Heroismus als den nationalen zum Ausdruck bringen kann? Ich meine z.B. den religiösen. Paulus, Stephanus u.a. Heroen des christlichen Glaubens müßten nach meiner Ansicht herrliche Vorbilder zu musikalischen ‚Portraits‘ abgeben.

Der durch Glaubensglut inspirirte Heroismus ist ein anderer als der der Patrioten."

Liszt hörte still zu und nickte dazwischen bestätigend mit dem Kopfe – sein Auge war geisterhaft. Plötzlich schrie er auf: »Ich wollte es Ihnen schon komponiren – wie kann man aber schreiben, wenn man blind ist?« Die Wunden seines inneren Elends legten sich wieder bloß – erschrocken schwieg ich. Beschwichtigend faßte ich seine Hand: sie war kalt, eiskalt. – –

Gestern berührten wir einen andern Kompositionsstoff, eine Idee, die seit Jahren immer wieder in mir auftaucht –: eine mehrsätzige Christus-„Symphonie", die ich mir denke:

1) Kindheit – die Weissagungen,
2) die Taufe – langsamer mystischer Satz,
3) die Versuchung des Teufels – Scherzo (?),
4) Hosiannah!
5) Kreuzigung und Auferstehung – letzterer Satz weitathmig, erhabene Ruhe, gottgesättigt.

Während ich ihm diese Idee auseinandersetzte, saß er in sich versunken da, der Gesichtsausdruck erhaben, das Auge verloren in die Ferne. Endlich sprach er gedämpft:

»Ja – das ginge – die Sätze ließen sich auch anders legen – für mich ist es zu spät – eine große Aufgabe – nicht für Alle. Die Entfernung von der Religion wird größer von Tag zu Tag – eine Kluft.« Er verlor sich wieder in Sinnen. Endlich sagte er schnell, wie um sich selbst zu beruhigen, daß eine Christus-Symphonie noch zu schaffen ihm versagt sei: »Den Anfang habe ich gemacht –: der I. Theil meines Christus-Oratoriums ist eine Kindheits-Symphonie des Herrn.« –

In der Probe!

Der I. und III. Satz der 4. Symphonie (*Es*) von Anton Bruckner wurde geprobt. Ich kann diesen Sätzen gegenüber nicht in den Enthusiasmus der Bruckner-Freunde einstimmen – mir scheinen sie ganz und gar Kinder, wenn auch körperlich kräftige Kinder, der alten Wiener Schule mit ihren Längen und ihren Leeren. Göllerich meint: die Wahl sei nicht günstig für den Komponisten. Er ist ein Schüler Bruckner's, sein Enthusiasmus für seinen Lehrer ist schön und spricht für seinen Charakter. Bülow soll über Bruckner gesagt haben: „halb Genie, halb Trottel"; ich finde: er hat scharf, aber nicht ganz falsch gezeichnet.

Draeseke's neues Klavierconcert (*Es dur*) mit der [Rappoldi-]Kahrer wurde ebenfalls gemacht. Draeseke – leider! – ist sich im Prinzip nicht treu geblieben. Mir klingt sein Concert formell und nochmals formell, kalt, ja hart. Liszt fühlt den, wenn auch direkt unausgesprochenen, „Abfall“ seines einstigen so glühenden Kämpen – die Kränkung für ihn negirt sein Stolz.

Gestern bei der Aufführung des „Hamlet“ animirte ich Draeseke, der neben mir saß, seine Besprechung der Symphonischen Dichtungen (aus Brendel's [und Pohl's] „Anregungen“, 1857) als Brochüre herausgegeben und sie mit einer Besprechung der letzten drei Dichtungen zu vervollständigen – den „Hamlet“ und die „Ideale“ hat noch niemand analysirt[94]. Er sagte mir halb und halb zu.

Es sind wieder viele Fremde angekommen. Beim Diner saßen wir gegenüber Paul v. Joukowsky, Baron v. Unruhe nebst Frau – dann Fräulein v. Schorn, schräg *vis-à-vis* von Liszt. Als er ihrer ansichtig wurde, ignorirte er sie ziemlich, grüßte kühl, indem er sagte: »Ich kann das Klatschen nicht leiden« – eine Hartnäckigkeit, die ich früher nie an ihm bemerkte. – Mein Nachbar links war Hans v. Bronsart. Ina Löhner und Genossin, unsere Gäste, saßen weit von uns entfernt – nur durch freundliches Zunicken und Glasaufheben konnten wir ihnen die *honneurs* machen. Auch Kapellmeister Smolian stellte sich mir vor, dankte enthusiastisch für die Liszt-Biographie und mahnte an den II. Band – wer hat mich nicht gemahnt? Das sind mir peinliche Momente – ich kann nicht antworten: wäre ich nur gesund oder frei von meinen aufreibenden zersplitternden Verhältnissen! ... Niemand ahnt, welche physische Qualen ich dulde, wie mühsam ich mich aufrecht erhalte und jedes Gespräch mehr oder weniger eine physische Erpressung ist! – –

NB! Joukowsky hat Liszt in Öl portraitirt. Das Bild befindet sich im Besitz des alten Krupp in Essen. Eine große Photographie desselben, die ich sah, hat mir einen ungünstigen Eindruck gemacht – hagestolzig und mumienhaft. Doch kann die Photographie über das Ölbild täuschen.

Nach kurzer Mittagsruhe machte ich mit Ida und Fräulein Schneider einen Spaziergang durch den Park nach dem Lohsaal, wo wir unseren Kaffee einnahmen und der Diskussion „über die Gleichberechtigung der 12 Töne unseres temperirten Tonsystems“ beiwohnten, die von einem Münchener Professor M. E. Sachs eingeleitet, von Hugo Riemann (dem Phrasirungs-Riemann) bekämpft wurde. Die Sache blieb unerledigt. Nach meiner Ansicht ist die „Gleichberechtigung“ eine nur relative, die von der Modulation abhängt und bestimmt ist. Die Höhe und Tiefe der Töne selbst ist physiologisch und psychologisch der Ausdruck eines Naturgesetzes – die Skala eines solchen mit verschiedenen Potenzen. Ihre verschiedene Wirkung

[94] Nachbemerkung: Mein II^2. Bd. „Franz Liszt als Künstler und Mensch“ trat später dieser Aufgabe zum ersten Mal nahe.

kann nur der Unverstand und mangelnde Gefühlssphäre leugnen – – oder auch unser nivellirungssüchtiges Zeitalter.

Sachs in seiner Art – kurz, rund, langsam – erinnert an Rudolf Benfey –: wie dieser naiv und überzeugt von seiner Sache, Riemann dagegen, eine hochgewachsene, muskelkräftige Gestalt – Doktrinär, Ich-voll. Eine Ich-gewissere Natur habe ich noch kaum gesehen – jeder Satz von ihm klingt wie eine Zurechtweisung von oben herab. Er machte einen unangenehmen Eindruck, dem Arthur Friedheim Ausdruck gab, indem er nach der Diskussion im Freien mit dem Arm in der Luft herumfuchtelte und dabei mit grimmigem Gesicht ausrief: „Den hau' ich! – den hau' ich!" –

Der Meister saß mit uns zusammen. Bezüglich der Diskussion machte er die Bemerkung:

»Jede Untersuchung seitens der Wissenschaft ist gut – von dieser sehe ich keinen Endzweck –: der Komponist folgt nur dem Gesetz seiner Eingebung.« –

Er fuhr bald fort, um die Baronin vom Bahnhof abzuholen und dann mit ihr ins Concert zu kommen. Sie reist Sonnabend früh ab, so lange sehe ich mich meines Dienstes beim Meister enthoben. Das benutzte ich schon heute, blieb vom Concert zurück, ruhte und besorgte meine kleinen Aufzeichnungen.

Später.

Nach dem Concert kamen mit Ida Einige unserer Nürnberg-Begleitung und gedachten im Hôtel ihr Abendbrod einzunehmen; ich animirte sie, lieber mit uns auf unserm Zimmer zu speisen. Dieses zwanglose Unter-sich-sein war uns allen sehr behaglich. Der Meister kam auch zwei Mal: nach dem Concert und gegen 10 Uhr. Er speiste mit der Baronin und guckte bei uns noch ein, »Gute Nacht« zu sagen.

Samstag, 5. Juni.

Heute „Christus"-Aufführung. Vormittags Probe. – Hof-Kapellmeister Schröder ist ein tüchtiger Dirigent, vom Scheitel bis zur Zehe Energie – weniger Musik. Seine Auffassung formell, realistisch, um nicht zu sagen derb, bringt keine Spur von dem tief-religiösen Inhalt des „Christus" – nichts von der Poesie des I. Theils – nichts von dem ergreifenden demüthigen, gottergebenen Schmerz des: „Meine Seele ist betrübt bis in den Tod" – auch nichts von dem das Weltall durchbebenden „*Resurrexit*" des Schlusses. Armer „Christus"! Wie sollte auch unsere Zeit, die sich zu groß dünkt, um noch religiös sein zu dürfen, Dirigenten hervorbringen können, welche den

Gehalt des religiösesten aller Stoffe in sich erlebt, zum Ausdruck brächten? Ein „Parsifal", mit Scene und Aktion, liegt ihnen näher. Den Schatz religiösen Inhalts wird nur der religiöse Mensch heben können, würdigen und lebendig machen. Wie kalt und vernüchtert klang der „Christus" unter Schröder und dabei: wie tüchtig! – das mußten Alle zugestehen.

Liszt sah so müde aus und so traurig, so – ergeben. Riedel, in religiöse Musik tief eingedrungen wie nur ganz Vereinzelte, desgl. in Liszt's Oratorium, das er sowohl theilweise, als auch vollständig mehrfach aufgeführt hat, schaute bedenklich drein. Aus dem Klavierauszug, der vor mir lag, klang mir vieles anders entgegen, als mein Ohr es vernahm. Ida saß auf der Bank hinter mir, neben mir die Baronin – Alle so ernst, so ergriffen von dem einen uns bevorstehenden Schmerz. Als das *Tristis est anima mea* ertönte, lösten sich viele Thränen, lautes Schluchzen ward hörbar. Ida wollte sich auflösen in einen Thränenstrom, dem Auge der Baronin entfielen große Tropfen, mir lief es heiß zu den Wangen hinab. Er selbst saß da, todtblaß, unbeweglich, die Augen geschlossen, der Gesichtsausdruck nur noch ein letzter Rest Erdenlebens und Erdenleidens. – –

Ich war froh, als die Probe beendet, und ich wieder freie Luft athmete. Ida stürzte in den Park, Beruhigung im Alleinsein suchend – ich ging ins Hôtel, mit wem, weiß ich nicht mehr. Mutter Kahnt stürzte auf mich zu, ebenfalls in Thränen gebadet –: „Wenn mein Sohn noch lebte!" – so mischte Jedes seinen persönlichen Schmerz mit dem gehörten idealen Seelenkampf .....

Im Flur des Hôtels bot sich ein anderes Bild. Marianne Brandt stand da, umringt von Friedheim, Siloti u. A.; sie rief: „Ich habe mich in der Kirche erkältet – mein Rücken ist kalt – klopft ihn!" Sofort stand Friedheim hinter ihr und klopfte auf ihren Rücken den „Beefsteakklopfer", hinter Friedheim Siloti, und so fort, bis eine lange Reihe, auch ich hineingeschoben, marschirend einer den Rücken des andern bearbeitete, aber genau im Takt. Im nächsten Moment war wieder alles zerstoben. –

Bis zur Dinerzeit blieb ich auf meinem Zimmer und wartete noch auf Ida. Liszt trat ein, uns abzuholen. Im selben Augenblick kam sie, das Gesicht noch vom Weinen geröthet. Erregten Tones rief sie mir entgegen: „Geh' ohne mich – ich kann nicht essen – kann keine Menschen sehen!" Jetzt erst gewahrte sie ihn. Ihrer nicht mächtig, barg sie ihr Gesicht an seiner Brust: „Der dumme ‚Christus'", stammelte sie. »Ja, ja – das ist ein dummer Kerl«, schalt er sanft, wie man zu thun pflegt, ein erschrecktes Kind zu beruhigen, und wischte die Thränen von ihren Wangen. »Ruhen Sie – kommen Sie später – ich sorge, daß Ihnen nachserviert wird.« – Hiemit wanderten wir zum Speisesaal.

Ich führte ihn die Treppe hinab, d'Albert stand unten und grüßte.

»Ah – da ist ja d'Albert«, sagte Liszt mit seiner Miene *à la Grand seigneur*, »der große d'Albert«, und – ging an ihm vorüber.

„Seien Sie gütig, Meister", bat ich leise; er hörte mich nicht. Auch bei Tisch, d'Albert saß ihm schräg gegenüber, sprach er kein Wort mit ihm. Dieser hob kaum die Augen. Und doch möchte ich glauben, daß es ihm nicht zum Bewußtsein kam, wie tief er seinen Meister durch seinen Abfall beleidigt hat. Über das Zerwürfnis gehen die verschiedensten Meinungen. Äußerte man doch: „Liszt beneide (!) seines Schülers pianistischen Ruhm" – eine Blasphemie auf des Meisters Charaktergröße, eigentlich: eine ungeheure Dummheit der Kleingeisterei. Aber freilich! bei der großen Bedeutung, die so Viele der Brahms-Musik und der geringen, die sie der Liszt-Musik beimessen, kann auch kein Verständnis dafür sein, daß, abgesehen von jedem Größenmaß, Liszt und Brahms sich diametral entgegenstehen im Princip, in Art und Sein, so daß sie sich gegenseitig ausschließen müssen und in Folge dessen das Hinwenden eines Lisztschülers zu Brahms ein Abwenden von Jenem heißt und nicht Sache „des Neides" sein kann. D'Albert's Brahms-Anschluß ist einfach ein Verrat an ihm, das Verleugnen einer hohen Sache. – Manche berufen sich aufs Bülow's Beispiel. Ich glaube nicht, daß Bülow ein Abtrünniger ist – ich halte mich an sein mir ausgesprochenes Wort: es sei nicht an der Zeit, Liszt-Concerte zu geben. – – Warum aber sagte der Meister bei der Treppenbegegnung vor d'Albert mit so ironischem Nachdruck: »der große d'Albert«?! –

Liszt verließ bald die Tafel, die Baronin speiste auf ihrem Zimmer, Marianne Brandt geleitete ihn. Letztere erzählte mir mancherlei böse Dinge von seinen Besuchen in „Wahnfried", wie empörend von oben herab sich Wagner gegen ihn benahm, wie er ihn hänselte, seine Kompositionen bespottete, und wie selbst die von ihm so sehr geliebte Tochter diesem unwürdigen Treiben nicht wehrte. Der Zorn trieb ihr die hellen Thränen in die Augen.

Die Künstler hatten eine photographische Massenaufnahme proponirt und bestürmten Liszt zur Mitaufnahme. »Ihr Beiden fahrt mit mir«, bestimmte er noch, als er die Tafel verließ. Es waren noch keine fünfzehn Minuten verflossen, als der Wagen schon vor der Thüre stand – so lassen sie ihm nicht einmal seine Mittagsruhe!

Ida bekam plötzlich Nasenbluten, mußte zurückbleiben, und ich verspätete mich um einige Minuten. „Schnell, schnell!" – rief mir von unten Dr. Stern schon zu – „der Meister wartet, ist übel gelaunt." Ich entschuldigte die Gefährtin –

Tonkünstler-Versammlung in Sondershausen.
Aufnahme vom 5. Juni 1886.

1. Paul Knüpfer, 2. Alexander Glasunow, 3. Arthur Seidl, 4. Max Grünberg, 5. Julius Klengel, 6. Frau Klengel, 7. Gunther Mahlendorf, 8. Carl Goepfart, 9. August Bieler, 10. Salomon Jadassohn, 11. C. F. Kahnt, 12. August Göllerich, 13. Carl Gille, 14. Otto Leßmann, 15. Adolf Schultze, 16. Willy Rehberg, 17. Alexander Ritter, 18. Lina Ramann, 19. Liszt, 20. Karl Hill, 21. Marianne Brandt, 22. Carl Schröder, 23. Carl Halir, 24. Martin Krause, 25. Alexander Siloti, 26. William Dayas, 27. Bernhard Stavenhagen, 28. Arthur Friedheim, 29. August Stradal.

»Wenn man nicht kann« reprimandirte er – »soll man es rechtzeitig sagen – Gille brauchte dann mit seinen alten Beinen nicht auf den Bock zu klettern – Gille! Herunter in den Wagen!« Gille mußte herabsteigen; aber, nicht beruhigt, wiederholte er öfter ärgerlich: »man soll es rechtzeitig sagen.« Griesgrämlich, wie er nun einmal schon war, konnte selbst das nicht im Programm stehende Nasenbluten ihn nicht mehr davon abbringen.

Im Park war es feucht und kühl; ich suchte einige Shawls aufzutreiben und breitete sie über ihn. Nun ging die Sitzung vor sich – Liszt der Mittelpunkt, links Marianne Brandt, ich rechts – eine Menge Lisztschüler bildeten auf dem Boden sitzend den Vordergrund. Die Sache war bald abgethan, und wir fuhren zurück, Ida (die inzwischen, aber zu spät zur Aufnahme, gekommen war) ebenfalls. Wir saßen fünf im Wagen, der Meister zwischen mir und Marianne Brandt, Ida und Gille auf dem Rücksitz. Eingezwängt zwischen uns, wurde er allmählich wieder warm (er sah vordem ganz blau vor Frost) und auch wieder gemüthlich – der Sünderin war vergeben.

Sonntag, 6. Juni.

Schon vor 8 Uhr Früh rasch nach Liszt gesehen – v. Bronsart war anwesend. Liszt saß behaglich eingepackt auf dem Sofa, auf dem Tisch ein gefülltes Glas vor sich. Mir fuhr durch den Kopf: Cognac? Prof. Volkmann hatte ihm im Gegensatz zu Frau Munkácsy rund heraus erklärt: daß jeder Tropfen seine Wassersucht fördern werde, dagegen Wein unschädlich sei. – Trotzdem hatte ich vor einigen Tagen eine Flasche Cognac abgefangen, die ein Herr L. N ...... aus Berlin, sich bei ihm zu insinuiren, einschmuggeln wollte. Ich wies dem saubern – Herrn sammt seiner Flasche die Thür. Liszt hat keine Ahnung von diesem Vorgang – : sollte aber doch seine Gewohnheit über das »Vernünftig-sein« gesiegt haben? Ich griff nach dem Glas: „Meister, darf ich trinken?"

»Mihály – ein Glas Marsala für Fräulein Ramann!«

„Nein, aus Ihrem Glas" – sagte ich eigensinnig.

»Er ist mit Wasser verdünnt – wenn Sie wollen« – lächelte er freundlich. Ich nippte – es war Marsala mit Wasser! „Das hat mir wohl gethan!" sagte ich erleichterten Herzens; Bronsart aber: „Bravo! bravo!" – hatte er meinen kleinen Trick durchschaut?

Es ist so schlimm, daß Liszt – wenn überhaupt! – so wenige zuverlässige Menschen um sich hat; die meisten suchen durch ein Unterstützen seiner Gewohnheiten sich in Gunst zu setzen. Mir ist bang. Die ihm treu ergebenen jungen Leute, vor allem Göllerich und Stradal, sind zu jung, die Situation zu übersehen oder auch ihn beeinflussen zu können. –

Schöner, lichter Sonnenschein lockte mich in den Park mit Ida. Ich wollte Reminiscenzen feiern aus dem Jahr 1862, da ich mit meinen beiden Schülerinnen Luff aus Oxford zwei Wochen in Gemeinschaft mit Brendel's hier war und Eduard Stein letzteren die neun symphonischen Dichtungen Liszt's vorführte, zu einer Zeit, da nur erst Wenige sie kannten. Ich war Mitgenießende, in einem Begeisterungstaumel.

Damals ging es genial und heiter genug zu – Ausflüge zu Wagen und zu Fuß – Spaziergänge im Loh, einmal auf Wunsch eines Prinzen und einer Prinzessin, welche die beiden Engländerinnen, die von auffallender Erscheinung waren, zu sehen hofften und mehrmals an uns zu Roß vorbei paradirten. Was tauchte nicht alles vor mir auf! – die Gestalt des längst verblichenen Violinisten, den Brendel's mir zum Lebensgefährten oktroyiren wollten – eine erste Begegnung mit Yourij von Arnold, der schon den 60er Jahren nahe stand, aber noch immer galant und flott in kurzem Röckchen, ein elegantes Spazierstöckchen in der Hand, erschien – ein Abend mit Mummenscherz, von mir zu Erheiterung Brendel's arrangirt – dann Vormittagsstunden, an denen Frau Dr. [Brendel] und ich die Orchesterstimmen zur „*Héroïde funèbre*" aus der Partitur schrieben, weil der Fürst nicht die paar Groschen für einen Copisten hergab und wir die *Héroïde* doch hören wollten – dann die hoch bedeutenden Loh-Concerte unter Ed. Stein's Direktion selbst. – Wir wohnten im „Erbprinzen" am Loh – ich fand ihn nicht wieder – viele neue Gebäude – die fortschrittliche Kultur! – –

Es begegnete uns Göllerich – er hatte dem Meister so eben sein Brevier vorgelesen. Ich ergriff gerne die Gelegenheit, ihn über dessen Zustand aufzuklären und ihm von meinen Besorgnissen zu sprechen – bat ihn, mir zu berichten bei jeder Änderung, die eintreten könnte, und auch: ihn nach Kräften vor Verstimmungen zu hüten. – Ich fühle, daß dieses Gespräch auf guten Boden gefallen. Der junge Mann liebt Liszt mit religiöser Inbrunst. –

Nun ging es zum Vormittags-Concert in „Münch's Hôtel". Für mich war es so ziemlich verloren. Meine Gedanken waren nur mit Liszt beschäftigt (die Baronin ist abgereist und ich habe meinen Platz von vordem wieder eingenommen) – er schlummerte viel, machte dazwischen kleine Bemerkungen, sprach aber undeutlich. Den Schluß machte d'Albert mit eigenen „Pianofortestücken" – im Brahmsstyl. Form, nur Form.

Liszt verzog keine Miene. Daß er ihn gestern den »großen« betitelte, war – wie ich jetzt erst nachträglich erfuhr – von einer Antwort verursacht, die d'Albert ihm auf die Frage gegeben: ob er mit der Leipziger (?) Aufführung seiner Symphonie zufrieden gewesen? Indignirt lautete sie: sie sei schon in Städten wie Paris, London, Berlin zehn bis zwölf Mal aufgeführt worden. »*Tanto meglio* [um so besser]« – hatte der Meister ihm erwidert. –

Er fragte mich heute: wie weit mein Aufsatz für Leßmann schon gediehen sei? Ich erwiderte, daß ich hier nicht gesammelt genug, mich auf einige Tage in ein Dörfchen der Fränkischen Schweiz bei Nürnberg – Pinzberg – zurückziehen würde, ihn zu schreiben.

»Das machen Sie gut – senden Sie mir ein Exemplar, wenn er gedruckt ist – Göllerich soll ihn mir vorlesen.« Offenbar ist es ihm lieb, daß ich diesen Bericht übernommen.

Morgen ist die Trennung .....

Eisenach, Montag, 7. Juni.

Seit 2 Uhr hier, einer ersehnten Ruhestation. Beck[95] ermöglichte uns unser gewohntes Zimmer – dasselbe, das meine Freundin Martindale 1877 und 78 bewohnt hat. Ein belebendes Diner, unter der Veranda, war bald hergestellt. Die köstliche Stille ringsum, die würzige Luft, traute Landschaftsscenen, thaten uns sämmtlich nach den anstrengenden und aufregenden Tagen

[95] Der vortreffliche Gastwirth zum „Löwen", der bei den Besuchen, die uns Liszt von Wilhelmsthal und auch von Eisenach aus auf der „Villa Henneberg" abstattete, die Soupers lieferte.

unbeschreiblich gut. – Dann ein Aufstieg zur Wartburg – und nun spät Abends wieder vor meinem Tagebuch.

Die Zwischenpause des gestrigen Theaterconcerts brachte noch manchen aufregenden Moment. Liszt selbst war nicht in seine Loge gegangen, er saß bei uns im ausgeräumten Orchesterplatz – sehr abgespannt und theilnahmslos.

Während der Pause suchte ich das *buffet* auf. Dort traf ich Draeseke, der im höchsten Grad erregt, gestikulirend auf mich einstürmte: was der Meister gegen die [Rappoldi-]Kahrer habe? er habe sie ganz ignorirt – nachdem sie s e i n (Draeseke's) Concert gespielt, habe er sich abgewandt – er wisse wohl, daß Liszt Bemerkungen über seine Komposition gemacht und diese ihm nicht gefiele. Armer Draeseke! Gestern hörte ich ihn einem andern Künstler zurufen: „Ich schwinge noch immer die Palme der Erfolglosigkeit!" – und heute wieder nur ein Anstandserfolg – – Sein krankes Ichgefühl sah nichts von des Meisters Abspannung, und nur mit Mühe hielt ich seinen Ausbruch gegen Liszt wenigstens zurück.

Eine Aufregung anderer Art gab es diesen Abend aber doch noch für Liszt, die charakteristisch für i h n ist. Als wir ins Foyer traten, fehlte Ida, der ein Wagenplatz bestimmt war. Liszt war nicht zu bewegen, das Theater zu verlassen: »Ida müsse erst da sein« – die Menschenmenge wogte neugierig an ihm vorbei, um ihn herum – Officiere postirten sich an den Eingang und näselten blasirt: „Ob sie wohl wieder die Pferde ausspannen?" und gingen endlich nach ziemlich langem Harren wie alle Andern fort – nur Liszt, ich, Siloti, Friedheim und einige andere der Schüler waren übrig. Mit Mühe bestimmten wir Liszt, der blasser und blasser wurde und kaum mehr stehen konnte, einen Stuhl anzunehmen und sich zu setzen:

»Ich gehe nicht, bis Ida da ist.« Endlich stürzte Göllerich heran: „sie ist da – am Wagenschlag!" Richtig – da stand sie ruhig am Wagen, wartend, bis wir kommen würden. Wie ich ihr erregt entgegen rief: „Warum hast Du nicht oben im Foyer gewartet? Der Meister –" »Ida hatte Recht – sie hat das Vernünftige gethan«, schnitt er, jedes Wort betonend, meinen Vorwurf ab. Und als sie bestürzt über sein Warten sich der Gedankenlosigkeit anklagte, beruhigte er auch sie: »Sie thaten das V e r n ü n f t i g e.« Zwanzig Minuten etwa hatte die Warte gedauert!

Peinlich war mir in diesem Concert eine Gesangsproduktion, die übrigens in keiner Beziehung zu Liszt stand. Es hatte ein unglücklicher Mensch und Musiker, Conrad Schröder, klein, verwachsen, zwergartig in der Erscheinung, Marianne Brandt Lieder gewidmet, die sie aus gutem Herzen sang. Der Komponist, entzückt, beglückt, geschmeichelt, begleitete selbst die Lieder am Klavier. Größeren Contrast haben selbst Paul Heyse's Freundschaftsnovellen nicht dargestellt. – Und Marianne Brandt wurde hervorgerufen: sie erschien, an der Hand – den kleinen Mann.

Heute Morgen nun, 10 Uhr, war unsere Abfarth. Ich habe kaum eine Stunde geschlafen. Der Meister war mobil, ließ sich nicht nehmen, Marianne Brandt noch einen Besuch zu machen, und meinte heiter: »er könne noch kraxeln.«

Als wir allein waren, bat ich ihn auf das innigste, sich zu schonen – „Erhalten Sie sich uns, wir brauchen Sie – mit Ihnen geht unser Aller Sonne unter." Er hielt mich lange bewegt an seinem Herzen, und doch war mir's, als wäre er uns schon entrückt – –

»Wenn ich es machen kann«, sagte er noch – »kommen Sie zu meiner Kur nach Kissingen; für da habe ich mir Stradalus als Begleiter ausersehen – ich lasse es Ihnen schreiben. Also nach Herrenalb? – kräftigen Sie sich, mein lieber Biograph –«

Marianne Brandt trat ins Zimmer. „Was Sie einen hübschen Staubmantel anhaben!" rief sie mir zu.

»Sehr hübsch« – bewunderte auch er – und sah doch nichts! –

Im Wartesaal des Bahnhofs wimmelte es von Künstlern, Dr. Langhans darunter. Ich schlug ihm nochmals vor, seiner Musikgeschichte die Bedeutung als Vorgeherin aufzustempeln und bezüglich Liszt's der Ungarischen Tonleiter zu gedenken. Ein nachträglich gesetzter und eingefügter Carton, von 20–30 Mark Opfer, damit wäre es geschehen gewesen! Er wandte sich und drehte sich: „Der Verleger –" So sind sie Alle!

Der Meister saß mit uns und seiner jungen Ehren-Eskorte im Salonwagen. Wir suchten für ihn den vor Zug geschütztesten Platz aus – er nahm ihn trotz aller Vorstellungen nicht ein. »Ich will meinen Willen« – entgegnete er eigensinnig, setzte sich auf einen Divan zwischen Ida und mich und schenkte uns Rosen. In dem Augenblick bemerkte ich, warum er jenen Platz nicht wollte: die Mutter Arthur Friedheim's saß dort, die er wegen ihrer extravaganten Ideen und ihres nicht vortheilhaften Einflusses auf ihren Sohn nicht goutirt. Sie bereitete ihm manche unangenehme Scene, bis er einmal äußerte: »die Mütter in seinem Salon seien ihm nicht angenehm« – ein Wink, dessen Deutlichkeit sie verstand und fortan wegblieb.

Mit Friedheim pflog ich auch eines kleinen Zwiegesprächs. Er ist Atheist – eine Folge der Aufklärungssucht seiner Mutter. „Nur der religöse und religionsdurchdrungene Mensch kann im wahren Sinne des Wortes Liszt-Interpret sein", äußerte ich ihm. Sichtlich betroffen meinte er: bis jetzt allerdings habe sich sein Hauptaugenmerk auf eine klare Darstellung der Form gerichtet. – Als ich dem Meister von diesem Gespräch erzählte, meinte er zufrieden: »Das fehlt ihm.«

Die Zeit bis Eisenach wich schnell – wir stiegen aus – noch eine Umarmung – *adieu! adieu!* .....

Unsere Gespräche hier kehren immer auf Liszt zurück. – – Morgen früh reisen wir ab – wir nach Pinzberg, die andern nach Hause, um gegen Ende der Woche in Pinzberg einzutreffen und die Pfingsttage mit uns zu begehen.

Pinzberg, Freitag 11. Juni.

Der Aufsatz fertig! Gottlob, setze ich hinzu.

Nürnberg, 23. Juni.

Nachricht über Liszt! – Göllerich schreibt:

Weimar, 20. Juni 1886.

Hochverehrtes Fräulein,

Gott sei Dank geht es Meister viel besser. Die Augen wohl kaum, doch so, daß die akuten Entzündungen, an denen Meister in Sondershausen zu leiden hatte, vollständig behoben sind.

Die Füße sind seit Sondershausen immer besser geworden, jetzt ganz gut. Im Übrigen ist der liebe Meister ausgezeichneten Humors, sehr frisch und macht fast täglich – wenn es das Wetter zuläßt – seinen Kirchgang und den verordneten Spaziergang im Parke. Er hat nun drei Apparate, um die Füße in liegender Stellung ausgestreckt zu haben. Einen bequemen, beliebig variablen Lehnstuhl mit Fußstütze – einen gepolsterten Fußschemel und – eine eben solche Vorrichtung, die zerlegbar und sehr leicht transportable ist. Diese letztere kommt überallhin mit. Vom Stuhle aus giebt Meister die Stunden.

Mittwoch Früh geht Meister zur Geburtstagsfeier des Großherzogs nach Dornburg und ich darf ihn dahin begleiten. Am 1. Juli geht er zur Hochzeit nach Bayreuth und dann auf 14 Tage nach Colpach, von wo er Ihnen, sehr geehrtes Fräulein, schreiben will. Ich soll Ihnen seine besten Grüße entrichten und Dank für Ihre Zeilen an ihn.

Derzeit lese ich Meister ganz eingehend Ihr schönes „Psalmen"-Buch vor und freue mich wahrhaft herzlich, daß ich so glücklich sein darf, dasselbe mit Meister durchzugehen.

Meister hat mir aufgetragen, dem geehrten »Adjutanten« – wie ich nach seinem Willen schreiben soll – Fräulein Volckmann, ebenfalls freundliche

Grüße zu melden und Ihnen dabei zu sagen, daß »deßwegen keineswegs der Biograph vergessen ist«.

Das bejammernswerthe Ende des herrlichen wahrhaftigen Königs[96] hat mich unsaglich ergriffen. Darüber kann man wenig Worte machen. –

Natürlich wird der Fuß-Apparat für Meister von mir *resp.* Mihály, nach Dornburg mitgenommen.

Mit besten Empfehlungen auch dem geehrten Fräulein Volckmann, in aufrichtiger Verehrung

August Göllerich.

26. Juni.

Abermals Nachricht – wieder von Göllerich, der mir in Liszt's Auftrag werthvolle Bemerkungen zu meinem Psalmenschriftchen übermittelt:

Hochverehrtes Fräulein,

Eben habe ich hier in Dornburg, wo Meister zum Geburtsfeste des Großherzogs weilt, das Werk: „Franz Liszt als Psalmensänger" fertig vorgelesen, mit dem Sie aufs Neue bewiesen haben, wie tief Sie in Liszt's geheimste Intentionen eindringen zu können bevorzugt sind.

Ich versichere Sie, daß Meister geradezu gerührt ist von Ihrem warmen und richtigen Mitempfinden, das in so edler Fassung aus Ihrem Buche spricht.

Gestatten Sie mir, daß ich Ihnen nach dem Wunsche des Meisters im Folgenden einige Bemerkungen mittheilen darf, die er während des Lesens Ihres Buches gemacht hat und welche nach seiner Meinung bei einer etwaigen zweiten Auflage Berücksichtigung finden könnten. Zu Ihrer genauen Orientirung erlaube ich mir die jedesmalige Stelle durch Seitenangabe zu präcisiren.

Auf Seite 7 – bevor die Besprechung der Psalmen Bach's und Händel's beginnt, wäre der „Buß-Psalmen" von Orlando di Lasso zu gedenken – ein Pracht-Exemplar derselben befindet sich auf der Bibliothek in München.

Seite 25 – bei dem Satze: „Er (Mendelssohn) war der fruchtbarste der Psalmen-Komponisten unsers Jahrhunderts" ist zu bedenken, daß Raimondi in Rom sämmtliche 150 Psalmen komponirt hat.[97] Dieser Komponist wäre vielleicht schon Seite 21 – nach der Bemerkung, daß Beethoven und Cherubini keine Psalmen komponirt haben, andeutungsweise zu erwähnen. Wohl sind die 150 Psalmen Raimondi's nicht gedruckt, – Meister will Ihnen

[96] Ludwig II., † 16. Juni 1886 bei Schloß Berg im Starnberger See.

[97] Siehe Ges. Schriften Liszt's: V. Bd., S. 170.

von diesem Manne Ausführliches erzählen, wenn er Sie wieder mündlich begrüßen kann.

Zu Seite 34 – ist zu bemerken: daß Zellner nur eine von Liszt an seinen Freund Augusz schriftlich gethane Äußerung zitirt, indem er von der Graner-Messe sagt, »sie ist mehr gebetet als komponirt«, diese Worte rühren vom Meister selbst her.

Dieselbe Seite – beim letzten Absatz, wünschte der Meister, daß Sie doch des protestantischen Chorals und seiner Wichtigkeit gedächten.

Seite 35 – sollte es zu Beginn des 2. Absatzes heißen: „Liszt hat sechs Psalmen (statt fünf) komponirt"; zu den von Ihnen besprochenen 5 Psalmen kommt nämlich der in der „Ungarischen Krönungs-Messe" enthaltene 116. Psalm: „*Laudate Deum*".

Seite 48 – ist die Bemerkung (letzte Zeile), daß der 13. Psalm ohne Orgel komponirt sei, unrichtig, da Liszt später einen Orgelpart hinzugefügt hat.

Seite 54 – bei dem Notenbeispiele oben würde Meister wünschen, daß vielleicht angeführt würde: „das 1. Hauptmotiv trete hier in den Bässen gebrochen auf".

Seite 55 – letzte Zeile, sollte der Satz: „die Hauptthemen concentrirt enthält" präciser lauten: „das Hauptthema in 8 Takten breit ausgeführt enthält".

Meister meint, daß Bendemann's „Trauernde Juden" vielleicht schon auf S. 56 im 2. Absatz, wo die Besprechung des 137. Psalms beginnt, kurze Erwähnung finden sollten.

Seite 57 und 58 – das Wort „Mittelsatz" für den Jerusalem-Satz des 137. Psalms möchte Meister vermieden haben und für diese Jerusalemstelle vielmehr das Wort „Schluß-Satz" substituirt wissen. Bei Besprechung dieses Satzes soll es nach Meisters eigenen Worten heißen: „Der Chor singt das einzige Wort ‚Jerusalem' in verschiedenen Seelenstimmungen, zuletzt ganz verhallend".

Seite 58 – müßte dann zu Beginn der 14. Zeile stehen: „Desgleichen der völlige Schluß".

Am Endschluß Ihres schönen Buches sagte der Meister wörtlich (und ließ mich diese Worte auch hinschreiben an den Schluß):

»Vielleicht könnten als Anhang meine 12 (und darüber) Kirchen-Chorgesänge – als seelenverwandt – erwähnt werden; darin findet sich auch ein ‚Psalm-Vers', der im ‚Officium des heiligen Franciscus v. Assisi' enthalten ist.« –

»Ebenso könnten in einem etwaigen Anhange der ‚Sonnen-Hymnus', die ‚Legende von der heiligen Cäcilie' und die ‚Glocken des Straßburger Münsters' Erwähnung finden.« –

Diese sämmtlichen Bemerkungen fußen auf des Meisters eigenen Aussprüchen.

Gott Lob ist Meister viel wohler; gestern 4 Uhr nachmittags ist er mit dem Separatzug für den Hof hier eingetroffen und besucht morgen, Freitag 25. Juni, in Jena die Aufführung des „Paulus", von wo er abends wieder in Weimar eintrifft, um dort bis 1. Juli zu bleiben.

Ich soll Ihnen, verehrtes Fräulein Ramann, seine herzlichsten Grüße sagen und beste Empfehlungen an Fräulein Volckmann. Mein neuliches Schreiben erhielten Sie wohl?

Mit vielen Empfehlungen – auch an Fräulein Volckmann – in aufrichtiger Verehrung

ergebenst

Dornburg, 24. Juni 86. A. Göllerich.

2. Juli.

Mein „Christus"-Aufsatz steht in einer Juni-Nummer der Leßmann'schen Musikzeitung – sandte Liszt ein Exemplar nach Weimar – heute durch Göllerich seine Empfangsanzeige nebst Bemerkungen:

Hochverehrtes Fräulein Ramann,

Ich soll Ihnen sagen, welch' große Freude Meister über Ihren „Christus"-Aufsatz hatte und daß er Ihnen für alle Ihre Liebe dankt. Besonders der Passus auf der 2. Seite von der „Doppelschneide" hat ihm sehr gefallen – und mußte ich denselben roth anstreichen.

Auf der 1. Seite, wo Sie die Aufführungen des „Christus" in Weimar, Berlin und Leipzig anführen, meint Meister, daß der Aufführungen in Pest unter Hans Richter (zum 50. Künstler-Jubiläum), in München unter Hoffbauer und später (vom Könige befohlen) unter Levi, in Frankfurt a/M. unter Kniese, in Freiburg i/Br. unter Dimmler etc. zu gedenken wäre.

Auf der 3. Seite, 3. Absatz – soll es heißen: 2) Pastorale überleitend zur Verkündigung des Engels (Sopran-Solo) und dem darauf folgenden Chore.

Bei den Malern der Kindheit Christi meint Meister, daß vielleicht auch die spanischen, vlämischen und deutschen (diese besonders), vor allem Dürer genannt werden sollten.

Am Schlusse desselben Absatzes möchte „verschiedene musikalisch-motivische Keime" zu stehen kommen, statt „alle – Keime".

Auf der nächsten Seite käme noch zu „Heilsquellen" der Zusatz: „der Lehre Christi" und vorher bei „Seesturm": „eines der Wunder Christi bezeichnend" als in Parenthese zu setzen – hinzu.

Die Worte „symbolisch“ und den Satz „während – – trägt“ wünscht Meister weg.

Im 2. Absatz dieser Seite könnte es vielleicht statt „siegreichen“ – „demüthig-siegreichen“ Ausruf – heißen.

Zur Osterhymne wünscht Meister den Beisatz: „auf der gregorianischen Intonation basirt“. –

Statt Christus-Biographie klänge vielleicht Lebensgeschichte besser.

Statt „immense“ will Meister „große“ Schwierigkeiten haben.

Weiter im selben Absatz: „Mit großer Einsicht“ und Energie – (auf Schröder bezüglich).

Meister bedauert unendlich, aus Ihrem so freundlichen Antrag nicht Gewinn ziehen zu können, ihn in Kissingen zu besuchen; es wird unmöglich sein, daß Sie ihm dort Gesellschaft leisten.

Meister läßt Ihnen ferner durch mich die Bitte vortragen, ihm Ihre Meinung über Herrn S....... zu schreiben. –

All' dieses hat mir Meister befohlen, Ihnen zu schreiben und ich gebrauchte bei den „Christus“-Bemerkungen seine eigenen Worte, die Sie von mir in beifolgendem Exemplar – das Ihnen Meister bestens dankend zurücksendet – verzeichnet finden. –

Meine tiefgehende und wahre Bewunderung Ihrer Forschungen kennen Sie und ich habe nicht nöthig, dieselbe zu betonen. – Donnerstag früh reist Meister nach Bayreuth ab und ich treffe ihn so Gott will am 20. wieder in Bayreuth. Die Zwischenzeit bringe ich bei meiner Mutter in Wels, Oberöstreich zu, wohin Sie gütigst die Antwort wegen S. zu richten belieben wollen.

Meisters Befinden gottlob recht zufrieden stellend.

In aufrichtiger Verehrung und [mit] vielen Empfehlungen an Fräulein Volckmann

ergebenst
A. Göllerich.

Weimar 29. Juni 86.

Beim *Stabat mater speciosa* wünscht Meister bemerkt zu haben: „mystische Hymnen – ganz der Gegensatz des ‚*Stabat mater dolorosa*‘ – beide gedichtet von Jacoponus di Todi, gestorben 1306, dem Franciscaner-Orden angehörig.“

Wie geistig regsam und scharf diese Bemerkungen Liszt's sind und seinen inneren Gedankengang bloßlegen! Die Hoffnung gewinnt Raum, daß sein Gesundheitszustand sich aufrichtet und wir ihn noch länger besitzen – ein Glück für uns, die ihn lieben, – ein Segen für die Kunst.

Also: nicht nach Kissingen, d. h. die Baronin Meyendorff wird ihm Gesellschaft leisten – läge nur erst Colpach und Bayreuth hinter uns – – –

Mitte Juli werde ich in Herrenalb meine Kur beginnen.

Herrenalb, 31. Juli.

Schlimme Botschaft! Göllerich theilt mit:

„Am 21. Juli ist Meister von Luxemburg mit sehr starkem Husten hier angelangt – empfing noch einige Besuche (zu viele!) und besuchte die zwei ersten hiesigen Aufführungen. Gott sei's geklagt verschlimmerte sich sein Zustand, und er liegt nun an einer leichten Lungenentzündung krank darnieder.

Die Krankheit nimmt ihren entsprechenden Verlauf und überwiegen derzeit die günstigen Zeichen etwaige Befürchtungen – so der Ausspruch des Arztes. Das Fieber ist nicht allzu heftig, Temperatur 38°. Der Husten locker und mit Auswurf.

Gott gebe, daß die Kräfte nicht zu sehr verfallen – dann möchte es doch möglich sein, die Krankheit zu überstehen!

Dies, verehrtes Fräulein Ramann, die volle und rückhaltlose Wahrheit, die ich Ihnen als mich hiezu verpflichtet haltend mittheile. Besten Dank für Ihre gütigen Zeilen nach Wels, deren Beantwortung ich einer besseren Zeit vorbehalte – möge der Herr uns eine solche noch gönnen!

In Verehrung ergebenst

Bayreuth, 30. Juli 86

Göllerich.“

Herrenalb, 1. August.

„Nachts 12 Uhr entschlief der Meister –

Bayreuth A. Göllerich.“

lautet die Früh 7 Uhr empfangene Depesche. – –

Du großer Herrlicher, Du Vorbild, Du Wegweiser zu höchsten Zielen – Du ruhest jetzt von schwerem Erdenlos, so leb' denn wohl! .....

Uns schied die Sonne, uns bleibt der Schmerz, doch auch die Arbeit für Dich –

In ihr liegt die Kraft und der Sieg des Lebens! Amen.

1886/87

Alsdann – –
Bestattungsfeierlichkeit in Bayreuth. Keine Musik! Verfehltes Requiem. Unbegreifliche Dinge. Wohin sollen die irdischen Überreste des Meisters? Aufruf Carl Alexanders an die Künstler. Das Altenburg-Testament – die Fürstin Vollstreckerin. – Rückblick. Liszt im Monat Juli: Reisen (Bayreuth, Colpach und abermals Bayreuth) und ihre Folgen. Die letzten Tage des Meisters – sein Ende. Aufbahrung. Nachspiele: Die Bewerbung um seine Asche seitens Ungarns, der Städte Weimar und Bayreuth. Tisza im Ungarischen Abgeordnetenhaus. Frau Wagner's Bedingungen. Resultat. Die Fürstin Wittgenstein † – Schluß der Tragödie.

Herrenalb – Sonntag, 1. August.

Sandte Depeschen nach Hause, an Göllerich – schrieb alsdann Briefe dahin, auch nach Weimar.

Wo auch die Bestattung statt findet: mir bleibt es versagt, Ihm die letzte Ehre zu erweisen – die physischen Kräfte verweigern mir die weite Reise nach Bayreuth oder Weimar. So bat ich Ida, mich zu vertreten – –

Dienstag, Früh.

Endlich Nachricht von ihr –:

„So ist nun unser theurer Meister in seine Gottheimath zurückgekehrt – für uns auf Erden ein unersetzlicher Verlust – in uns fortlebend, bis auch an uns der Ruf ertönt.

Gestern verlautete hier noch nichts von der Trauerkunde. Deine Depesche blieb mir unverständlich bis heute – eben erst verbreitet sich die Todesnachricht. Wo wird man ihn bestatten? – doch jedenfalls in der Weimaraner Fürstengruft?

Während ich schreibe, kommt Dein Brief. An Deiner Kraft und Ruhe erhebt sich die unsere. Laß' uns freudig im Andenken an Ihn so weiter gehen! ....

Morgen (Dienstag) soll seine Beerdigung zu Bayreuth statt finden. Die kleine Liszt-Gemeinde auf dem Nürnberger Dürerplatz wird ihre Schuldigkeit thun. Ich reise zur Feierlichkeit und nehme unsere beiden Lehrerinnen Ina [Löhner] und Breslauer mit, morgen werden wir auch wieder zurückkommen.

Fürchte nicht für mich: ich werde tapfer sein – – nahm ich doch Abschied von Ihm bei dem: *„Tristis est anima mea"* zu Sondershausen!

An seinem Sarge werde ich in Deinem Namen Lorbeer mit Palme vereint niederlegen – wir Anderen zusammen gedenken Blumen für sein Grab zu bringen. –

Ich komm nach dem Schulschluß zu Dir. Am liebsten käme ich gleich –: aber ist es nicht besser, stark sein und seine Pflichten erfüllen? – Das that auch Er!

Deine

Nürnbg., 2. August 86. Ida V."

Ja – das that auch Er: .....

Gestern und heute revidirte ich mein „Leipzig"-Kapitel 1840 des II. Bandes der Lisztbiographie.

Heute ist der Beerdigungstag – : Ihm sei die Erde leicht! –

Schon früh am Morgen richtete ich einige Worte an die Fürstin – :

Hochverehrte Fürstin – :

Keine Thränen – nein, auch keinen Schmerzenserguß, aber Dank für die allmächtige Liebe, die Ihn, den Großen, vor Siechthum bewahrt hat! Der Schmerz, den Alle empfinden, die Seinen Genius begriffen, liegt auf anderer Seite als auf der des nur persönlichen Verlustes, trotzdem auch dieser Wunden tief genug geschlagen hat. Was aber auch an Ihm gesündigt worden ist: die Nachwelt wird es sühnen!

Balsamisch berührte mich heute die Nachricht, daß die Bestimmung von 1861 in Kraft geblieben und auch alle hinterlassenen Manuskripte in Ihre Hände gelangen. Gott sei Dank hierfür – – –

Das mußte ich Ihnen aussprechen!

In tiefster Verehrung

Herrenalb i/Schw. L Ramann
am 3. Aug. 1886,
dem Beerdigungstage Liszt's.

Brieflicher Bericht von Ina Löhner:

Nürnberg
Mittwoch früh, 4. August 1886.

Nun haben wir ihn zur Ruhe begleitet – der Meister liegt auf einem einsamen Kirchhof außerhalb der Stadt Bayreuth, in einem einfachen, schnell erworbenen Grabe, mitten unter der anspruchslosen Unbedeutendheit einer kleinstädtischen Bürgerschaft. Hoffentlich verlangt Ungarn bald seinen großen Sohn zurück, oder entsinnt der Großherzog von Weimar sich, was er dem Todten schuldig ist. –

Wir verließen Nürnberg mit dem Frühzug 6 Uhr 15 Min. und kamen noch rechtzeitig in Bayreuth an, um uns unterwegs dem Leichenkondukt, der sich um 10 Uhr von Villa Wahnfried aus in Bewegung gesetzt hatte, noch anschließen zu können.

Am Himmel hingen zerrissene Wolken, schwarze Flaggen wehten von mehreren Gebäuden, die brennenden Straßenkandelaber waren mit Flor umhüllt. Dem Zuge voran schritt eine Abtheilung Feuerwehrmänner – dann kam ein von zwei schwarz bekleideten Pferden gezogener Blumenwagen, der eine außerordentliche Spende von Lorbeern, Palmen, Blumen, Kränzen, Widmungen aus allen Ländern und Kreisen barg. Ihm direkt folgte der mit vier Pferden bespannte, schwarz umhangene, baldachinartig überspannte, offene Leichenwagen, den Sarg mit einem Riesenlorbeerkranz – man sagt, er sei vom deutschen Kronprinzen – bedeckt. Die Bahrtuchzipfel trugen Felix Mottl, Edmund v. Mihalovich, Hans v. Wolzogen und Freiherr v. Loën; rechts und links schritten Fackeln tragende Künstler (frühere und letzte Schüler des Meisters). Hinter dem Leichenwagen kam seine Dienerschaft: Mihály und Pauline; ersterer trug auf einem Sammetkissen die Orden des Verewigten; dann kam die Geistlichkeit, zwei Chaisen mit der Familie Wagner und der Baronin v. Meyendorff. Ihnen folgte ein unabsehbarer Zug von Freunden und Künstlern, Hofrath Gille, Prof. Riedel und Kahnt [vom „Allg. D. Mus.-Ver."] in erster Linie. Den Zug beschlossen Frauen – alle gingen zu Fuß, Fräulein v. Schorn, Stahrs etc.; dann in bunten Gewändern die großen und kleinen Künstlerinnen der Festspiele und viele Fremde [Festspielgäste], die auf eine Trauerfeier nicht vorbereitet waren.

Es war ein in seinem Kontrast sonderbarer Zug, der dahin wogte –: düster, ernst und doch durch das farbenbunte Geleite der Frauen ebenso heiter-weltlich.

Wir gelangten nach einem langen, langsamen Wege durch die Stadt an den Friedhof, wo wir aus unserm Wagen stiegen und unsere letzten Liebesgaben auf dem Blumenwagen niederlegten: für den Biographen „Palme und Lorbeer", für uns ein Kissen von Rosen und Lorbeer, beides, leider! ohne Widmungsworte oder Karten, an die in der Eile keines von uns gedacht hatte. Dicht gedrängt, Kopf an Kopf, unter einer heißen, plötzlich hervorbrechenden Mittagssonne wohnten wir ganz in der Entfernung dem Trauerakte bei. Über die lautlose Stille der Versammelten hinüber ertönten einzelne Bruchstücke des katholischen Ritus, in der bekannten Monotonie hergesagter Formeln. Dann eine unbekannte Stimme, gänzlich unverständlich (wir hörten später, es sei der Bürgermeister Muncker der Stadt Bayreuth gewesen); ferner sprachen Ed. Reuß im Namen der Schüler und Jünger, Martin Krause in Namen des Leipziger „Liszt-Vereins", und endlich folgte die oft unterbrochene, kurze, bebende Rede des alten Freundes Gille, der sich gleich darauf entfernte und unter heftigem Schluchzen sich einen Weg durch die Menge bahnte. Dann drängte Einer nach dem Andern vor das offene Grab und warf ein paar Schollen Erde hinab: Ida für Sie und für sich – –

Dies war die ganze Begräbnisfeierlichkeit – ohne jeden Klang, ausgenommen den der Begräbnisglocken. „Auf ausdrücklichen Wunsch der Frau Wagner" hieß es, sei jede Musik bei Ihm, dem großen Musiker! unterblieben. Und doch! –: ein Vöglein zwitscherte in den Zweigen, als wolle es die Unnatur der Menschen sühnen ... Alle, die wir sprachen, empfanden das

Fehlen jeder Musik wie eine Schuld, die an dem Meister begangen – man war sehr niedergedrückt. Einfacher, um nicht zu sagen, würde- und stimmungsloser hätte die Beisetzung des verehrten Meisters überhaupt nicht stattfinden können. – – – Wir drückten die Hände aller Bekannten, die tief bewegt waren: Leßmann, Riedel, Stern, die Stahrs – Jedes stand unter dem Eindruck von etwas noch nicht Faßbarem – Er – der Mittelpunkt Aller – todt!

Wir verließen den Kirchhof, dem Jedes enteilte, und suchten vergeblich, wie überhaupt den ganzen Tag, nach Göllerich. Er war nicht zu finden. Dann begaben wir uns direkt in das Sterbehaus. Dieses – Eigenthum des Oberförsters [Fröhlig] – liegt gleich hinter Villa „Wahnfried" mitten im Grünen, einfach aber anmuthend. Der Meister pflegte stets hier zu wohnen, wenn er in Bayreuth war. Das Sterbezimmer war bereits ausgeräumt, die Oberförsterin meinte im echten Realismus der Zeit: es müsse sofort tapeziert und getüncht werden; denn es wäre ihr und ihrem Manne doch zu peinlich, daß Jemand hier gestorben. Sie hätten den Meister überhaupt nicht aufgenommen, wenn sie ihn nicht als Miether lieb gehabt hätten; denn es sei ihnen doch recht unbequem gewesen, ihre Zimmer herzugeben.

Dieselben liegen Hochparterre. Das Schlafzimmer hat eine kleine Veranda, den Blick ins Grüne. Das Bett war von Wagners bereits geholt worden. Der Schreibtisch – ein kleiner Damenschreibtisch am Fenster –, an dem der Meister zu arbeiten pflegte, war ganz leer. Mihály hatte bereits alles weggepackt. Im Papierkorb lagen französische und deutsche Briefe, kurz vorher an den Meister eingelaufen. In der Ofennische standen Arzeneigläser, mehrere ganz unberührt. Im Salon war alles unverändert geblieben in seiner höchsten Einfachheit – auf dem geschlossenen Flügel lagen Wagner-Cataloge, Wagner-Festzeitung – nirgends eine Spur vom Meister selbst. Der Flügel, auf dem er zwei Mal noch etwas weniges gespielt haben soll, das letzte Mal ohngefähr zehn Tage vor der Erkrankung (der Beschreibung nach waren wahrscheinlich die Schüler da), ist ganz neu und wurde von Steingräber (Bayreuth) eigens für ihn hingestellt. – Das Sterbezimmer ist von einem Berliner (?) Maler aufgenommen worden, als es noch nicht gestört war.

Über die Krankheit selbst berichtete die Frau Oberförster – entgegen allen sonstigen Berichten der Zeitungen – daß Liszt mit einer starken Erkältung von Luxemburg zurückkehrte, daß er sehr stark hustete, starke Schmerzen hatte, die ganzen Nächte stöhnte, so daß sie, die oberhalb seines Schlafzimmers das ihrige hatten, kein Auge zuthun konnten. Das Dienstmädchen hatte mir vordem gesagt: er habe vor Schmerz geschrieen, und setzte hinzu: „gebrüllt wie ein Kalb". Die Nacht von Freitag auf Samstag sei die schlechteste gewesen, erzählte die Frau weiter, und sie glaube, er habe da den Todeskampf bereits gekämpft. Um $^1/_2$ 3 Uhr kam Mihály hinauf, sie zu bitten, nach dem Arzte zu schicken, da der Meister so entsetzlich leide. Samstag war es ruhig – bis Abends 8 Uhr kein Zeichen eintretender Verschlimmerung. Von da an ließ die Herzthätigkeit nach. Um $^1/_2$ 12 Uhr verschied er. Frau Cosima, seine jüngste Enkelin, die Ärzte und Mihály waren bei ihm im Sterbezimmer; außen, nur durch eine Thür getrennt, seine Schüler, auch Leßmann.

Zum Bewußtsein war er seit Freitag Nacht nicht wieder zurückgekehrt und hat gar keine – auch nicht die kleinste Bestimmung getroffen. Alle die Nachrichten über sein Begräbnis in Bayreuth auf dem Kirchhof, über die Leichenfeier selbst etc. sind nicht wahr: der Meister dachte nicht an den Tod, trotzdem er so erkältet war, verfiel dann in Fieber und wußte nichts mehr von sich. In den Delirien wollte er beständig zu den Festspielen: »Der Wagen ist schon da«, »ich muß jetzt fort«; immer hatte er die Beine aus dem Bett und wollte fort, so oft auch Mihály ihn wieder zudeckte. Er sprach fortgesetzt, aber ohne Bewußtsein. Frau Cosima hatte ihm aus Wahnfried ein Plümeau, leicht und mit rothem Seidendamast bezogen bringen lassen, da sie fürchtete, das andere läge zu schwer auf ihm. Von diesem Moment an glaubte er, man habe ihn nach „Wahnfried" geschafft, wohin er nicht wollte, und klagte und wimmerte, daß man ihn fortgethan, und versicherte man ihm das Gegentheil, so sagte er, man betrüge ihn. – –

Als wir uns bei Frau Oberförster verabschiedet, suchten wir noch Mihály auf, der in einem Restaurant in Gesellschaft der Fräulein Stahr und Pauline zu Mittag speiste, und sahen wir sie heiter vertieft in Bier und Braten. Mihály erzählte nichts bemerkenswerthes, außer daß ein Testament vom Jahre 1861 da sei, das bereits eröffnet und nach welchem er seiner Mutter, die damals noch lebte, eine Rente, sowie seinen Kindern einen kleinen Baarbesitz bestimmte, das Übrige falle alles an die Frau Fürstin.

Am Bahnhof trafen wir nochmals mit Leßmann, der uns seine Frau mit nach Nürnberg geben wollte, zusammen, dann mit Riedel und Gille. Ersterer meinte: Die unterbliebene Musik wollen wir schon nachholen! Gille telegraphierte wiederholt an den Großherzog wegen einer Überführung Liszt's nach Weimar. Die Fürstin wünscht ihn in Pest.

Gille ist noch ganz wirr im Kopf, hatte aber das Leichenbegängnis sehr würdevoll gefunden. Über all das Reden fuhr schließlich unser Zug ab und wir mußten bis zum Abend bleiben. Fräulein Volckmann nahm nun eine Droschke und fuhr mit uns hinaus in die Eremitage. Dort trafen wir mit Ihrem Neffen zusammen, der den Morgenzug versäumt hatte. –

Das hier beigelegte Bild ist eine der sieben photographischen Aufnahmen des theuren Meisters auf dem Todtenbett. Er war nur bis Sonntag Mittag 12 Uhr zu sehen. Die Einbalsamirung mißlang, der Körper schwoll dermaßen

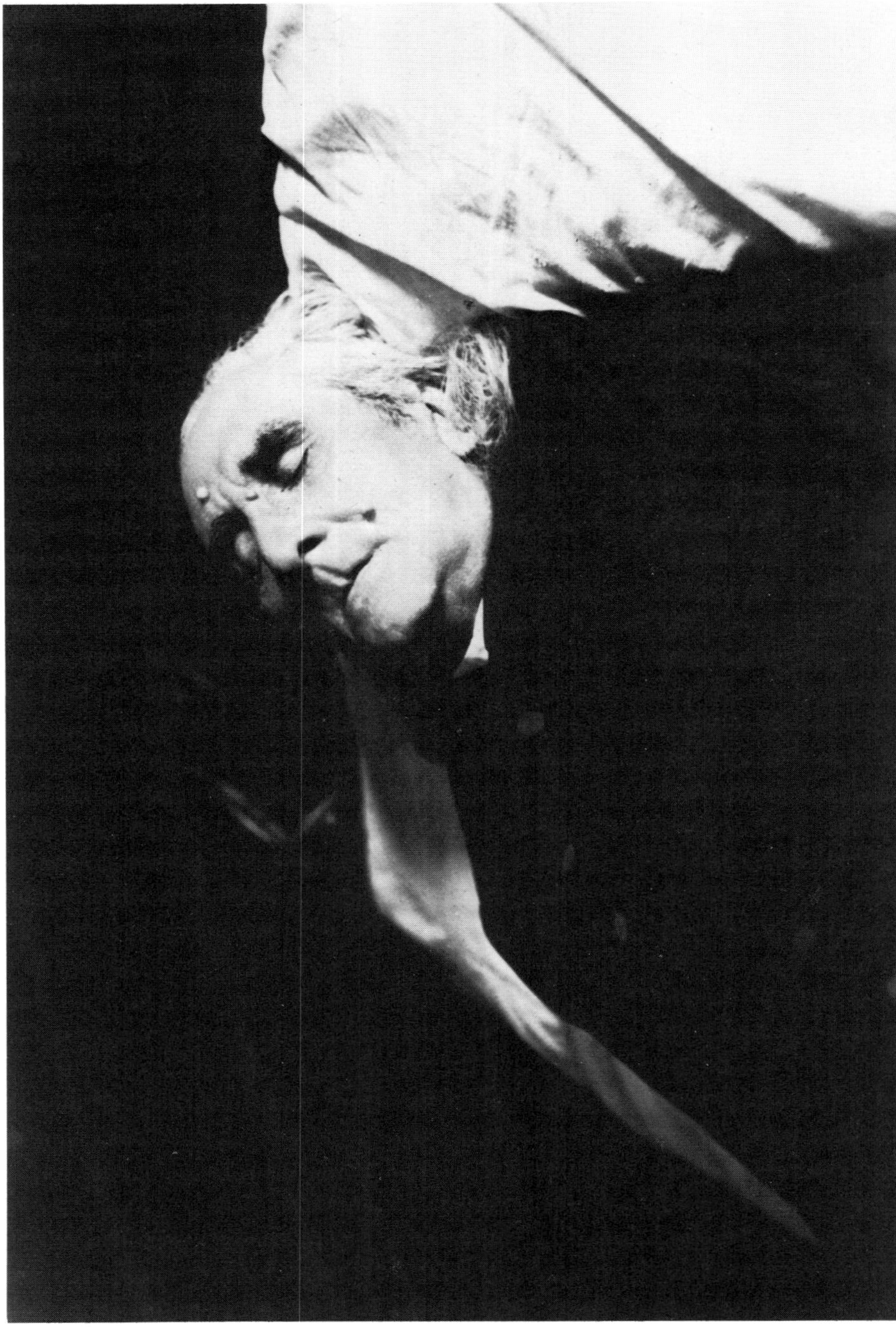

„Liszt auf der Bahre“
Bayreuth, 1. August 1886

an, daß von weiteren Versuchen abgestanden werden mußte. Gleichzeitig erhalten Sie noch ein prachtvolles Bild aus seiner Lebzeit. Es soll nach einem Portrait Joukowsky's sein, 3–4 Jahre zurück. Ihr Neffe sendet es Ihnen.

Die Festspiele sind nicht unterbrochen worden. Selbst Sonntags nicht. Frau Cosima fuhr von dem Todtenbett ihres Vaters aus zur Vorstellung (Tristan und Isolde), die, laut Leßmann, das hervorragendste war, was geleistet werden konnte. Tristan und Isolde war auch das letzte, was der Meister, schon sehr krank, noch hörte.

Nach der Ansicht Aller hätten wir ihn noch lange behalten können, wenn er sich geschont hätte und nicht im rauhen Wetter von Luxemburg nach Bayreuth gereist wäre ....

Sehr schwer war es für uns, Sie, die Sie so leidend sind, in diesen Tagen allein zu wissen – im Geiste aber waren wir dort bei Ihnen und haben mit Ihnen gelebt und getragen. Ihr „*adlatus*", wie der liebe Meister so häufig sagte, war bewundernswerth in dieser Zeit – stark, fest und hoch! Wie sie das Ereignis auffaßte, wie sie mit dem richtigsten Takt und Erkennen alle Anordnungen für Schule, Reise und die letzte Gabe traf, das war uns Allen eine Stütze. Und dann klang als eine wundervolle Consonanz Ihre vollkommene Übereinstimmung mit ihren Ideen aus Ihrem Brief herein.

Der Tag in Bayreuth brachte des Erschütternden so viel – und doch klang durch alles das Trostwort: Ihm ist wohl! Die Liebe aber und die Idealität, die er im Leben so unerreicht überall und Jedem gegenüber bethätigte, wollen wir als sein großes Erbe antreten – – Eins sein in der Liebe.

Ich küsse Ihnen in Dankbarkeit, Liebe und Verehrung die lieben Hände. Gott sei mit Ihnen!

Ihr treues Bien.

Nachschrift: Über die Thatsache, die uns Alle so tief befremdete, daß der große Musiker ohne jeden Sang und Klang beerdigt wurde, bringt die Presse folgende Erklärung aus Bayreuth:

Liszt gehörte dem dritten Franciscanerorden (den sogenannten Tertiariern von Franz v. Assisi – für solche Leute, die in der Welt leben und ihre weltlichen Geschäfte nicht aufgeben wollen, gegründet) an; deßhalb fand gestern eine „stille" Beerdigung statt und wird heute Vormittag 10 Uhr auch ein „stilles" Requiem abgehalten. –

Herrenalb, 6. August.

Und dieses Requiem! Können sich auch die Freunde und Verehrer des Meisters nicht hineinfinden, daß die irdischen Reste dieses Gottbegnadeten ohne hehre Klänge der Erde übergeben wurden, beruhigt doch der Gedanke, daß diese Unterlassung dem Princip seines Ordens zufällt. Anders aber gegenüber dem ehegestern in der städtischen Pfarrkirche zu Bayreuth abgehaltenen Requiem, dessen „Ärmlichkeit", wie man mir entrüstet von dort schreibt, im schroffesten Contrast zu den musikalisch großartigen Mitteln steht, die, instrumental und chorisch, gegenwärtig Bayreuth zur höchsten musikalischen Leuchthöhe empor heben. Das Requiem bestand musikalisch aus einer werthlosen Komposition eines unbekannten *Regens chori*, ausgeführt von einem untergeordneten Männer- und Frauenchor. Dazwischen eine Orgel-Improvisation von keinem Geringeren als [dem zufällig anwesenden] Anton Bruckner. Die Kirche war voll von Künstlern – man athmete auf, als er begann – man erwartete Hochkünstlerisches, Lisztwürdiges. Leider nein! –: die Orgel schlecht, Bruckner daher wohl mißvergnügt, seine Improvisation über ein Parsifal-Thema (1. Thema des Vorspiels) monoton, endlos, ermüdend. Von Lisztschülern, die ihm ihre Enttäuschung nicht vorenthielten, befragt: warum er nicht ein oder zwei Themen Liszt's seinem Vortrag unterbreitet habe? – entgegnete er: er kenne leider kein Thema von Liszt, sie hätten ihm eines geben sollen – –

Liszt's Tochter mit Familie war beim Requiem nicht zugegen, was von Vielen, die ihre Situation und ihre Repräsentationspflichten nicht begreifen, hart getadelt wird. „Besuch des Requiems oder Empfang des deutschen Kronprinzen[98], der gerade zu den Festspielen eintraf?" hieß die Alternative, vor der sie stand.

Und wieder: welcher Contrast! Hier die Düsterheit des Schmerzes, dort der bunt-heitere Flaggenschmuck des Städtchens, der jubelnd den Kommenden begrüßte.

Freitag, 7. Aug.

Über des Dahingeschiedenen Erkrankung vom Anfang bis zuletzt theilt mir Göllerich nun mit:

Sehr verehrtes Fräulein Ramann –:

Erst heute kann ich Ihnen einige Worte schreiben – bisher war ich dazu vollkommen unfähig. Was ich im gegenwärtigen Augenblicke fühle, brauche ich Ihnen nicht mit Worten zu sagen – eines wird mir ewig bleiben: der Schmerz! Ich will versuchen, Ihnen – wozu es mich drängt – zu erzählen, wie das Schreckliche kam.

Am letzten Abend (30. Juni) in Weimar war Meister noch in Belvedere beim Großherzog. Dort verkühlte Er sich und sagte mir des andern Morgens

[98] Der spätere Kaiser Friedrich.

um $^1/_2$ 5 Uhr: Er verspüre Husten und Erkältung. Doch war der Husten nicht bedeutend und Meister auf der ganzen Fahrt nach Bayreuth, die ich mit Ihm machte, sonst sehr wohl und ausgezeichnet aufgelegt.

Auf der Fahrt von der Eisenbahn-Station Rédange [Rodange] zum Schlosse Colpach per Wagen hat Er sich das zweite Mal (ohne Plaid auf den Füßen und bei offenem Wagenfenster!) verkühlt, wie Er mir selbst hier erzählte. Des Weiteren noch zwei Male bei Munkácsy's. Er schrieb mir von dort, es gehe Ihm leidlich. –

Hier kam Er mit furchtbar trockenem Husten an – drei Tage nach Seiner Ankunft brach die Lungenentzündung aus. Er delirirte sehr viel – Samstag war Er vollkommen bewußtlos. Hätte Er nicht Donnerstag geradezu nach mir verlangt – ich hätte Ihn, seit er das Bett hüten mußte, nicht mehr lebend gesehen. Man wurde von dem Moment an, als Er im Bette war, nicht mehr zugelassen. Und Er, der Über-Gütige, war so lieb und gut! –

Der ganze Vorgang während der Krankheit und erst nach dem Tode, hat nur grenzenloses Staunen und tiefe Bitterkeit in mir erzeugt. Am Friedhofe von Bayreuth liegt nun der Einzige da, wie all' die Hohlköpfe ringsum.

Der Großherzog – – Schweigen.

Ich muß Ihnen Alles mündlich erzählen, ich lechze danach, bei Ihnen endlich meine Gefühle nicht verrathen zu wissen. Ich muß Sie sprechen .....

In Weimar hat sich ein Testament vorgefunden aus dem Jahre 1861, wonach die Fürstin – Gott sei's gedankt – Universal-Erbin ist.

In aufrichtigster Verehrung

Bayreuth, 5. Aug. 86. A. Göllerich.

Herrenalb, 10. August.

Unbegreifliche Dinge! –: der Großherzog in seiner Unentschiedenheit, die ihm schon so manchen nicht zu reparirenden Streich gespielt hat, reklamirt nicht die irdischen Reste des Meisters, der über vierzig Jahre der Ruhm und Glanz seiner Residenz gewesen, der ihr eine zweite, in seinem Namen sich verkörpernde Kunstepoche geschaffen hat, für die Fürstengruft Weimar: er überläßt die Bestimmung über sie der Tochter dieses Mannes, als handle es sich um eine private Familienangelegenheit – Frau Wagner öffnet ihnen nicht die Gruft Richard Wagner's: sie bestimmt, sie hinauszutragen in den offenen und öffentlichen Kirchhof des Städtchens Bayreuth, das von dem entschlafenen Großen kaum anderes weiß, als daß er der „Schwiegervater Wagner's" gewesen – die Fürstin will sie bei den Franciscanern zu Budapest geborgen wissen.

Nach künstlerischem Gefühl und künstlerischer Logik gehört des Meisters Leiche in die Fürstengruft zu Weimar neben Goethe und Schiller, oder nach Bayreuth neben seinen großen Kunstbruder und Zeitgenossen Richard Wagner. Und sollten einer Beisetzung an letzterer Stätte staats- oder kirchenrechtliche Paragraphen entgegen stehen, so würden diese sicherlich jetzt ebenso gut zu einer Ausnahme sich gestalten lassen, wie einst auch gegenüber Richard Wagner.

Es beleidigt das Gefühl, Ihn dort zu wissen, wo man ihn hingelegt, trotzdem mehrere seiner Stellung zu Kunst und Welt angemessenere Ruhestätten vorhanden sind – es erscheint unstatthaft, daß die irdischen Überreste einem Städtchen übergeben wurden, zu dem er nie weder künstlerisch noch persönlich in näherer Beziehung gestanden hat. Sollte die Gruft zu „Wahnfried" ihnen verschlossen bleiben, dann hätte die Tochter Liszt's sie Weimar übergeben und dem Großherzog in seiner Rathlosigkeit helfen müssen.

Noch ist die Sache in der Schwebe und eine Überführung der Leiche nach Weimar oder Pest nicht unmöglich. – Wie oft muß ich der Fürstin gedenken, die mir einstmals schrieb: „– – ob das Räderwerk, wenn noch so fein und stark gebaut, nicht einmal stille steht – und Liszt stirbt auf irgend einer Station wie ein Postpferd." –

Außer den des Meisters letzte Ruhestätte betreffenden Unbegreiflichkeiten giebt es noch andere! Aus Weimar schreibt man mir von unterrichteter Seite, „daß es nur der Vermittelung der Baronin v. Meyendorff zu danken sei, wenn eine große Taktlosigkeit seitens des Hof-Amtes nicht zur Ausführung kam. Die Baronin erfuhr nämlich von der Absicht, daß Liszt's Wohnung geräumt werden solle. Sie telegraphirte sofort an den Großherzog, der zur Zeit in Wilhelmsthal sich befindet, und bat um seine Gegenordre. Seine Antwort kam umgehend, daß ‚nichts berührt werden solle', und Baronin v. Meyendorff kam gerade noch recht in die Hofgärtnerei, um einen Troß von Leuten, welche schon begonnen hatten im Eßzimmer auszuräumen auf Großherzogs Befehl fortzuschicken und von neuem die abgenommenen Siegel anlegen zu lassen."

„Daß" – schreibt man mir weiter – „die Stimmung bei der Beerdigung Liszt's in Bayreuth gegen Frau Wagner keine gute war, wird immer allgemeiner bekannt. Daß sie ihren großen Vater nicht neben ihrem großen Todten in ‚Wahnfried' beerdigen ließ, bleibt Allen unbegreiflich. Wir alle meinen: dann hätten die Wünsche schweigen müssen, die von so verschiedenen Seiten an den Besitz der irdischen Überreste Liszt's geknüpft worden sind. Daß man aber doch in Bayreuth an eine mögliche spätere Überführung gedacht hat, zeigen die Vorbereitungen. Ein Metallsarg in einem gemauerten Gewölbe stehend, läßt eine Änderung leicht zu." –

In Bayreuth bereitete am 4. August ein Brief des Großherzogs an den Intendanten seines Hoftheaters, Freiherrn v. Loën, der den Großherzog auch bei der Beerdigung vertreten, Sensation bei den anwesenden Künstlern. Derselbe lautet:

„Das traurige Ereignis, das Sie nach Bayreuth gerufen, die Allgemeinheit des Antheils, dessen Ausdruck an mich herantritt, haben in mir die Sorge erstehen lassen, ob der Augenblick nicht der günstige wäre, der Erinnerung Liszt's ein Denkmal zu errichten. Nicht ein lebloses aber, sondern ein lebendes. Den neuen [Allg.] Deutschen Musikverein hatte der Meister gegründet, um seiner Kunst neue Bahnen zu öffnen; mich hatte er zu seinem Protektor gemacht; in des Meisters Richtung weiter seine Kunst zu fördern, ist also meine Pflicht. Deshalb möchte ich eine Liszt-Stiftung zur Förderung der neuen deutschen Musikrichtung gegründet sehen, durch welche Schüler und Schülerinnen unterstützt würden durch Prämien, Stipendien und so weiter, welche würdig befunden wurden, jenem Zwecke zu dienen. In Weimar würden sie durch die bedeutendsten musikalischen Kräfte Deutschlands alljährlich geprüft werden, in Weimar müßte der Sitz der Leitung der Stiftung für immer sein, in dem Saale der Orchester-Schule die Prüfung, in der Wohnung Liszt's die Sitzung der Oberleitung.

Theilen Sie doch, lieber Freund, diesen Gedanken der jetzt in Bayreuth versammelten Künstlerschaft mit, fordern Sie sie auf, im Andenken an unsern Meister für das Unternehmen zu wirken durch Vorstellungen und Concerte; schmieden wir das Eisen, so lange es warm ist. Dies Alles in meinem Namen. Sie, nur Sie allein am besten, können dies Alles ins Leben rufen, und zwar jetzt, in Bayreuth. Deshalb bat ich Sie telegraphisch, daselbst bis zum Empfange dieses Briefes zu verbleiben. Möge Gott seinen Segen geben. Im Sinne Liszt's ist es gehandelt."

Freudigst begrüßten die Künstler die so richtig gefühlten und gedachten Worte des Großherzogs, warteten aber vergeblich auf den Nachsatz, der ihnen mittheilen würde – : mit welcher Summe er selbst seinen Vorschlag in That umzusetzen gedenke und den *fond* begründe.

Herrenalb, August.

Die Fürstin krank – nur eine Visitenkarte mit wenigen, aber verständlichen Worten bringt mir Nachricht von ihr:

Liebe Frl. Ramann –

Ich danke Ihnen für Ihre Anhänglichkeit an Ihn – Ihre Bewunderung und wahres Verständnis seines Genies. Ich bin im Bett und kann nicht mehr schreiben. – Sie haben es verstanden.

Ich erwiderte:

Hochverehrte Fürstin –:

Die Treue, die Sie mir zusprechen dem Verewigten gegenüber, habe ich gleicherweise Ihnen bewahrt: denn jene besiegelt diese. Und jetzt in dem Moment, wo so Schweres noch von Ihnen zu vollbringen ist – für Ihn! – zwingt es mich, Ihnen ohne Rückhalt auszusprechen, daß wenn es in meinen Kräften liegen sollte, Ihnen behülflich zu sein, ich Sie bitte, über mich zu verfügen.

Mache Gott Sie bald gesund!

In tiefster Verehrung

Herrenalb i/Sch. L Ramann

Nach einigen Tagen erfolgte – wieder auf einer Visitenkarte ihre Rückäußerung[99]:

„Herzlichen Dank
Es wird sich zeigen."

– –

Herrenalb, August.

Göllerich war eine Woche mein Gast. In dieser Zeit erzählte er mir eingehend von des Meisters Erkrankung, seinen Besuchen in Colpach und Bayreuth, und von ihrem unerwarteten Ausgang. Das Wesentliche seiner Mittheilungen, die seine brieflichen ergänzen, sei in folgendem festgehalten.

Als Liszt am 30. Juni in Weimar mit Ordnen seiner Bücher, Manuskripte, mit Verbrennen vieler Briefe u. dgl. Dingen, die man vor einem Domicilwechsel vorzunehmen pflegt, fertig war, kam Freiherr v. Loën mit einer Droschke, um ihn nach Belvedere zum Großherzog abzuholen. Jedenfalls hatte er sich erhitzt und war nicht genug abgekühlt, als er die kleine Farth unternahm.

Andern Morgens war das erste, was er Göllerich sagte: »Ich habe mich gestern Abend erkältet und habe Hustenreiz, was mir für die Reise sehr unangenehm ist.« Unterwegs nach Bayreuth zur Vermählung seiner Enkelin hustete er mehrmals, hatte auch Auswurf, aber wenig.

Ohne diese erste Erkältung überwunden zu haben, kam er nach Colpach. Hier erkältete er sich (wie Göllerich mir schon geschrieben) zum zweiten

[99] Später: Diese Zeilen waren die letzten, die ich von der Fürstin empfangen sollte. [S. die Faksimile-Beilage.]

Fürstin Carolyne von Sayn-Wittgenstein
Letzter Gruß an Lina Ramann
Rom, 7. September 1886

Mal im Wagen auf dem Weg von der Eisenbahnstation zum Schloß, wo ihm die Decke von den Knien geschlüpft war, ohne daß er oder Jemand anders es beachtete. Das Wagenfenster war heruntergelassen – ihn fröstelte. Frau Munkácsy aber klagte über Hitze – : die Fenster blieben offen.

Seine dritte Erkältung holte er sich an einem nebligen, nassen Morgen, an welchem ihn niemand vom Besuch der Kirche zurückzuhalten vermochte; die vierte endlich zog er sich in einer Nacht zu: ihn dürstete und, um seinen Diener nicht zu wecken, stand er selbst vom Bett auf und holte die Flasche Selterswasser, die vor dem Fenster stand. So wuchs die Erkältung und der Husten nahm zu. Dabei wurde in Colpach sein fatalistischer Glaube an die Heilkraft des Cognac von neuem angefacht; seine Freunde, sogar der Arzt, empfahlen ihm solchen, und so nahm er denn wieder seine Zuflucht zu dem ihm so schädlichen Alkohol – ja, jene sandten ihm noch mehrere Flaschen nach Bayreuth, welche jedoch von ihm unberührt blieben. Dort, in Colpach, nahm Liszt auch viele Medicin ein.

Trotz seines zunehmenden Unwohlseins blieb der Meister im Geleise seiner starken Natur. Er empfing und schrieb viele Briefe, hiebei unterstützt von seinem Schüler Stavenhagen. Seine Gemüthsstimmung blieb, nach Aussage seines Dieners, „ausgezeichnet aufgelegt". Außer ihm war noch Kardinal Haynald Gast im Schloß – man blieb lang auf, er war mittheilsam, heiter, voll Anekdoten und witziger Einfälle. – Seine Lektüre während dieser Wochen war „Franz v. Assisi" von Dr. Henry Thode, was Göllerich schon in Weimar ihm vorzulesen begonnen und in Bayreuth fortgesetzt hatte, ohne daß er damit zu Ende gekommen war. An Stelle seiner las jetzt Stavenhagen vor. Der Meister hatte für die Dauer der Colpach-Reise diesem Schüler, mit dem er auf der Hinreise am 5. Juli in Frankfurt zusammentraf – das Ehrenamt eines begleitenden Sekretairs, der ihm früh das Brevier, überhaupt vorlese, bei der Correspondenz behülflich sei u. dgl., übertragen. Nach seiner Rückkunft in Bayreuth, wandte sich Liszt im Beisein Stavenhagen's an Göllerich mit der Bitte: ihm nächsten Morgen des Brevier zu lesen. »Ich habe so lange nicht gebetet«, sagte er, schwermüthigen Klang in der Stimme.

Den Tag der Abreise von Colpach hatte Liszt auf den 19. Juli angesetzt. Angesichts seines Zustandes wollten ihn Munkácsy's nicht reisen lassen, der Arzt ebenfalls nicht. Aber nur einen Tag ließ er sich abringen. Er beharrte darauf, reisen zu müssen: er werde in Bayreuth erwartet. Und so schied er am 20. Juli. In Frankfurt übernachtete er.

Es unterliegt keinem Zweifel: die Colpacher Erkältungen bargen seinen Todeskeim – –

In Bayreuth kam Liszt Mittwoch, den 21. Juli Nachmittags 3½ Uhr an mit sehr starkem Husten: die Folge seiner Erkältungen, und mit stark geschwollenen Füßen: die Folge des Cognac, – : wie verschieden von seiner Ankunft drei Wochen zurück am 1. Juli! Damals – es war an einem Donnerstag – hatte ihn am Bahnhof das Brautpaar (Daniela und Thode), die anderen Enkelinnen und Siegfried (seine Tochter war zur Zeit bei einer Probe im Festspielhaus) bewillkommt, und er fühlte sich kräftig genug, seine Enkel, die an dem „Großpapa" in der Art, wie man mit schwachen Greisen umzugehen pflegt, herumtätschelten, abzuschütteln. Stolz und kühl bestieg er den Wagen zu seiner Wohnung in der Försterei nächst „Wahnfried". Wohl hatte seine Tochter ihn eingeladen, hier abzusteigen, was er aber entschieden ablehnte – jedenfalls aus dem würdevollen Stolz nicht von Räumen Besitz ergreifen zu wollen, in welchen die Künstler gewohnt waren, von Rich. Wagner als Oberhaupt empfangen zu werden – nicht unmöglich auch, daß bei dieser Ablehnung jene von ihm in Ehren gehaltene Bestimmung seiner Tochter mitsprach, die vor drei Jahren nach der Katastrophe in Villa Vendramin sich dahin äußerte: den Besuch ihres Vaters für jetzt und immer mit dem, einem Gelübde gleichen Vornehmen zurückzuweisen, fortan nur mehr dem Schmerz um ihren großen Todten dienen zu wollen – ebenso möglich, daß das Gefühl mitwirkte, das da nicht geniren und nicht genirt sein will. Doch – : wer kann die Fäden sichten, die unsichtbar im geistigen Getriebe der menschlichen Natur sich verstärkend ineinander weben?! ......

Des Meisters Aufenthalt währte damals bis Sonntag, den 4. Juli *incl.* Er befand sich – den leichten Katarrh abgerechnet – sehr wohl, wohnte den Vermählungsfestlichkeiten bei, war feierlich gestimmt, sehr heiter und freute sich auf seine Rückkunft.

Und nun! Nach seiner jetzigen Ankunft legte er sich sofort ins Bett. Abends gegen 8 Uhr aber ließ er sich ankleiden und begab sich hinüber nach „Wahnfried", wohin ihn seine Enkel Eva und Siegfried abholten. Trotz heftigen Hustens verbrachte er den Abend im Familienkreis. Auch die Fürstin Hatzfeld, deren Schwerhörigkeit die Unterhaltung für Liszt sehr anstrengend machte, war zugegen.

Am nächsten Morgen (Donnerstag, den 22. Juli) $^1/_2$7 Uhr las Göllerich dem Meister aus dem Brevier vor, wurde aber durch die Ankunft seiner Mitschülerin Lina Schmalhausen unterbrochen, die in Folge einer Depesche Liszt's sich in Bayreuth einfand. Diese beiden Menschen waren während der nächsten Tage am meisten, auch mit hingebendem Herzen, in des Meisters nächster Nähe. Er befahl Kaffee für Beide, als in diesem Augenblick seine Tochter eintrat, um ihr Frühstück bei ihm einzunehmen. Er stellte ihr Beide vor: Fräulein Schmalhausen, die er ihr bereits in Palermo empfohlen, und den „Vegetarianer Göllerich", wie er ihn des öfteren benannte. Ein Kopfnicken seitens Frau Cosima's beendete die Vorstellung. Beide wollten gehen – aber: »Bleiben Sie ruhig«, sagte Liszt gütig. Frau Cosima's Gesicht jedoch blieb kalt, starr, kein Wort der Ermuthigung entfiel ihrem Munde. »Schön« – moderirte er jetzt – »aber kommen Sie bald wieder.« Die Gesichtszüge seiner Tochter blieben wie vordem. Seit Wagner's Tod, sagt man, habe eine Erstarrung sich ihrer bemächtigt, die keine Theilnahme, keine innere Erregung, welcher Art sie auch sei, sichtbar werden lasse. Man sieht ein Marmorantlitz mit verschärftem Lisztprofil, dessen Charakter des Seltsamen, Erdexotischen das kurz geschnittene und ergraute Haupthaar noch mehrt. – Von diesem Tage an kam sie allmorgentlich um 5 Uhr früh, vom Festspielhaus, wo sie sich während der Vorstellungen einquartirt, und blieb bis gegen 8 Uhr bei ihrem Vater. Meistens trank sie hier den Kaffee, der ihr von „Wahnfried" herübergebracht wurde.

Vormittag und Nachmittag waren die genannten Beiden – Göllerich und Schmalhausen – um den Meister, und lasen oder plauderten ihm allerlei vor. Dabei lag er auf einer *chaise longue,* wie es schien schlummernd, hörte aber doch zu, bemerkte jede Pause und bat fortzufahren. Trotz qualvollen, krampfartigen Hustens ging er Mittags zum *déjeuner* der Fürstin Hatzfeld, des Abends zum *dîner* in „Wahnfried". Im Laufe des Tages nahm er auch einige Besuche entgegen – Nachmittags war eine kleine Whistparthie.

Der Freitag (23. Juli) glich in seinem Verlauf dem vorigen Tag, ebenso der Samstag und Sonntag. Die Besucherzahl mehrte sich, dabei wurde der Husten zum Erschrecken heftig; so heftig, daß er bei seiner Whistparthie am Samstag, zu der sich Lassen, Leßmann, Siloti, Sophie Menter und andere Künstler zusammengefunden, der Hülfe bedurfte, um seine Karten zu ordnen und zu halten. Trotzdem raffte er sich Mittags und Abends zu den Mahlzeiten zusammen und erschien in „Wahnfried".

Am Freitag hatte er der Eröffnung der Festspiele (mit „Parsifal") beigewohnt.

Da sich der Zustand des Meisters nicht zum besseren wenden wollte, sandte ihm seine Tochter ihren Arzt Dr. Landgraf. Dieser verschrieb ihm Medicin, „zwei Mal des Tags zu nehmen". Charakteristisch für die medicinische Einsicht des Meisters dürfte sein, daß er sie „zweistündlich" nehmen wollte, damit sie schneller helfe. »In letzter Zeit«, äußerte er gegen Göllerich – »habe ich so viel Medicin genommen, daß ich möglicherweise noch zur Homöopathie übergehe.« – Am nächsten Morgen kam der Arzt wieder. Er fand den Zustand des Meisters nicht bedenklich, erlaubte ihm die Festvorstellung („Tristan") Sonntag, den 25. Juli zu besuchen; nur empfahl er ihm Ruhe, keine Besuche zu empfangen und nicht zu sprechen, damit sich keine Lungenentzündung entwickele.

»Ich glaube – ich habe sie schon«, murmelte er, als der Arzt, zu dem er geringes Vertrauen hegte, sich entfernt. Nun hielt er sich ruhig, gestattete nur wenigen Personen auf einige Minuten Zutritt, ging nicht zu Tisch, sondern erbat sich sein Essen auf's Zimmer und schlief des öfteren. Dabei ließ er sich vorlesen (aus Wagner's Schriften); doch dürfte es mehr die der Pflege der Gewohnheit entspringende Beruhigung gewesen sein als die geistige Theilnahme am Stoffe selbst, was ihn zum Verlangen nach Lektüre noch trieb. Obwohl er sich den ganzen Tag für den Abend geschont, hatte er eine tiefe Ermattung doch nicht überwinden können, und es kostete ihm große Anstrengung, sich für das Festspiel bereit zu machen. Und doch hätte er es nicht versäumen mögen: als Präsident desselben erschien es ihm ein unerläßliches Ehrengebot anwesend zu sein: darum war er ja nach Bayreuth gekommen. Was und wer hätte ihm auch die Nothwendigkeit, sich auf einige Tage ausschließlich und ohne andere Rücksicht als die auf sich selbst sich der Pflege seiner Gesundheit hinzugeben, begreiflich machen können? Der Arzt hatte ihm den Besuch des Festhauses unter den leicht zu erfüllenden Einschränkungen genehmigt – der Diener, der wohl dazwischen brummte und raisonnirte, hatte kein Recht mitzureden – die jungen Leute aber, die ihn umgaben, waren zu unerfahren, um ernsten Besorgnissen Raum [zu geben] und sorgsamer Krankenpflege sich widmen zu können – und seine Tochter, die erfahrene Frau, der allein ein Machtwort abverlangt werden durfte, war zu sehr von den Festspielen in Anspruch genommen und hatte von dieser Seite her zu große Pflichten, um den einfach-menschlichen und natürlichen Gefühlen sich überlassen zu dürfen. Nach solcher Richtung hin – in dem Festhalten einer Pflicht – war sie die ächte Tochter ihres Vaters; sie fühlte sich als die Testamentsvollstreckerin der Kunstreformen Richard Wagner's: hier lag ihre Lebensaufgabe, ihre erste Pflicht, ihr Wille, wohl auch ihr Herz. ... Um die Vorstellung nicht durch Hustenanfälle zu stören, veranlaßte Frau Wagner den Arzt (Dr. Landgraf), ihrem Vater vordem ein Morphiumpulver zu geben.

Und so wohnte der greise Meister der Vorstellung wirklich bei, mühsam, dazwischen hustend und halb schlafend, bis zum Schluß.

Es war der letzte Tag, den er außerhalb des Bettes zugebracht.

Von Montag Nachmittag, den 26. Juli an, lag er.

Bis da war Göllerich von Früh bis Abend, wenn auch nicht stets direkt um ihn, doch im Vorzimmer oder in dem des Kammerdieners, damit er ihm stets zu Diensten sein könne. Nun mußte er selbst, steif an Rheumatismus, das Bett hüten. Als er Mittwoch, am 28. Juli, wieder in der Försterei erschien, delirirte Liszt bereits, hatte aber noch vollständig lichte Momente. Inzwischen (Montag und Dienstag) war die früher genannte Schülerin mehrere Stunden des Tags bei ihm, las ihm vor, spielte mit ihm *Piquet* und *Écarté*, und suchte ihn zu zerstreuen. Aber er war für jede Unterhaltung zu schwach und verfiel sogleich in Schlummer, wobei er nach ihrer Hand griff und sie fest hielt. Jedenfalls war das beruhigend für ihn; denn als sie vermeinte, er schlafe, und sie ihm dieselbe zu entziehen suchte, ward er unruhig und tastete nach ihr bis er sie wieder in seiner hielt. So schlummerte er ruhig weiter.

Das Fieber mehrte sich und Frau Cosima berief telegraphisch Dr. Fleischer aus Erlangen, welcher Dienstag ankam und eine bereits seit einer Woche bestehende Lungenentzündung constatirte. Der Zustand, erklärte er, sei nicht hoffnungslos. Er heischte vor allem große Ruhe, möglichst wenig zu sprechen. Mittwoch reiste er wieder ab. Nun befahl Frau Wagner, daß Mihály Niemand mehr vorlasse – Niemand.

Der so eben angekommene Stradal, auf dessen Ankunft sich der Meister gefreut und noch tagsvordem gegen seinen Diener geäußert hatte: »Jetzt wird bald der Stradalus eintreffen, um mich nach Kissingen zu begleiten«, wurde in Folge dieses Verbotes ebenfalls nicht vorgelassen. Er aber konnte sich nicht vom Försterhaus trennen und blieb, nur um dem geliebten Meister nahe zu sein, im Zimmer des Dieners. Auf vieles Bitten ließ ihn dieser durch die offene Thüre den Schlummernden sehen. Eine Viertelstunde stand er so – der Scheidende lag bewußtlos schlummernd. „Doch", schrieb mir Stradal – „müssen es angenehme, freundliche Träume gewesen sein, die an ihm vorüberzogen, denn sein Antlitz lächelte und die Züge seines Gesichtes boten einen freundlichen und verklärten Ausdruck." –

Lina Schmalhausen stand jetzt – leider! – ebenfalls dem Krankenlager fern, obwohl sie während des letzten Winters in Rom und Budapest tagtäglich um ihn gewesen, seine Gewohnheiten genau kannte, ihn mit ihrer urwüchsigen Art gern erheiterte und sich gewöhnt hatte, die kleinen Dienstleistungen zu erweisen, die in der weiblichen Hand liegen und dem Alter über seine Hülflosigkeit hinweghelfen. – Jetzt, im Salon neben dem Schlaf- und Krankenzimmer, waren abwechselnd und vorübergehend die Enkelinnen Eva und Isolde, denen dazwischen Stavenhagen, der mit Thode befreundet ist und in Folge dessen mit der Wagner-Familie verkehrt, Gesellschaft leistete. Im Delirium, wie in lichten Momenten, verlangte er nach »Lina« – aber sein Ruf verhallte, und der große Künstler und Mensch mit dem liebesäenden und liebebedürftigen Herzen blieb in seinen letzten Tagen und Stunden wesentlich in den Händen eines bezahlten Dieners unter der Anordnung und Bewachung von Verwandten, die ihn nie erkannt und nur in den Weihefestspielen ihren Lebensinhalt und ihre Lebensaufgabe erblickten. Fräulein v. Schorn, die zu den Festspielen gekommen war, hatte sich bei Frau Wagner erboten Nachtwachen zu übernehmen, was diese ablehnte mit dem Bemerken: daß, „falls Nachtwachen nöthig werden sollten, die Familie selbst doch dafür Sorge tragen würde".

Nun saßen die jungen Mädchen im Salon. Draußen aber auf der Terrasse, welche nur eine Glastür vom Krankenzimmer trennte, saß unbemerkt von

Allen die ausgeschlossene Schülerin, hörte ihren Namen rufen, sah ins Zimmer und spähte.

Der Sterbende lag meistens allein in seinem Gemach. An den folgenden Nachmittagen und Abenden saßen im Salon an Stelle der Enkelinnen Göllerich und Stavenhagen, auch der Maler Paul v. Joukowsky. Das Dienstmädchen der Försterfamilie wachte Freitag an seinem Bett.

»Wäre ich nur anderswo krank geworden«, hatte der Meister schon mehrfach geäußert – »aber hier gerade aufzusitzen, wo Alles zusammenströmt, ist zu dumm.«

Was unter den obwaltenden Umständen für ihn zu thun möglich war, geschah seitens seiner Tochter – ja, sie leistete übermenschlich viel. Sie scheute nicht davor zurück, obwohl todtmüde, noch nach den Vorstellungen im Försterhaus zu erscheinen. Donnerstag, den 29. Juli, ließ sie sich eine Schlafstätte im Salon richten, den Diener beorderte sie, am Krankenlager zu wachen. Nachts gegen 12 Uhr kam sie vom Festspielhaus, Früh 5 Uhr ging sie wieder zurück. Auch im Laufe des Tages eilte sie mehrmals an das Bett ihres Vaters. Seine augenfällige Schwäche und sein heftiges Deliriren ließen sie nochmals telegraphisch Dr. Fleischer rufen. Samstag Nachmittag traf er ein.

Am Freitag (30. Juli) hatte Liszt noch lichte Momente.

»Mihály, wie viel Uhr?« fragte er und richtete sich im Bett empor.

„Neun Uhr, Ew. Gnaden."

»Heute geht es mir sehr schlecht – ist heute Donnerstag?«

„Nein, Freitag."

»O, Freitag«, sagte er leise und bedeutungsvoll, und sank zurück in seine Kissen.

– –

In dieser Nacht gegen 2 Uhr dem Morgen zu war es, daß der Herzkrampf ihn packte und er unter der furchtbaren Gewalt desselben die stöhnenden Schreie ausstieß, die das Haus durchdröhnten und weithin schallten. Dabei sprang er aus dem Bette und drückte die Hand gegen das Herz. Sein Diener versuchte ihn zurück auf sein Lager zu bringen – seine Kräfte reichten aber nicht aus. Eine halbe Stunde währte das Stöhnen. Seine Tochter hatte sich angekleidet und nach dem Arzt gesandt. Als Dr. Landgraf kam, lag er regungslos querüber auf dem Lager – eiskalt. Dieser hielt ihn bereits für todt. Nach langem Frottiren jedoch kehrte das Leben zurück. Zum Bewußtsein kam er nicht wieder.

An diesem Tag – es war Samstag, der Tag, an dem die Bühnenvorstellung ausfiel – wich des Meisters Tochter nicht von seinem Bette. Die in „Wahnfried" übliche musikalische Abendunterhaltung wurde jedoch abgehalten. Nachmittags erschien Dr. Fleischer. Es hieß: der gebe noch nicht alle Hoffnung auf, in der Folge der Nacht läge die Entscheidung. Unerfahrene

hofften – die Erfahrenen wußten das Wort zu deuten. Als Dr. Fleischer an das Bett des Patienten trat, schien sein Bewußtsein zu erwachen: er reichte ihm die Hand und bewegte die Lippen, als wolle er sprechen – seine Tochter beugte sich über ihn, seine Worte aufzufangen, aber er brachte nichts mehr hervor. Gegen Abend ward sein Athem immer schwerer – gegen 9 Uhr begann die Herzthätigkeit auszusetzen – das Röcheln hörte auf. An seinem Lager saßen Frau Wagner und der Erlanger Arzt, im Hintergrund des Zimmers Dr. Landgraf. Auch ein Chirurg, Namens Schnappauf, war anwesend und mit Injektionen beschäftigt. Dr. Fleischer fühlte von Zeit zu Zeit nach dem Puls – – gegen 11 Uhr stand er still ....
– –
– –

Bald darnach, ½ 12 Uhr, stürzte Mihály zu den Schülern (Göllerich, Stavenhagen und Stradal): „Er ist schon gestorben!“ schrie er beständig, die Hände ringend wie tobsüchtig. Joukowsky, der auch bei Fröhligs wohnte, nahm die rathlosen jungen Leute auf sein Zimmer.

Unten aber an der Hausthür standen Siegfried und Eva, um Jedermann die Thüre zu wehren. Auf der Straße im Dunkel der Nacht wogte es auf und ab – die Künstler kamen in Schaaren, flüsternd und sich dem Hause zudrängend –

Am Lager des dahingeschiedenen Unsterblichen kniete seine Tochter, eine seiner Hände in der ihren. Starr hing ihr Blick daran. Dann legte sie sie unter die Decke und streichelte sanft seinen Oberarm. Mit gefalteten Händen kniete sie vor dem Lager. Einigemale legte sie sich mit ihrem Körper schräg über das Bett, als wolle auch sie hier ruhen, raffte sich aber wieder auf und setzte sich, die Hände faltend, auf einen Stuhl am Fußende dieser letzten Ruhestätte. So schlief sie ein.

Auf der Terrasse aber, in Decken gehüllt, wachte voll Angst und Sorge immer noch die von ihm nach Bayreuth Gerufene – wie sie es in ihren mir übergebenen Tagebuch-Aufzeichnungen niedergelegt hat. Sie sah alle Vorgänge und deutete sie als Zeichen der überstandenen Krisis. Sie ahnte nicht, daß da drinnen die Frau mit dem Marmorgesicht schon die Todtenwache hielt, und schlich sich, als der Morgen graute, sogar hoffnungsfroh nach Hause. –
– –

Sonntag Früh wurde der Leichnam aufgebahrt und von zehn Uhr an ausgestellt. Der Meister war ohne Sterbsakramente entschlafen.

Die Aufbahrung fand in dem Zimmer statt, wo er, der Größten Einer, seine Seele ausgehaucht. Es war schwarz behangen – viele Kerzen brannten – Palmen und Blumen schmückten den ernsten Raum. Die Bahre stand in der Mitte des Zimmers, ihr zu Häupten die Büste Wagner's, zu Füßen ein großes Crucifix. Auf der Bahre lag friedlichen Ausdrucks, die Züge verjüngt, der Meister – eine Hand lag auf dem Herzen, sie hielt Vergißmeinnicht. Frau Wagner saß ihm zur linken Seite, ein schwarzer Schleier bedeckte halb ihr Antlitz – hinter ihr standen ihre Töchter Eva und Isolde. Zur rechten Seite stand ihre älteste Tochter Daniela mit ihrem Gatten Prof. Thode, und der junge Siegfried – das Ganze ein künstlerisch abgerundetes Tableau, das unbeweglich bis zwölf Uhr unter starkem Zudrange Kommender und Gehender aller Stände (auch schlichte Frauen aus dem Volke, ihre Kleinen auf dem Arm) in dieser Stellung verharrte. Gerade vor 12 Uhr ward Isolde ohnmächtig. Die Familie zog sich nach „Wahnfried" zurück – vor dem Försterhaus stand Feuerwehr, dem Andrang zu wehren und Ordnung zu halten.

Unter das Crucifix hatte sich L. Schmalhausen geflüchtet, auch sie verharrte hier, bis die Familie sich entfernt hatte. Mit Genehmigung Frau Wagner's war sie es, welche die Vergißmeinnicht in des Meisters Hand noch gelegt. Frau Wagner – die sie betend vor der Bahre gefunden, hatte die Weinende in ihre Arme geschlossen und war gütig gegen sie gewesen. Sie erlaubte ihr, sich eine Locke von dem Haupte des Verblichenen abzuschneiden. Unbesonnen, schnitt sie eine solche an den Schläfen knapp an der Wurzel ab – die Todtenmaske, welche Nachmittags 2 Uhr abgenommen wurde, hat diese Übereilung verewigt.

Von da an hatte niemand mehr Zutritt. Des Abends wurde eine Öllampe neben die Bahre gestellt und die Schüler Stavenhagen, Siloti, Thomán, Göllerich, Stradal, Friedheim, der Vorstand des Leipziger „Liszt-Vereins" Martin Krause, sodann P. v. Joukowsky und endlich der Diener Mihály, hielten im Salon die letzte Ehrenwache.

Montag Vormittag wurde der Sarg geschlossen und, mit Flor bedeckt, hinüber nach „Wahnfried" verbracht, wo der Leichnam im Musiksaal nochmals aufgebahrt wurde. Er verschwand unter der Fülle von Palmen, Lorbeer und Blumen.

Dienstag, am 3. August, war die Beerdigung. Auf den Nachmittag anberaumt, mußte sie am Vormittag statt finden, da die Einbalsamirung der Leiche versagt hatte und zu schnelle Zersetzung befürchtet wurde. Die „Aussegnung" fand im Trauerhaus, kurz ehe der Zug sich in Bewegung setzte, statt. Es fungirte dabei der katholische Stadtpfarrer und geistl. Rath Korzendorfer, assistirt von zwei Geistlichen. Die Aussegnungsworte bildete der 129. Psalm: „Aus der Tiefe rufe ich zu Dir, o Herr" – welcher in deutscher Sprache verlesen wurde.

Einer Bitte seitens der Schüler des Entschlafenen: den Sarg tragen zu dürfen, konnte die Familie Wagner's schon rücksichtlich der großen Entfernung von „Wahnfried" bis zum Stadtkirchhof nicht Folge geben.

Nach ihrer Anordnung sollten sie nach dem Trauerwagen mit den Leidtragenden gehen; Liszt's Tochter war aber, nachdem sie eine einmüthig von denselben schriftlich angebrachte Vorstellung erhalten, ganz damit einverstanden, daß sie zu beiden Seiten des die Überreste ihres Meisters umschließenden Sarges gehend, Fackeln in den Händen, ihm das letzte Geleite gaben.

Anfang September.

„Die Stadt Weimar hat durch ein Schreiben ihres Oberbürgermeisters an Frau Cosima Wagner die Bitte gerichtet, die Leiche Franz Liszt's nach Weimar überführen zu dürfen, mit dem Erbieten: einen Platz neben der Fürstengruft für ein Liszt-Mausoleum zu votiren."

(„N. Z. f. M." No. 36, 1886.)

„Neben" der Fürstengruft? – und der Großherzog? – Hierüber verlautet nichts – –

November.

Die Stadt Bayreuth wünscht ebenfalls, die Überreste des Meisters in ihrer Obhut zu behalten, und erbot sich ein seiner würdiges Mausoleum zu erbauen. Man nennt die Summe von M. 30000, welche sie zu diesem Zweck festgesetzt.

December.

Die Fürstin macht durch ihren juridischen Beirath Dr. Brichta zu Wien im „Budapester Tageblatt" geltend: daß der Meister ihr den Wunsch ausgesprochen habe bezüglich seines Begräbnisses: 1) in der Soutane eines Franziskaners beerdigt, 2) um 5 Uhr Morgens in die Kirche getragen zu werden wie ein Armer, ohne Begleitung, ohne Trauerzug, ohne Musik –, 3) in der Gruft jener Franziskaner zu ruhen, welche ihn in ihren Orden aufgenommen haben.

Über obigen Wunsch Liszt's sprach mir die Fürstin bereits im Jahre 1876.

(Anfang März) 1887.

Endlich ist es entschieden, wo die Asche Franz Liszt's verbleiben soll. Das unerquickliche Zeitungsgeschreibsel, das seit Monat August v. J. an diesem

Schlußpunkt irdischer Tragödie genagt und ihn herumgezerrt hat mit aller Gemeinheit kleinlicher Gesinnung, wird nun – Gott sei's gedankt! – verstummen. Die Erde Bayreuths wird sie bergen: für jetzt und, so weit menschliche Rechenkunst reicht, für immer.

Der Minister-Präsident Koloman v. Tisza gab hiebei gewissermaßen den Ausschlag, indem er eine dem ungarischen Abgeordnetenhaus am 27. Februar 87 unterbreitete Petition: die Heimholung der Asche Franz Liszt's betreffend, ablehnte. Es war das Wort gefallen: das Land solle vor allem die Überreste Rákóczy's aus der Fremde holen, denn Liszt habe nur den Marsch Rákóczy's transkribirt, während Rákóczy selbst der Retter ungarischer Konstitution gewesen sei. Dem Playdoyer Kornél Ábrányi's: daß Liszt der ungarischen Musik in ganz Europa Eingang und Anerkennung verschafft, daß er große Verdienste um die Landesmusik habe und die Heimholung der Überreste des Meisters nationale Ehrensache wäre, erwiderte Tisza:

> „daß Liszt in der That dasjenige, was in Ungarn ungarische Musik genannt wird, verbreitet habe, daß er aber damals, als den Ungarn außer ihrer Musik kaum noch etwas geblieben war, die Welt belehren wollte, daß dies nicht die Musik der Ungarn, sondern die Musik der Zigeuner sei".

Dieser Hinweis auf Liszt's Buch: „Die Zigeuner und ihre Musik in Ungarn" – fasse man dasselbe als Resultat historischer Forschung, als wissenschaftliche Hypothese oder als künstlerische Offenbarung auf – klingt wie ein Hohn auf den Genius selbst. Doch ist es nicht sein Vaterland, das ihn über seinen großen Sohn ergießt – nein, nicht Ungarn: der Partheiführer Tisza hat gesprochen, damit nun aber auch die Sache, um die es sich gehandelt, entschieden.

Der Wunsch und die Bestrebungen der Fürstin, die sterbliche Hülle des Meisters nach seinem ihr ausgesprochenen Willen gebettet zu wissen, ist hiemit ebenfalls vernichtet.

Zwei Dokumente liegen jedoch vor, welche abgesehen von dem Beschluß des ungarischen Abgeordnetenhauses die Überführung der sterblichen Reste des Meisters nach Ungarn schon seit Wochen, vor dem Schlußwort des ungarischen Abgeordnetenhauses selbst, als ziemlich aussichtslos erscheinen lassen. Es sind zwei Briefe Frau Wagner's, die sie laut „Pester Lloyd" vom 27. Februar 1887 an einen Freund in Budapest[100] gerichtet und welche Forderungen oder Bedingungen zur Übergabe der Leiche ihres Vaters, sei es an Ungarn oder an Weimar, aussprechen. Dabei legen sie die ganze Sachlage nebst ihrem Endresultat vollends klar.

[100] Edmund v. Mihalovich (?).

Der erste Brief, datirt Bayreuth am Tage Allerseelen 1886, lautete:

„Meine Entscheidung ist dahin gefallen, daß ich die irdische Hülle meines Vaters hier unter meiner Hut bewahre. Die Gründe äußerlicher Art, welche mich dazu bestimmt haben, kann ich dahin zusammenfassen, daß die verschiedenartigen, an diese Hülle gemachten Ansprüche mir gleichberechtigt erscheinen mußten, und daß die angeblichen Aussagen meines Vaters über seine letzte Ruhestätte durchaus miteinander im Widerspruch waren. Der innere Trieb, welcher den äußeren Umständen die Kraft über meinen Beschluß verlieh, entsprang aus der Beschauung des wunderbaren Geschikkes, welches meinen Vater hier seine Erlösung finden ließ. War er vor Allem Künstler (und dies, glaube ich, wird keiner seiner Freunde bestreiten), so kann auch kein Zweifel darüber herrschen, was sein Kunstideal war und wo dieses verwirklicht ist. Welche persönlichen Ehren – noch so groß und schätzenswerth – könnten für den großen Menschen die Bedeutung haben des letzten Athemzugs, ausgehaucht im Dienste sowohl, als in dem Schutze des Erhabenen. Jener in den Sternen thronende Schutzgeist, welchen einst die menschliche Phantasie als für den armen Sterblichen ohne sein Wissen und Willen Sorgenden sich dachte: ich empfinde ihn hier wirksam wohlthätig, wie beinahe in keinem mir bekannten Fall. Weil ich ihn vernehme und weil ich ihn verstehe, deshalb auch begebe ich mich vertrauensvoll ihm zur Seite und suche sein Werk zu schützen.

Niemand, so meine ich, kann sich bei dieser meiner Handlungsweise verletzt fühlen. Die Idee Bayreuths gehört der Welt an: den Ungarn, unter welchen mein Vater geboren wurde und unter welchen sie treue Verfechter fand, ebensowohl als den Franzosen, bei welchen mein Vater seine erste Ausbildung genoß, als Weimar, wo meines Vaters lebensvollstes Wirken sich die Verwirklichung dieser Idee zum Ziele setzte. Daß mit dieser Ruhe unter dem Schutze einer einen neuen Glauben in sich enthaltenden Weltalls-Idee zugleich auch die einfachsten Bande der Natur zu ihrem schlichten, aber unerschütterlichen Rechte kommen, das dünkt mich die Fügung Gottes, deren Segen unser schweigendes Empfangen erwartet.

Mit der Überzeugung, daß diese meine Worte ein inniges Verständnis bei Ihnen finden werden, ersuche ich Sie, hochgeehrter Freund, meine Entscheidung Ihren Herren Kollegen mitzutheilen und dieselbe mit der Beredtsamkeit des Künstlers zu vertreten.

C. Wagner."

Der zweite Brief, datirt 10. November 1886, knüpft an die inzwischen erfolgte kirchliche Bestattung auf dem Bayreuther Stadtfriedhof an und bezieht sich auf die gegen eine solche erhobenen Bedenken:

Hochverehrter Herr und Freund –:

Ich sehe wohl ein, daß meine Aussprüche nicht deutlich genug gewesen sind, da sie zu Mißverständnissen Veranlassung geben konnten, und muß ich mich dafür entschuldigen.

Meine von Ihnen mir zitirten Worte an S. Eminenz den Herrn Kardinal Haynald habe ich in einer Erwiderung niedergeschrieben. Seine Eminenz hatte die Güte mich darauf aufmerksam zu machen, daß eine streng katholische Bestattung für meinen Vater die richtige sei. Hierauf erfolgte meine durchaus ernst gemeinte Bitte an den hohen Kirchenfürsten: die Angelegenheit selbst in die Hand nehmen zu wollen; denn ein Gebot der Kirche, welcher mein Vater mit ganzem Herzen angehörte, muß von mir unbedingten Gehorsam nach sich führen, und mit tiefer Dankbarkeit würde ich dieses Gebot aus dem Munde des Hochverehrten empfangen, welcher meines Vater Gönner und Freund war. Aber ich wiederhole es, der katholische Kirchenfürst müßte es sein, welcher mir die letzte Ruhestätte meines Vaters als unzulässig auf einem paritätischen Friedhof erklärte.

Auch wenn der Ordensgeneral der Franziskanerkirche mir zu erklären hätte, daß es wünschenswerth erschiene, alle dem Orden affiliirten Mitglieder auf eine bestimmte Weise beerdigt zu sehen, würde ich von Herzen nachgeben, da ich weiß, daß Derjenige, welcher sich einer solchen Korporation nah oder fern anschließt, den Geist und die Wirksamkeit derselben über jede Rücksicht, ja jedes andere Gefühl hoch hält.

Wollen Sie, hochgeehrter Herr, dieses so eben Gesagte recht bestimmt fassen und zugleich von den zwei andern Momenten Kenntnis nehmen, welche ich ebenfalls als mich zur Übergebung der theueren Hülle bestimmen sollenden in das Auge gefaßt hatte. Diese waren erstens das Verlangen Sr. Kgl. Hoheit des Großherzogs von Sachsen, die sterbliche Hülle meines Vaters in der Fürstengruft zu bewahren; zweitens ein von der ungarischen Nation durch ihre Vertretung in beiden Häusern gefaßter Beschluß, das Andenken meines Vaters durch eine feierliche Überführung seiner Leiche von Bayreuth nach Pest zu ehren.

Wären beide Gesuche an mich gelangt, so hätte ich mich jeder Entscheidung enthalten und beide Partheien unter sich sich ausgleichen lassen. In der Form aber, in welcher die Wünsche sich mir kund geben, und namentlich auch angesichts der verschiedenen Aussagen, welche mir als von meinem Vater bestimmt ausgehend berichtet werden, bleibt mir nichts anderes zu thun übrig: als das Geschick, welches meinen Vater hier ausleiden ließ, als entscheidend und bestimmend für seine letzte Ruhestätte zu betrachten.

Ich lege einen Brief hier bei, auf welchen sich eine Bitte des Großherzogs bezog. Das, was ich Ihnen, hochgeehrter Freund, in meinem vorigen Briefe sagte, habe ich dem fürstlichen Herrn, wenn auch in anderer Fassung, ebenfalls mitgetheilt, und glaube ich, daß ein jeder Einsichtige und die Lage der Dinge billig Erwägende es zugeben wird, daß ich hier handle, wie ich nicht anders kann, und wie mein Gewissen und nicht die Eigenliebe es mir vorschreibt. Sollten die ungarischen Freunde meines Vaters zu der Errichtung eines Denkmals hier gern beitragen wollen, so würde dies mir nur willkommen sein können. Ebenso nahm ich die durch Sie an mich gestellte Forderung, so peinlich mir auch die verwehrende Antwort fallen mußte, mit Genugthuung und Erkenntlichkeit als eine hohe Ehrenbezeigung für den Verewigten auf.

Möchten Sie mit dieser Demonstration sich vorläufig ein Genüge gethan haben und fernerhin durch die Aufführung der Werke meines Vaters und die Verbreitung seiner Sinnes- und Gemüthsart jene Gegenwart seines Wesens unter sich schaffen können, welche die wahre und lebendige ist, mir aber überlassen Sie freundlich das fromme Zeichen der Trauer.

In freundschaftlicher Hochachtung und Ergebenheit
C. Wagner.

So weit die Briefe. Beide sind einige Monate vor der Pester Kammer-Verhandlung geschrieben, ohne daß sie das nationale Radwerk in dieser Sache zu einheitlichem Hochschwung getrieben hätten.

Und so bleibt Bayreuth der Sieg.

In Hinsicht aber auf die Briefe selbst: wer möchte nicht den hohen, vornehmen Stolz bewundernd anerkennen, der Seele und Nerv, dem 2ten der Briefe die fürstliche Haltung gab?! So mußte des Großen Tochter sprechen – so sprechen nach des Großherzogs Schweigen, nach dem kleinlichen Partheigetriebe in Ungarns Hauptstadt.

Was aber den 1sten der Briefe betrifft, da wäre entschieden zu protestiren!

Frau Cosima's Argumente, die irdischen Überreste ihres Vaters in Bayreuth zu behalten, sind falsche Argumente: sie wurzeln in dem vollständigen Verkennen des Genius ihres Vaters. Sie inkorporirte ihn der „Weltall-Idee Bayreuths" – unter ihrem Banner mußte Liszt selbst seine „Erlösung" finden.

Nein, nein! – : sein Genius war nie abhängig von da, und seine Ziele gingen über Bayreuth hinaus: er steht, ein Ebenbürtiger und Selbständiger, ergänzend neben Wagner wie Schiller neben Goethe, und nicht anders.

Und wie die Zusammengehörigkeit der letzteren Beiden durch ihre Vereinigung in einer Gruft noch nach ihrem Tode gleichsam besiegelt war, so gehört Franz Liszt neben oder in die Gruft Richard Wagner's: der Stadtkirchhof Bayreuths hat nichts mit der „Weltall-Idee" gemein, so wenig als sich Liszt's Kunstideale denen Wagner's ohne weiteres einfügen oder einverleiben laßen.

Solches ist Wagner-Kultus, zu dem Liszt nimmermehr als Material verwerthet werden dürfte – – –

Mit Tisza's Abweis der Budapester Petition sind zugleich die Bestrebungen der Fürstin, dem Wunsche des Meisters Geltung zu gewinnen, aufgehoben. Die schwer Geprüfte! – – es trifft sie Schlag auf Schlag ....

11. März 1887.

Welche Lösung! Sie, welcher meine letzten Worte galten, ist nicht mehr...... Am 9. März schloß sie ihre Augen für immer .... Ihr großes, treues, schmerzdurchbohrtes Herz konnte die Trennung von Ihm nicht lange ertragen ....

Mit ihr sinkt der letzte Rest einer Tragödie des Herzens und des Geschicks voll menschlicher Irrthümer und doch von seltenster Größe und Erhabenheit ....

Friede und Ruhe den Beiden!

Fragezettel

Ramann – Liszt

No. 1/[August] 1874

	Hierher bitte ich die Antwort zu setzen!
Wie hieß Ihre Frau Mutter mit Vor- und Zunamen?	Anna Lager (in Unter-Oesterreich geboren[)]; in Paris 66, gestorben.
Wie deren Vater? Was war er? Wo lebte er?	Mein Vater war ein sehr tüchtiger und rech[t]schaffener Beamter und diente dem Fürstenhause Esterhazy als Rechnungsführer. Auch als Musiker zeichnete er sich aus, spielte mehrere Instrumente (Clavier, Violin, Cello und Guitare) und während der Glanzperiode der Esterhazy'schen Kapelle Ende des vorigen und Anfangs dieses Jahrhunderts befreundete er sich mit Haydn, Hummel, und wirkte häufig als Dilettant in der Kapelle mit
Wann componirten Sie Ihre Etuden op. 1 und wo wurden sie **zuerst** verlegt?	in Marseille 27, geschrieben, und bald darauf in Paris erschienen.
In welche Zeit fällt die erste und in welche die zweite Umgestaltung derselben?	Die 1te; 37, (Italien) die 2te 49, Weimar.
In welche Zeit fällt die erste Idee Ihrer symphonischen Dichtungen? Wie entstanden sie nach ihrer Reihenfolge?	ungefähr wie sie in Härtels Ausgabe verzeichnet. Die erst aufgeführte symp: Dicht: war Tasso, – zu Goethe's Säcular Feier August 49, Weimar.
Wann conceptirten Sie die Dante-, wann die Faust-Symphonie?	Weimarerperiode, Mitte der 50^{ger} Jahre.
Welches sind die ersten von Ihnen componirten Lieder? Und wo componirten Sie sie?	Loreley, Mignon (die 2 Hefte welche zuerst bei Schlesinger 42, erschienen und 10, 12 Jahre später in den „Gesammelten Lieder" bei Kahnt aufgenommen)
Besitzen Sie noch die in der *Gazette musicale* veröffentlichten Aufsätze „*De la situation des artistes*"? ⁜ Und möchten Sie in bejahenden Fall, sie mir auf einige Zeit anvertrauen?	⁜ Nein. Diesselben erschienen im Jahre 35, und sind wahrscheinlich in Leipzig, in einer Collection der Gazette musicale aufzufinden.

No. 2/[August] 1874

A

Ist das wahr, was Christern 1841 von Ihnen schreibt, daß Sie als neunjähr. Knabe „in die mystischen Philosopheme eines Jacob Böhme" sich ergingen und Ihre Phantasie in „apokalyptischen Erscheinungen" sich bewegte?

A

Ich entsinne mich nicht die Schriften Jacob Böhme's je gelesen zu haben. Meine mystischen Tendenzen verhielten sich immer auf dem Grund der Bibel (hauptsächlich des neuen Testaments), der Lebensbeschreibung einiger Heiligen (insbesondere des Franciscus von Assisi) und des Buches, welches Gerson oder Thomas A Kempis zugeschrieben wird: „von der Nachahmung Christi". –

B

In wessen Händen sind Ihres Herrn Vaters Tagebücher, auf welche sich Schilling in seinem Buche über Sie, mehrfach bezieht? Wenn Sie es besitzen, möchten Sie mir eine Einsicht gestatten und es mir übersenden? In kürzester Zeit würde ich es remittiren!

B

Ein paar Hefte dieser Tagebücher behielt meine Mutter. Seit ihrem Verscheiden, weis[s] ich nicht wo sie hingekommen sind.

[C]

Existiren keine Briefe aus Ihrer Knabenzeit an Ihre Frau Mutter?

[C]

wahrscheinlich nicht – und jedenfalls sind sie ganz unbedeutend.

[D]

Wie alt waren Sie, als Sie lesen und schreiben konnten?

[D]

7 Jahre –
Das Noten Schreiben habe ich mir allein angelernt, und übte mich darin weit lieber als in den Buchstaben; Vor meinem 9ten Jahre hatte ich bereits ziemlich viele Bögen mit Noten gekritzelt.

No. 3/[August] 1874

[Claviermusik, Orchester-Werke, Kirchen-Musik, Orgel-Werke, Lieder]

[Verschollen.]

No. 4/[November] 1874

Erinnern Sie sich vielleicht noch des „*Tantum ergo*“[,] das Sie als „Zehnjähriger“ bei Salieri geschrieben? Und – möchten Sie im bejahenden Fall, es mir aufschreiben?

Vergessen; aber vermuthlich tritt dieselbe Empfindung wieder ein, mit dem Tantum ergo, welches in dem Heft: 9 Kirchen Gesänge, bei Kahnt, vor 4 Jahren erschien.

Wo ist Ihre Oper „Don Sancho“ hingekommen? Und wo kann ich wol die Erzählung des Textes, oder diesen selbst, erhalten? Mir scheint es interessant und wünschenswerth, wenn eine Arie, oder so etwas, die besonders gelungen und **charakteristisch,** Ihrer Biographie beigegeben würde. (Vielleicht in Facsimile?)

Die Partitur lag viele Jahre in der Bibliothek der grossen Oper in Paris, welche der Brand vernichtete.

Ihr Liedchen „*Angiolin dal biondo crin*“ beschäftigt mich auch viel. Süßeres kennt die Erde nicht wie dieses Wiegenliedchen! Haben Sie es für ein besonderes Kind gedichtet, denn componirt ist es nicht?!

Für meine ältere Tochter Blandine, (Mme Ollivier, – seit 12 Jahren gestorben –) in Italien, Sommer 39, geschrieben, zu dem Gedichte von Marchese Bocella. – in Rom?

Sie gaben mir die Loreley und Mignon als die ersten von Ihnen componirten Lieder an. Und doch kann ich mich von dem Gedanken nicht befreien, daß
Jeanne d'Arc au bûcher (Dumas),
„*Il m'aimait tant*“ (Mme de Girardin),
Poésie[s] lyriques (Schlesinger 1843 gedruckt)
Texte von V. Hugo
einer früheren Zeit angehören. Irre ich mich?!

Antwort in meinem Briefe.

Was für Unterricht erhielten Sie in Wien (1822) von Randhartinger?

Gar keinen. Randh: war mein Mitschüler bei Salieri, – nicht mein Lehrer.

Hatten Sie damals noch andern als Musikunterricht?

Nein. Mein Vater ertheilte damals Unterricht in Geschichte, Latein, etc an mehreren jungen Cavalieren, und hatte keine Zeit für mich zu verwenden.

Was spielten Sie in Ihrem 2ten Concert in Wien (1823) außer Hummel's H moll-Concert und einer „freien Phantasie“?

Wahrscheinlich Variationen von Czerny, Moscheles, oder Pixis, welche damals sehr en vogue waren.

No. 5/[November] 1874

Hatte die Aufführung Ihres „*Don Sancho*“ auch eine feindliche Kritik? – und erinnern Sie sich vielleicht in welchen Blättern?	Nein. Die 3 Vorstellungen der kleinen 1actigen Oper wurden ziemlich beifällig aufgenommen, – ohne weiteres.
Welches Journal überhaupt war Ihnen damals unfreundlich gesinnt?	Vor den 30^{ger} Jahren beschäftigten sich die Journale äusserst selten mit Musik und Musikern. Die darauf bezüglichen Feuilletons wurden später eingerichtet; specielle Musik Zeitungen kannte man in Paris erst durch Fétis .... folglich blieb ich bis dahin ohne Kritik – ein Versäumniss was später reichlich eingebracht wurde.
Ist Ihnen vielleicht noch das Datum der ersten Aufführung Ihrer Oper im Gedächtniß?	Nein – es war im Jahre 25, spätestenst 26.
Deckt ein Kreuz oder ein Stein das Grab Ihres Herrn Vaters?	Leider nicht. Wesswegen sage ich Ihnen mündlich.
Wie heißt der Gottesacker, auf dem er ruht?	Der Nahmen des Gottesacker in Boulogne sur mer ist mir nicht bekannt. Meine Mutter ruht im Gottesacker „Montparnasse“ in Paris. Emile Ollivier (in dessen Haus Sie verschied) führte die Obsequien (66) und besorgte die Inschrift des Grabsteins, „Mulierem fortem quis inveniet?“*.

* Sie lautet: „*Qui inveniet feminam bonam, hauriet jucunditatem a domino*“ (Sprüche 18, 22). (D. Herausg.)

No. 6/[August] 1875

Wann wurde Ihr ältestes Töchterchen Blandine geboren?	zu Weihnachten, 1835, in Genf.
Blieb sie während der Dauer Ihrer italienischen Reise in der Schweiz?	ja, bei ihrer Amme.
Wurde Cosima im Herbst 1837, oder im Frühjahr 1838 in Como geboren?	Auch zu Weihnachten, 1837, in Como.
War die Gräfin mit in Mailand?* In Venedig?** Florenz, Rom	Selbstverständlich ja: die italiänische Reise veranlasste die Gräfin
Wo blieb Cosima?	Wie Blandine, bei ihrer Amme.
Wann wurde Daniel und wo geboren?	Mai, 1839, in Rom.
Wann vereinigten Sie Ihre Kinder unter der Obhut Ihrer Frau Mutter?	October 39, verliess ich die Frau Gräfin in Florenz; sie kehrte allein nach Paris zurück; ich begab mich auf Concertreisen, zuerst nach Wien. Die 3 Kinder wurden nach Paris geführt, zu meiner Mutter.
Wie lange ohngefähr blieben sie unter derselben?	von Ende Herbst 39, bis zum Sommer 44, wo ich mich von der Gräfin d'A[goult] entschieden trennte. Blandine und Cosima kamen alsdann in eine vornehme Institution de demoiselles, (in Paris) welche von Mlle Laure Bernard (späterhin Erzieherin der Kinder des Herzogs von Nemours) geleitet war. Ich überliess der Gräfin d'A— die Wahl der Erziehungsanstalt, selbst zu bestimmen, und weigerte Ihr die Kinder bei Sich zu behalten.
Wie hieß die fürstl. wittgenstein'sche Erzieherin, der Sie Ihre Töchter übergaben?	Madame Patersi de Fossombroni, eine sehr ehrwürdige ältere Dame. Meine 2 Töchter blieben mehrere Jahre unter ihrer Obhut vom Herbst 1848 angefangen; später kamen sie nach Berlin zur Mutter von Hans v. Bülow.

* Liszt hat „Mailand“ mit Rotstift unterstrichen und am Rande mit einem Fragezeichen versehen.
** Das Fragezeichen hinter „Venedig“ hat Liszt gestrichen und die folgenden Städte hinzugefügt. (D. Herausg.)

Waren diese, Ihre Töchter, nie unter der Obhut ihrer eigenen Mutter?	Die Kinder besuchten öfters die Mutter, wohnten aber nie bei Ihr, weil ich dies nicht für erspriesslich erachtete.
Welcher Anstalt übergaben Sie die Erziehung Ihres Sohnes?	Die Notizen über meinen herzlich geliebten Sohne, verlangen weitere Erörterungen die ich Ihnen mündlich mittheilen werde.
Wann componirten Sie die Kinder-Hymne (*Hymne de l'enfant à son réveil*)?	vor vielen Jahren: die vor kurzem in Pest erschienene Ausgabe habe ich im vorigen Winter ziemlich modifizirt.
In welchem Jahr verloren Sie Ihren Sohn?	Er starb am 3ten* December, 1859, in Berlin, bei seiner Schwester Cosima, die ihn liebevoll und aufopfernd pflegte. Mit Cosima begleite[te] ich die Leiche Daniels zum Friedhof. Kurz zusammengefasst: Die 3 Kinder verblieben bei ihren sehr kräftigen Ammen, in der Umgebung von Genf, Como, und Rom, bis Ende 39; kamen dann nach Paris, zu meiner Mutter; wohnten nie bei der Frau Gräfin; Blandine und Cosima wurden zuerst salongemäss erzogen in dem vornehmen Pensionat von Madame Bernard von 44, bis Herbst 48; Ich bestritt immer allein die nicht geringen Kosten der Erziehung; die Frau Fürstin Wittgenstein half mir edelmüthig aus während den Jahren als meine beiden Töchter unter der Obhut von Madame Patersi – (von 48 bis 53–54) waren; und gleichfalls nachher, als sich beide Mädchen bei Frau von Bülow in Berlin befanden.

* Vielmehr am 13. (F.S.)

Doctor (honoris causa) der Universität Königsberg,
Mitglied der K. Academie der schönen Künste in Berlin,
Präsident der ungarischen Academie der Tonkunst in Buda Pest,
königlich ungarischer Rath,
grossherzoglich Sachsen-Weimar'scher Kammerherr,
Ehren Bürger der Städte Oedenburg, Pest, Weimar, Jena,
Ritter des preussischen Ordens „pour le mérite[“],
Commandeur der Orden: Franz Joseph, Ehrenlegion[,] St Gregor,
Wachsamkeit, Eichenkrone, St Michel,
etc etc.

No. 8/1875[?]*

Ritter des Ordens pour le Mérite (43)
Commandeur der Ehrenlegion (61)
– des Franz Josefs Ordens (74)
– des Weimar'schen Falken Ordens (74) etc etc.
Doctor honoris causa der Universität Königsberg (41 od. 42)
großherzoglich sächsischer Kammerherr (61)
Ehrenbürger von Oedenburg, Weimar, Jena etc
Ehren Canonicus von Albano (79)
Präsident der könig: ungarischen Musik Akademie in Budapest.

No. 7/[September] 1875

Franz Liszt

* Obige, ohne L. Ramann'sche Fragen auf zwei besonderen Zetteln völlig getrennt vom Meister eigenhändig niedergeschriebene Angaben (der zweite Zettel ist von L. Ramann falsch beschriftet und eingereiht worden; er stammt frühestens von Ende 1879, vgl. den „Ehren Canonicus von Albano (79)“) übergehen merkwürdiger Weise den doch so nahe liegenden Ehrenpräsidenten des „Allgemeinen Deutschen Musik-Vereins“. (D. Herausg.)

No. 9/[November] 1875

Wann – in welchem Jahr – ist die Composition „*Pensée des Morts*" entstanden? Ist sie ein Erlebniß, oder ein momentaner Stimmungserguß?

Das im Jahre 34 (in Paris) erschienene Fragment der „Harmonies poétiques" (mit der absonderlichen Bezeichnung „avec un profond sentiment d'ennui" .... NB Ennui wurde hier in dem Sinne genommen wie Bossuet sagte: „cet inexorable ennui qui est le fond de la vie humaine" – nicht als Langeweile der gewöhnlichen Sorte, sondern als Trübsal der Menschenkinder ....) Nun denn, die 4, 5 ersten Seiten dieses Fragments der „harmonies poétiques" nahm ich wieder auf, Anno 50, in der „Pensée des Morts" deren Schluss die melodische Wendung (Verklärung?) der vorangehenden herben gregorianischen Intonation des „de profundis clamavi ad Te, Domine!" bildet. Ich vergesse wie viel Nummern sich in der Ausgabe Kistner's (Anno 50) der „Harmonies poétiques" vorfinden, und erinnere mich blos dass ich dieses geringe Werk, worin „Bénédiction de Dieu dans la solitude", „Funérailles" und „Cantique d'Amour" enthalten, der Frau Fürstin Carolyne Wittgenstein vorspielte und widmete.

Die „Funérailles" deuten auf das tragische Ereigniss (1850) in Ungarn.

Dergleichen Musik ist nicht zu gebrauchen; und ich bekenne meinen Fehler die Herausgabe nicht verhindert zu haben.

Das Rathsame bleibt sich im „Tonspiele" und in „Tonspielereien" zu verhalten. Leider aber ist die Critik gar zu heiter, und die Kunst viel zu ernst geworden!

Nächstes Jahr werde ich auch ein Orchester Stück herausgeben, betitelt: „Les Morts" (nach einer Hymne in Prosa, von Lamennais) Zu dieser Composition, wie zu der „Pensée des Morts" war kein[e] andere Veranlassung als dass ich meiner verstorbenen Ältern, Freunden, und Kindern gedenke ....

No. 10/[November] 1875

Wann trat Belloni in Ihre Dienste als Sekretair?

Februar 41 – in Bruxelles, und Er verblieb mit mir treulich-rechtschaffen und freundschaftlichst, während meiner ganzen Conzertperiode, welche im Sommer 47, bei einer grossen Militär Revue des Kaisers Nicolas, in Elisabethgrad (nahe Odessa) endete; seither habe ich kein Conzert mehr gegeben dessen Einnahme mir zukam.

Ist es richtig, wie Schilling sagt: daß Sie Ihr erstes Concert für nur Klaviermusik in Rom gegeben?

Ja: im Salon des Fürsten Dimitri Galitzin (gouverneur von Moskau) in Rom, Palazzo Poli. – Graf Michel Wielhorsky arrangirte das Conzert, und überreichte mir die Einnahme.

Wie hießen die Namen Ihrer Mitgründer der *Gazette musicale* (1834)?

Der Anzettler und Eigenthümer der Gazette musicale, war Moritz Schlesinger; Die Nahmen der Mitarbeiter finden Sie auf der ersten Seite des Blattes. R. Wagner schrieb damals „une visite à Beethoven" – etc.

Welche Zeitschrift halfen Sie außer der *Gazette musical[e]* ins Leben rufen?

Um einige sehr berühmte Namen nicht zu compromittiren, verzichte ich auf die schriftliche Beantwortung dieser Frage.

Haben Sie den Brief an das Beethoven-Comitée in Bonn (1839) von San Rossore, oder von Florenz aus geschrieben?

Wahrscheinlich von Pisa aus, wovon man in einer Stunde nach San Rossore fährt. In Florenz hatte ich die Sache mit dem berühmten Bildhauer, Bartolini, besprochen.

Waren Sie auf der Insel Elba allein oder begleitend?*

Ich war nie auf der Insel Elba.

Und in San Rossore? allein?

Wie schon vertraulich gesagt war mein ganzer schweizer und italienienischer** Aufenthalt, von 34 bis 39 nur ein Duetto amoroso, molto agitato: deshalb befand ich mich stets in dem wahnsinnigen „égoisme à deux".

* L. Ramanns Worte „in Begleitung" von Liszt durchstrichen und „begleitend" darüber geschrieben. (D. Herausg.)

** So von Liszt verschrieben. (D. Herausg.)

Wissen Sie vielleicht noch wie hoch der Preis eines Billets zu einem Concert von Ihnen in Wien war?

Nein; aber gewiss kein übertriebener preis, weil mir derartiger Schwindel so wie alle andern Schwindeleien stets zuwider waren und bleiben.

Ist die Klavier-Partitur des Septetts von Beethoven zur selben Zeit wie die der Symphonien, oder später gearbeitet worden?

Auf Verlangen von Julius Schuberth arrangirte ich das Septett von Beethoven im Jahre 41 – und dedizirte dieses arrangement der Frau Grossherzogin von Weimar, Maria Palowna, Schwester des Kaiser Nicolas. 3 der Beethoven'schen Sinfonien (C moll, Pastorale, und A dur) hatte ich ein paar Jahre früher (bei Härtel und Haslinger) herausgegeben. Die vollständige Ausgabe der 9 Beethoven Sinfonien für Pianoforte, erschien erst vor ungefähr 11 Jahren bei Härtel. Ich fertigte dieselbe in meiner pittoresken Wohnung, Monte Mario, (Madonna del Rosario) im Jahre 63 – und bei Sonnen Untergang hörte ich mehr als alle geschriebenen und spielbaren Instrumente.

NB. Bei dem nächsten Frage Zettel, bittet mehr Raum zur Beantwortung vorzubehalten,

Ihr
dankbar ergebenster
F. Liszt

No. 11/Nov. 75 [beantwortet Dezember 1875]

Wie viele „ungarische Märsche" componirten Sie, und in welcher Reihenfolge sind sie entstanden? Welche sind instrumentirt? –

Die ungarische Rubrik ist so zu catalogisiren:

1. Rhapsodien (14 oder 16?); davon 6 für Orchester, und dieselben für Pianoforte 4 händig bearbeitet, (bei J. Schuberth dieses Frühjahr erschienen.)
2. Symphonische Bearbeitung des Rákóczy Marsch: Orchester Partitur: und darnach für Piano forte 2 und 4 händig – und auch für 2 Pianoforte, 4 und 8 händig arrangirt – (bei Schuberth verlegt)
3. Ungarische Märsche:
   A) – in D moll, (dem Könige von Portugal gewidmet)
   (NB: die 2 Hauptmotive sind in der symphonischen Dichtung „Hungaria" vollends ausgeführt.
   B) in E moll (Sturm Marsch) (erscheint nächstens in sehr verbesserter 2ten Ausgabe, Partitur, und Clav: Arrangements bei Schlesinger, Berlin)
   C) Krönungs Marsch. (Partitur; 2 und 4 händig – bei Schuberth)
   D) Geschwind Marsch (in Pressburg erschienen) –

NB Zur ungarischen Rubrik gehört schliesslich „Szoszat" und Hymnus (Partitur und Clav: Transcript:)

Waren Sie vor Ihrer Reise nach Rußland von London aus definitiv eingeladen die Winterconcerte 1841/42 der philharm. Gesellschaft zu dirigiren? Oder beruhen die hierher bezüglichen Notizen der Zeitungen nur auf Gerüchte?

Nicht zur Direction der philh: Gesellschaft, ward ich eingeladen, wohl aber zur Direction (als Kapellmeister) einer deutschen Opern Gesellschaft welche in London gute Geschäfte zu machen wünschte, aber 6 Wochen früher in Paris verunglückte – worauf ich ihr dort noch ein paar tausend Thaler zur Heimreise – mittelst eines sehr eleganten Concerts – zustellen konnte.

Wie hieß der Prinz von Preußen, welcher Ihnen die Manuskripte von Louis Ferdinand verehrte? Wie viele waren es? Wo sind sie? Ist die bei Schlesinger erschienene Elegie (über Motive des Prinzen L. F.) zur Zeit Ihrer Berlin-Concerte 1842 entstanden?

Kein Prinz von Preussen sandte mir Manuscripte des Prinzen Louis Ferdinand, dessen fein gedachtes – nach classischer Weise componirtes und melancolisch empfundenes Quartett (F-moll)

ich in meinen damals nicht unbesuchten Conzerten in Berlin, (Januar, Februar 42) produzierte. Bei dieser Gelegenheit hatte ich die Ehre andere musikalischen Werke des Prinzen Louis Ferd: der Frau Prinzess von Preussen (jetzt Kaiserin von Deutschland) zu erwähnen. Allerhöchst dieselbe erfreute mich mit dem aussergewöhnlichen, kostbaren Geschenk der bei Mesdemoiselles Érard in Paris edirten Werke des Prinzen Louis Ferdinand, welchen I. K. H. die Prinzess von Preussen das Autograph des Flöten Conzerts von Friedrich den Grossen, (principal und Begleitungs Stimmen von Seiner Hand geschrieben) gnädigst beifügte. Beide Geschenke sind in dem mir, Anno 42, in Berlin zugestellten Violet Sammt Schmuckkästchen, seit 25 Jahren in Weimar aufbewahrt.

Meine Danksagung dafür erneuerte ich der Prinzess von Preussen (Anfangs der 50 Jahre) durch die Widmung der „Elégie sur des motifs du Prince Louis Ferdinand de Prusse[“]. Dieses kleine Opus erschien gleichzeitig mit der Paraphrase „Leier und Schwert!“ (bei Schlesinger Berlin)

Sind folgende Walzer Ihre sämmtlichen? Und ist ihre Reihenfolge chronologisch correkt?

Valse di Bravura (Genf)
" *melancolique* (Wien?)
" *a capriccio* (?
" *infernale* oder Rob.-Fantasie (?

Bearbeitung der ersten drei *Valse*:
3 *Caprices-Valses* (Weimar?)

Im Catalog soll einfach stehen:

3 Valses-Caprices –

1. Valse de bravoure (2 und 4 händig)
2. Valse mélancolique
3. Valse sur des motifs de „Lucia“ et „Parisina“ (Verlag von Haslinger, Wien)

Soirées de Vienne (? „ Faust-Walzer (? „ *Valse-Impromptu* (? „ *)	und: Valse Impromptu: (Schuberth) NB. das motif dieser Valse-impromptu schrieb ich in einem der vielen Albums der Kaiserin von Russland im Jahre 42, Petersburg. Bald darauf ward es (ohne meinem Wissen) bei Schubert[h], unter dem Titel „petite Valse" veröffentlicht etc: – Da ich in meinem Leben kaum einen halben Walzer getanzt habe, unterliess ich es auch Walzer zu componiren.
In welches Jahr fällt Ihre erste persönliche Begegnung mit Richard Wagner?	Richard Wagner erzählt es selbst am besten in einem seiner Pariser Aufsätze (41 – oder 42): später, 44, traf ich Ihm, als Hof Kapellmeister in Dresden, und hörte dort seinen Rienzi; und ein paar Jahre nachher, wieder in Dresden, wo wir einen sehr agitirten Abend, dessen Schuld mir zukam, bei Rob: Schumann, erlitten .... Wenn Ihnen solche Erinnerungen genehm sind, erzähle ich sie Ihnen gerne mündlich. Man darf darüber nicht prahlen, – weder sich verdehmüthigen.
Ist die Composition (Manuskript), welche Sie der Liedertafel in München (1843) verehrten, unter Ihren 12 Männerquartetten (bei Kahnt) aufgenommen? Und welche ist sie?	Nein, – und bleibt unnütz.
Was für ein symphonisches Werk (Ouvertüre?) führten Sie in Copenhagen zur Zeit Ihrer Concerte daselbst (1841) auf?	Gar keines, – wenn ich nicht etwa eine Symphonie, (in unzähligen Sätzen) betitelt „Zeitungs Enten" componirt haben sollte. – Der liebenswürdigen Aufmerksamkeit des Königs Christian VIII von Dänemark, gedachte ich dankbarst in der Widmung der, ein paar Jahre später erschienenen, Don Juan Fantasie.
Wo haben Sie das vom Prinzen von Preußen erhaltene Manuskript eines Flötenconcertes von Friedrich dem Gr. aufbewahrt?	[Anmerkung des Herausg.: Diese Frage findet sich von Liszt'scher Tinte durchstrichen, da bei Frage 3 dieses Zettels gleichzeitig schon mit beantwortet.]

* Die sämmtlichen Kompositionstitel von Liszt kreuz und quer durchstrichen; dafür seine Antwort. (D. Herausg.)

Sind außer den drei Quartetten „Rheinweinlied", „Was ist des Deutschen Vaterland?" und das „Studenten-Ratten-Lied", auch andere[,] und welche, am Rhein entstanden (1841)?

3 Männerquartetten:

a) Rheinweinlied (Gedicht von Herwegh)

b) „Die Ratt' im Kellernest"

c) Reiter Lied (Gedicht von Herwegh)

(bei Schott erschienen)

und auch ein paar andere „Männer Quartetten" die in der kleinen Sammlung (bei Kahnt edirt) aufgenommen sind. Der Männer Chor Gesang „Was ist des Deutschen Vaterland" wurde in Berlin 42, 43, ein paarmal aufgeführt, und erschien bei Schlesinger, 43. Seither habe ich dieses unreife Opus nicht mehr durchgelesen.

Verlebten Sie den Herbst 1841 auf der Insel Nonnenwerth, oder in Cöln?

Nach Cöln kam ich öfters, aber nur für einige Tage: wegen einem Freunde, Herrn Lefevre, Gründer der Pianoforte Fabrik Eck & Compagnie[.] Mein Sommer Aufenthalt, 42, und 43, war Nonnenwerth (mit der Frau Gräfin d'Agoult, die sich dort wohl gefiel.) Die unaufhörlichen Besuche verleideten mir sehr diese Sommermonathe .... und ich werde mich hüten eine villeggiatura, wo Eisenbahnen und Dampfschiffe cursiren, je wieder zu versuchen.

Haben Sie dem Beethoven-Comitée (Bonn) nur einmal eine Summe von 10,000 Francs eingehändigt? oder mehrmals? Und wie groß war wol die Gesammtsumme, die Sie zu dem Monument B.'s gegeben?

Ich hatte dem Beethoven Comité (in meinem Briefe von Pisa 38 oder 39) angeboten die ganzen Kosten des Beethoven Monuments zu tragen. Später stellte sich heraus dass nur zehntausend Franken nöthig waren, – die ich schon im Jahre 40 auszahlen liess. Selbst nach den beträchtlichen Ausgaben der Beeth: Feierlichkeiten, August 45, war kein Deficit (für welches ich einstand) zu merken; wohl aber noch ein kleiner Überschuss, trotz der von mir angeregten Neu Baut des Concert Saals.

Hatten in Petersburg (1842) zwischen Ihren Ansichten über die „Aufgabe und Stellung des Künstlers" und denen der dortigen Gesellschaft Conflicte statt gefunden?

Keineswegs.

Die Gnade welche mir Kaiser Nicolaus im Jahre 42 bezeigte, verlor ich gänzlich bei meinem zweiten Aufenthalt in Petersburg (43) hauptsächlich wegen den gereizten und zum Theile falschen Berichten des damaligen Polizei Präsidenten in Warschau, über meine polnischen Sympathien, die ich mich beehre nicht zu verläugnen. Indess, was einige Zeitungen von meiner erfundenen „Ausweisung" aus Petersburg meldeten, ist ganz fälschlich.

No. 12/Dec. 75 [beantwortet April 1876]

Darf der Polizeipräsident von Warschau, der Sie so abscheulich bei Kaiser Nicolaus verketzerte, genannt werden? Und im bejahenden Fall: wie hieß er?

Er soll nicht genannt werden – und hieß Abramovich. Sein Übelwollen hat mir noch später geschadet.

Worin bestand des Kaisers Ungnade? Wie lange währte sie? Es kann nicht lang gewesen sein, Sie spielten doch bei ihm 1847 in Odessa?

Die Ungnade bezeigte sich mir durch die Nicht Einladung zu den Hof Conzerten, und die Abwesenheit des Kaisers bei meinen letzten Conzerten in Petersburg (43) – Seither hatte ich nie die Ehre den Kaiser Nicolaus zu sprechen.
Meine Pianisten Laufbahn beschloss ich in Elisabethgrad unweit von Odessa – (Spät Sommer 47) wo Kaiser Nicolaus eine große Truppen Musterung hielt[.] Ich ward von einem der commandirenden Generäle, Osten Sacken, dahin eingeladen und spielte ein paarmal im Theater.

Traten Sie, als Sie 1843 in Rußland waren, nicht in Petersburg auf? Und war Moskau, die einzige Stadt, wo Sie concertirten? Unsre deutschen Zeitungen waren mit ihren russischen Berichten sehr karg bestellt!

Bevor ich nach Moskau ging und, wenn ich nicht irre, auch nach meiner Rückkehr gab ich ein paar Conzerte in Petersburg, die nicht unbesucht blieben.. Im Jahre 43 concertirte ich in keiner anderen Stadt Russland's als Petersburg und Moskau. Anfangs Juni desselben Jahres kam ich wieder nach Nonnenwerth, um dort die Gräfin d'Agoult zu treffen. Meine dritte, letzte Reise nach Russland war 47, wo ich im Februar in Kiew spielte, Mai in Constantinopel, Ende Juny in Odessa, und schliesslich in Elisabethgrad (mein letztes Concert, dessen Ertrag mir zufiel).

Ist der „Prinz von Preußen", welcher Sie im Februar 1843 von Breslau nach Berlin zurück rief, unser Kaiser?

Ja. – Gelegentlich eines Hofconzerts im Palais des Prinzen von Preussen, später Prinz Regent, dann König und Kaiser, berief man mich von Breslau nach Berlin.

Ein berliner Berichterstatter erwähnt, daß Sie am 11. Januar 1843 in Berlin eine „neue Fantasie über Themen aus Figaro's Hochzeit" gespielt. Ich kenne über Mozart'sche Themen nur die Don Juan-Fantasie. War diese **Figaro-Fantasie** aufgeschrieben, oder war sie frei? Wenn aufgeschrieben: wo ist sie? ist sie veröffentlicht worden? bei wem?

Ist nur skizzirt geblieben, und verloren gegangen.

In den Haslinger'schen Musikalienanzeigen der Jahre 1840 – 48, las ich mehrmals die Anzeige von „Ungar. Nationalmelodien“ (Liszt). Das „Thematische Verzeichniß“ (1855, Breitkopf & Härtel) erwähnt aber nicht dieser National-mel., sondern nur der *Melod. hongr. d'après Schubert*. Wie hängt das zusammen?

Ein paar Hefte meiner ungarischen Sachen erschienen zuerst, anno 40, bei Haslinger unter den Titel Unga: National Melodien: Ich habe sie darnach in der Edition der ungarischen Rhapsodien aufgenommen.

In welchem Jahr componirten Sie die bei Knop in Basel (später bei Kahnt) erschienenen „Geharnischten Lieder“?

Auf einer Durchreise in Basel, (Sommer 45) als Danksagung für den Fackelzug den mir dort der Männergesangverein brachte.

Ist die Kahnt-Ausgabe eine Ueberarbeitung der Knop-Ausgabe?

Wie in den Liedern traff ich auch in den Männer Quartetten mehrere Änderungen, bei Gelegenheit der Kahnt Ausgabe.

Haben Sie die bei Eck & C. 1844 gedruckten „Sechs Lieder“ („Du bist wie eine Blume“, „Dichter, was Liebe sei, mir nicht verhehle“, „Morgens steh ich auf und frage“, „Die todte Nachtigall“, „Mild wie ein Lufthauch“ etc.), während Ihres Rheinaufenthaltes componirt?

Ja: in Nonnenwerth. Der associé von Eck, Herr Lefevre, war mit mir befreundet.

Waren Sie der Vermittler zwischen Berlioz und seinem musik. Streifzug durch Deutschland 1843?

Berlioz kam damals aus eigenen Antrieb nach Deutschland. Anfangs der 50^{ger} Jahre veranlasste ich den Weimarischen Hof, Berlioz zur Direction von zwei Hofconzerten einzuladen. Berlioz folgte dieser Einladung, und wohnte hier der Aufführung seines Cellini's, den ich dirigirte, bei. Die erste Ausgabe des Cellini's (Braunschweig Litolf) erschien bald darauf und ist der Frau Grossherzogin Maria Paulowna gewidmet.

Haben Sie die Ouvert. von Berlioz *Francs-Juges* in Folge der Reise Berlioz durch Deutschland dem Klavier übertragen?

Viel früher, gleichzeitig mit der „Symphonie fantastique“ Anno 33, in Paris.

Gehören die verloren gegangenen *Partition de Piano* der Lear-Ouverture und der Harold-Symphonie dem Jahr 1843 an, oder fallen sie in die Weimar-Periode?

Während meiner Schweizer Reise, 35 – In Weimar transcribirte ich blos das Cellini Stück „Bénediction et Serment[“] (bei Litolf erschienen); in Rom 62, den Pilger Marsch aus der Harold Symphonie, den Sylphen Tanz (aus der Faust Symphonie*) und eine verbesserte Version der Idée fixe und des Marschs „du supplice[“]. Ein Anhänger Berlioz's, Rieter Biedermann edirte diese 4 Nummern.

* Soll heißen: aus der dramatischen Legende *La Damnation de Faust* (F.S.)

Sind die 1845 bei Schotts Söhne erschienenen zwei Lieder? „*Faribolo pastour*“ und „*Chanson du Béarn,* damals von Ihnen übertragen worden, oder gehören sie einer früheren Zeit an? Welcher?

„Chanson du Béarn“ auf meiner Reise nach Madrid, Ende des Sommers 44, in Pau (ehemals Residenz des Fürsten von Bearn, Geburtsort Heinrich IV) aufgeschrieben; ebenfalls „Faribolo pastour“. Die beiden kleinen Transcriptionen sind kaum bekannt, und ich habe sie gänzlich vergessen.

Ist die Spanische Rhapsodie (?) ein künstlerisches Ergebniß Ihrer Spanien-Reise *anno* 1845? Wer hat sie verlegt? (Sie steht nicht im Thematischen Verzeichniß 1855)

Als Reminiscenz meiner spanischen Reise, in Rom (ungefähr 63) geschrieben. Als ich von Weimar (61) abging, bat ich Bülow mich der Correspondenz mit Verlegern zu entlasten, und übergab Ihm mehrere Manuscripte die Er nach seinem Belieben bei verschiedenen Firmen, gegen ein mässiges honorar, anbrachte. Ich erinnere mich nicht in welchem Verlag die Rhapsodie espagnole erschien.
P.S. So eben sagt mir Gottschalg daß die spanische Rhap: (sowie der Todtentanz, und die Fantasie über Motive aus den Ruinen von Athen) bei Siegel Leipzig erschien.

Ist der Fürst Eugen Wittgenstein dem Sie Ihre Ballade (*Des*) gewidmet, der Gemahl der Frau Fürstin W.?

Eugen Wittgenstein ist ein Neffe der Frau Fürstin Carolyne Wittgenstein, geborne Iwanowska. Vorübergehend stand Er in der russischen Diplomatie, als Secretär der Gesandschaft in Haag. Eugen war ein geistreicher, sehr talentirter junger Mensch: Er malte, und componirte, absonderliche Dinge: befreundete sich sehr mit Berlioz in Paris, besuchte mehrmals die Altenburg in Weimar (in den 50ger Jahren). Seit lange lebt er zurückgezogen auf seinem Gut in Russland.

Möchten Sie mir wol einige Namen Ihrer Polenfreunde aus der Zeit Ihrer Warschauer Concerte geben?

Insbesondere Graf Leon Lubincki. In Warschau (Februar 43) begegnete ich zum erstenmale Madame Marie Kalergi (geborne Gräfin Nesselrode) die Sie 20 Jahre später, als Madame Moukhanoff in Weimar und Cassel sahen. Eine merkwürdige und hoch liebenswürdige Frau. Ihre einzige Tochter (von der ersten Ehe) Gräfin Coudenhoven, lebt in Wien. Mme Moukhanoff war mit meiner Tochter Cosima, intim befreundet.

Und endlich bitte ich um die Namen Ihrer ungarischen Verleger. –

A) Rózsavölgyi; die älteste und angesehenste Firma in Pest, wo kein Rózsavölgyi seit langen Jahren mehr aufzufinden ist, eben wie bei Breitkopf und Härtel kein Breitkopf, und nun bei Schlesinger (in Berlin) und Schott, weder Schlesinger noch Schott – Ein ehemaliger halb-Schüler von mir, Herr Dunkl fungirt als Geschäftsmann, und sein Schwager Grinsweil, als Capitalist. –

B. Mein lieber junger Freund Taborszky (Firma Taborszky und Parsh in Pest.)

No. 13 [Oktober 1876]

Die Zusammenstellung der Instrumente (Partitur) meiner Elegie (Moukhanoff) ist von mir getroffen.*

Dankbar ergebenst
F. Liszt

Szegszard
27ten Oktober 76.

In dem überall bekannten Preludium Bach's von Gounod findet eine ähnliche Zusammenstellung statt. Meines Bedünkens lässt sich das Harmonium mit der Harfe bei vielen Sachen vortheilhaft gebrauchen. Ich habe es mehrmals benüzt: z.B: in dem „Lobgesang des erwachenden Kindes" und in der 2te Ausgabe des Engel Chors (aus Goethe's Faust) etc. Auch die kleine Ausgabe der Cäcilien-Legende ist für Clavier, Harfe und Harmonium eingerichtet; und im Stabat Mater des Christus Oratorium begleitet unterstützend das Harmonium mehrere Solo Gesangsstellen.

NB Die 4 Arrangements der Elegie Mou[k]hanoff sind von mir gefertigt.

* Von Liszt aus einen von ihm ausradierten Wort L. Ramanns („erfunden"?) in deutschen Buchstaben verbessert. (D. Herausg.)

No. 14 [Dezember 1876]

Sind Ihre „Bravourstudien nach Paganini's *Caprices etc*" im Jahr 1831 entstanden? oder erst nach Paganini's Tod (1840)? –

Die „Fantaisie" sur le motif de la „clochette de Paganini[“] ist in Paris, gleichzeitig mit meiner „Partition de Piano" der „Symphonie fantastique[“] von Berlioz, und dem Fragment der „Harmonies poétiques" „avec un profond sentiment d'ennui"! erschienen im Jahre 34 – 35 (?) vor meiner Schweizer Reise. Ich spielte damals die Fantaisie (eigentlich Variationen) mit Misserfolg in ein paar Conzerten. Nach meinem ersten Wiener Erfolg (38) nahm ich die Paganini Etuden wieder auf, und Haslinger (Wien) veröffentlichte (39) die erste Ausgabe meiner Transcription der Paganini Etuden ..... 10 Jahre später, in Weimar, vereinfachte ich diese 1te Ausgabe, (welche als unspielbar galt) und veranlasste Härtel zur zweiten Ausgabe, die nun ziemlich herumgekommen ist, Dank Fräulein Mehlig und anderen Pianisten deren gütige Finger die 6te Nummer: „Campanella": mit glänzenden Erfolg produziren.

Habe ich Recht, wenn ich annehme, daß Paganini's „*Caprices*" wesentlich zu der von Ihnen vollzogenen Umwälzung der Klaviertechnik beigetragen, diese gewissermaßen bestimmt haben? Letzteres insofern, als die Übertragung dieser für das Klavier widerhaarigen Figuren, Arpeggien etc. Ihnen den Weg zur neuen Technik zeigte. –

Darüber hat mein Biograph zu bestimmen. Meinen dummen Sachen gegenüber, kann ich nicht objectiv werden, und tröste mich nur mit der Vermuthung dass dieselben noch etwas schlechter ausfallen konnten.

Herzlichen Dank und Gruß

1ten December FL
76 – Budapest.

No. 15/[Juli] 1878

Sind die von Ch. Rollinat in „*Le Temps*" erzählten, Sie und Chopin betreffenden kleinen Begebenheiten, welche auch Karasowski in seinem Chopinbuch aufgenommen, correkt?

Wenn es der Aufsatz ist welcher in einigen deutschen Zeitungen vor ein paar Jahren erschien, so erkläre [ich] ihn für unrichtig weil es mir nie einfallen konnte Chopin gegenüber zu prahlen. In französischer Sprache habe ich den Aufsatz Rollinat's kaum gelesen.

Und in welchem Jahr war das Spiel mit dem Echo in Nohant? 1837? oder in den vierziger Jahren?

Das „Echospiel" ist mir nicht erinnerlich.
Nach dem Jahre 37, bin ich nicht mehr nach Nohant gekommen, und begegnete nur selten Mme Sand.

Verwickeln Sie sich nicht in zu vielen Details. Meine Biographie ist weit mehr zu erfinden als nachzuschreiben.

No. 16/[März] 1880

Als wir einestags gesprächsweise Schumann's Musik berührten, nannten Sie mir mehrere seiner Compositionen, welche Sie für „bleibend" ansehen. Begehe ich keinen Irrthum, wenn ich folgende festhalte? – :

B dur-Symphonie,
C dur- "
die Streichquartette,
das Quintett (Piano)
das Klaviertrio No. 2.
Musik zu „Manfred",
„Das Paradies und die Peri". –
die Ihnen gewidmete Fantasie f. Klavier,
u. einige Liederhefte? –

Von Schumann bleiben mir am liebsten seine Clavier Werke der 1[ten] Periode: Fis moll Sonate, Etudes symphoniques, Carneval, Fantasie (mir gewidmet) Novelet[t]en Fantasiestücke etc; später die Manfred Ouverture, und vieles fragmentarische in den symphonischen und Gesangs Werken. Hätte ich eine Abhandlung über den Einfluss von Schumanns Genius auf seine gerühmten Nachfolgern zu schreiben, so würde dieselbe nicht deren Befriedigung erlangen.
Es stockt mancherlei.

An der Spitze eines Concertprogramms, Manchester 1825, steht:

A new Grand Overture
composed by the celebrated
Master Liszt,
will be performed by the
Full Orchestra etc.

Was ist aus dieser Ouvertüre geworden? War es vielleicht die zum „*Don Sancho*"?

Jawohl. Da nichts daran war, ist auch nichts daraus geworden. Junge und alte Componisten haben dieses Loos zu gewärtigen. Am besten wenn die Manuscripte ungedruckt verloren gehen.

FL

Wie hießen die Herren, welche Pius IX. begleiteten, als er Sie auf dem Monte Mario besuchte?

Die hohen Prälaten welche Pius IX. bei Seinem Besuche auf Monte Mario, in meiner damalige Wohnung, „Madonna del Rosario" begleiteten, waren:
Monsignor Hohenlohe, (zwei Jahre nachher zur Cardinals Würde erhoben)
Monsignor de Mérode, – und noch einige Personen des päbstlichen Hofes.

No. 17/1881 [beantwortet 6. April 1881]

[Die symphonischen Dichtungen Liszt's]

[Verschollen.]

Anhang

Lina Ramann

Ein Denkmal der Verehrung und Liebe.

Von Arthur Seidl

(1912)

Ich habe es stets als besonderen Vorzug empfunden, ja als Auszeichnung meines Lebens betrachtet, dreien der bedeutendsten Frauen unserer Zeit geistig und persönlich in dieser Welt haben näher treten zu dürfen. Frau Cosima Wagner war es da vor allem, die für uns Junge gleichsam die „heilige Tradition" selbst repräsentirte, den festen und starken Hort des Schiller'schen Idealismus und Wagner'schen Ideals einer als „klassisch" bewährten Vergangenheit uns zu verkörpern schien. Frau Elisabeth Förster-Nietzsche hinwiederum vertrat dem gegenüber so etwa das neue, aufsteigende Leben einer „modernen" Ideenwelt und die aristokratischen Tugenden bzw. Zukunftwerte in einer Kultur und Zeit, da alles schon sozialer Nivellirung und demokratischer Verflachung anheimzufallen schien. Und Lina Ramann endlich, bekanntlich Franz Liszt's erste, berufene Biographin, vertraute Jüngerin und sie selbst noch eine Schülerin des Ehepaars Dr. Franz Brendel, verband mich so zu sagen lebendig noch mit jenem merkwürdigen Manne, der mir und meinem bescheidenen Streben in einer so weithin anregsamen Art wie kämpfend-ausgleichenden Mittelstellung zwischen Alt und Neu, Schumann und Liszt-Wagner, ein geradezu schwärmerisch verehrtes, unaustilgbar litterarisches Vorbild geworden ist.* Alle drei waren sie tapfere Frauen wider ihre Zeit – „Frauenkämpferinnen" unserer Tage, die (*sit venia verbo*) wohl „ihren Mann zu stehen" wußten im Getriebe der Mächte und Interessen, und die wahrlich zusammen des Doktor-Titels, *hon. causa*, für würdig befunden wären, welchen die hohe Weisheit einer Berliner Universität** (gottlob, daß dies wenigstens geschehen!) bisher erst nur einer von ihnen auszeichnender Weise verliehen hat. Aber sie waren doch so ganz und gar keine „emanzipirten Frauen", geeignet für eine jüngste profane „Ausstellung der Frau in Haus und Beruf", – vielmehr verblieben sie gerade echt weiblich in ihrem Wesen, Dichten und Trachten, Tun und Treiben: nach jenem guten alten „Des Weibes Waffe ist

* Recht hübsch hat über diesen Zusammenhang Dr. Richard Batka einmal gesprochen, in seinen historisch-ästhetischen Erläuterungen zu „Donebauers Autographen-Sammlung", Prag, 1894 *pag.* LV.

** Später auch Jena; der Frau Elisabeth Förster-Nietzsche.

seine Würde!“ *Hic Rhodus – hic salta*! Denn über die natürliche Scham weiblichen Empfindens, als ein unantastbar Heiligtum ihres keuschen Innern, kommt doch keine Frau, so lange sie wirklich noch Weib ist, jemals irgend wie hinaus – wie mir mein Freund Wilhelm Weigand bei Überreichung seines, auf dieses Problem vornehmlich geschriebenen Drama's von „Psyches Erwachen“ dereinst treffend bemerkte; und wir brauchen uns ja nur mit offenen Augen in unserer eigenen Umwelt umzusehen, um alsbald oder gelegentlich wahrzunehmen, wie aus all' den Suffragetten-Stürmen, Schauspielerinnen-Versammlungen, ja selbst Margareten-Tagen der Epoche da und dort auch etwas wie eitel Dirnentum der Straße unter der Oberfläche immer wieder hervor guckt, uns in Verzerrung echten Weibeswesens unter dem Motto des „Rechtes“ häßlich, dreist und feil, ja fatal und peinlich mahnend gar ernst schon angrinsen will ....

Eine der genannten „seltenen“ Frauen ist nun kürzlich, hoch betagt zu München, vor unseren Augen in düstere Gruft hinab gesunken, die schon der grüne Rasen deckt – der Rest bleibt Asche; und es ziemt uns gar wohl, ihr an dieser Stätte selbst ein würdig Ehrenmal aufzurichten, um dem Gedenkstein für dauernd nunmehr einzugraben, was alles wir an ihr besaßen und verloren haben – ihr über's Grab hinaus noch aufrichtig erkenntlich für so viele, reife und reiche Gaben.

Es war, glaube ich, zum Sommer und Herbste des Jahres 1889, daß ich Lina Ramann (nach vorhergegangener kurzer Korrespondenz) zu allererst persönlich kennen lernen durfte. Sie war auf musiklitterarische Arbeiten des jungen Doktoranden in der Fachpresse aufmerksam geworden, hatte an manchem anscheinend Gefallen gefunden und wohl auch meine inzwischen erschienene Dissertation auf das sie besonders ansprechende Thema „Vom Musikalisch-Erhabenen“ bereits gelesen, so geschah es denn, daß sie mir ihr lebhaftes, mich so überaus ehrendes Interesse freundlichst dadurch bekundete, daß sie mich mit einigen Zeilen einlud, sie in einer Münchener Privatpension an der Heßstraße, wo sie zu vorübergehendem Aufenthalte mit ihrer Freundin und Lebensgefährtin Ida Volckmann abgestiegen war, doch einmal zu besuchen. Natürlich eilte ich hoch erfreut, einem so schmeichelhaften Rufe Folge zu geben; ich kam, wir sprachen zusammen lange und eingehend, – und eine erhebende Freundschaft für's Leben war damit besiegelt, die mir persönlich im Laufe der Jahre noch reichen, köstlichen Gewinn, vielfältige Förderung und geistige Anregung die Fülle für mein Streben und Wirken erbrachte, wie sich dies in regem Geistesaustausch und wiederholtem Verkehr, einem Schatze von gehaltreich-wertvollen Briefen ihrer Hand, mit freigebig gespendeten Büchern und Musikalien aus ihrem eigenen Besitze, ja mit (meinerseits wirklich ganz unverdienten) bedeutsamen Vermächtnissen selbst – und so auch dem der Herausgabe dieser Blätter – nach ihrem Tode weiterhin greifbar noch ausprägen sollte.

Freilich folgten kurzen Jahren des persönlichen Naheseins leider recht lange Perioden der örtlichen Entfernung, in denen unter den Lasten der Amtsbürde sogar auch der Briefwechsel – *mea culpa, mea maxima culpa* – arg leiden mußte. Indes, der tief innere Zusammenhang war da und verblieb – Dank langmütiger Nachsicht der verständnisvollen Freundin – stets treu gewahrt, die herzliche Geistesbeziehung eines engeren, liebenswürdig auch auf die Familie ausgedehnten, Freundschaftverhältnisses war durch keinen Raum fürder mehr zu trennen; und zumal im letzten Jahre noch, da ich mich mit Verwaltung wie Bearbeitung des Archivs vom „Allg. D. Musik-Verein" neuerdings überraschender Weise betraut sah, mußte ich mich ihr ganz besonders innig wieder nahe fühlen: wenn ich da in den Vereinsakten auf Schritt und Tritt ihren vertrauten Schriftzügen auf so manchem gewichtigen Dokumente begegnete, ihre charakteristische Namenseintragung auf gar vielen Präsenzlisten der Tonkünstler-Feste und -Versammlungen vorfand, aus dem Jubiläums-Bilde „Sondershausen 1886" mich gemeinsamer, unvergeßlicher Erlebnisse freudigst erinnern durfte, gelegentliche Gutachten ihrer Hand, sowie eine mir von früher her wohlbekannte hochsinnige Stiftungsurkunde hier wieder entdeckte, zuletzt ihren wahrhaft rührenden, lauten und starken Mahnruf an den damaligen Vorstand: „Auf, ihr Männer [*sc.* des ‚Allg. D. Musik-Vereines'!] Handelt! – Nürnberg, 3. März 1887" – las, den ihr gerechte Entrüstung über die einem Hans v. Bülow durch den damaligen Generalintendanten der Berliner Hofoper, anläßlich der bekannten „Zirkus Hülsen"-Affäre, widerfahrene gesellschaftliche Unbill in die Feder diktierte – das einzige Mal übrigens im Leben, daß ich die sonst so edel gehaltene Verewigte in derart furioser Gebärde eines heiligen Zorneseifer zu sehen bekam!

So verliert denn der „Allg. Musik-Verein" in ihr nicht nur eines seiner drei letzten, alten Gründungsmitglieder und einen ehrwürdigen „Veteranen" der großen Sache, zudem die wertgeschätzte Biographin seines eigenen Meisters, künstlerischen Führers und ersten Ehrenpräsidenten, sondern auch eine warmherzige, groß denkende Förderin seiner besonderen Bestrebungen: eine Frau, deren Name und Gedächtnis durch wertvolle Stiftungen bzw. Vermächtnisse unter uns dauernd in aller schuldigen Weihe lebendig erhalten bleiben mag! Ihre gesammte „Liszt-Bibliothek" wird, wohlgeordnet – als ein geschlossenes Ganze, nach ihrem letzten Wunsch im Weimarer „Liszt-Museum" fürderhin würdige Aufstellung finden; ihr nahezu lückenlos vollständiges Exemplar der berühmten (Schumann-Brendel'schen) „Neuen Zeitschrift für Musik" aus der großen Kampf-Epoche soll, zusammen mit Dr. Brendel's und Dr. Pohl's „Anregungen für Kunst, Wissenschaft und Leben“, als „Stiftung Lina Ramann“ in ihrem Sinn und Geiste dem Vereinsarchive selbst zu unvergänglichem Besitztume fortan von mir einverleibt werden. Unzählige Fragen allerdings aus der Vereinsentwicklung als solcher, die ich der Sach- und Geschichtskundigen bei nächster Gelegenheit so gerne mündlich einmal vorlegen wollte, – so unendlich vieles, worüber mit ihr persönlich noch zu reden, ich „auf dem Herzen und Gewissen“ hatte, – – ach ja, es ist eben immer wieder die selbe alte, traurige Geschichte: „O lieb', so lang' du lieben kannst! O lieb', so lang du lieben magst! Die Stunde kommt – die Stunde kommt, da du an Gräbern stehst und klagst!“ – man soll auf dieser Welt nun einmal nichts verschieben noch aufsparen. Ein Besuch zu München im vorigen Sommer, und es wäre (ungeachtet des hohen Alters, welches ihr das Schreiben begreiflicher Weise schwer machte) immer noch möglich gewesen, – heute schweigt der feine Mund „wie das Grab“, und das lebhaft kluge, so tief leuchtende Auge ist für immerdar erloschen! „Zu spät – vorbei“, klagt und weht die Trauerweide im Winde ....

*

„O lieb', so lang' du lieben kannst!“ Auch das Lebenswerk ihrer großen „Liszt-Biographie“ hätte man in Fachkreisen wohl etwas besser noch lieben, litterarisch achten und auch wissenschaftlich anerkennend würdigen dürfen zu Lebzeiten, da der geistvoll bedeutenden Frau mehr Liebe, Achtung und Anerkennung immerhin noch hätte einige Lebensfreude bereiten und ein klein wenig für ihre großen Opfer genug- oder doch im Herzen wohl tun können, – als dies nach dem Tode nun zweifellos geschehen wird, da man ihr die bisher gern vorenthaltene Ehre dennoch nun entgegen bringen muß; denn diese Arbeit gehört, meines Erachtens, unbedingt zu denjenigen Dingen, welche in ihrer Art durchaus notwendig erscheinen, schon weil sie sind! Es ist neuerdings in gewissen Sparten leidige Gepflogenheit geworden, über diese erstaunliche schriftstellerische Leistung mannsüberlegen die Achseln zu zucken, ja unritterlich-hochmütig die Nasen zu rümpfen. Und doch bekennen selbst gründliche Kenner der Materie und selbständige Nacharbeiter, wie Ed. Reuß, Rud. Louis oder Aug. Göllerich, freimütig: „Von 1874 bis 1894 arbeitete sie an ihrer großen, wahrhaft monumentalen Liszt-Biographie, die in drei Teilen (1880, 1887 und 1894) bei Breitkopf & Härtel zu Leipzig erschien. Nur, wer selbst auf dem so schwierigen, weil von Anfang an durch die üppigste Sagen- und Legendenbildung überwucherten, Gebiete der Liszt-Biographie tätig gewesen ist, kann wohl ermessen, was Lina Ramann mit ihrem ‚Franz Liszt als Künstler und Mensch' geleistet hat.

Ganz abgesehen von der Darstellung, bedeuten schon die Sammlung und Sichtung des schier unübersehbaren Materiales ein Stück Arbeit, das man nur staunend bewundern kann. In diesem Werk ist der Grundstein gelegt für alle spätere biographische Liszt-Forschung; und diejenigen, die so selbstgefällig bereit sind, einzelne bei einer derartigen Arbeit unvermeidliche Irrtümer und Versehen der Verfasserin aufzumutzen, sollten bedenken, daß ein derartiges Kritisiren viel leichter ist, nicht bloß als das Bessermachen, sondern auch nur als das neidlos würdigende Anerkennen ganz unbestreitbarer tatsächlicher Vorzüge." Und ferner: „Der Verfasserin bleibt das unbestrittene Verdienst, außer anderen Eigenschaften den hohen Mut besessen zu haben, die Biographie eines Liszt zu einer Zeit zu beginnen, als es noch gefährlich war, sich zu ihm zu bekennen ..." usw. Ich selber, wenn ich darin irgend etwas aufzuschlagen oder einzelne Sonderkapitel nachzulesen habe, finde mich immer von Neuem wieder reichlich belohnt und gründlich belehrt von solchen Partien des umfangreichen Buches; ja, es wäre füglich sogar weit besser bestellt, auch unsere Herren Referenten von der Zunft blätterten etwas sorgfältiger als bisher wohl in diesen Bänden (vgl. z.B. meinen Abschnitt aus: „Neuzeitliche Tondichter" (G. Bosse, Regensburg) Bd. I, S. 267, in Betreff der „Festklänge", über welche symphonische Dichtung man bekanntlich die unsinnigsten Phrasen noch heute zu lesen bekommen kann)!

Ohne Zweifel ja ist das Werk noch nicht die endgültige, letzte „Liszt-Biographie" – dazu war die Zeit überhaupt noch gar nicht heran gekommen; ganz gewiß ist es nicht völlig fehlerlos, noch unbedingt einwandfrei – wann wäre das auch ein erster Wurf jemals gewesen? Ebenso sicher aber bleibt es nun einmal ein Standwerk, die zuverlässige und tragfähige Grundlage zumal zu allem weiteren Auf- und Ausbau. Und schließlich bildet es den Hauptwert solcher zeitgenössischen, lebendig kündenden Zeugnisse: in lauterer Gesinnung und echter, wahrhaft produktiver Begeisterung – ein feinst empfindliches „Objektiv" – den hellen Lichtstrahl von Wesen und Persönlichkeit der seltenen Meister-Erscheinung, wie durch einen blank geputzten Ehrenschild, einmal aufgefangen und rein wider gespiegelt zu haben; wie dies denn schlechterdings keinem der Späteren, die mittelbar dann schöpfen müssen, jemals mehr gelingen kann. Das mag der Verfasserin auch treulich gedankt, soll ihr unserseits gar niemals vergessen sein – *in infinitum.*

Abgesehen von einigen stilistischen Schönheitfehlern, technischen Unzulänglichkeiten und entbehrlichen Hegelianismen, in denen es einer bestimmten Werdezeit seinen Tribut zahlte, die nicht mehr die unsrige, ist es wirklich nun einmal – wie zum Beispiel Glasenapp durchaus in Sachen Wagner – die allerobjektivste Aufnahme, die sich über diese Materie denken und finden läßt, durch rein gar nichts fürder zu ersetzen oder selbst nur zu verdrängen, so sehr auch sonst Zeit und Weiterentwicklung wie Meinung-Fortbildung, aufklärende Tatsachen-Forschung usw. naturgemäß ihre Rechte fordern mögen. Nun hat man u.a. auch betont: wenngleich nicht eben die Quelle trüb, so doch die ganze Darstellung erscheine zum Mindesten einseitig, weil ausschließlich auf persönlichen Informationen der Fürstin Wittgenstein beruhend, und darum auch in wesentlichen Punkten wie markanten Momenten einer Korrektur oder Revision dringend noch bedürftig. Allein ich bin in der angenehmen Lage, mit Anführung eines lichtvollen Ausspruches aus Lina Ramanns eigenem Munde hier zeigen zu können, wie diese keineswegs etwa kritikbar und bedingungslos sich der Fürstin als ihrer Führerin einfach überließ, und daß sie sich deren Charakteristiken bzw. Einflüsterungen durchaus nicht blindlings für alle Zeit anvertraute; als sie mir nämlich, auf meine gelegentliche Anfrage nach dem persönlichen Wesen der genannten berühmten Freundin Liszt's und ihrem Verhältnisse zum Meister, kurz zusammenfassend folgende Charakteristik von der Fürstin entwarf: „Immer pathetisch-erhaben, unablässig heilig-religiös und stets nur auf hohem Kothurn gestrengen Ideals – das hält kein Mensch als irdisch Lebewesen auf die Dauer, tagtäglich und allstündlich, aus!"* Ihren schönsten Rechtfertigung-Titel bilden aber nun eben die vorliegenden Tagebuch-Aufzeichnungen: „Lisztiana" aus ihrem Nachlasse, deren aufklärende, so manche (hierüber umgehende) Legende unfehlbar zerstörende Wirkung Liszt's treue Biographin, getrost und mit der Ruhe des guten Gewissens der Zeit nach ihrem Hinscheiden überlassen durfte. Auch sie „konnte warten", bis die Wahrheit reif ward!

Selbst bezüglich einiger anderen Punkte wie Fragen, die bisher Angriffsflächen gegen das dreibändige Opus zu bieten schienen, kommt es mir sehr gelegen, ja erachte ich es geradezu als eine heilige Ehrensache der Verblichenen gegenüber, aus knappen Aufzeichnungen ihrer Feder Auszügliches hier einmal mitzuteilen, die sie mir dereinst aus besonderem Anlasse zu völlig freier Verfügung und etwaiger Benutzung gütigst übermittelt hatte. Ich hatte nämlich bei einer Abendgesellschaft im Weimarer „Nietzsche-Archiv" die Ehre gehabt, Ihrer Exzellenz der Baronin Olga v. Meyendorff Tischnachbar zu sein, und bei dieser Gelegenheit das Gespräch auch auf Lina Ramann und deren Meister-Biographie zu bringen mir gestattet. Noch sehe ich deutlich

* Ein noch schärferes Urteil fällt Anton Rubinstein in seinen „Erinnerungen 1839 bis 1889"; deutsch von Ed. Kretschmann, II. Aufl. – Leipzig 1895, bei Bartolf Senff (S. 5–67). Ähnliche schroffe Äußerungen über die Fürstin ja auch bei R. Wagner, Hans v. Bülow, Adelheid v. Schorn u. A. – selbst ein Franz Liszt hält sich in späterer Zeit nicht mehr ganz frei von gelegentlichen ironischen Anspielungen auf ihre gelehrten, kirchenhistorischen Neigungen und hierarchischen Betriebsamkeiten.

vor mir das sarkastisch lächelnde, beinahe bitterböse Antlitz der herben Russin (die in den letzten Lebensjahren Liszt's ja eine so mächtige Rolle noch bei ihm gespielt haben soll), als sie mir auf meine vorsichtige Berührung des berühmten Ausspruches der Gräfin d'Agoult: „*La comtesse d'Agoult ne sera jamais Madame Liszt!*" – mit förmlich verächtlichem Zucken um die Mundwinkel schroff entgegnete: „Ich bitte Sie – Lina Ramann in Nürnberg! Dergleichen mag gut für bürgerliche, junge Pensionatsfräulein [ich glaube, sie sagte: „Gänschen"!] passen und für die Zöglinge ihres kleinen Musikinstituts ein hübsch zurecht gelegter Ausspruch gewesen sein – das ist aber doch nichts für Erwachsene und taugt jedenfalls nicht für die große Welt noch in eine ernste, wahre Beschreibung von Liszt's Leben!" – Und nun hören wir einmal, wie die also Beschuldigte sich rechtfertigte, da ich ihr dieses Vorkommnis keineswegs vorenthielt. Sie schrieb mir: „Wenn nun auch Ed. Reuß („Bayr. Bl." 1900, S. 134) die Frage erhebt, wer jener Unterhaltung zwischen der Gräfin d'Agoult und Franz Liszt, die über der Beiden Beziehung entschieden haben soll, angewohnt habe, so kann ich nur sagen: Liszt. Von ihm wußte es die Fürstin, von ihr erfuhr ich sie, und Liszt hat sie mir bestätigt – mehrmals, und noch viel mehr die Gräfin Betreffendes! Ein Dementi seinerseits betraf nicht das Wort als solches, sondern meine mißverstandene Inszenirung, welche nur in einigen Dutzend Bänden meiner Liszt-Biographie (Bd. I) zum Versande kam und dann von mir sofort richtig gestellt wurde. Im Übrigen ist mir unbekannt, gesagt zu haben, daß jenes Wort der Gräfin über die ‚beiderseitigen Beziehungen entschieden' haben solle – andere Dinge lagen da zu Grund."

Des Weiteren, als das gewichtige Stück (III bis V) der „Bayreuther Blätter" vom Jahrgange 1900, mit der denkwürdigen ersten Veröffentlichung von Frau Cosima Wagner „zu Liszt's Briefen an die Fürstin Carolyne Sayn-Wittgenstein", auch (in gleicher Nummer noch) Ed. Reuß' Ausstellungen zur Ramann'schen „Liszt-Biographie", soeben erschienen war, und ich der seit 1890 in München lebenden Greisin das betreffende Heft zur Lektüre eines Tages aushändigte, notirte sie mir wörtlich: „‚Auch standen L. Ramann besonders zu Lebzeiten der Fürstin Wittgenstein Quellen zu Gebote' ... muß heißen ‚zu Lebzeiten der Fürstin Wittgenstein und Liszt's'. (!) – ‚Freilich sind diese nicht immer ganz zuverlässig gewesen und hätten einer strengen Prüfung unterzogen werden müssen' ... wer könnte das mit Fug behaupten? Was menschenmöglich, tat ich. Wesentliches, mir von der Fürstin mitgeteilt, besprach ich auch stets noch mit Liszt. Nicht ein Mal. Manches zwei, drei Mal zu ganz verschiedenen Zeiten, um immer wieder die Aussagen evtl. zu vergleichen oder zu prüfen, zu ergänzen und endlich festzustellen. Meine Darlegungen sind mir von Liszt bestätigt – Quellen also, die absolut authentisch sind." – „Im Jahre 1874 schrieb mir Liszt bezüglich seiner Jugendoper ‚*Don Sancho*': ‚Die Partitur lag viele Jahre in der Bibliothek der Großen Oper in Paris, welche der Brand vernichtete.' Reuß und Louis, in ihren Liszt-Büchern, übernahmen diese in meine Biographie übergangenen Mitteilungen. Daß nach Reuß (jetzt) die Partitur sich noch in Paris befindet, streitet allerdings mit Liszt's Aussage, ist aber nicht unmöglich." – „Bülow's, dem Thema des Liszt'schen *Es dur*-Konzerts unterlegtes Motto (wie es nun auch wortgetreu gelautet haben möge)* sollte keineswegs nur ‚die Kluft zwischen Weimar und Leipzig' geißeln. Es galt der gesammten deutschen Gegnerschaft jener Trilogie Wagner-Liszt-Berlioz."

Ich hoffe, man wird es mir nicht unbillig aufnehmen, daß ich das, gemäß ausdrücklicher Ermächtigung der Verblichenen hierzu, an dieser Stelle mit angezogen und noch nachgetragen habe; ja, ich fühlte eben geradezu die innerliche Verpflichtung, dies in einem Nachruf über das kühle Grab hinaus, der Licht und Schatten vollbrachten Menschenlebens gerecht doch verteilen soll, an dieser Stelle nicht zu unterdrücken. Auch Eduard Reuß ist ja inzwischen leider schon von uns gegangen, und – „warte nur, balde" – lebt Keiner mehr, der hier noch persönlich-beredt zeugen könnte: da gilt es denn, das Haus treulich zu bestellen und – sei's drum! – auch ernst zu warnen gegen ein voreiliges Stab-brechen oder beliebtes Absprechen über Absicht wie Inhalt, Buchstaben und Geist jener L. Ramannschen „Lebensbeschreibung" Franz Lisztens. Das hat sie doch wohl um ihn, den Großen, und um uns Zeitgenossen, Erben und Nachfahren wahrlich rechtschaffen sich verdient!

Selbst in Sachen der pädagogischen Lehren und der musikalischen Erziehung verdanke ich, der ich mich mit dieser Materie besonders einläßlich, auch praktisch, jeweils zu befassen hatte, – verdankt die ganze musikalische Welt dieser einzigartigen, auserwählt-berufenen Frau unendlich viel, zum Teile leider auch jetzt noch vielfach ungehobene Schätze. Sie war, nach ertragreichen Lehr- und Wanderjahren, hierin vollendete „Meisterin" geworden, die – in großartiger „Synthese" ihres gesegneten Lebens – dessen Hauptinhalt: musikalische Pädagogik und Liszt-Forschung, mit dem prächtigen Abschlußwerk eines „Liszt-Pädagogiums" (Leipzig 1902, bei Breitkopf & Härtel) noch zu krönen kam: eine Pädagogin so recht „nach dem Herzen Gottes" und „im heiligen Geiste" der Kunst – darf man sagen – nach dem, wie sie beides zur höheren, „humanistischen" Kultur in umsichtig-umfassender Bildung, der „nichts Menschliches fremd" blieb, methodisch stets wieder zu vereinigen suchte, lebendig-organisch zu binden wußte. „Musikal. Wochenblatt" Jahrg. 1890 Nr. 14 bis 16; „Blätter f.

* „Das versteht ihr Alle nicht, Haha!"

Litterar. Unterhaltung", Jahrg. 1898/99 S. 581 f. und „Gesellschaft", Jahrg. 1902 Heft 11/12, hat meine Feder in besonderen Artikeln bereits des Ausführlicheren davon gehandelt: dort steht das alles, im Näheren dargelegt, „Schwarz auf Weiß" zu Buche, man mag es da also aufmerksam auch gefälligst einmal nachlesen; denn „der Mann erwäget, was er spricht, doch wiederholt sich niemals nicht!" – und „Evang. Joh.", Kap. 19, V. 22: „Was ich geschrieben habe, habe ich geschrieben"! Wahrhaft goldene Worte sind just auf diesem Gebiete* von ihr geprägt, vorbildliche Lehren allenthalben gegeben, bleibende Werte in streng systematischer Pflege geschaffen, unauslöschliche Grundlinien gezogen, unerschütterlich-dauergründige Fundamente gelegt und nachhaltige Spuren hinterlassen worden, für unsere Tage und alle ferneren Zeiten: Erfahrungen, Winke und Anregungen, denen man nicht immer wieder in weitem Bogen aus dem Wege gehen, denen man vielmehr gerade in unseren Tagen der musikpädagogischen „Seminare" endlich beherzt näher treten und gewissenhafter Weise auch einmal planvoll gerecht zu werden suchen sollte. Glänzende Namen, wie Berthold Kellermann, Auguste Rennebaum, Ina Löhner, Erika v. Binzer, sprechen doch fürwahr nicht gegen eine solche „Schule"!

Erübrigt mir daher nur noch, an O. Flachsbarts biographische Skizze mit Bild alle fleißigen Leser der „Allg. Musik-Ztg." (1903, Nr. 24/25) angelegentlich mit zu erinnern, oder auf bezügliche warm-überzeugt eintretende Artikel aus den berufenen Federn von Louise Otto-Peters („Neue Bahnen", 1884), Ina Löhner („Die Lehrerin in Schule und Haus", Jahrg. 1903, Beilage Nr. 14) hiermit zurück zu verweisen, in welchem allen aus Jubiläumsanlaß damals das hierüber zu wissen Wünschenwerte bzw.

* Vgl. aus Lina Ramanns Feder: „Technische Studien – Dr. Franz Liszt, dem Begründer einer neuen Aera des Klavierspiels" (Hamburg, 1860); „Die Musik als Gegenstand des Unterrichts und der Erziehung" – Vorträge (Leipzig, 1868); „Allg. musikalische Erzieh- und Unterrichtslehre, ein theoretisch-praktisches Lehrbuch für Musik- und Lehranstalten" (Leipzig, 1869 – zweite neu bearbeitete Auflage Leipzig, 1898); „Die musikal. Lage und der Volksunterricht in Frankreich" (Leipzig, bei Breitkopf & Härtel); „Elementarstufen des Klavierspiels" (Leipzig, bei Breitkopf & Härtel) und „Grundriß der Technik des Klavierspiels" – in 3 Teilen (ebenda) ... außer wie neben ihren anderen Schriften, als „Bach und Händel" (Leipzig, 1867): „Franz Liszt's Oratorium Christus" – eine Studie mit Notenbeispielen (Leipzig, 1874); „Hector Berlioz und seine Harold-Sinfonie" (Leipzig, bei Breitkopf & Härtel); „Franz Liszt als Psalmensänger" – mit Notenbeispielen (Leipzig, 1886); sowie dem – schon genannten – großen „Liszt-Pädagogium" – in 5 Serien (Leipzig, Breitkopf & Härtel); die viel erwähnte „Liszt-Biographie" selbst – in zwei Bänden und 3 Teilen (Leipzig, 1880 – 1894, ebenda) und die deutsche Übertragung der Liszt'schen „Ges. Schriften" – Bd. II bis VI (Leipzig, 1881/83, ebenda) natürlich mit eingeschlossen. Und nun also hat uns ihr litterarischer Nachlaß im Vorstehenden, als unschätzbar historische Gabe, auch ihre „Memoiren" in Form früherer, unmittelbar lebendiger Tagebuch-Aufzeichnungen mit vielen wertvollen Nachträgen, Beigaben usw. als „Lisztiana" noch beschert: wahrlich, ein gesegnet Tagewerk fleißiger Hände wie emsig schaffenden, bis zuletzt regen Geistes!

Notwendige erschöpfend gesagt worden war,* – um nunmehr, Fazit ziehend und den Segen sprechend über dieses, der hehren Kunst im Geiste der Humanität wie im Sinne der Kultur opferfreudig geweihte, begnadet-fruchtbare Erdendasein, seinem verkärten leiblichen Träger und unsterblich nachwirkenden Geiste mit heißem Dank unwandelbare Treue, aber auch pietätvolle Nachfolge nochmals feierlichst zu geloben; indem wir diesem unserem unvergeßlichen „Erlebnisse“, Lina Ramann mit Namen, still trauernd über einen unersetzlichen Verlust noch einmal nachblicken, von ganzem Herzen und von ganzem Verstand ernst bei uns nachsinnen und ihm unseren wehmütigen letzten Gruß voll tiefer Ergriffenheit schier verstummenden Mundes in allen Ehren salutirend nachsenden:

Frieden ihrer Asche und
Auferstehung ihrer Lehre!

* Vgl. zudem „Breitkopf & Härtels Mitteilungen“, Nr. 47: wozu denn freilich bei ihrem Hinscheiden auch die zahlreichen Nekrologe treuer Schüler, Freunde und Verehrer kamen: an erster Stelle die so warm empfundenen, gehaltreichen und ausgezeichnet zutreffenden „Gedenkworte“ eines Berufenen wie August Göllerich („Musikpädagog. Zeitschrift“ II, 3); sodann August Stradal („Neue Zeitschr. f. Musik“ 79. Jahrg., Nr. 15 und „Neue Musik-Ztg.“ 1911/12 Nr. 15), Ina Löhner („Musikpädagog. Bl.“ XXXV, 9), Erika v. Binzer („Signale f. d. musikal. Welt“ 1912, Nr. 21), Karl Pottgießer („Die Musik“ XI, 15), Prof. Dr. Arthur Seidl („Allgemeine Musik-Ztg.“ 1912, Nr. 16/17), Dr. Rud. Louis („Münchn. Neueste Nachr.“ 1912) und Dr. Walter Niemann („Leipz. Neueste Nachr.“, 1912); welchen allen sich in jüngster Zeit noch die feinsinnige Monographie: „Lina Ramann. Lebensbild einer bedeutenden Frau auf dem Gebiete der Musik“ von Marie Ille-Beeg (Nürnberg 1914, Verlag der Friedr. Korn'schen Buchhandlung), als ganz besonders dankenswerter Beitrag zur Charakteristik angereiht hat.

Kritischer Nachbericht des Herausgebers

Von der hochgeschätzten Verfasserin (vgl. die Nachschrift zu ihrem „Vorwort" in dem vorliegenden Werke) schon bei ihren Lebzeiten mit der ebenso ehrenvollen wie verantwortlichen Aufgabe betraut, dieses Memoirenwerk ihrer Feder nach ihrem Ableben einmal herauszugeben, will ich nicht unterlassen, im Nachfolgenden doch kurz nähere Rechenschaft über die Grundsätze dieser meiner Herausgabe vor dem Leser abzulegen. In einer abermaligen, gleichsam letztwillig bestätigenden Aufforderung dazu, die mir selbst erst nach ihrem Tode zuging, finden sich u. a. nochmals wörtlich hierüber der Verewigten nachstehende, eigenhändig niedergeschriebene und besondere Maßgaben:

„Also *summa summarum*: die als nothwendig sich ergebenden ‚Striche' – nothwendig aus der Doppelrücksicht auf Buch und Leser – bleiben Ihnen, verehrter Freund, überlassen. Ebenso wenn es Ihnen, um eine Kränkung noch lebender Personen zu meiden, gerathen erscheinen sollte, anstatt des einen oder anderen Namens nur seinen Anfangsbuchstaben stehen zu lassen. ... Über den Zeitpunkt der Herausgabe meiner ‚Lisztiana' hege ich keine bestimmenden Wünsche. Sie, mein werther Freund, werden den hierzu bestpassenden Moment am zutreffendsten finden: ob gleich nach meiner ‚Reise ins Unbekannte', ob später ....."

Ich glaube und hoffe nun zuversichtlich, streng im Sinne sowie getreu diesem letzten, mir durchaus heiligen Vermächtnisse der werten Freundin meinerseits verfahren zu sein, wenn auch der große Weltkrieg mit seinen Folgen und andere Zwischenfälle weit über meine anfängliche Absicht hinaus den Zeitpunkt dieser Veröffentlichung leider verzögert haben. Unantastbar in Grundform und Tendenz, wie das Ganze (nachdem ich es nur einmal kennen gelernt) von vorne herein für mich feststand, gelangt das von ihr hinterlassene, inhaltreiche Manuscript hier – einzig mit einigen ganz geringfügigen Ausnahmen, von denen sogleich noch die Rede sein soll – „diplomatisch" genau, so zu sagen, durchaus gewissenhaft nach der handschriftlichen Vorlage hiermit auch zum Abdruck; und, da diese Handschrift des Ganzen wiederum, auf ausdrückliche Verfügung der Autorin, unmittelbar nach Drucklegung *originaliter* in das „Liszt-Museum" zu Weimar, an dessen besondere „Lina Ramann-Lisztbibliothek" alsbald mit überzugehen hat, dortselbst also künftighin (als deren Nr. 206 und 207) allgemein zugänglich vorliegen wird, so kann sich überdies jeder Interessent von der wesentlichen Korrektheit seiner Wiedergabe in der vorliegenden Ausgabe durch persönliche Einsichtnahme und genauere Vergleichung jederzeit auch vollauf überzeugen.

Die wenigen Stellen, bei denen ich eine Abweichung vom Grundtext in dem Maße für ratsam hielt, daß ich mir sogar eine Art von eigenmächtiger Abänderung dabei gestatten zu dürfen vermeinte, sie betrafen das Folgende: Gleich zu Beginn nämlich habe ich da eine ganz leichte, lediglich redaktionelle Umstellung deshalb vorgenommen, weil es mir für das Interesse des frisch an die Lektüre herantretenden Lesers einigermaßen ungünstig erschien, schon zu allem Anfange mit längeren, den Fluß leidig störenden (oder doch unliebsam unterbrechenden) Fußnoten sich empfangen zu sehen; also statt sogleich lebendig einführender Schilderung, erst noch Einschiebsel vorzufinden, bzw. auf nachtragende Zurückgreifungen hier erst einmal zu stoßen. Ich habe daher keine Bedenken getragen, den Text der ganzen Vorgeschichte jener persönlichen Beziehungen des Altmeisters zu seiner tapferen Biographin, welche zu dem später so regen, ständigen Verkehr und reichen Gedankenaustausche zwischen Beiden nachmalen führen sollten (der sich in unserem Tagebuch eben nun chronologisch dann fortspinnt), für sich geschlossen auch vorweg zu nehmen, um die alsdann unmittelbar fortlaufenden Tagebuch-Aufzeichnungen der Verfasserin selbst erst mit *Ms.* S. 7ff. so, wie gedacht, vollinhaltlich eintreten zu lassen. Ferner hielt ich es doch für richtig und angemessen, einen unter Lina Ramanns Nachlaß-Materialien im Weimarer „Liszt-Museum" mit vorgefundenen Brief Liszt's an sie, vom 16. Oktober 1872, an entsprechender Stelle ohne Manuscript-Unterlage hierzu in der vorliegenden Handschrift gleichfalls noch mit aufzunehmen, um so mehr, als Verfasserin selbst (wie das *Ms.* durch ein Fußnote-Zeichen deutlich genug ausweist) offenbar an die Einbeziehung auch dieses Briefes ursprünglich schon gedacht hatte, den wohl mehr nur ein Versehen schließlich an dieser Stelle ausließ. Anderseits hatte Lina Ramann sich bei Aufstellung eben jenes Brief-Verzeichnisses bereits um zwei Nummern verzählt, d.h. zwei kleinere und ältere Exemplare irrtümlich noch zu erwähnen vergessen; so daß also die (von unserer Autorin selbst gegebene) Fortnummerierung solcher Originalschreiben des Altmeisters an sie nunmehr von 48 auf 51 vollends zu ergänzen bzw. meinerseits demgemäß umzuändern war. Wobei denn überdies noch zu bemerken bliebe, daß außer den hier abgedruckten Briefen von Franz Liszt's eigener Hand allerdings noch eine weitere Anzahl kleinerer Billets, Depeschen u. dgl. (statt 51, wie hier, insgesammt 65 Nummern!) bei jener, dem genannten „Museum" einverleibten, „L. Ramann-Bibliothek" sich vorfinden, die aber, weil doch im Grunde nur Unwesentliches und Nebensächliches enthaltend, für das biographische Moment und diesen Zusammenhang in der Tat entbehrlich scheinen dürften.

Hingegen habe ich von irgendwelchen Strichen (Auslassungen, Wegnahmen wie Kürzungen am Grund-Texte – geschweige denn eigenen Einschaltungen meiner Feder) durchaus Abstand genommen – und zwar mit gutem Grunde sogar auch da, wo etwa der Inhalt durch seither erschienene Schriften über Liszt schon vorweg genommen und heute einigermaßen überholt wohl erscheinen möchte, so daß für flüchtige Leser möglicher Weise selbst der Eindruck einer Wiederholung von alt Vertrautem, längst Bekanntem gelegentlich sich wohl einstellen könnte. Abgesehen nämlich davon, daß damit für unser, im Wesentlichen 1895 bereits fertig gestelltes, zu Beginn des neuen Jahrhunderts von seiner Verfasserin nur noch einmal nachgeprüftes und leicht überarbeitetes „Lisztiana"-Manuscript in vielen Fällen die Priorität seines Inhaltes, seiner Angaben usw. doch keineswegs schon aufgehoben ist, vielmehr nach wie vor zu Recht besteht, werden gerade die Sachkundigen und Fachkenner um jeden feinen Zug, der – wie schon durch andere Memoiren oder biographisch-aesthetische Publikationen zum gleichen Gegenstande – nun auch durch dieses Quellenwerk über den unvergleichlichen Meister uns anschaulich wieder überliefert wird, ihre Wissenschaft von der „Persönlichkeit" Liszt's verdienstlich bereichert, willkommen bestätigt, lebendig ergänzt oder tatsächlich modifiziert finden und der Verewigten noch über das Grab hinaus dafür aufrichtigen Dank wissen. Manches auch scheint eine bloße „Wiederholung" nur zu sein, was im Grunde eben typische „Redensart" beim Meister war; so zwar, daß gerade solche Wiederholung hier wertvoll zu charakterisieren und den Tatbestand unzweideutig dann von Neuem zu bekräftigen vermag. Ebenso habe ich von der ausdrücklichen Erlaubnis der Urheberin, Personen-Namen etwa nur mit Anfangsbuchstaben hier zu geben, nach reiflicher Überlegung in keinem Falle Gebrauch machen zu sollen geglaubt, da es – *exempla trahunt* – seit der ersten Ausgabe des berühmten „Briefwechsels zwischen Wagner und Liszt" – und eigentlich schon seit den Mendelssohn- oder Schumann-Briefen – (bei welchen solches verschleiernde, ja geradezu irre führende Verfahren leider vielfach beliebt ward) allen ernsten Fachkreisen längst doch klar geworden ist, daß man bei historischen Quellen: als Memoiren-, Brief-Veröffentlichungen oder biographischen Werken, mit dergleichen gar Niemandem jemals irgend einen Dienst erweist; im Gegenteil habe ich sogar zwei, von der Verfasserin selbst in der gedachten Form nach ihrem *Ms.* stellenweise noch verdeckt gehaltene, Namen hier ruhig ganz einfach glatt ausgeschrieben, schon darum, weil der weitere Fortgang des Textes bzw. der Zusammenhang des Ganzen die betr. Persönlichkeiten, inkonsequenter Weise, ohnedies nachträglich ganz von selbst ergibt.

Rechtschreibung und Satzzeichen sind mit dem Wortlaute buchstabengetreu übereinstimmend belassen worden, falls nicht handgreifliche Schreibfehler eine Abänderung ohne Weiteres nahe legten oder auffällige

Unterschiede nur eben auszugleichen, offensichtliche Versehen unschwer zu berichtigen waren, und – falls nicht etwa ein gewissenhaft quellenmäßiges Nachgehen wie vergleichendes Studium der, heute in Weimar ja zugänglichen, urschriftlichen Unterlagen selber kleine Feststellungen am *Ms.*-Texte, in Ziffern, Namenschreibungen usw. noch rechtfertigten bzw. direkt sogar veranlaßten. So wird man z.B. am Wortlaute der mitgeteilten Originalbriefe (zumal Liszt's) da und dort geringfügige Retouchen und selbst leichte Einfügungen gegenüber der Ramann'schen Niederschrift wohl vorfinden können, die sich alle eben aus jener sorgfältigen Einsichtnahme an Ort und Stelle streng philologisch (so zu sagen) unschwer alsdann erklären.*

Endlich verdienen wohl noch die, dem Ganzen mitbeigegebenen Fragezettel oder Auskunftbogen – von Lina Ramann's bzw. Franz Liszt's eigenen Händen – eine besondere Besprechung mit näherer Hervorhebung und genauerer Beschreibung ihrer Sonder-Beschaffenheit. Nach dem begreiflichen Wunsche der Verfasserin sollten diese Autogramme eigentlich sammt und sonders facsimiliert in diesem Buche mit zur Erscheinung kommen; dies würde aber doch erhebliche technische Weiterungen gezeitigt, zudem (wie auch eine, von L. Ramann angelegentlich noch gewünschte, „Heliogravüre"-Ausführung der photographischen Beigaben) den Preis des Werkes wider alle Absicht der Erblasserin für den Buchhandel ungebührlich kostspielig gestaltet haben. So treten denn nun – außer dem Anfange jener, vom Meister in späteren Jahren „*par cœur*" niedergeschriebenen und seiner Biographin gern überlassenen „Jugend-Sonate" – nur noch zwei** einzelne dieser „autogr. Beilagen" als anschauliche Beispiele der ganzen Art und Weise dieses Auskunft-Verkehres zwischen dem Meister und seiner Biographin in „Facsimile"-Ausführung hier vor Augen. Die übrigen sind natürlich Schriftstücke ganz ähnlichen Charakters, jedoch Oktavblättchen, zumeist gefaltet, in Sedez-Format, oder kleinere Einzelzettel (vielfach wieder mit Klammer als das zusammengehörige Ganze einer Haupt-Nummer festgehalten), auf denen die Fragen von Lina Ramann vorgeschrieben und in dem freigelassenen Raume von Franz Liszt selbst nachher unmittelbar beantwortet sind: was hier durch unterschiedliche Typen sowie eine Anordnung neben einander zur bequemeren Übersicht des Lesers schärfer deutlich auseinander gehalten bleibt, sonst aber selbstverständlich streng nach der betreffenden *Ms.*-Vorlage und genau in der bekannten, individuellen Original-Orthographie bzw. -Interpunktion der beiden Schreibenden wiedergegeben ist.

* Wurden so die Briefe Liszt's und seine Beantwortungen der Fragezettel „diplomatisch" getreu wiedergegeben, so ließ sich ein solches Verfahren bei den Briefen der Fürstin Wittgenstein nicht durchführen. Hier wurden vielmehr nach dem Vorbild L. Ramann's die grammatikalischen und orthographischen Fehler ausgemerzt, um den Leser nicht gänzlich zu verwirren.

** Dazu siehe S. 9 (F.S.)

Abdruck aller Originalbriefe des Meisters und der Frau Fürstin, sowie weiterer Originalschreiben von Cosima Wagner, Hans v. Bülow, Daniela v. Bülow (spätere Thode), Clara Schumann, Adelheid v. Schorn, Auguste Rennebaum, Friedr. Feustel, Otto Leßmann, Fritz Stade, August Göllerich, der Verlagsfirma Breitkopf & Härtel (im Haupttext und im „Anhang") ist von den Urhebern bzw. deren Rechtsnachfolgern: insbesondere der Frau Fürstin von Hohenlohe, geb. Prinzessin von Wittgenstein, Herrn Siegfried Wagner und Frau Baronin v. Bülow, freundlichst ausdrücklich gestattet worden; wofür den Genannten an dieser Stelle der verbindlichste Dank geziemend zugleich erstattet sei.

Dessau, am 40. Todestage Franz Liszt's,
31. Juli 1926.

Der Herausgeber.

Ergänzende Briefe

Hier seien, lose aneinandergereiht, 4 Gruppen von 10 Briefen aus den Jahren 1873, 1884 und 1886 mitgeteilt.

I.

Der erste Brief befindet sich in der „Ramann-Bibliothek“ in Weimar, und zwar ist es die gewissenhafte Abschrift eines bedeutsamen Schreibens von Cosima Wagner an ihren Vater Franz Liszt: ein undatierter Rückblick auf die soeben (29. Mai 1873) zu Weimar mit ihrem Gatten gemeinsam erlebte Uraufführung des „Christus“. Dieser Brief, ursprünglich in französischer Sprache abgefaßt und für L. Ramann von Alex v. Harsdorf ins Deutsche übertragen, wurde erstmalig vom Herausgeber in den „Bayreuther Blättern“ veröffentlicht, auf Anlaß des 80. Geburtstages Cosima Wagners; er soll jedoch hier nochmals mitfolgen, da er in engstem Zusammenhange zu dem vorliegenden Tagebuche L. Ramann's steht, und von ihr sogar auf S. 33 erwähnt wird. Er lautet:

Mein lieber Vater,

So wären wir denn glücklich gestern Abend hier wieder angelangt, und Lulu* hat schon heute morgen nicht verfehlt, sich recht wichtig zu machen und dem kleinen Volk von all' den Ehren zu erzählen, mit denen sie dort überschüttet worden. „Großpapa hat sie am Arme geführt, Großpapa hat ihr Blumen gepflückt, sie hat bei Großpapa zu Mittag gespeist und er hat ihr Marken geschenkt; sie hat dem Großpapa Sträuße auf sein Pult stellen dürfen, Großpapa hat eigens für sie gute Sachen (Eingemachtes) kommen lassen“ – und so weiter. Nur über den „Christus“ hält sie jede Äußerung zurück; ich weiß nicht, ob sie die Kleinen unwürdig erachtet, ihre Eindrücke zu vernehmen, oder ob sie sich nur unfähig fühlt, darüber zu sprechen: ich neige mich der letzteren Annahme zu, die im Grunde nur meinem eigenen Fall entspricht. Unmöglich, Dir den Strom der Eindrücke zu beschreiben, der mich am vergangenen Donnerstag überflutete, und den Schwarm von Gedanken, der solchen Eindrücken entquoll! Denn ich befinde mich unter dem Einfluß eines immer mehr wachsenden Staunens, das einem *cantus firmus* gleicht, den die mehr und mehr zunehmenden eigenen Stimmen umranken. Was mich derart mit Staunen erfüllte, war die Bemerkung, wie ein kindlicher, einfältiger und inbrünstiger Glaube, ähnlich dem, wie wir ihn

* Daniela v. Bülow, damals 12½ Jahre alt.

uns zu den ersten Zeiten der Annahme des Christenthums wohl vorstellen, sich der gegenwärtigen Gestaltung der Kirche bemächtigt und alles einnimmt und verklärt, was mit dieser Gestaltung zusammenhängt, an welcher – nach Einigen – die Politik mehr Anteil hat als der Glaube. So ist denn der Prachtaufwand (der einen so unzertrennlichen Bestandtheil dieser bewundernswerthen Organisation ausmacht) hier aufgefaßt, wie ihn das Volk empfindet, in aller Einfalt und Freimüthigkeit, nicht mit Hintergedanken an (Priester-) Herrschaft und Blendwerk-Methoden, sondern mit bereitwilliger Hingabe an diese Methoden als an eine weise Ordnung.

Darf ich Dir bekennen, daß ich den Katholizismus unserer Tage nicht für fähig gehalten hatte, ein Kunstwerk hervorzubringen, das sein Wesen in so anschaulicher und zugleich packender Weise zur Darstellung brächte? Die Werke der Malerei, die er uns gab, sind, so weit ich dies beurtheilen kann, bar jenes kindlichen Empfindens, von welchem ich eben sprach, und das sich hier bis in diejenigen Züge bewahrt zeigte, welche, wenn ich mich nicht irre, einem Hauptelemente der katholischen Kirche von heute entsprechen. Denen, die dem „Christus" eine zu starke „Theatralik" vorwerfen wollen, wäre füglich zu erwidern, daß die Kirche theatralisch ist, es sein will und sogar sein muß; denn wie weit wohl käme eine des äußerlichen Elementes völlig entblößte Kirche? Der (etwas schwunglose) Protestantismus von heute kann es uns zeigen. So bin und bleibe ich also überzeugt: wenn anders die katholische Kirche fortbesteht, wie sie sich in unserem Jahrhundert herausgebildet hat, wird auch Dein „Christus" mit ihr fortbestehen; wenn sie sich aber zersetzt, um andere, neue Formen anzunehmen, so wird der „Christus" sie überdauern, als ihr verkörperter Wesens-Ausdruck. Und wären selbst zu Rom andere Hebel wirksam als – meines Bedünkens – ein blinder und angriffslustiger Erhaltungstrieb, wäre man dort ebenso aufgeklärt, wie man unfehlbar ist: Die einzelnen Stücke des „Christus" müßten dennoch bei jedem der Feste aufgeführt werden, auf die sie sich beziehen, und das ganze Werk an den höchsten Feiertagen der Kirche. Mehr als die Missionen, mehr als die geheime Propaganda, mehr auch als eine terroristische Wirksamkeit müßte diese Aufführung die Herzen gewinnen und stärken. Jedoch alles ist blind auf dieser Welt; die Geschicktesten weben ihre Netze gleich der Spinne, um sie doch nur wieder zerrissen sehen zu müssen und immer wieder von vorne beginnen zu sollen; und leider allein diese Blindheit ist kraftvoll, unfehlbar und unerschütterlich. Aber über ihr und ihren ewig vergänglichen Werken schweben dennoch die Schöpfungen der K u n s t, die – gleichfalls ganz unbewußt – in derselben Beziehung zu jenem blinden Triebe stehen wie das Sonnenlicht zu dem Feuer, das in den Eingeweiden der Erde glüht, und welches, nach Jakob Böhme's schönen Gedanken, alles Leben vergiftet, sobald das Sonnenlicht ihm erloschen ist.

Nachdem ich nun Dein außerordentliches Werk kennen gelernt, frug ich mich, wie es doch kam, daß Wagner und ich, in scheinbar so gegensätzliche Strömungen gerathen, einen so mächtigen und entschiedenen Eindruck von dem Werk empfangen mochten, und als mich diese geheimnisvolle Selbstprüfung zu einer tieferen Einkehr in mein Inneres führte, da erkannte ich, wie in einer Vision, die Nichtigkeit aller Formen. Schatten gleich, erstehen und kehren sie wieder und kreuzen sich, untrennbare Erscheinungen des gestaltenden Genie's. Gleichwie Dante die drei großen Abtheilungen der Hölle, des Fegefeuers und des Himmels brauchte, um uns zu sagen, was er empfand, so heischte Dein künstlerischer Schöpferathem die Welt des Katholizismus als nothwendige Grundform des Ausdrucks. Eintheilung und Form besagen uns nicht mehr als die zusammengedrängte Zeichensprache der Hindu's, um in uns den Begriff der Ewigkeit zu erwecken. Nein! vielmehr der Hauch der Wahrheit, der sie durchweht und belebt, ergreift den Geist vielleicht noch mächtiger, der diese Formen überschaut, als denjenigen, welcher ihnen noch unterworfen ist. – Durch alle Phasen meines Lebens hindurch, die mich von Dir zu entfernen schienen, bewahrte ich immer diese kühne Überzeugung, daß uns eigentlich nichts trenne; indem ich das äußere Leben und was damit zusammenhängt sehr wohlfeil einschätzte, hegte ich im Grunde meiner Seele eine stille Verachtung für alle die Guten oder Bösen, die uns entzweit wähnten, oder doch wünschten; und ein ähnlicher Eindruck im Hinblick auf Dich und Wagner bemächtigte sich nun meiner, als ich diesen „Christus“ hörte. Es kann ja dem äußeren Empfinden nach nichts Ungleichartigeres geben als Deine und Wagners Weltanschauung; und doch, wenn eine Seele Dein Werk zu verstehen, innerlich zu ergreifen und zu würdigen, nicht nur zu hören wußte, so war er es! Piedestal, Krücke oder Stelze: Die Form macht nur auf glaubensschwache Menschen einen anziehenden oder aber abstoßenden Eindruck; die Auserkorenen erkennen und grüßen sich trotz den Verschiedenheiten im Ausdruck, und Du würdest einen „Christus“ von Wagner lieben und verstehen, wie er den Deinigen liebt und versteht. Als ich hier das „*O filii, o filiae!*“ wieder vernahm, das ich so oft und mit so viel Inbrunst in meiner Kindheit gesungen, da spann sich der Faden meines ganzen Lebens vor mir ab. Und zu meinem Erstaunen mußte ich mir eingestehen, daß nichts in mir anders geworden: Die selbe Begeisterung, die mich an den Stufen des Altars ehedem durchglühte, erfüllte mich, als ich diesem Deinem Werke lauschte, und diejenigen, welche nicht eher zufrieden sind, als bis sie alles wohl gruppirt und betitelt haben, sie würden sich, glaube ich, bei näherer Einsicht der Dinge in einiger Verlegenheit befinden.

Eine Thatsache aber, die mich mit besonders freudiger Genugthuung erfüllte, war der Zusammenklang meiner Ansichten mit denen Wagners im Punkte der Wiedergabe. Man hatte uns so viel Schlimmes prophezeit, daß wir uns immerhin mit einer gewissen Besorgnis zur Kirche begaben. Kaum waren jedoch die ersten Takte erklungen, als mich schon die selbe felsenfeste Zuversicht überkam, die mich stets beherrscht, wenn Wagner was immer in seine Hand nimmt; eine frohe Zuversicht, die mich dann auch für alle Einzelheiten völlig gleichgültig sein läßt: was wollen kleine Ausstellungen bedeuten, wenn der große Strom des Lebens selber vorüberquillt? Und im Augenblicke, da meine blöde Ängstlichkeit von mir abfiel wie ein geborgter Fetzen Kleid, kam Wagner, der sich für eine Weile von mir getrennt hatte, auf mich zu und flüsterte mir ins Ohr: „Dein Vater ist herrlich; es geht prächtig!" Und dieser Eindruck verblieb mir für die ganze Dauer der Aufführung, ungeachtet der rechts und links etwa geschossenen Böcke; und eben noch sagte Wagner zu Frau Ritter*, wie sehr er die Wärme und Lebendigkeit des Ganzen bewundert habe. Das (oder vielmehr nicht das, sondern die Leute, mit denen Ihr Beide, Du und Wagner, Eure Schlachten liefert) erinnerte mich an eine Anekdote, die man sich vom Großen Friedrich erzählt, welchem – am Vorabende der Schlacht bei Zorndorf, glaub' ich – der General Dohna ein ganz frisches, schmuckes Regiment vorführte. „Teufel", meinte er, „wie fein geschniegelt und gebügelt sind Seine Leute! Die meinigen sehen aus wie die Grasteufel, aber sie beißen; hoffe, die Seinigen thun das auch!" Ich bilde mir ein, daß alle genialen Menschen von jeher sich so beholfen haben, und daß man Drill und Eleganz den Mittelmäßigkeiten überlassen muß.

Von Frau v. Milde waren wir entzückt, und man hatte uns doch versichert, ihre Stimme sei bereits ausgesungen! Ich bedauere, sie nicht mehr gesprochen zu haben, um ihr noch zu sagen, daß sie mich dieses Mal mehr gerührt habe als in ihrer schönsten Blüthezeit. Unser „Dummerchen" von einem Geiger, der es nicht verstand, ein Plätzchen in Deinem Orchester zu erobern, hat wenigstens einen tiefen Eindruck von dem Gehörten mit fortzunehmen gewußt und war in all' seiner Einfalt mehr gefesselt von der so unvergleichlich verdienstvollen Aufführung als gestört etwa durch die Unachtsamkeit einiger der ausführenden Musiker.

Dies also im Großen und Ganzen der Umriß dessen, was wir uns seit unserem Abschiede von Dir gesagt haben. Ich habe Wagner meinen gerührtesten Dank für seine Begleitung dorthin ausgesprochen (weiß ich ja doch, wie schwer es ihm wird, seine Partitur jetzt zu verlassen); und, indem ich mir das Gesamtbild all' der Nebelschleier zurückrief, die man vor die Strahlen Eurer wechselseitigen Liebe gezogen, mußte ich an den Titel eines Stückes von Calderon denken, worauf wir im Hause oft und gern anspielen: „Es ist besser, als es war!" Wahrlich, ich kann mir nicht vorstellen, daß es für den Künstler eine größere Freude geben könne, wenn er erst sein Werk

* Franziska Ritter, geb. Wagner, Alexander Ritters Gattin.

vollendet, d.h. losgelöst von seinem Selbst einer Welt der Enttäuschungen und Entwürdigungen preisgegeben hat, als den lebendigen Widerhall aus einem ebenbürtigen Geiste. Darum hat auch mich Wagners Gegenwart in der Kirche so innig erfreut, während ich mich ohne diese Weihe meiner eigenen Begeisterung eines schmerzlichen Empfindens nicht hätte erwehren können. Denn, wenn Du auch die Vereinsamung eines Fredro* und ähnlicher Anderer leugnest, so wirst Du mir, denke ich, doch die Verlassenheit des Genie's ohne Weiteres zugeben. Möchte sich doch kein Mißton mehr zwischen die edlen, ergreifenden Klänge Eurer Herzen drängen; möchte keine gute oder schlechte Absicht ihre verengenden Schranken zwischen Euren erhabenen Geistern förderhin noch aufrichten, die doch so einzig geschaffen sind, einander zu verstehen!

Dies der Wunsch Deiner Tochter

C.

II.

Im Auftrag des Meisters (vgl. S. 230) richtet L. Ramann nachstehendes Schreiben an Fritz Stade:

Sehr geehrter Herr –:

Diese Zeilen habe ich die Ehre im Auftrag des Herrn Dr. Liszt an Sie zu richten. – Sie betreffen das äußere Arrangement seiner Faust-Episode „Der nächtliche Zug" für 2 Klaviere, nach welchem die letzteren nicht partiturmäßig übereinander gesetzt sind, was den Spielern die Übersicht über das Ganze unmöglich macht.

Als ebenso unzeitgemäß, als die Ausführung hemmend, protestirt der Meister mit aller Entschiedenheit gegen das vorliegende Verleger-Arrangement und verlangt, daß es redressirt und dem künstlerischen Bedürfnis entsprechend gestaltet werde. „Besser keine, als so eine Ausgabe" – waren seine Worte.

Der Meister läßt Sie ersuchen, die Angelegenheit mit den Hrn. Verlegern zu ordnen.

Seinen freundlichen Grüßen an Sie, erlaube ich mir die meinigen beizufügen.

In bekannter Hochachtung

Lina Ramann.

Weimar, den 21. Mai 1884.

* Alexander Graf Fredro, poln. Lustspieldichter und, als Beteiligter am ungar. Aufstand 1848, lange Jahre aus Galizien verbannt.

Der Meister selbst schreibt (an den Verlag?):

Weimar, 20. Oktober 84.

Sehr geehrter Herr,

Die Rücksendung der fehlerlosen Korrekturen von Lenau's Faust-Episoden begleitet mein aufrichtiges Lob für Herrn Dr. Fritz Stade. Seine Transkription, zu 4 Händen auf 2 Claviere, ist meisterhaft: Sehr spielbar, sinnreich und wohlklingend.

Freundlichst

F. L.

III.

Der von Clara Schumann an Liszt gerichtete Brief, den der Meister Lina Ramann zu lesen gab, und der ihr „viel Vergnügen bereitete" (vgl. S. 267) hat folgenden Wortlaut:

Frankfurt a.M., den 7. Juni 1884.
32 Miliusstr.

Geehrter Herr, [!]

Mit einer Bitte wende ich mich an Sie. Wir haben seit einiger Zeit begonnen, Briefe meines Mannes sowie solche an ihn zu ordnen. Ich weiß, daß Sie im Besitz mancher Briefe sein müssen, und haben die große Bitte an Sie, mir dieselben für kürzeste Zeit zur Abschrift übermitteln zu wollen. Ich brauche wohl kaum zu erwähnen, daß Sie die Briefe unversehrt zurückerhalten würden. Hieran knüpft sich aber noch eine Anfrage, ob Sie einmal gestatten würden, daß wir bei der Herausgabe auch einige Briefe von Ihnen theilweise oder ganz beifügen.

In der Hoffnung, keine Fehlbitte zu thuen, zeichne ich mich in alter verehrender Gesinnung.

Ihre ergebene Cl. Sch.

Und Liszt's Anwort:

Hochverehrte Frau,

Zu meinem Bedauern kann ich mit den erwähnten Briefen Ihres hohen Gemahls Robert Schumann nicht dienen; mein langes Wanderleben, was nicht ganz beendet ist, verhindert mich, zu sammeln. So wird manch Wertvolles verloren.

Hochachtungsvoll getreu ergebenst
F. Liszt

22. Juni, 84, Weimar.

IV.

Die vier Briefe endlich des Großherzogs Carl Alexander von Weimar an Freiherrn von Loën sind dem Buche Adelheid v. Schorn's: „Das nachklassische Weimar“ (Weimar, Gustav Kiepenheuer; 1912) II. Teil, S. 311–313, entnommen. Sie enthalten noch weitere Angaben des Großherzogs über die von ihm geplante Gründung eines „Liszt-Vereins“ (vgl. dazu auch unsere „Lisztiana“: S. 366):

Wilhelmsthal den 13. August 1886.

Für zwei Ihrer Briefe, mein Lieber, habe ich zu danken, beide aus Wien, der Erste Ihren Bericht über Bayreuth, der Zweite Ihre Entschuldigung wegen der Veröffentlichung meines an Sie gerichteten Briefes enthaltend. In diesem Zweiten sagen Sie mir, wovon ich bereits überzeugt war, daß nicht Sie die Indiscretion begingen. Dieselbe ist entweder das Ergebnis eines beneidenswerthen Gedächtnisses eines Ihrer Zuhörer, oder die Kunstfertigkeit eines, unter diesen verborgenen, Stenographen. Übrigens sehe ich kein Unglück in dieser Veröffentlichung – und – da sie nun einmal stattgefunden – müssen wir umsomehr vorgehen. – In dieser Beziehung war mir das Erscheinen, hier, des Herrn Stern aus Leipzig, also eines der Mitleiter des „allgemeinen deutschen Musikvereins“ sehr willkommen. Er kam, weil er jetzt in der Sommerfrische im Marienthal wohnt, um mir seinen Antheil an Liszt's Abgang auszusprechen. Ich theilte ihm in großen Zügen mein Ihnen aufgetragenes Project mit; er fand es vortrefflich und benachrichtigte mich: daß eine ihm von einem Mitleiter jenes Vereins angekündigte Aufforderung wahrscheinlich denselben Gegenstand berühre. Ich bat ihn um Mittheilung. Sie ist in der Inlage enthalten. Ich bitte Sie mir dieselbe zurückzusenden, sobald sie dieselbe nicht mehr gebrauchen.

Ich ersuche Sie nun förmlich die Angelegenheit der Stiftung des „Liszt-Vereins“ in die Hand zu nehmen und sie kräftigst vorzutreiben, so daß sie in diesem Herbst, so Gott will, in's Leben trete. Die Stiftung ist als ein Ausfluß des „neuen deutschen Musikvereins“ zu betrachten – nur als ein solcher – nicht etwa als ein Ausfluß der weimarischen Orchesterschule. Die Bestimmung der Vertheilung der Prämien findet in Liszt's Wohnung zu Weimar statt, die öffentliche Vertheilung im großen Saal der Orchesterschule. Die Gelder für die Prämien sind durch Concerte, theatralische Aufführungen *pp.* aufzubringen. Mit sehr richtigem Tact haben Sie die Tactlosigkeit des Verlangens betreffs der Bestattung Liszt's neben Goethe und Schiller abgeschnitten. Joukowsky, der jetzt hier wohnt, ist von mir beauftragt, sich in Bayreuth, wohin er morgen zurück kehrt, zu vergewissern: ob es wahr ist, daß Cardinal Haynald und Fürstin Wittgenstein den Körper Liszt's verlangen. Ist das der Fall, muß Weimar (nicht ich) ein Gleiches thun – und – für den Fall daß dieses Verlangen gelingt – in der ganzen Welt, bei den Anhängern Liszt's Geld gesammelt werden ihm in Weimar ein Mausoleum zu errichten, zu dem ich den Platz schenke. Ich werde Ihnen Mittheilung der weiteren Entwicklung dieser, weite Kreise ziehenden Angelegenheiten machen.

Machen Sie mir indessen Mittheilung, welche Fest-Oper Sie zu der Verheirathung meiner Tochter vorschlagen. Ich erwarte diese Vorschläge bald, denn die Zeit drängt. Richten Sie Ihre Briefe an den „*Comte de Berka à Scheveningen*". Nächsten Mittwoch, so Gott will, kommen wir daselbst an.

Leben Sie herzlichst wohl, pflegen Sie sich gewissenhaft und *vale et me ama.*

C. A.

Wilhelmsthal, 16. August 86.

Mein lieber Freund!

Meinen besten Dank für Ihren gestern erhaltenen Brief sende ich Ihnen mit der Inlage – den ersten zu, die zweite zurück. Ich wünsche, daß Sie Ihre Unterschrift nur für die Stiftung des Liszt-Vereins geben, wie Sie ihn von mir vorgezeichnet bekommen und in Bayreuth den dort versammelten Künstlern mitgetheilt haben. Es versteht sich von selbst, daß der Verein – wenn er auch nur als ein Ausfluß des „allgemeinen deutschen Musikvereins" zu betrachten ist – in Weimar sich zu constituiren, in Weimar seine Sitzungen zu halten habe. Für keine andere Stiftung *pp.* bitte ich Ihre Unterschrift zu geben. Herrn Stern habe ich Gestern mündlich gesagt: daß jener Liszt-Verein nur als Ausfluß des „allgem. deut. Musikvereins" zu betrachten sey, daß die entscheidenden Sitzungen behufs Prämiirungen in Liszt's Wohnung zu Weimar abzuhalten wären, daß die Aufführung der zu prämiirenden Musikstücke in dem großen Saal der Orchesterschule abgehalten werden könnten. Er schien über das Alles im höchsten Grade erfreut. – Joukowsky telegraphirte mir gestern aus Bayreuth, daß von einer Reclamation der

Überreste Liszt's weder für Pesth noch für Rom etwas bekannt sey. Ich hoffe also daß das Natürlichste am Ende seyn wird: das Verbleiben in Bayreuth ...*

Scheveningen den 24. August 1886.

... Daß mein Generalintendant ein praktischerer Mann ist, als es die unmittelbaren Diener der Musen und Apollo's sind, wußte ich; daß dieser Umstand sich aufs Neue mir beweist, ist mir eine um so größere Freude. Lassen Sie mich, mein Lieber, mit dieser Versicherung danken, und pflegen und ziehen Sie weiter auf mein kaum geborenes, jüngstes Kind. Da es nicht eins der „bloßen Laune" ist, so werden Sie gewiß nicht diejenige meiner Absichten verkennen, die ich ausspreche: daß ich durch Concerte und Vorstellungen – Erstere wie Letztere dem Sinn des „neuen deutschen Musikvereins" entsprechend – diejenigen Mittel jährlich aufzubringen gedenke um den Schülern und Aspiranten genannter Richtung abwechselnd Stipendien durch diejenige Vereinigung von Männern zukommen zu lassen, welche in der Wohnung Liszt's zu diesem Zweck zu tagen hat.

Scheveningen, 4. September 86.

... Mein eben an Sie nach Mauer bei Wien abgesandtes Telegramm antwortet auf Ihre Nachricht vom 31. August betreffs der Beerdigungsstätte Liszt's. Ich habe Ihre Vermittlung vorgezogen, weil sie die Natürlichste ist und diese Angelegenheit in Ihren Händen am besten sich befinden wird. Was nun die Sache selbst betrifft, so bemerke ich, daß nur dann eine Reclamation bezüglich der Überreste Liszt's zu machen ist, wenn man bestimmt wüßte, daß sie für einen andern Ort gemacht werden sollte. Für den Garten der Altenburg aber bin ich, weil er dem Orte seiner bedeutungsvollsten und längsten Täthigkeit am nächsten ist und hierdurch jede andere Prätension** ein für alle Mal abgeschnitten ist ...

* Liszt ruht bekanntlich auf dem Friedhof zu Bayreuth. Immer wieder lautwerdende Pläne, seine sterbliche Hülle an einen anderen Ort zu überführen, sollten doch endlich ein für alle Mal verstummen, mit Rücksicht auf Liszt's eigenen, schriftlich niedergelegten, klar zum Ausdruck gebrachten Willen. Liszt schreibt der Fürstin Wittgenstein am 27. Nov. 1869 (vgl. La Mara: „Liszt's Briefe an die Fürstin Carolyne Sayn-Wittgenstein", III. Teil, Leipzig, Breitkopf & Härtel, 1902, S. 228f.): „Man soll meinen Leichnam nicht in einer Kirche, sondern auf irgend einem Friedhof beisetzen, – besonders hüte man sich, ihn von dieser Grabstätte anderswohin zu überführen. Ich will für meine Leiche keinen anderen Platz als den Kirchhof, der ihr nach dem Brauch des Ortes angewiesen wird, wo ich einmal sterbe."

** Bezieht sich auf den schon erwähnten Gedanken einiger Anhänger Liszt's, den Meister in der Weimarer Fürstengruft, neben Goethe und Schiller, beizusetzen.

Verzeichnis der in vorliegendem Buche genannten Kompositionen Franz Liszts

In der äußeren Anlage folgt dies Register demjenigen August Göllerichs (Göllerich: „Franz Liszt", Berlin 1908, S. 277–325).

Inzwischen haben Peter und Felix Raabe das heute maßgebliche „Verzeichnis aller Werke Liszts" veröffentlicht (in Peter Raabes „Franz Liszt", J. G. Cotta'sche Buchhandlung Nachfolger, Stuttgart und Berlin, 1931, und zwar in Bd. II, S. 242–364). Bei Raabe sind die Kompositionen numeriert; auf diese Ziffern wird im Folgenden durch die in runden Klammern vorgedruckten Zahlen verwiesen.

Die Titel der einzelnen Werke sind im allgemeinen in gekürzter Fassung wiedergegeben. Widmungen und Verleger fanden zumeist nur in solchen Fällen Berücksichtigung, wo sie im Text erwähnt werden.

Ein * vor einer Komposition bedeutet, daß es sich hier um eine Ausgabe handelt, die späterhin, nach erfolgter Umarbeitung, von Liszt „verworfen" worden ist.

Im übrigen wurden dem Verzeichnis stets die Ausgaben „letzter Hand" zu Grunde gelegt.

Aus dem *Anhang* sind nur die *Ergänzenden Briefe I–III* aufgenommen.

Friedrich Schnapp

I. Instrumental-Kompositionen

Werke für Orchester

ist nur ein Gleichniß": 38. 141. 183. 387.
Satz II vgl. Klavierpartituren für Klavier zu zwei Händen.

(426) Eine Symphonie zu Dante's Divina Commedia: 38. 73. 387.

(429,1.) Les Morts, Trauerode: 394.

(431) Fest-Vorspiel: 151.

(433) Fest-Marsch zur Säcular-Feier von Goethe's Geburtstag am 28. August 1849: 327.

(296) Fest-Polonaise [von Liszt für Klavier zu vier Händen komponiert auf der Villa d'Este, 14. Januar 1876. Die Instrumentation ist von Eduard Lassen]: 327.

(438) Ungarischer Marsch zur Krönungs-Feier in Ofen-Pest am 8. Juni 1867: 397.
Vgl. Werke für Klavier zu zwei und zu vier Händen.

(437) Ungarischer Sturm-Marsch. Neue Bearbeitung 1876: 397.
Vgl. Werke für Klavier zu zwei und zu vier Händen.

(448) „Szózat" und „Hymnus" von Egressi Béni und Franz Erkel. Orchestrirt von Franz Liszt: 397.
Vgl. Übertragungen für Klavier zu zwei Händen.

(439) Rákóczy-Marsch. Symphonisch bearbeitet: 397.
Vgl. Bearbeitungen von Volksmelodien für Klavier zu zwei Händen, Werke für Klavier zu vier Händen, Werke für zwei Klaviere zu vier Händen und Werke für zwei Klaviere zu acht Händen.

(441) 6 Ungarische Rhapsodien (für großes Orchester von Liszt und F. Doppler): 34. 397.
Vgl. Werke für Klavier zu zwei Händen und Werke für Klavier zu vier Händen.

(430) Salve Polonia. Interludium aus dem Oratorium Stanislaus: 246f. 253. 281. 322.
Vgl. Klavierpartituren zu zwei und zu vier Händen.

Kammermusik

(471) [1.] Elégie. (En Mémoiré de Madame Marie Moukhanoff, née Comtesse Nesselrode.)
1. Ausgabe: für Violoncello, Klavier, Harfe und Harmonium.
2. Ausgabe: für Violoncello und Klavier.
3. Ausgabe: für Klavier zu zwei Händen.
4. Ausgabe: für Klavier zu vier Händen.
[Eine 5. Ausgabe, für Violine und Klavier von Plotényi, ist offenbar nicht gedruckt]:
51. 101f. 113. 203. 206. 291. 303. 405.
Vgl. Werke für Klavier zu zwei und zu vier Händen.

(472) Zweite Elegie („Fräulein Lina Ramann gewidmet").
2. Ausgabe: für Violine oder Violoncello und Klavier:
121. 154. 159. 203. 206. 303.
Vgl. Werke für Klavier zu zwei Händen.

(468) Die Trauergondel. (La lugubre gondola) [= 3. Elegie].
Für Violine oder Violoncello und Klavier. (Erschienen Budapest 1974): 201f. 203. 206. 320.

(465) Benedictus und Offertorium aus der Ungarischen Krönungsmesse.
5. Ausgabe: für Violine und Klavier: 71f.

Werke für Klavier und Orchester

(455) Erstes Konzert [Es-dur] 418.

(457) Todtentanz (Danse macabre). Paraphrase über „Dies irae": 331.

(458) Fantasie über ungarische Volksmelodien: 20.

(454) Fantasie über Motive aus Beethoven's Ruinen von Athen: 404.

Werke für Klavier zu 2 Händen

A. Originalkompositionen

Sonate in f-moll.

[1. Satz: Allegro moderato. Nur 10 Takte erhalten]: 9. 178f.
[Liszt spricht von drei Sonaten seiner frühen Jugend. In den Briefen an seine Mutter erwähnt er (im März 1836) noch eine, gleichfalls verlorene, Sonate in c-moll, die aber vielleicht einer späteren Zeit angehört.]

(1) * Étude en quarante-huit exercices dans tous les tons majeurs et mineurs. Composés et dédiés à Mademoiselle Lydie Garella, par Le jeune Liszt. Œuvre 6. Paris, Dufaut et Dubois (Marseille, Boisselot).
[Nur 12 Etüden erschienen]: 37. (119). 387.

(1) * Études en douze Exercices Œuvre 1. Travail de la Jeunesse.
[Dieselben Etüden wie in der französischen Ausgabe.]
Leipzig, Hofmeister: 387.

(2a) 24 Grandes Études.
Mailand, Ricordi.
[Nur 12 Etüden erschienen]: 37. 387.

(2b) Études d'exécution transcendante (Seule édition authentique, revue par l'auteur).
[Endgültige Ausgabe.] Leipzig, Breitkopf & Härtel: 387.
Daraus: Nr. 4. Mazeppa: 228. 258.
Nr. 6. Vision: 20.
Nr. 7. Eroica: 20.
Nr. 11. Harmonies du soir: 229.
Nr. 4 vgl. Werke für Orchester (Symphonische Dichtungen).

(5) 3 Etudes de Concert.
[Pariser Ausgabe: 3 Caprices poétiques.]
Daraus: Nr. 3. [Des-dur; in der Pariser Ausgabe „Un Sospiro" betitelt]: 20.282.

(6) Zwei Concertetüden (1. Waldesrauschen; 2. Gnomenreigen).
Daraus: Nr. 1: 316.

(3a) * Études d'exécution transcendante d'après Paganini. Bravour-Studien nach Paganini's Capricen.
Wien, Tobias Haslinger: 406.

(3b) Grandes Études de Paganini transcrites pour le Piano.
(Seule Edition authentique, entièrement revue et corrigée par l'auteur).
Leipzig, Breitkopf & Härtel: 275. 406.
Daraus: Nr. 3. H-dur (La Campanella): 406.

(7) Technische Studien [Teile einer „Klavierschule"].
[Heft I–XII; Heft IX–XII: „Unter Redaction von Professor A. Winterberger"]: 35. 39. 71. 147. 291. 296f.

(10) Années de Pèlerinage.
Suite de Compositions.
Première Année – Suisse.
Daraus: Nr. 4: Au bord d'une source: 279.

Deuxième Année – Italie: 20.
Daraus: Nr. 1: Sposalizio: 114. 139.
Nr. 4–6: Tre Sonetti di Petrarca: 20.
Sonetto CXXIII „Pace non trovo": 250.
Nr. 7: Après une lecture du Dante, Fantasia quasi Sonata: 229. 258. 267.
Nr. 4–6: vgl. Lieder und Gesänge mit Klavier.

Troisième Année.
Daraus: Nr. 1: Angelus! Prière aux anges gardiens: 121.
Nr. 2: Aux Cyprès de la Villa d'Este, Thrénodie [I]: 121. 294.
Nr. 3: Aux Cyprès de la Villa d'Este, Thrénodie [II]: 121. 294.
Nr. 4: Les jeux d'eaux à la Villa d'Este: 121. 228.
Nr. 7: „Sursum corda". Erhebet Eure Herzen: 294.

(13) * Harmonies poétiques et religieuses.
[1. Ausgabe.]
Paris, M. Schlesinger: 394. 406.

(14) Harmonies poétiques et religieuses.
[Endgültige Ausgabe mit dem Vorwort: „Un fragment de ce recueil avait été publié, il y a quelques années par une inadvertance trop empressée. L'auteur désavoue aujourd'hui complètement cette édition tronquée et fautive à tant d'égards en replaçant le même fragment au commencement de la 4ième Harmonie „Pensée des Morts" avec les changements qu'il exigeait. F. Liszt"].
Daraus: Nr. 2: Ave Maria: 51f. (?).
Nr. 3: Bénédiction de Dieu dans la solitude: 394.
Nr. 4: Pensée des Morts: 394.
Nr. 6: Hymne de l'enfant à son réveil (composé sur le texte de l'Harmonie de Lamartine): 392.

Nr. 7: Funérailles (Oktober 1849): 294. 322. 394.
Nr. 10: Cantique d'amour: 394.

Nr. 6 vgl. Frauenchöre mit Begleitung verschiedener Instrumente.

(76) [1.] Elégie. (En Mémoire de Madame Moukhanoff, née Comtesse Nesselrode): 101f. 206. 229. 405.
Vgl. Kammermusik und Werke für Klavier zu vier Händen.

(86) Recueillement, Pel monumento a V. Bellini: 121.

(388) Resignazione: 121.

(75) Elégie sur des motifs du Prince Louis Ferdinand de Prusse.
Nouvelle Edition entièrement revue et corrigée par l'auteur. („A Son Altesse Royale Madame la Princesse de Prusse respectueux et reconnaissant hommage. – L'auteur."): 398.

(77) Zweite Elegie („Fräulein Lina Ramann gewidmet").
Ausgabe 1: für Pianoforte allein: 129. 143. 154. 203. 206.
Vgl. Kammermusik.

(81) Die Trauer-Gondel (La lugubre gondola).
[= 3. Elegie]. Zwei Fassungen: 201. 203. 206. 320.
Vgl. Kammermusik.

(24) Variationen über das Motiv von Bach

(Basso continuo [vielmehr: ostinato] des ersten Satzes seiner Cantate „Weinen, Klagen, Sorgen, Zagen" und des Crucifixus der h-moll-Messe): 322.

(22) Fantasie und Fuge über das Thema

B A C H: 20.

Vgl. Werke für Orgel.

(15) [1.] Ballade („dem Fürsten Eugen Wittgenstein gewidmet").
Leipzig, Kistner.
[Französische Ausgabe: Le chant du croisé. Ballade. („au Prince Eugen Wittgenstein") Paris, J. Meissonnier Fils]: 404.

(211) Liebesträume. Drei Notturni [nach den Liedern].
Daraus: 1. Hohe Liebe: 323.

(195) Ave maris stella. Transcription: 26.

(21) Sonate [h-moll]: 240f.

(17) Légendes
1. St. François d'Assise. „La prédication aux oiseaux": 88f. 100.
2. St. François de Paule marchant sur les flots: 88. 100. 301f.

(73) Sancta Dorothea.: 121.

(67) Ave Maria [E-dur]: 51f (?).

(193) Ave Maria (aus den IX. Kirchen-Chorgesängen).
Für das Pianoforte vom Componisten: 51f (?).

(71) Weihnachtsbaum. 12 Clavierstücke (zumeist leichter Spielart). („Meiner Enkelin Daniela von Bülow gewidmet".)
Daraus: X. Ehemals, XI. Ungarisch, XII. Polnisch : 177.
[Die erste Fassung, 1875/76 komponiert, ist nicht erschienen; die gedruckte zweite entstand 1881]: 177. 279.

(181) Mephisto-Walzer. (Der Tanz in der Dorfschenke.)
Episode aus Lenau's Faust für großes Orchester componirt und für Pianoforte übertragen von Franz Liszt: 175. 237. 250.
Vgl. Werke für Orchester und Werke für zwei Klaviere zu vier Händen.

(182) 2ter Mephisto-Walzer: 175.
Vgl. Werke für Orchester und Werke für Klavier zu vier Händen.

(38) 3ter Mephisto-Walzer.
(„Madame Marie Jaëll verehrungsvoll gewidmet"): 211.

(32b, 33b, 155) 3 Caprices-Valses:
1. Valse de bravoure,
2. Valse mélancolique,
3. Valse de Concert sur deux motifs de Lucia et Parisina.
Seconde Edition, entièrement revue et corrigée par l'Auteur: 398.
[Nr. 2:] 20.

(35) * Petite Valse favorite.
[Erste Ausgabe des Valse-Impromptu]: 399.

(36) Valse-Impromptu: 399.

(37) Trois Valses oubliées (Vergessene Walzer).
Daraus: Deuxième Valse oubliée („A Madame la Baronne de Meyendorff née Princesse Gortschakoff"): 211.

(112) Historische ungarische Bildnisse:
1. Stephan Széchenyi,
2. Joseph Eötvös,
3. Michael Vörösmarty,
4. Ladislaus Teleki,
5. Franz Deák,
6. Alexander Petöfi,
7. Michael Mosonyi.
[Erst 1956 in der ungarischen Zeitschrift *Új Zenei Szemle* (Neue Musikschau), Budapest, erschienen]: 336.

(56) Magyar Gyors induló
(Ungarischer Geschwind-Marsch): 397.

(55) Ungarischer Marsch zur Krönungs-Feier in Ofen-Pest am 8ten Juni 1867: 397. Vgl. Werke für Orchester und Werke für Klavier zu vier Händen.

(53) Heroischer Marsch in ungarischem Styl [d-moll]. („Seiner Majestät dem König von Portugal Dom Ferdinand Prinzen von Sachsen-Coburg-Gotha etc. etc. in tiefster Ehrfurcht gewidmet:"): 397.

(54) Ungarischer Sturm-Marsch. Neue Bearbeitung 1876: 397. Vgl. Werke für Orchester und Werke für Klavier zu vier Händen.

(106) [15 Ungarische Rhapsodien]: 397. 403.
Daraus: Nr. 2: 20.
Nr. 5 (Héroïde-Élégiaque): 20. 23.
Nr. 13: 282.
Vgl. Werke für Orchester und Werke für Klavier zu vier Händen.

(90) Rhapsodie Espagnole. (Folies d'Espagne et Jota arragonesa): 404.

(297) Paraphrases. 24 variations et 15 petites pièces pour Piano sur le thème favori et obligé

Dédiés aux petits pianistes capables d'exécuter le thème avec un doigt de chaque main, par: Alexandre Borodine, César Cui, Anatole Liadow, Nicolas Rimsky-Korsakow et N. Stcherbatcheff. Nouvelle Edition augmentée d'une Variation de François Liszt et des „Bigarrures" de N. Stcherbatcheff. [Liszts Variation ist facsimiliert und betitelt: „Variation pour la 2de Edition de la merveilleuse œuvre de Borodine, C. Cui, Liadoff, et Rimsky Korsakow:
Leur dévoué
Weimar 28 Juillet 80. F. Liszt"]: 299 (340).

[* Liszts Variation steht bei Raabe fälschlich unter den vierhändigen Werken.]

B. Bearbeitungen von volkstümlichen Melodien

(93, 94) Faribolo pastour. Chanson tirée du poème de Françonetto de Jasmin et la Chanson du Béarn [letztere über den Noten betitelt: Pastorale du Béarn] transcrites: 404.

(439) Rákóczy-Marsch, für großes Orchester symphonisch bearbeitet.
Edition für Pianoforte erleichtert.
Edition für Pianoforte zu zwei Händen: 397.
Vgl. Werke für Orchester, Werke für Klavier zu vier Händen, Werke für zwei Klaviere zu vier Händen und Werke für zwei Klaviere zu acht Händen.

(105d) * Ungarische National-Melodien. [3 Hefte]: 403.

(108) 5 Ungarische Volkslieder für das Pianoforte (in leichter Spielart) übertragen: 279.

C. Übertragungen von Werken anderer Meister
(zum Teil freie Phantasien)

Beethoven

(121) Adelaide von Beethoven. Neue revidirte Ausgabe.
Leipzig, Breitkopf & Härtel: (279).

(122) Beethoven's Geistliche Lieder von Gellert.
Hamburg, Schuberth: (279).

(123) Beethoven's [Goethe-]Lieder. Neue, revidirte Ausgabe.
Leipzig, Breitkopf & Härtel: (279).

(124) An die ferne Geliebte.
Liederkreis von L. van Beethoven. Ebda.: (279).

Berlioz

(136) Marche au supplice [und:] Introduction. L'Idée fixe de la Sinfonie fantastique (Épisode de la vie d'un artiste) de Hector Berlioz, transcrite: 403.

(139) Marche des Pèlerins de la Sinfonie Harold en Italie de Hector Berlioz, transcrite: 403.

(141) Bénédiction et Serment, deux motifs de Benvenuto Cellini de H. Berlioz, transcrites: 403.
Vgl. Werke für Klavier zu vier Händen.

(142) Danse des Sylphes de la Damnation de Faust de Hector Berlioz, transcrite: 403.

Chopin

(145) 6 Chants polonais op. 74 de Fr. Chopin, transcrits: 190.
Daraus: I. Mädchens Wunsch – Życzenie: 114.
III. Ringlein – Pierścień: 323.

Egressy und Erkel

(158) Szózat und Ungarischer Hymnus.
Gedichte von Vörösmarty und Kölcsey, componirt von Egressy Béni und F. Erkel, für Clavier gesetzt: 397.
Vgl. Werke für Orchester und Werke für Klavier zu vier Händen.

Gounod

(166) Valse de l'opéra Faust de Gounod: 399.

Meyerbeer

(222) Réminiscences de Robert le diable. Fantaisie.
[Titel über den Noten: Réminiscences de Robert le diable.
Op. – (fehlt). Valse Infernale]: 398.

(221) Réminiscences des Huguenots de Meyerbeer. Grande Fantasie dramatique. Op. 11.
2e Edition revue et changée par l'Auteur.
Paris, M. Schlesinger [Verlags-Nr. 1554]: 398.

Mozart

(228) Réminiscences de Don Juan. Grande Fantaisie.
(„À Sa Majesté Chrétien VIII Frédéric Roi de Danemark, respectueux et reconnaissant hommage F. Liszt"): 399. 402
Vgl. Werke für zwei Klaviere zu vier Händen.

(660) Fantasie über zwei Motive aus W. A. Mozarts „Die Hochzeit des Figaro". [Nach dem fast vollendeten Originalmanuskript (im Liszt-Museum zu Weimar), ergänzt von Ferruccio Busoni. Erste Ausgabe 1912. Leipzig, Breitkopf & Härtel]: 402.

(229) Zwei Transcriptionen: „Confutatis et Lacrymosa" aus Mozart's Requiem: 171f.

Paganini

(231) Grande Fantaisie de bravoure sur la Clochette de Paganini. Œuvre 2.
Paris, M. Schlesinger, [Verlags-Nr. 1554]: 406.

Saint-Saëns

(240) Danse macabre. Poëme symphonique de Camille Saint-Saëns. Transcription: 101.

Schubert

(252) * Soirées de Vienne. Valses-Caprices d'après F. Schubert. En neuf Livraisons.
Wien, Spina.
[1. Ausgabe]: 399.
Daraus: Nr. 4: 20.
Nr. 6: 20.
Nr. 9: 20.

(252) Soirées de Vienne. Valses-Caprices d'après F. Schubert. En neuf Livraisons.
Nouvelle Édition augmentée par l'Auteur.
Hamburg, Cranz:
Daraus: Nr. 2: 23.
Nr. 6: 282(f).

(250) Mélodies hongroises d'après Fr. Schubert: 403.

Schumann

(253) Liebeslied (Widmung) von R. Schumann für das Pianoforte übertragen: 215.

Weber

(285) Leyer und Schwerdt nach Carl Maria von Weber und Körner. Heroïde: 398.

D. Klavier-Partituren

Beethoven

(127) Grand Septuor Œuv. 20 de L. van Beethoven. Transcrit.
Hamburg, Schuberth: 396.

[Über die Widmung an die Großherzogin Maria Paulowna von Sachsen-Weimar s. Liszt's Briefe, Bd. II, S. 395. Bisher konnte ein Exemplar mit Widmung nicht ermittelt werden.]

(128) * Symphonies de Beethoven. Partition de Piano.
[Und zwar:] Cinquième Symphonie. Sixième Symphonie.
Leipzig, Breitkopf & Härtel: 396.

(128) * 7te Sinfonie (A-Dur) von Ludwig van Beethoven.
Für das Piano-Forte übertragen.
Wien, Tobias Haslinger: 396.

(128) [9] Symphonies de Beethoven. Partition de Piano.
Leipzig, Breitkopf & Härtel: 56. 396.

Berlioz

(134) Episode de la vie d'un artiste. Grande Symphonie fantastique par Hector Berlioz. Œuvre 4ème. Partition de Piano: 403. 406.
Vgl. unter C.

(138) Harold en Italie. Symphonie en quatre parties avec un Alto principal par Hector Berlioz. Op. 16. Partition de Piano (avec la Partie d'Alto).
Paris, Brandus et Cie: 403.

(140) Ouverture du Roi Lear.
[Ungedruckt]: 403.

(137) Ouverture des Francs Juges, Musique de H. Berlioz.
Partition pour Piano seul: 403.

Liszt

(180) Gretchen aus F. Liszt's Faust-Symphonie.
Transcription für Pianoforte vom Componisten: 69. 71.

(185) Salve Polonia. Interludium aus dem Oratorium Stanislaus: 270. 281.
Vgl. Werke für Orchester und Klavierpartituren für Klavier zu vier Händen.

Klavierauszüge für Klavier zu 2 Händen
(mit Gesang)

(478) Christus. Oratorium nach Texten aus der heiligen Schrift und der katholischen Liturgie: 20ff. 340.
Vgl. Oratorien.

(484) Missa solemnis zur Einweihung der Basilica in Gran: 247.
Vgl. Messen und Requiem.

Werke für Klavier zu 4 Händen

A. Originalkompositionen und Bearbeitungen

(298) Grande Valse di bravura. Œuvre 6.
Wien, Tobias Haslinger: 398.
Vgl. Werke für Klavier zu zwei Händen.

(326) 2ter Mephisto-Walzer: 175.
Vgl. Werke für Orchester und Werke für Klavier zu zwei Händen.

(333) [1re] Élégie. (En Mémoire de Madame Marie Moukhanoff, née Comtesse Nesselrode).

[4. Ausgabe: f. Klavier 4händig]: 102. 405.
Vgl. Kammermusik und Werke für Klavier zu zwei Händen.

(309) [6] Ungarische Rhapsodien.
Frei bearbeitet für das Pianoforte zu vier Händen: 56. 397.
Vgl. Werke für Orchester und Werke für Klavier zu zwei Händen.

Szózat und Ungarischer Hymnus.

(310) Rákóczy-Marsch.
Symphonisch bearbeitet: 397.
Vgl. Werke für Orchester, Bearbeitungen von Volksmelodien für Klavier zu zwei Händen, Werke für zwei Klaviere zu vier Händen und Werke für zwei Klaviere zu acht Händen.

(305) Ungarischer Sturm-Marsch. Neue Bearbeitung 1876: 397.
Vgl. Werke für Orchester und Werke für Klavier zu zwei Händen.

(306) Ungarischer Marsch zur Krönungs-Feier in Ofen-Pest am 8ten Juni 1867: 397.
Vgl. Werke für Orchester und Werke für Klavier zu zwei Händen.

(349) Bénédiction et Serment, deux motifs de Benvenuto Cellini de H. Berlioz, transcrits: 403.
Vgl. Übertragungen für Klavier zu zwei Händen.

B. Klavier-Partituren

(335) Zwei Orchestersätze aus dem Oratorium Christus.
Nr. 2: Marsch: Die heiligen drei Könige: 115.
Vgl. Werke für Orchester, Oratorien und Klavierauszüge für Klavier zu zwei Händen (mit Gesang).

(330) Salve Polonia. Interludium aus dem Oratorium Stanislaus: 281.
Vgl. Werke für Orchester und Klavierpartituren für Klavier zu zwei Händen.

Werke für 2 Klaviere zu 4 Händen

[12] **Symphonische Dichtungen.**
Daraus:
(359) Nr. 3: Les Préludes (nach Lamartine): 20.
(366) Nr. 10: Hamlet: 258.
(367) Nr. 11: Hunnen-Schlacht (nach Kaulbach): 40.
Vgl. Werke für Orchester.

Zwei Episoden aus Lenau's Faust.
Daraus: Nr. 1: Der nächtliche Zug.
Für zwei Pianoforte von Dr. Fritz Stade: 230. 431f.
Vgl. Werke für Orchester und Werke für Klavier zu zwei Händen.

Rákóczy-Marsch. Symphonisch bearbeitet: 397.
Vgl. Werke für Orchester, Bearbeitungen von Volksmelodien für Klavier zu zwei Händen, Werke für Klavier zu vier Händen und Werke für zwei Klaviere zu acht Händen.

Werke für zwei Klaviere zu acht Händen

Rákóczy-Marsch. Symphonisch bearbeitet: 23. 397.
Vgl. Werke für Orchester, Bearbeitungen von Volksmelodien für Klavier zu zwei Händen, Werke für Klavier zu vier Händen und Werke für zwei Klaviere zu vier Händen.

Werke für Orgel (oder Harmonium)

(394) Zwei Kirchenhymnen für Harmonium oder Orgel.
Nr. 1: Salve regina. (Nach dem gregorianischen Kirchengesang): 121.

(396) Rosario für Orgel oder Harmonium: 88.
1. Mysteria gaudiosa. 2. Mysteria dolorosa. 3. Mysteria gloriosa.
Vgl. Geistliche Chöre mit Orgel.

II. Vokal-Kompositionen

Oper

(476) Don Sanche, opéra en un acte. Paroles de Mrs Théaulon et de Rancé, Musique de Mr Liszt. Represénté pour la première fois sur le théâtre de l'Académie Royale de Musique le lundi 17 Octobre 1825.
[Titelblatt der noch heute in der Bibliothek der Großen Oper zu Paris befindlichen von Kopistenhand geschriebenen Partitur. – Die Urschrift des Chores „Il est tombé" im Besitz der Nationalbibliothek zu Wien]: 147. 389f. 408.

Oratorien

(477) Die Legende von der heiligen Elisabeth (Dichtung von Otto Roquette): 19. 40. 88. 115. 192. 238ff. 242. 251. 314.

(478) Christus. Oratorium nach Texten aus der heiligen Schrift und der katholischen Liturgie für Soli, Chor, Orgel und großes Orchester: 20ff. 24. 26. 28. 31. 33. 41. 47. 56. 60. 62. 64. 73. 88. 112. 115. 140. 159. 163. 165. 167. 226. 321f. 332. 334. 337. 339f. 351f. 405. 427–431.

Daraus: No. 3: Stabat Mater speciosa: 74. 352.
No. 12: Stabat Mater dolorosa: 352. 405.
No. 17: O Filii et Filiae: 429.

Vgl. Klavierauszüge für Klavier zu zwei Händen (mit Gesang) und Klavier-Partituren (für Klavier zu vier Händen).

(671) [Die Legende vom heiligen Stanislaus. Nach dem Polnischen des L. v. Siemienski, von Edler (zum Teil ungedruckte Fragmente)]: 118. 140. 174f. 223. 321f.
Vgl. Werke für Orchester, Klavier-Partituren für Klavier zu zwei Händen und Klavier-Partituren für Klavier zu vier Händen („Interludium Salve Polonia").

[Aus dem Oratorium Stanislaus:]

(492) Psalm 129: „De profundis clamavi" („Aus der Tiefe rufe ich") für eine Baß- oder Altstimme und Pianoforte- oder Orgelbegleitung: 247. 279. 311f. 322. 350.

(671) [Schlußchor aus dem Oratorium Stanislaus:] Salve Polonia, mit Bariton-Solo und Orchester. [Ungedruckt]: 322.

(480) Die heilige Cäcilia. Legende, gedichtet von Madame Émile de Girardin. Für eine Mezzo-Sopran-Stimme mit Chor (ad libitum) und Orchester oder Pianoforte (Harmonium und Harfe). [Mit einer Lithographie: Die hl. Cäcilia (nach Maderna)]: 51. 98. 350. 405.

(482) Die Glocken des Straßburger Münsters. Gedicht von H. W. Longfellow. Für Bariton-Solo, Chor und Orchester: 350.

Messen und Requiem

(484) Missa solennis zur Einweihung der Basilica in Gran: 17. 31. 86. 211. 247f. 252. 350.
Vgl. Klavierauszug für Klavier zu zwei Händen (mit Gesang).

(487) Krönungs-Messe, aufgeführt am 8. Juni 1867 in Ofen, als Ihre Majestäten Franz Joseph der I[te], Kaiser von Österreich, zum apostolischen König von Ungarn und Kaiserin Elisabeth zur Königin von Ungarn gekrönt wurden: 31. 225. 350.

(487) Psalm 116 (Graduale) aus der Krönungs-Messe: 311f. 350.

(488) Requiem für Männerstimmen (Soli und Chor) mit Orgelbegleitung: 51. 203. 205.

Chorgesänge mit Orchester

(539) Chöre zu Herder's „Entfesseltem Prometheus". Verbindender Text von Richard Pohl: 101.

(563) Magyar király-dal [Ungarisches Königslied]. (Szövegét irta ifj. Abrányi Kornél): 269f.

(494) An den heiligen Franziskus (von Paula). Gebet für Männer-Stimmen (Soli und Chor) mit Begleitung des Harmoniums (oder Orgel), drei Posaunen und Pauken (ad libitum): 238.

(479) Cantico del Sol di San Francesco d'Assisi (Der Sonnenhymnus des heiligen Franziskus von Assisi). Componirt für Baryton (Solo), Männerchor, Orgel und Orchester: 350.

Psalmen

(489) Der 13. Psalm: „Herr, wie lange willst du meiner so gar vergessen?"
Für Tenor-Solo, Chor und Orchester: 41. 128. 311f. 350.
[Die Orgelstimme 1865 hinzukomponiert und ungedruckt geblieben (verschollen)].

(490) Der 18te Psalm: „Coeli enarrant gloriam Dei" (Die Himmel erzählen die Ehre Gottes). Für Männer-Chor mit deutschem und lateinischen Text: 311f. (350).

(491) Der 23. Psalm: „Mein Gott, der ist mein Hirt". Nach Herder's Übersetzung für eine Singstimme (Tenor oder Sopran) mit Begleitung von Harfe (oder Pianoforte) und Orgel (oder Harmonium): 247. 311f. (350).

(493) Der 137. Psalm: „An den Wassern zu Babylon." Für eine Singstimme mit Frauenchor mit Begleitung der Violine, der Harfe, des Pianoforte und Orgel (oder Harmoniums): 247. 311f. 350.

[Der 116. Psalm: vgl. Messen und Requiem (Ungarische Krönungsmesse)].

[Der 129. Psalm: vgl. Oratorien (Stanislaus)].

Frauenchöre mit Begleitung verschiedener Instrumente

(555) Chor der Engel aus Goethe's Faust IIter Theil. Zur Säcular-Feier von Goethe's Geburtstag am 28ten August 1849.
Für gemischten Chor [mit Harfe oder Klavier]. [Oder:] Für vierstimmigen Frauenchor mit Harfen-, Klavier- und Harmoniumbegleitung: 405.

(508) Des erwachenden Kindes Lobgesang (Hymne de l'enfant à son réveil).
Gedicht von Lamartine; deutsche Übersetzung von Cornelius.
Für Chor von Frauenstimmen mit Harmonium oder Pianoforte-Begleitung und Harfe (ad libitum): 51. 392. 405.
Vgl. Werke für Klavier zu zwei Händen (Harmonies poétiques et religieuses No. 6).

Geistliche Chöre mit Orgel

[Tantum ergo (1822), verschollen]: 389.

(495b, 497, 499a u. b, 500, 511, 513, 516a u. b, 521a, 523, 532a)
Neun [später: Zwölf] Kirchen-Chor-Gesänge mit Orgel-Begleitung: 350.
[Daraus:]
IV. Tantum ergo (Frauen-Stimmen)
IV. [bis]. Tantum ergo (Männer-Stimmen): 389.
VI. Mihi autem adhaerere [Psalm 73, Vers 28] (Männer-Stimmen): 350.

(518b) Pater noster quattuor vocum ad aequales (II TT. et II BB.) concinente organo secundum rituale ss. ecclesiae romanae: 62.

(527) Rosario:

I. Mysteria gaudiosa.
II. Mysteria dolorosa.
III. Mysteria gloriosa.
IV. Pater noster.
[Für Chor und Orgel (Harmonium); I – III auch für Orgel (Harmonium) allein].
[Komponiert auf der Villa d'Este, November 1879]: 88.
(Vgl. Werke für Orgel oder Harmonium).

(530) Septem sacramenta. Responsoria cum organo vel harmonio concinenda auctore Francisco Liszt.

I. Baptisma.
II. Confirmatio.
III. Eucharistia.
IV. Poenitentia.
V. Extrema unctio.
VI. Ordo.
VII. Matrimonium.
Roma Autografia di P. Manganelli.
[Komponiert September-November 1878 auf der Villa d'Este. – Zu Liszts Lebzeiten wurden nur Nr. III und VII 1879 in je 100 Exemplaren für einen engen Bekanntenkreis lithographiert.]: 118. 136. 139ff. 141f.

(534) Via crucis. Les 14 Stations de la Croix: pour Chœur, Soli, avec accompagnement d'orgue (ou Pianoforte).
[Komponiert Dezember 1878 (Rom) – Februar 1879 (Budapest): 136.

Für Männerchor a cappella und für Männerchor mit Klavierbegleitung

(560) * Drei vierstimmige Männergesänge [mit Klavier] (auch als Soloquartette aufzuführen):
1. Trost [„Es rufet Gott"],
2. Trost [2. Komposition],
3. Nicht gezagt! [„Nicht geklagt!"]
[Texte von Th. Meyer.]
Basel, Ernst Knop: 403.

(545) Das deutsche Vaterland. Volkslied von E. M. Arndt.
Für vierstimmigen Männergesang [mit Klavier]: 400.

(542) Vierstimmige Männergesänge.
Nr. 1: Rheinweinlied, Text von Herwegh [mit Klavier],
Nr. 2: Studentenlied aus Goethe's Faust [a cappella],
Nr. 3: Reiterlied, 1te Version, Text von Herwegh [mit Klavier],
Nr. 4: Reiterlied, 2te Version [a cappella]
Mainz, Schott: 400.

(560) [Zwölf Lieder] Für Männergesang [a cappella].

Daraus:
Nr. 4–6: Geharnischte Lieder
Nr. 4: Vor der Schlacht (Th. Meyer),
Nr. 5: „Nicht gezagt!“ (Th. Meyer),
Nr. 6: „Es rufet Gott –“ (Th. Meyer).
[Als Textdichter ist – an Stelle von Th. Meyer – irrtümlich Carl Götze angegeben.]
Leipzig, Kahnt: 400. 403.

(561) Das Lied der Begeisterung. [A lelkesedés dala]. Text von Cornel Abrányi jun. Für vierstimmigen Männerchor [mit Klavier].
Budapest, Táborszky & Parsch: 34.

(550) Trinkspruch. [„Gießt Wein in die Gläser, ihr Zecher!“]
[Für die Liedertafel in München. – Widmung: „Für das so wackere und begeisterte Männer-Quartett im Stubenvoll in freundlichst dankbarer Erinnerung geschrieben. Weymar, Januar 44. F. Liszt“.
Zum ersten Mal veröffentlicht von Sebastian Röckl in der Zeitschrift für Musik, Juni-Heft 1929]: (400).
[NB. Eine zweite Komposition für das Männerquartett der Münchener Stubenvoll-Gesellschaft ist verschollen.]

Lieder und Gesänge mit Klavier

(566) Il m'aimait tant (Er liebte mich so sehr). Mélodie. Paroles de Mme Émile de Girardin: 389.

(586a) Jeanne d'Arc au bûcher (Johanna beim Scheiterhaufen). Romance dramatique. Paroles d'Alexandre Dumas: 42. 389.

(642) Le crucifix. Poésie de Victor Hugo. Pour une voix de femme (Contre Alto) avec accompagnement de Piano (ou Harmonium).
(Trois versions musicales): 247.

(578a) * Tre Sonetti di Petrarca.
Wien, Tobias Haslinger's Witwe u. Sohn: 42.
Vgl. Werke für Klavier zu zwei Händen (3 Sonetti del Petrarca).

(582a) * Lieder aus Schiller's „Wilhelm Tell“.
I. Der Fischerknabe. II. Der Hirt. III. Der Alpenjäger.
Wien, Tobias Haslinger's Witwe u. Sohn: 42.

* Sechs Lieder. Cöln, Eck & Comp.
(607) 1. Du bist wie eine Blume [Heine]: 403.
(575a) 2. Dichter, was Liebe sei [Charlotte v. Hagn]: 403.
(608) 3. Vergiftet sind meine Lieder [Heine]: 42.
(576a) 4. Morgens steh ich auf [Heine]: 403.
(577a) 5. Die todte Nachtigall [Kaufmann]: 403.
(625) 6. Mild wie ein Lufthauch [Fürst Metschersky]: 403.

* Buch der Lieder. Gedichte von Goethe, Heine, Victor Hugo etc. [In zwei Bänden.]
Berlin, A. M. Schlesinger: 38. 42. 387. (550).
Bd. I. [fünf deutsche Lieder und ein italienisches Lied].

Daraus:

(591a) Nr. 1. Die Lore Ley [Heine]: 38. 387. 389.

(592a) Nr. 3. Mignon's Lied [Goethe]: 38. 387. 389.

(593a) Nr. 6. Angiolin dal biondo crin – Englein du mit blondem Haar. Poesia dal Marchese C. Bocella. – Deutsche Übersetzung von Ph. Kaufmann: 389.

(569a, 570a, 571a, 572a, 573, 574):

Bd. II. Sechs französische Poesien von V. Hugo (Poésies lyriques) mit deutschem Text von Ph. Kaufmann: 38. 42. 389.

Gesammelte Lieder [in 7 Heften, zu denen später noch ein 8. Heft hinzukam]. Leipzig, Kahnt: 38. 42. 387.

Erstes Heft [Goethe]
Daraus:

(592b) Mignon [„Kennst du das Land"]: 42.

(609a) Wer nie sein Brod mit Thränen aß [1. Version, e-moll]: 331 (?)

Drittes Heft [Heine]
Daraus:

(591b) Die Loreley: 38. 42. 387.

(599a u. b) Ein Fichtenbaum steht einsam [2 Versionen]: 42.

Sechstes Heft
Daraus:

(606) Ich möchte hingehn [Herwegh]: 41.
* [Die erste Version dieses Liedes blieb ungedruckt].

Siebentes Heft
Daraus:

(616) Blume und Duft [„In Frühlings Heiligthume" – Hebbel]: 42.

(609b) Wer nie sein Brod mit Thränen aß [Goethe]
[2. Version a-moll]: 331 (?).

(611) Ich scheide [Hoffmann von Fallersleben]: 42.

Achtes Heft
Daraus:

(624) [Nr. 10] Sei still [Henriette v. Schorn]: 121.

III. Revisionen von Werken anderer Meister

Schubert

Ausgewählte Sonaten und Solostücke für das Pianoforte. Bearbeitet von Franz Liszt.

Zweite, revidierte Auflage. u Stuttgart, Cotta, 1875 u 1880.

Aus dem ersten Band (Fantasien und Sonaten):
1. [Wanderer-]Fantasie op. 15: 72.
4. Fantasie oder Sonate op. 78 [speziell das Finale (Allegretto)]: 26.

Aus dem zweiten Band (Kleinere Stücke):
4. Moments musicaux op. 94
   [speziell] Nr. 2, As-dur: 25.
   Nr. 3, f-moll: 25.
   Nr. 4, cis-moll: 25.

[Nr. 4 mit der Anmerkung Liszts: „Den cis-moll-Satz erlaubt sich der Herausgeber öfters, anstatt Moderato, – Vivacissimo agitato, – und den Des-dur-Satz Moderato (Allegretto) zu spielen.“]

Verzeichnis
der in dem Werk enthaltenen Briefe

1. Briefe von Lina Ramann an:

2. Briefe an Lina Ramann von:

3. Verschiedene Briefe:

Verzeichnis der Faksimile-Beilagen

*

Das Autograph des Anfangs der Klaviersonate ist verschollen; die Originale der übrigen faksimilierten Beilagen befinden sich in der Ramann-Bibliothek im sog. Liszt-Nachlaß im Goethe- und Schiller-Archiv in Weimar.

Verzeichnis der Bilder

Die Firma L. Held in Weimar hat – abgesehen von ihren Originalaufnahmen – auch die Vorlagen zu den Bildern 6, 8, 10, 12, 14 und 16 angefertigt.

Namen-Register

Die Namen aus dem Anhang wurden nicht in das Verzeichnis aufgenommen. Bei Namen von Komponisten sind auch ihre in den „Lisztiana" genannten Werke aufgeführt.

Zu den Kompositionen Liszts siehe das Verzeichnis S. 437–454. Dort befinden sich auch die Bearbeitungen Liszts, worauf hier durch „s. Liszt, Kompositions-Verz." hingewiesen wird.

Regierende Fürsten und Angehörige eines regierenden Hauses sind unter ihren Vornamen zu finden.

Aus dem *Anhang* wurden nur die *Ergänzenden Briefe I–III* in das Verzeichnis einbezogen.

Register der Orte

Von den im *Anhang* genannten Orten wurden nur die aus den *Ergänzenden Briefen I – III* berücksichtigt.